平新乔讲义系列

微观经济学

十八讲

平新乔 著

北京大学出版社

图书在版编目(CIP)数据

微观经济学十八讲/平新乔著. —北京：北京大学出版社，2001.4
ISBN 978 - 7 - 301 - 04880 - 1

Ⅰ.微…　Ⅱ.平…　Ⅲ.微观经济学－高等学校－教材　Ⅳ.F016

中国版本图书馆 CIP 数据核字(2001)第 09791 号

平新乔讲义系列

书　　　名：微观经济学十八讲
著作责任者：平新乔　著
责 任 编 辑：林君秀
标 准 书 号：ISBN 978 - 7 - 301 - 04880 - 1/F · 0403
出 版 发 行：北京大学出版社
地　　　址：北京市海淀区成府路 205 号　　100871
网　　　址：http://www.pup.cn
电　　　话：邮购部 62752015　　发行部 62750672　　编辑部 62752926
　　　　　　出版部 62754962
电 子 邮 箱：em@ pup.cn
印 刷 者：北京鑫海金澳胶印有限公司
经 销 者：新华书店
　　　　　　730 毫米 ×980 毫米　16 开本　26.25 印张　450 千字
　　　　　　2001 年 4 月第 1 版　　2025 年 1 月第 34 次印刷
定　　　价：58.00 元

作 者 简 介

平新乔,北京大学中国经济研究中心教授,博导。1954 年生于浙江绍兴。1973 年毕业于华东师大政教系,1983 年考入北京大学经济学系,从一代宗师陈岱孙教授,1985 年获硕士并留校。1986—1989 年在北大经济管理系任讲师,在厉以宁教授指导下,研究财政学理论。1987—1989 年在职师从胡代光教授攻读当代西方经济学博士学位。1989 年底至 1991 年,在美国布朗大学、哈佛大学经济系作访问学者。1998 年获美国康奈尔大学经济系经济学博士。迄今在国内外学术刊物上发表论文 60 余篇,著作有《财政学原理与比较财政制度》、《产权论、均衡论、市场论》(与刘伟合作),另有三本译著(包括与人合作)。教学与研究方向为:微观经济学、产业组织理论、财政学。

内 容 提 要

　　本书包括了消费者选择、企业行为、市场产业组织与博弈论、信息经济学与公共经济学等基本内容，反映了微观经济学在世纪之交的最新研究成果，是作者在大量阅读近三十年来经济学文献并联系中国实际后，所写出的一份讲稿。阅读本书只要求读者具备经济学的一般基础与一个学期的微积分课程知识。本书是大学高年级本科生与经济决策人员学习中级微观经济学的合适教材。

目　　录

第一讲　偏好、效用与消费者的基本问题 ……………………………… (1)

　　第一节　消费集与偏好关系 ………………………………………… (1)

　　第二节　效用函数 …………………………………………………… (5)

　　第三节　消费者的基本问题 ………………………………………… (7)

第二讲　间接效用函数与支出函数 …………………………………… (14)

　　第一节　间接效用函数 ……………………………………………… (14)

　　第二节　支出函数 …………………………………………………… (20)

第三讲　价格变化对消费者的配置效应与福利效应 ………………… (28)

　　第一节　价格变化的替代效应与收入效应 ………………………… (28)

　　第二节　斯拉茨基公式 ……………………………………………… (31)

　　第三节　弹性 ………………………………………………………… (39)

　　第四节　价格变化的福利效应与消费者剩余的测量 ……………… (42)

　　第五节　显示性偏好理论 …………………………………………… (45)

第四讲　VNM(冯·诺依曼—摩根斯坦)效用函数与风险升水 ……… (53)

　　第一节　不确定性与建立不确定条件下的效用函数所需要的

　　　　　　若干公理 …………………………………………………… (53)

　　第二节　冯·诺依曼—摩根斯坦(Von Neumann-Morgenstern)

　　　　　　效用函数 …………………………………………………… (56)

　　第三节　风险度量、确定性等值与风险升水 ……………………… (59)

第五讲　风险规避、风险投资与跨期决策 …………………………… (70)

　　第一节　对保险金的进一步说明 …………………………………… (70)

　　第二节　不确定条件下的风险决策的基本原则 …………………… (73)

　　第三节　跨时期的最优决策 ………………………………………… (78)

　　第四节　现值与套利行为 …………………………………………… (82)

第六讲　生产函数与规模报酬 ………………………………………… (90)

　　第一节　若干基本概念 ……………………………………………… (90)

　　第二节　短期生产函数与生产决策 ………………………………… (94)

　　第三节　长期生产函数与要素组合比例 …………………………… (98)

　　第四节　生产扩张与规模报酬 ……………………………………… (102)

　　第五节　齐次生产函数与范围经济……………………………………（109）

第七讲　要素需求函数、成本函数、利润函数与供给函数……………（116）
　　第一节　要素需求函数……………………………………………………（116）
　　第二节　短期成本函数与长期成本函数…………………………………（120）
　　第三节　学习曲线与成本次可加性………………………………………（124）
　　第四节　利润函数与供给函数……………………………………………（130）

第八讲　完全竞争与垄断………………………………………………（141）
　　第一节　完全竞争的市场…………………………………………………（141）
　　第二节　完全垄断…………………………………………………………（149）
　　第三节　价格歧视与两部收费……………………………………………（153）

第九讲　古诺（Cournot）均衡、Bertrand 均衡与不完全竞争………（166）
　　第一节　古诺均衡…………………………………………………………（167）
　　第二节　Bertrand 均衡……………………………………………………（173）
　　第三节　斯塔克博格（Stackelberg）模型——先走一步的优势………（176）
　　第四节　价格领导模型……………………………………………………（180）
　　第五节　串通与价格卡特尔………………………………………………（182）
　　第六节　垄断竞争…………………………………………………………（184）

第十讲　策略性博弈与纳什均衡………………………………………（192）
　　第一节　基本概念…………………………………………………………（193）
　　第二节　策略博弈与占优…………………………………………………（196）
　　第三节　最优反应与纳什均衡……………………………………………（200）
　　第四节　混合策略与最大最小（max min）策略………………………（202）

第十一讲　广延型博弈与反向归纳策略………………………………（210）
　　第一节　广延型博弈的定义与形式………………………………………（210）
　　第二节　广延型博弈与策略型博弈………………………………………（213）
　　第三节　反向归纳——信息完备条件下广延型博弈解的方式………（217）

第十二讲　子博弈与完美性……………………………………………（224）
　　第一节　子博弈与完美性的概念…………………………………………（224）
　　第二节　无穷次重复博弈与无名氏定理…………………………………（228）
　　第三节　无穷次重复博弈中的产品质量问题……………………………（232）

第十三讲　委托－代理理论初步………………………………………（236）
　　第一节　委托－代理模型的基本要素……………………………………（236）
　　第二节　风险中立的代理人对于线性契约的反应………………………（243）
　　第三节　规避风险的代理人与线性契约…………………………………（244）

第十四讲　信息不对称、逆向选择与信号博弈……………………（252）
　第一节　模型1：次品（lemons）问题与逆向选择 ………………（252）
　第二节　模型2：价格作为质量的信号 …………………………（259）
　第三节　模型3：文凭的信号模型 ………………………………（261）
　第四节　模型4：保险政策的筛选模型 …………………………（263）
　第五节　模型5：旧车市场的均衡解 ……………………………（267）
第十五讲　工资、寻找工作与劳动市场中的匹配………………（273）
　第一节　经典的劳动要素市场理论 ………………………………（274）
　第二节　匹配理论的若干基本概念 ………………………………（281）
　第三节　效率工资理论 ……………………………………………（286）
　第四节　搜寻与匹配模型 …………………………………………（292）
　第五节　寻找工作的决策 …………………………………………（297）
第十六讲　一般均衡与福利经济学的两个基本定理……………（302）
　第一节　埃奇沃斯盒式图与帕累托有效 …………………………（303）
　第二节　竞争性市场体系里一般均衡的存在性 …………………（309）
　第三节　福利经济学的两个基本定理 ……………………………（318）
第十七讲　外在性、科斯定理与公共品理论……………………（326）
　第一节　外在性的定义与庇古税 …………………………………（328）
　第二节　科斯定理（Coase theorem）……………………………（334）
　第三节　关于科斯定理的若干讨论 ………………………………（336）
　第四节　公共品与萨缪尔逊规则 …………………………………（351）
　第五节　兰姆塞规则与最优税制 …………………………………（356）
第十八讲　企业的性质、边界与产权……………………………（375）
　第一节　企业的性质与边界 ………………………………………（376）
　第二节　等级控制与企业规模 ……………………………………（380）
　第三节　投资的专用性、资产的专用性与企业边界的决定 ………（387）
　第四节　新产权理论：所有权的成本与效益 ……………………（394）
校内讲义后记………………………………………………………（403）
出版附记……………………………………………………………（405）

第一讲　偏好、效用与消费者的基本问题

　　我们来讨论需求。需求与欲望不是一个概念,欲望是为所欲为,指想要什么。而需求则不同,是指人们在欲望驱动下一种有条件的、可行的、又是最优的选择,这种选择使欲望达到一种有限的满足。

　　形成需求有三要素:对物品的**偏好**,**物品的价格**与**手中要有钱**。

　　偏好。指你对于物品的喜欢程度,或称主观评价。经济学里描述偏好的概念有两个:一个叫消费集(consumption set),又称选择集(choice set),即你究竟想要什么? 另一个叫偏好关系(preference relation),即你对想要的各种物品组合排个次序(rank),什么样的消费组合应优先满足,什么其次满足……

　　价格。价格是对人们无穷欲望的一种限制。因为资源是稀缺的,不能为所欲为。解决无限的欲望与有限的资源的矛盾的办法无非是两类:一是价格,索价高了,会限制欲望的扩张;二是配额,即凭证供应。除此以外,当然还有更高层次的途径,即修身、自觉,但那是通过道德约束与调节对欲望的自我节制。经济学假定人们的自觉程度不高,在人的最起码的道德低限(利己但不损人)这一假定下,认为价格的办法是通常的;但有时配额比价格优越。我们在本书中主要讨论价格机制,但也会讲到配额。

　　手中的钱财。又称"**收入**"。在索价的前提下,手中有钱,才能满足欲望。

　　价格与收入的结合,构成**预算集**(budget set),又称消费的**可行性集**(feasible set)。

　　当选择集里的偏好关系与可行性集或预算集有**公切线集**时,就形成了需求,需求是**选择集**与**预算集**的在可分离但又有共切点时的产物。

第一节　消费集与偏好关系

一、消费集

　　记 $X = R_+^n$ 为消费集。消费集代表所有的消费计划的集合,不管这些消费计划是否能实现。由于我们一般想要的东西不应该为负(只有不想要才为零)(如想减少某些指标,如减肥,那就以减少的幅度为正值),因此 X

$= R_+^n$，n 表示你想要物品的种类有 n 种。每一个**消费计划**以 $x = (x_1, x_2, \cdots, x_n) \in R_+^n$ 代表。x_i 代表对物品 i 的计划消费量。

消费集至少满足以下性质：

(1) $\phi \neq X \subseteq R_+^n$。

(2) X 为闭。即消费集中所有的极限点都包含在该集之内，因此，X 是连续的。

·(3) X 为凸。凸的含义为：如 $x^1 = (x_1^1, x_2^1, \cdots, x_n^1) \in X$，$x^2 = (x_1^2, x_2^2, x_3^2, \cdots, x_n^2) \in X$，则对 $\forall 0 \leqslant \lambda \leqslant 1$，$\lambda x^1 + (1 - \lambda) x^2 \in X$。即一个消费集中的任两个消费计划的任意的线性组合仍包含在该消费集内。

(4) $0 \in X$。可以选择不消费。

二、偏好与效用

1. 效用概念的演进

在穆尔(Mill)、埃奇沃斯(Edgeworth)的古典或新古典理论里，效用是一种主观的东西，如"快乐"或"痛苦"。因此，他们假定一个人的效用是可以测量的，一个人的效用是可以与另一个人的效用相比较的。这种概念的难堪之处在于，经济学家必须对人们内心的活动做出严酷的假定，而这些假定往往很牵强。

帕累托(Pareto, 1896 年)率先对效用可以测量表示怀疑。斯拉茨基(Slusky, 1915 年)第一次不用可测量的效用却推导出了需求理论。希克斯(Hicks, 1939 年)指出，为了讨论需求规律（价格越高，需求量越低；价格越低，需求量越高），边际效用递减律既不是必要的，又不是充分的。迪布鲁(Debreu, 1959 年)完成了标准的消费理论的推导，其所用的效用概念只依赖于偏好关系。

2. 偏好关系及其公理

偏好关系是指一种定义于消费集 X 中的二项关系(binary relation)，记为 $\succsim$。如果 $(x^1, x^2) \in \succsim$，或者，如果 $x^1 \succsim x^2$，我们说 "x^1 至少与 x^2 一样好"。

偏好关系具有下列公理：

【公理1】 **完备性**：对于任何在 X 中的 $x^1 \neq x^2$，或者 $x^1 \succsim x^2$，或者 $x^2 \succsim x^1$。

这说明，消费者能够做出选择，他(她)具有必要的能力与知识去区分与评价不同的消费计划。

【公理2】　反省性：对所有的 $x \in X$，$x \succsim x$。即一个消费计划至少与它本身一样好。

【公理3】　传递性：对于任何三个消费计划，$x^1, x^2, x^3 \in X$，如果 $x^1 \succsim x^2$，且 $x^2 \succsim x^3$，那么 $x^1 \succsim x^3$。

这说明消费者的选择是一致的。

当然，许多有关人们心理的实验结果表明，公理3不一定成立。但是，在目前，我们暂先按公理3被满足的前提来进行讨论。

公理1至公理3形成所谓的"理性"。因此理性(rationality)被定义为公理1、2、3。一个有理性的当事人能做出选择，而且他的选择是一致的。

【定义】　偏好关系：消费集 X 上的二项关系 $\succsim$ 如果满足公理1至公理3，就称之为偏好关系。

【定义】　严格偏好关系：消费集上的二项关系 $\succ$ 当且仅当
$$x^1 \succsim x^2，且 \ x^2 \not\succsim x^1，则 \ x^1 \succ x^2。$$
称 x^1 严格地偏好于 x^2。

【定义】　无差异(indifference)关系：消费集 X 上的二项关系 $\sim$ 当且仅当
$$x^1 \succsim x^2 \quad 且 \quad x^2 \succsim x^1$$
称 $x^1 \sim x^2$。读为"x^1 与 x^2 无差异"。

运用上述三个定义，可知：对于任意两个消费计划 x^1 与 x^2，或者 $x^1 \succ x^2$，或者 $x^2 \succ x^1$，或者 $x^1 \sim x^2$。

【公理4】　连续性：对于所有的 $x \in \mathbf{R}^n_+$，"至少一样好"集 $\succsim(x)$，与"非优于"集 $\precsim(x)$，都是闭于 $\mathbf{R}^n_+$ 的。

公理4保证偏好不会出现突发性的逆转。这即是说，如果消费者计划序列 y^n 是"至少与 x 一样好"（或者，y^n 非优于 x），并且 y^n 收敛于 y，则 y（y 是 y^n 的极限计划）亦会"至少与 x 一样好"（或者，y 非优于 x）。

注意：既然 $\succsim(x)$ 与 $\precsim(x)$ 是闭的，所以 $\sim(x)$ 也是闭的。因 $\sim$ 是 $\succsim(x)$ 与 $\precsim(x)$ 的交。

【公理5′】　局部非厌足性(locally non-satiation)：对于所有 $x^0 \in \mathbf{R}^n_+$，对于所有 $\varepsilon > 0$，都存在某个消费计划 $x \in B_\varepsilon(x^0) \bigcap \mathbf{R}^n_+$，使得 $x \succ x^0$。

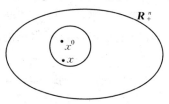

图1.1　局部非厌足性

这里，x^0 是给定的消费计划。ε 为某一距离半径，$B_\varepsilon(x^0)$ 是以 x^0 为中

心,以 ε 为半径所画的一个开球(不含极限点)。$x \in B_\varepsilon(x^0) \bigcap \boldsymbol{R}_+^n$ 是指 x 所代表的消费计划仍在消费集 X 与 x^0 的邻域内。$x \succ x^0$ 表示 x 严格优于 x^0。因此公理 5′说,消费者对于任一个特定的消费计划 x^0 都是不会满足的。

公理 5′意味着,不存在"无差异区域"(indifference zones)。因为,如有无差异区域,那么在该区域内以 x^0 为圆心画一个邻域,其所有内点必与 x^0 无差异。但这样一来会违背公理 5′。

【公理 5】　**单调性**:对于所有的 $x^0, x^1 \in \boldsymbol{R}_+^n$,如果 $x^0 \geqslant x^1$,则 $x^0 \succsim x^1$;但如果 $x^0 \gg x^1$,则 $x^0 \succ x^1$。

请注意 $\geqslant$ 与 $\gg$ 两个符号。"$\geqslant$"是一个数量大小的符号,表示一个消费计划 x^0 所对应的每种物品的数量至少与另一个消费计划 x^1 中的对应物品一样多。"$\gg$"是一个消费计划 x^0 中每一种物品的数量都比另一个消费计划 x^1 中所对应的物品要多。

因此,$\geqslant$ 意味着"至少与 x 一样好";$\gg$ 意味着"严格优于"。

公理 5 是说数量上的比较可以是偏好上的比较。

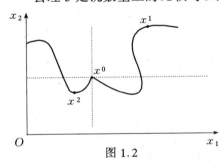

图 1.2

公理 5 与公理 5′是什么关系呢?首先,公理 5 意味着公理 5′。如果"$\gg$ → $\succ$",则必能对 x^0 找出一个邻域,在该邻域中发现 $x \succ x^0$。其次,公理 5 的要求比公理 5′要严,满足公理 5 不仅需要满足 5′,而且还需别的东西。什么是公理 5 比公理 5′更多的要求呢? 公理 5 排除了无差异集的"向上弯曲",也即排除了无差异集中含有斜率为正的线段。考虑图 1.2:按公理 5,在 x^0 的东北区中的任何点,都是严格优于 x^0;在 x^0 的西南区中的任何点,都是严格次于 x^0;所以 x^1 不可能与 x^0 无差异,x^2 也不可能与 x^0 无差异(这里是出现斜率为正的线段)。因此,图 1.2 中那条线不可能是无差异曲线。

【公理 6′】　**凸性**:如果 $x^1 \succsim x^0$,那么对于所有 $\lambda \in [0,1]$,都有 $\lambda x^1 + (1-\lambda)x^0 \succsim x^0$。

【公理 6′】　**严格凸性**:如果 $x^1 \neq x^0$,且 $x^1 \succsim x^0$,那么对于所有的 $\lambda \in (0,1)$,都有 $\lambda x^1 + (1-\lambda)x^0 \succ x^0$。

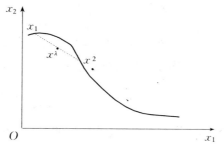

图 1.3　无差异曲线凹向原点会违反公理 5

请注意，λ 值的定义域在公理 6' 是闭区域，而在公理 6 中是开区域。"$\neq$"指物品数量不相等。

公理 6' 表示无差异集不可能有凹向原点的线段。如图 1.3 所示。在图 1.3 中，如 x^1 与 x^2 是无差异的，那么由公理 6'，x^λ 也应在 x^1 与 x^2 所代表的无差异集里，但由公理 5 可知，x^λ 明显地劣于 x^1 与 x^2 所代表的无差异集。

公理 6' 与公理 6 还表示，无差异曲线（如消费集只含两类物品 x_1 与 x_2）可能凸向原点。如图 1.4 所示：如 x^1 与 x^2 所代表的消费计划与 x^0 无差异，那么按公理 6'，x^λ 至少与 x^0 一样好；按公理 6，如果 x^1 与 x^2 包含

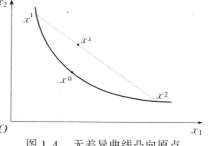

图 1.4　无差异曲线凸向原点

不相等的物品数量，则平衡地选择 x^1 与 x^2 会优越于极端的消费结构（x^1 偏重于消费 x_2，而 x^2 偏重于消费 x_1）。这里，x^λ 严格优于上述两个极端。

第二节　效　用　函　数

一、效用函数的定义

【定义】　**效用函数**：一个实函数 $u: \boldsymbol{R}^n_+ \to \boldsymbol{R}$ 在下列条件下被称为代表偏好关系的函数，该条件是：对于所有的 $x^0, x^1 \in \boldsymbol{R}^n_+$，$u(x^0) \geqslant u(x^1)$ 当且仅当 $x^0 \succsim x^1$。

效用函数的存在性是可以证明的。它在分析上的好处，能使我们对于消费者行为的偏好分析转换成函数的分析，从而发现消费者行为的规律。

二、边际效用(MU：marginal utility)

如一个效用函数被表达为 $u(x_1, x_2, \cdots, x_n)$，那么，对该函数求关于 x_i 的一阶偏导，得 $\dfrac{\partial u(\cdot)}{\partial x_i}$，称 $\dfrac{\partial u(\cdot)}{\partial x_i}$ 为 x_i 的边际效用，即物品 x_i 对于消费提供的边际贡献。

三、边际替代率(MRS：marginal rate of substitution)

我们考察两维的消费集，即只含两类物品 x_1 与 x_2。消费者的偏好就可以被描述为图1.5。

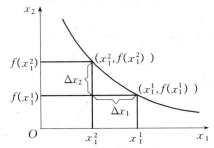

图 1.5 x_1 与 x_2 在同一效用水平上的替代关系

考虑任何一个消费计划 $x^1 = (x_1^1, x_2^1)$，由于在平面上 x_2 可以通过无差异曲线表达为 $f(x_1)$，即 $x_2 = f(x_1)$。所以 $(x_1, x_2) = (x_1, f(x_1))$ 是无差异曲线上所有点的表示。并且

$$u(x_1, f(x_1)) = c \tag{1.1}$$

这里 c 为常数。表示在无差异曲线上，无论 x_1 的值如何变，由于 $x_2 = f(x_1)$ 相应地变化，使消费者的效用是一个常量 c，是无差异的。

对(1.1)式求关于 x_1 的偏导，会得出

$$\frac{\partial u(\cdot)}{\partial x_1} + \frac{\partial u(\cdot)}{\partial x_2} f'(x_1) = 0 \tag{1.2}$$

$$f'(x_1) = -\frac{\partial u}{\partial x_1} \Big/ \frac{\partial u}{\partial x_2} \tag{1.3}$$

或者

$$u(x_1, x_2) = c \tag{1.4}$$

由于

$$\frac{\partial u(\cdot)}{\partial x_1} + \frac{\partial u(\cdot)}{\partial x_2} \frac{\mathrm{d}x_2}{\mathrm{d}x_1} = 0$$

从而

$$\frac{\mathrm{d}x_2}{\mathrm{d}x_1} = -\frac{\partial u/\partial x_1}{\partial u/\partial x_2} \qquad (1.5)$$

令 $\left|\dfrac{\mathrm{d}x_2}{\mathrm{d}x_1}\right| = \dfrac{\partial u/\partial x_1}{\partial u/\partial x_2}$ 为物品 1 对于物品 2 的边际替代率 $\mathbf{MRS}_{1,2}$(marginal rate of substitution)。

同样地，记 $\left|\dfrac{\mathrm{d}x_j}{\mathrm{d}x_i}\right| = \dfrac{\partial u}{\partial x_i}\Big/\dfrac{\partial u}{\partial x_j}$ 为物品 i 对于物品 j 的边际替代率。所以

$$\mathbf{MRS}_{i,j}(x) = \frac{\partial u(x)}{\partial x_i}\Big/\frac{\partial u(x)}{\partial x_j} \qquad (1.6)$$

记住:(1) $\mathbf{MRS}_{i,j}(x)$ 是一个正数;(2) $\mathbf{MRS}_{i,j}(x)$ 表示当效用不变时，x_i 可以替代 x_j 的边际比率。

第三节　消费者的基本问题

一、消费者偏好的基本性质

当偏好满足于公理 1—6 时,消费者的偏好在二维空间里就可以由一张无差异曲线图来描绘。见图 1.6。

这里每一条无差异曲线图的形状都是由公理 1—6 决定的。公理 5 意味着,无差异曲线 I_1 比 I_0 代表的效用水平高, I_2 比 I_1 更高,……

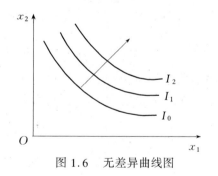

图 1.6　无差异曲线图　　　图 1.7　对同一个人来说，其不同的无差异曲线不能相交

偏好的基本性质是:(1) 不同的无差异曲线不能相交;(2) 每条无差异曲线严格地凸向原点;(3) 越朝东北,无差异曲线代表的效用水平越高。

性质(2)与(3)已由公理 5 与公理 6 证明。现证明性质(1)(考虑图 1. 7):设 A_1 代表 u_1, A_2 代表 u_2, A_3 代表 u_3。由于 A_3 在 A_1 的东北,所以 $u_3 > u_1$。但由于 A_1 与 A_2 在同一条无差异曲线上,所以 $u_1 = u_2$。又知 A_2

与 A_3 在同一条无差异曲线上,所以 $u_2 = u_3$。于是,会有 $u_1 = u_3$,与"$u_3 > u_1$"矛盾。

二、预算集(budget set)

预算集由物品价格向量与收入水平组成。设价格向量为 $p = (p_1, p_2, \cdots, p_n)$,$p_i > 0$,$i = 1, \cdots, n$。假定个别消费者的购买行为不会影响物价水平,所以,p 向量设为固定,$p \gg 0$。又设消费者的预算集是

$$B = \{x \mid x \in \mathbf{R}_+^n, \ p \cdot x \leqslant y\} \tag{1.7}$$

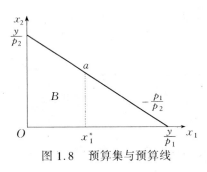

图 1.8　预算集与预算线

这里,B 代表预算集(budget set),x 是可行的消费品组合,$p \cdot x = \sum_{i=1}^{n} p_i x_i$,显然,$p \cdot x \leqslant y$ 是说你所花的钱不能超过你拥有的钱。

如果只考察两维的预算集,则如图 1.8:预算集 B 为阴影区域,预算集的边界叫预算线,预算线的斜率是 $-\dfrac{y}{p_2} \Big/ \dfrac{y}{p_1} = -p_1/p_2$。

预算集表示消费者的自由度。如一个人只准消费一种产品 x_1(专项专用),则其只有一维空间,其选择只在 $0 \to \dfrac{y}{p_1}$ 之间;如只准消费 x_2,其选择空间只在 $0 \to \dfrac{y}{p_2}$ 之间。但如对其消费选择无限制,则同样多的钱会大大提高消费者的选择空间,从而可能无穷地提高消费者的自由(从线变面)。如国家规定,你的钱购买 x_1 不得超过 x_1^*,那么你的自由空间立即会变为面积 $\dfrac{y}{p_2} a x_1^* O$。

三、消费者的基本问题

1. 消费者的基本问题

消费者要解决的基本问题是

$$\max_x u(x)$$
$$s.t. \ p \cdot x \leqslant y \tag{1.8}$$

求这一规划,可以解出需求函数($x_i = f(p, y)$)。

例1:效用函数为 $u(x_1, x_2) = (x_1^\rho + x_2^\rho)^{1/\rho}$, $0 \neq \rho < 1$,求出需求函数($x_i = f(p_1, p_2, y)$, $i = 1, 2$)。

为解这个问题,先写出其对应的拉氏函数

$$L(x_1, x_2, \lambda) \equiv (x_1^\rho + x_2^\rho)^{1/\rho} + \lambda(y - p_1 x_1 - p_2 x_2)$$

$$\frac{\partial L}{\partial x_1} = \frac{1}{\rho}(x_1^\rho + x_2^\rho)^{\frac{1}{\rho}-1} \rho x_1^{\rho-1} - \lambda p_1 = 0 \tag{1.9}$$

$$\frac{\partial L}{\partial x_2} = \frac{1}{\rho}(x_1^\rho + x_2^\rho)^{\frac{1}{\rho}-1} \rho x_2^{\rho-1} - \lambda p_2 = 0 \tag{1.10}$$

$$\frac{\partial L}{\partial \lambda} = y - p_1 x_1 - p_2 x_2 = 0 \tag{1.11}$$

由(1.9)与(1.10),有

$$\left(\frac{x_1}{x_2}\right)^{\rho-1} = \frac{p_1}{p_2}$$

即

$$x_1 = x_2\left(\frac{p_1}{p_2}\right)^{1/\rho-1} \tag{1.12}$$

(1.11)可写成

$$y = p_1 x_1 + p_2 x_2 \tag{1.13}$$

所以

$$y = p_1 x_2\left(\frac{p_1}{p_2}\right)^{\frac{1}{\rho-1}} + p_2 x_2$$

$$= x_2\left[\frac{(p_1)^{1-\frac{1}{\rho-1}}}{(p_2)^{\frac{1}{\rho-1}}} + p_2\right]$$

$$= x_2\left[p_1^{\frac{\rho}{\rho-1}} + p_2^{\frac{\rho}{\rho-1}}\right]p_2^{-\frac{1}{\rho-1}} \tag{1.14}$$

所以

$$\begin{cases} x_2 = \dfrac{y \cdot p_2^{\frac{1}{\rho-1}}}{p_1^{\rho/\rho-1} + p_2^{\rho/\rho-1}} \\[4mm] x_1 = x_2\left(\dfrac{p_1}{p_2}\right)^{\frac{1}{\rho-1}} = \dfrac{y \cdot p_2^{\frac{1}{\rho-1}}}{p_1^{\rho/\rho-1} + p_2^{\rho/\rho-1}} \cdot \left(\dfrac{p_1}{p_2}\right)^{\frac{1}{\rho-1}} \end{cases} \tag{1.15}$$

$$= \frac{y \, p_1^{\frac{1}{\rho-1}}}{\rho_1^{\rho/\rho-1} + \rho_2^{\rho/\rho-1}} \tag{1.16}$$

(1.15)与(1.16)被称之为马歇尔需求函数。令 $r = \dfrac{\rho}{p-1}$，则 x_1 与 x_2 可写成

$$x_1 = \frac{p_1^{r-1} \, y}{p_1^r + p_2^r} \tag{1.17}$$

$$x_2 = \frac{p_2^{r-1} \, y}{p_1^r + p_2^r} \tag{1.18}$$

可见，消费者的需求是收入(y)、p_1 与 p_2 的函数。

　　2. 消费者最优解的性质

　　从例 1 可以看出，如果效用函数为 $u(x_1, \cdots x_n)$，则

$$\left. \begin{aligned} \frac{\partial L}{\partial x_1} &= \frac{\partial u(x)}{\partial x_1} - \lambda \, p_1 = 0 \\ &\vdots \\ \frac{\partial L}{\partial x_n} &= \frac{\partial u(x)}{\partial x_n} - \lambda \, p_n = 0 \end{aligned} \right\} \tag{1.19}$$

从而，一般地，我们有

$$\frac{\dfrac{\partial u(x)}{\partial x_i}}{\dfrac{\partial u(x)}{\partial x_j}} = \frac{p_i}{p_j} \tag{1.20}$$

即物品 i 的边际效用与物品 j 的边际效用之比应等于它们的价格之比。这是第一个性质。

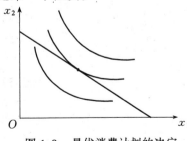

图 1.9　最优消费计划的决定

由于 $\left| \dfrac{\dfrac{\partial u(x)}{\partial x_i}}{\dfrac{\partial u(x)}{\partial x_j}} \right|$ 是 $\mathbf{MRS}_{i,j}$，因此，

$\mathbf{MRS}_{i,j} = \dfrac{p_i}{p_j}$；又由于 $\dfrac{\mathrm{d}x_j}{\mathrm{d}x_i} = -\dfrac{\dfrac{\mathrm{d}u(x)}{\mathrm{d}x_i}}{\dfrac{\mathrm{d}u(x)}{\mathrm{d}x_j}} =$

$-\dfrac{p_i}{p_j}$，当 $i=1, j=2$ 时(即二维空间)，我们有

$$\frac{\mathrm{d}x_2}{\mathrm{d}x_1} = -\frac{p_1}{p_2} \qquad (1.21)$$

而又知$\frac{\mathrm{d}x_2}{\mathrm{d}x_1}$是无差异曲线的斜率，$-p_1/p_2$是预算线的斜率。因此，当消费者的问题有最优解时，预算线斜率与无差异曲线的斜率相等，即无差异曲线与预算集共一条公切线，如图1.9所示。这表示，由无差异曲线所代表的主观偏好恰好被预算线约束住。这是第二个性质。

第三个性质则是：由

$$\frac{\dfrac{\partial u(x)}{\partial x_i}}{\dfrac{\partial u(x)}{\partial x_j}} = \frac{p_i}{p_j}$$

我们可以得出

$$\frac{\dfrac{\partial u(x)}{\partial x_i}}{p_i} = \frac{\dfrac{\partial u(x)}{\partial x_j}}{p_j} = \lambda \quad (i,j = 1,2,\cdots n) \qquad (1.22)$$

从而

$$\frac{\dfrac{\partial u(x)}{\partial x_1}}{p_1} = \frac{\dfrac{\partial u(x)}{\partial x_2}}{p_2} = \cdots = \frac{\dfrac{\partial u(x)}{\partial x_n}}{p_n} = \lambda \qquad (1.23)$$

这叫等边际法则。用俗话说，消费者如果达到最优，他的钱无论花在哪里，每分钱的边际效用应该相等。

四、效用函数的单调变换

1. 单调变换的定义

我们已经知道，效用函数只是在下列意义上才被定义：$u(x) > u(y)$当且仅当 $x \succ y$（或 $u(x) \geqslant u(y)$ 当且仅当 $x \succsim y$）。至于 $u(x)$ 比 $u(y)$ 究竟大多少，我们难以知道，而序数效用论认为，这也不必去知道。当已知 $u(x) > u(y)$ 时，再对 $u(x)$ 乘上2，同样只表达"$x \succ y$"的含义。而对 $u(x)$ 乘上一个数，这属于效用函数的单调变换。

【定义】　单调变换：当 $u_1 > u_2$ 意味着 $f(u_1) > f(u_2)$ 时，则称 $f(u)$ 为原效用函数 $u(x)$ 的单调变换。

从本质上说，单调变换与一个单调函数是一回事。单调变换说明，对于某一种偏好关系来说，其函数表达形式不惟一。

2. 单调变换的例子

常见的单调变换有：

(1) 对原效用函数乘上一个正数；

(2) 对原效用函数加上任意一个数；

(3) 对原效用函数取奇次幂；

(4) 对数函数与指数函数互为单调变换函数。

参考阅读文献

1. Debreu, G. (1959 年): *Theory of Value*. New York: John Wiley.

2. Hicks, J. (1939 年): *Value and Capital*. Oxford: Clarendon Press.

3. Slusky, E. (1915 年): "Sulla Teoria del Bilancie del Consumatore" (on the Theory of the Budget of the Consumer 见 G. J. Stigler 与 K. E. Boulding(编)(1953 年): *Readings in Price Theory*). London: Allen and Unwin. pp.27—56.

4. Varian, H. R. (1999 年): *Intermediate Microeconomics*. Fifth Edition. New York: Norton, 第 2—4 章.

习 题

1. 根据下面的描述,画出消费者的无差异曲线。对于(2)和(3)题,写出效用函数。

(1) 王力喜欢喝汽水 x,但是厌恶吃冰棍 y。

(2) 李楠既喜欢喝汽水 x 又喜欢吃冰棍 y,但她认为三杯汽水和两根冰棍是无差异的。

(3) 萧峰有个习惯,他每喝一杯汽水 x 就要吃两根冰棍 y,当然汽水和冰棍对他而言是多多益善。

(4) 杨琳对于有无汽水 x 喝毫不在意,但她喜欢吃冰棍 y。

2. 作图:如果一个人的效用函数为

$$u(x_1, x_2) = \max\{x_1, x_2\}$$

(1) 请画出三条无差异曲线。

(2) 如果 $p_1 = 1, p_2 = 2, y = 10$。请在图(由(1)的作图结果)上找出该消费者的最优的消费组合。

3. 下列说法对吗? 为什么?

若某个消费者的偏好可以由效用函数 $u(x_1, x_2) = 10(x_1^2 + 2x_1x_2 + x_2^2) - 50$ 来描述,那么对此消费者而言,商品 1 和商品 2 是完全替代的。

4. 设 $u(x_1, x_2) = (1/2)\ln x_1 + (1/2)\ln x_2$,这里 $x_1, x_2 \in \mathbf{R}_+$。

(1) 证明:x_1 与 x_2 的边际效用都递减。

(2) 请给出一个效用函数形式,但该形式不具备边际效用递减的性质。

5. 设 $u(x) = [\alpha_1 x_1^\rho + \alpha_2 x_2^\rho]^{\frac{1}{\rho}}$,这是我们常见的常替代弹性效用函数。请证明:

(1) 当 $\rho = 1$,该效用函数为线性。

(2) 当 $\rho \to 0$ 时,该效用函数趋近于 $u(x) = x_1^{\alpha_1} x_2^{\alpha_2}$。

(3) 当 $\rho \to -\infty$ 时,该效用函数趋近于 $u(x) = \min\{x_1, x_2\}$。

6. 茜茜总喜欢在每一杯咖啡里加两汤匙糖。如果每汤匙糖的价格是 p_1,每杯咖啡的价格是 p_2,消费者花费 M 元在咖啡和糖上,那么,她将打算购买多少咖啡和糖? 如果价格变为 p'_1 和 p'_2,对她关于咖啡和糖的消费会发生什么影响?

7. 令 $\gtrsim$ 为偏好关系,证明下列关系:

(1) $\gtrsim \subset \gtrsim$

(2) $\sim \subset \gtrsim$

(3) $\succ \cup \sim = \gtrsim$

(4) $\succ \cap \sim = \phi$

8. 证明下列结论(或用具说服力的说理证明):

(1) "$\prec$"与"$\sim$"都不具有"完备性"。

(2) "$\sim$"满足反省性。

(3) 严格偏好关系不满足反省性。

(4) 对于任何 X 中的 x^1 与 x^2,在下列关系式中只能居其一:$x^1 \succ x^2$,或 $x^1 \prec x^2$,或 $x^1 \sim x^2$。

9. 一个只消费两类物品的消费者面临正的价格,其拥有正的收入,他的效用函数为

$$u(x_1, x_2) = x_1$$

导出其马歇尔需求函数。

10. 一个人的效用函数为 $u(x_1, x_2) = A x_1^\alpha x_2^{1-\alpha}$,这里 $0 < \alpha < 1, A > 0$。假定存在内点解,请导出其马歇尔需求函数。

11. 在下列效用函数形式里,哪些是效用函数的单调变换?

(1) $u = 2v - 13$。

(2) $u = -1/v^2$。

(3) $u = 1/v^2$。

(4) $u = \ln v$。

(5) $u = -e^{-v}$。

(6) $u = v^2$。

(7) $u = v^2$　对于 $v > 0$。

(8) $u = v^2$　对于 $v < 0$。

第二讲　间接效用函数与支出函数

第一节　间接效用函数

一、间接效用函数的定义

上一讲出现的 $u(x)$ 称为直接效用函数,即效用是消费计划 $x=(x_1,$ $x_2,\cdots,x_n)$ 的函数。从直接效用函数,给定价格向量 $p(=p_1,p_2,\cdots,p_n)$ 与收入水平 y,消费者可以解出最优消费量 $x^*=(x_1^*,x_2^*,\cdots,x_n^*)$。在二维空间里,$x_1^*=f_1(p_1,p_2,y)$,$x_2^*=f_2(p_1,p_2,y)$。

问题在于,如果 p_1 与 p_2 的相对关系发生了变化,如果收入水平 y 发生了变化,那么,最优消费量 x_i^* 也会跟着发生变化。

相对价格的变化即 p_1/p_2 发生变化,这是预算线的斜率发生变化。如图2.1所示。如果 y 不变,但 x_1 的价格上升了,则会发生从 $\dfrac{y}{p_1}$ 向 $\dfrac{y}{p_1'}$ 的左移。预算线的斜率发生了变化。

如果 p_1/p_2 不变,但 y 变化了,则会发生预算线的平移。比如,收入从 y 上升到 y',则消费者口袋里的钱多了,他可以购买的 $\dfrac{y'}{p_1}$ 与 $\dfrac{y'}{p_2}$ 肯定会比原来多了。如图 2.2 所示,$\dfrac{y'}{p_1}$ 在 $\dfrac{y}{p_1}$ 的右边,$\dfrac{y'}{p_2}$ 在 $\dfrac{y}{p_2}$ 的上面。整条预算线向外平移了。

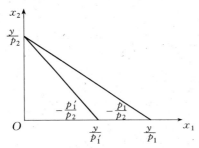

图 2.1　相对价格变化引起预算线旋转

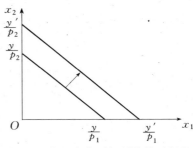

图 2.2　收入变化引起预算线平行移动

以上这两种变化,当然会影响消费者最优需求量的改变。当预算线从 B_1 变为 B_2 时,最优消费计划会从 x^0 变为 x^1;当预算线从 B_1 变为 B_3 时,最优消费计划会从 x^0 变为 x^2。

由于最优消费量所对应的是最大化的效用,所以,在最大化的效用 $\max\limits_{x\in \mathbf{R}^n_+} u(x)$ 与 (p,y) 之间存在着函数关系,即我们可以把最大化了的效用看作是价格集 p 与收入 y 的函数。

记为

$$v(p,y) = \max_{x\in \mathbf{R}^n_+} u(x) \qquad s.t. \quad p\cdot x \leqslant y \qquad (2.1)$$

这里 $v(p,y)$ 被称为是间接效用函数。为什么叫间接效用函数? 因表达式 (2.1) 的效用不是被表达为消费计划 x 的函数,而只是价格 p 与收入 y 的函数。即我们如果知道了消费者有多少钱,知道了外在的相对价格关系,如让消费者自己去解效用极大化问题,即可知道其效用极大化的点在什么地方。从这个意义上说,消费者的最大的效用可以由 y 与 p 来间接地加以表达。

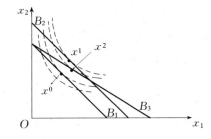

图 2.3　价格变动与收入变动产生
最优消费量变动

为什么要讲间接效用函数? 因为,有了间接效用函数,那么,控制消费者的消费行为实质上可以由控制价格 p 与控制收入 y 来实现。控制 p,实质就是价格政策或价格改革;控制 y,实质便是收入政策的内容。可见,间接效用函数的概念,有着明显的政策上的应用价值。

二、间接效用函数的性质

【定理】　如果直接效用函数 $u(x)$ 在 $\mathbf{R}^n_+$ 上是连续且严格递增的,那么间接效用函数

$$v(p,y) = \max_{x\in \mathbf{R}^n_+} u(x)$$

$$s.t. \quad p\cdot x \leqslant y$$

一定是:

(1) 在 $\mathbf{R}^n_{++}\times \mathbf{R}_+$ 上是连续的;

（2）关于(p, y)是零次齐次的；

（3）对于y严格递增；

（4）对于p严格递减；

（5）满足罗尔恒等式（Roy's identity）：即，如$v(p, y)$在点(p^0, y^0)是可导且$\dfrac{\partial v}{\partial y}(p^0, y^0) \neq 0$，则有

$$x_i(p^0, y^0) = -\frac{\dfrac{\partial v(p^0, y^0)}{\partial p_i}}{\dfrac{\partial v(p^0, y^0)}{\partial y^0}} \quad (i = 1, 2, \cdots, n) \tag{2.2}$$

证明：

（1）是从图 2.2 与图 2.3 可以看出的。$\boldsymbol{R}_{++}^n$ 表示价格的定义域，下标"++"是指严格为正，没有一维价格为零，n 表示有 n 维价格。$\boldsymbol{R}_+$ 表示收入的定义域，收入可以为零。$\boldsymbol{R}_{++}^n \times \boldsymbol{R}_n$ 表示预算集的定义域。性质 1 说明当收入与价格有微量的变化时，极大化了的效用也是会有微量的变化的。理由是，如果 $u(x)$ 是连续的，那么其极大化（一阶导数）了的值一定也是连续的。

（2）需证明对于所有 $t > 0$，都有 $v(p, y) = v(tp, ty)$，即 $v(tp, ty) = t^0 v(p, y) = v(p, y)$。因为 $v(tp, ty)$ 等于是 $\max\limits_{x \in \boldsymbol{R}_+^n} u(x)$, $s.t.$ $tp \cdot x \leqslant ty$。$\Leftrightarrow \max\limits_{x \in \boldsymbol{R}_+^n} u(x)$, $s.t.$ $p \cdot x \leqslant y$。所以，性质得证。

（3）由于 $v(p, y) = \max\limits_{x \in \boldsymbol{R}_+^n} u(x)$ $s.t.$ $p \cdot x \leqslant y$，这里 $\max\limits_{x \in \boldsymbol{R}_+^n} u(x)$ 中的 x 是极大化了的消费计划 $x^*(p, y)$，即 x^* 是参数 p 与 y 的函数。按 envelope theorem（包络定理），对 $v(p, y)$ 求关于 y 的偏导，只要对其极大化了的 $\max\limits_{x \in \boldsymbol{R}_+^n} u(x)$ 求关于 y 的导数即可。而 $\max\limits_{x \in \boldsymbol{R}_+^n} u(x)$ 的表达式是由

$$L(x, \lambda) = u(x) + \lambda(y - p \cdot x) \tag{2.3}$$

推导的

$$\frac{\partial L(x^*, \lambda^*)}{\partial x_i} = \frac{\partial u(x^*)}{\partial x_i} - \lambda^* p_i = 0 \quad (i = 1, 2, \cdots, n) \tag{2.4}$$

并将 x^* 与 λ^* 代入 $L(\cdot)$ 而成的，所以

$$\frac{\partial v(p, y)}{\partial y} = \frac{\mathrm{d}L(x^*, \lambda^*)}{\partial y} = \lambda^* \tag{2.5}$$

由于在 $\dfrac{\partial u(x^*)}{\partial x_i} = \lambda^* p_i$ 里，$\dfrac{\partial u(x^*)}{\partial x_i} > 0$（由 $u(\cdot)$ 严格递增保证），又由于 p

$\in \boldsymbol{R}^n_{++}$,所以 p_i 严格为正,$(i=1,2,\cdots,n)$。这样,$\lambda^*>0 \Rightarrow \dfrac{\partial v(p,y)}{\partial y}>0$。

(4) 多加一个假设:$x_i^*>0$,用与(3)相同的方法,可证

$$\frac{\partial v(p,y)}{\partial p_i} = \frac{\partial L(x^*,\lambda^*)}{\partial p_i} = -\lambda^* x_i^* \tag{2.6}$$

由于 $\lambda^*>0, x_i^*>0$,所以 $\dfrac{\partial v(p,y)}{\partial p_i}<0$。

(5) 由(3)与(4),可得

$$\frac{-\dfrac{\partial v(p,y)}{\partial p_i}}{\dfrac{\partial v(p,y)}{\partial y}} = x_i^* = x_i(p,y) \tag{2.7}$$

例1:从直接效用函数 $u(x_1,x_2)=(x_1^\rho + x_2^\rho)^{1/\rho}$, $0 \neq \rho<1$ 中,推出间接效用函数 $v(p,y)$,并验证性质(5)。

解:由第一讲中例1的解

$$x_1(p,y) = \frac{p_1^{r-1}\, y}{p_1^r + p_2^r}$$

$$x_2(p,y) = \frac{p_2^{r-1}\, y}{p_1^r + p_2^r}$$

这里 $r \equiv \dfrac{\rho}{\rho-1}$。我们可以把上述解式代入 $u(x_1,x_2)$ 的原式写出

$$v(p,y) = \left[(x_1(p,y))^\rho + (x_2(p,y))^\rho \right]^{\frac{1}{\rho}}$$

$$= \left[\left(\frac{p_1^{r-1}\, y}{p_1^r + p_2^r} \right)^\rho + \left(\frac{p_2^{r-1}\, y}{p_1^r + p_2^r} \right)^\rho \right]^{\frac{1}{\rho}}$$

$$= \left[\frac{y^\rho \left(p_1^{(r-1)\rho} + p_2^{(r-1)\rho} \right)}{(p_1^r + p_2^r)^\rho} \right]^{\frac{1}{\rho}} = y \left[\frac{p_1^r + p_2^r}{(p_1^r + p_2^r)^\rho} \right]^{\frac{1}{\rho}}$$

$$= y(p_1^r + p_2^r)^{-1/r}$$

由此,可以求出

$$\frac{\partial v(p,y)}{\partial y} = (p_1^r + p_2^r)^{-\frac{1}{r}} > 0$$

$$\frac{\partial v(p,y)}{\partial p_i} = y(p_1^r + p_2^r)^{-\frac{1}{r}-1} p_i^{r-1} \left(-\frac{1}{r} \right) r < 0 \quad (i=1,2)$$

所以　　　$x_i(p, y) = -\dfrac{\dfrac{\partial v(p, y)}{\partial p_i}}{\dfrac{\partial v(p, y)}{\partial y}} = \dfrac{y(p_1^r + p_2^r)^{-\frac{1}{r}-1} p_i^{r-1}}{(p_1^r + p_2^r)^{-1/r}}$

$$= \frac{y\,p_i^{r-1}}{(p_1^r + p_2^r)} \quad (i = 1, 2) \qquad \text{（证毕）}$$

三、间接效用函数的应用

我们讲间接效用函数，并不只是纯逻辑的游戏(当然思维游戏对于科学研究很重要)，而且有重要的应用价值。间接效用这个概念，在研究税收对消费者效用的影响时非常有用。例如，政府要取得同样大小的税收，可以选择开征所得税(收入税)，也可以选择开征某种商品税。但是，下面的例子说明，开征所得税有时对于消费者的效用的影响比较小。

设效用函数为 $u(x_1, x_2) = \sqrt{x_1 x_2}$，由拉格朗日乘数法，可以得到

$$\max \sqrt{x_1 x_2}$$

$$s.t. \quad p_1 x_1 + p_2 x_2 \leqslant y$$

$$\Rightarrow \quad L = \sqrt{x_1 x_2} + \lambda [y - p_1 x_1 - p_2 x_2]$$

$$\frac{\partial L}{\partial x_1} = \frac{1}{2} x_1^{-\frac{1}{2}} x_2^{\frac{1}{2}} - p_1 \lambda = 0$$

$$\frac{\partial L}{\partial x_2} = \frac{1}{2} x_2^{-\frac{1}{2}} x_1^{\frac{1}{2}} - p_2 \lambda = 0$$

$$\frac{\partial L}{\partial \lambda} = y - p_1 x_1 - p_2 \lambda = 0$$

可以看出，$\dfrac{x_2^*}{x_1^*} = \dfrac{p_1}{p_2}$　即 $x_2^* = x_1 \dfrac{p_1}{p_2}$

因此

$$x_1^* = \frac{y}{2p_1}, \quad x_2^* = \frac{y}{2p_2}$$

这个解与 $u(x_1, x_2) = x_1 x_2$ 的最优解一样(这再次说明：$u(x_1, x_2) = x_1 x_2$ 与其单调变换后的效用函数 $u(x_1, x_2) = \sqrt{x_1 x_2}$ 代表同一种偏好关系，因此，最优解即需求函数 x_1^* 与 x_2^* 是相同的。)。如果 $p_1 = 0.25$，$p_2 = 1$，$y = 2$，把 x_1^* 与 x_2^* 的值代入 $u(x_1, x_2)$，就会有

$$v(p_1, p_2, y) = \left(\frac{y}{2p_1}\right)^{0.5} \left(\frac{y}{2p_2}\right)^{0.5}$$

$$= \frac{y}{2p_1^{0.5} p_2^{0.5}} = \frac{2}{2(0.25)^{0.5} \cdot 1} = 2$$

现在考虑,如果政府要征收 0.5 元的所得税,则消费者收入 y 会从 2 下降为 1.5 元。用间接效用函数来衡量,开征 0.5 元的所得税会使消费者的间接效用从 2 下降到 1.5。

如果政府的税收总量仍为 0.5 元,但考虑开征商品税,则效果会有所不同。设政府只对 X_1 开征商品税(你可以设 X_1 为酒),由于商品税的开征会使税收完全转移到商品价格上去,所以我们来讨论商品税开征后的效应。如果对 X_1 的商品税为 0.25 元(即消费者如购买一单位 X_1,就支付 0.25 元的税款),则 p_1 会从 0.25 元上涨到 0.5 元。这里发生两个问题:(1)这种商品税能否保证政府最后征收到 0.5 元的税款?(2)该商品税对消费者的间接效用有多大负面影响?

先看第(1)个问题。由于 $x_1^* = \frac{y}{2p_1}$,如 $y = 2$ 元(收入不变),p_1 从 0.25 元上升到 0.5 元后,$\tilde{x}_1^* = 2$。因此,消费者在政府开征每单位 0.25 元的商品税后仍会购买 2 单位的 X_1。政府的税款总量仍为 0.5 元($= 2 \times 0.25$ 元)。所以,从税额总量的角度看,开征商品税与开征所得税的效果是相同的,都可以征到 0.5 元税金。

再看第(2)个问题。由于 p_1 从 0.25 元上升到 0.5 元,代入 $v(p_1, p_2, y)$ 函数表达式,新的间接效用 $\tilde{v}(\tilde{p}_1, p_2, y)$ 的值为

$$\tilde{v}(\tilde{p}_1, p_2, y) = \frac{y}{2(\tilde{p}_1)^{0.5}(p_2)^{0.5}} = \frac{2}{2(0.5)^{0.5} \cdot 1} = 1.41 < 1.5$$

可见,$\tilde{v} < 1.5$。说明开征商品税对于消费者的间接效用的负面作用大于开征所得税所带来的负面作用。

为什么两个税种会造成不同的负面作用?原因在于开征商品税(这里我们假设是对酒类开征商品税)会从两方面改变消费者的选择:一是 p_1 提高后减少了消费者的实际购买力(尽管名义收入 $y = 2$ 仍然不变),二是改变了商品的相对价格。而开征所得税只会产生第一方面的影响,因而它的负面影响较小。

这个例子还启发我们,虽然在不同的人的偏好序之间无法进行绝对量的计算,虽然不同的效用函数表达式之间的绝对量的计算没有什么经济意义,但是,对于同一种效用函数的数量表达,如果一种政策使效用的数值大一些,另一种政策会使同一效用函数的数值小一些,则从消费者福利的角度来说,前一种政策更为可取。

第二节　支　出　函　数

一、支出函数的定义

在研究消费者行为时,还有这样一个问题:当消费者面临的价格给定时,为了达到给定的效用水平,如何花钱最省?这个问题不考虑你有多少收入,问的只是:为了达到某一个特定的效用水平,你应该花多少钱?

这个问题可以用图 2.4 来表达。在图 2.4 里,e^1, e^2, e^3, e^* 代表的是不同的花费水平的等花费线(isoexpenditure curve),每一种花费水平都可以表达为 $e = p_1x_1 + p_2x_2$。这里,$\dfrac{p_1}{p_2}$ 不变,只是由于所选择消费的 x_1 与 x_2 的数量不同,花费的钱才不同:$e^2 > e^1 > e^* > e^3$。但同一条等花费线上的每一点都代表同样的花费水平,只是 x_1 与 x_2 的组合有所不同。

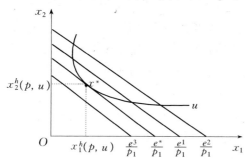

图 2.4　等支出线与支出最小的消费组合

对于给定的效用水平 u,只有 e^* 花费最小。e^1 与 e^2 都可以满足 u,但花费比 e^* 多;e^3 虽然比 e^* 小,但 e^3 满足不了 u 的效用水平。

如果我们记在价格为 p 的前提下为满足特定效用水平 u 所必需的最低花费为 $e(p, u)$,那么,$e(p, u) = p_1\, x_1^h(p, u) + p_2x_2^h(p, u) = e^*$。

一般地,我们可以定义支出函数为下列最小值函数

$$e(p, u) = \min_{x \in \mathbf{R}^n_+}(p \cdot x) \quad s.t. \quad u(x) \geqslant u \tag{2.8}$$

这个问题的解仍是关于 x 的选择,即 x 该怎么选择,才能既满足 u,又使 $p \cdot x$ 最小。

二、希克斯需求函数

我们在前面已讲过马歇尔需求函数,那是指给定价格与收入,消费者为了让效用最大而选择对 x 的需求量。现在的问题是,当价格给定,为了满足一定的效用水平,又使所花的钱最省,消费者该如何确定对 x 的需求量?这种需求叫希克斯需求。前面出现的 $x_1^h(p, u)$ 中的 h 就是指 Hicks,

$x_i^h(p,u)$是希克斯需求函数的记法。

希克斯需求函数是完全不可观察的，是假定的需求函数，有时又称其为补偿性的需求函数。为什么？设想下面两种情形：一是当某种商品的价格下降时，消费者就得到了效用的增加，我们假定把消费者的收入减少一个相应的份额(负的补偿)，使其效用水平仍保留与价格降低前一样的效用(仍在 u 上)。这样，该消费者的选择会发生什么变化？二是当某种商品的价格上升时，消费者会面临效用的损失，我们再假定让消费者的这种损失通过收入增加得到补偿，再使其效用水平与价格上涨前一样(仍在 u 上)。这样，消费者的选择又会发生什么变化呢？图2.5和图2.6说明了这种补偿性需求即希克斯需求。

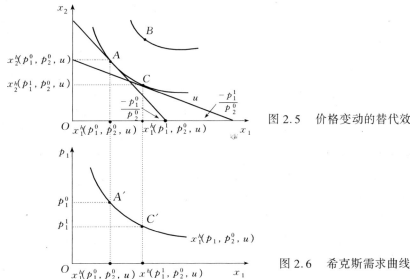

图 2.5　价格变动的替代效应

图 2.6　希克斯需求曲线

在图 2.5 与图 2.6 中，x_1 的价格 p_1 由 p_1^0 降到了 p_1^1，p_2^0 仍保持不变，由于假定实行了负的补偿(收入相应减少了)，所以，以 $-\dfrac{p_1^0}{p_2^0}$ 为斜率的支出线与以 $-\dfrac{p_1^1}{p_2^0}$ 为斜率的支出线仍都与 u 相切，表示以 $-\dfrac{p_1^0}{p_2^0}$ 为斜率的支出线是最小支出值 $e(p_1^0,p_2^0,u)$，以 $-\dfrac{p_1^1}{p_2^0}$ 为斜率的支出线是最小支出值 $e(p_1^1,p_2^0,u)$。由这两个最小开支值所对应的 x_1 的消费量的变化，可以表示为希克斯需求线上的两点。见图 2.6。当价格为 p_1^0 时, 对 x_1 的希克斯需求是 $x_1^h(p_1^0, p_2^0, u)$;当价格降为 p_1^1 时,对 x_1 的希克斯需求是 $x_1^h(p_1^1, p_2^0, u)$。

三、谢泼特(Shephard)引理

如果 $u(\cdot)$ 是连续且严格递增的,那么,当 $p \gg 0$ 时,支出函数 $e(p, u)$ 在点 (p^0, u^0) 对于 p 可微,并且

$$\frac{\partial e(p^0, u^0)}{\partial p_i} = x_i^h(p^0, u^0) \quad (i = 1, \cdots, n) \tag{2.9}$$

谢泼特引理表示,如果已知支出函数,可以通过让该函数对 p_i 求偏导,推知希克斯需求函数 $x_i^h(p^0, u^0)$。

证明: 因为 $e(p, u) = \min\limits_{x \in \mathbf{R}_+^n} p \cdot x, \; u(x) \geqslant u$,求该问题极值的拉氏函数为

$$L(x, \lambda) = p \cdot x + \lambda[u - u(x)] \tag{2.10}$$

在 $\min p \cdot x$ 处,有

$$L(x^*, \lambda^*) = p \cdot x^* + \lambda[u - u(x^*)] \tag{2.11}$$

因此 $\quad \dfrac{\partial e(p, u)}{\partial p_i} = \dfrac{\partial L(x^*, \lambda^*)}{\partial p_i^*} = x_i^* = x_i^h(p, u) \quad$ (用包络定理) (2.12)

例 2: 由 $u(x_1, x_2) = (x_1^\rho + x_2^\rho)^{\frac{1}{\rho}}, 0 \neq \rho < 1$,求支出函数 $e(p, u)$,并且验证谢泼特引理。

解:
$$\min_{x_1, x_2} p_1 x_1 + p_2 x_2$$

$$s.t. \quad u - (x_1^\rho + x_2^\rho)^{\frac{1}{\rho}} \quad x_1 \geqslant 0, x_2 \geqslant 0$$

拉氏函数为

$$L(x_1, x_2, \lambda) = p_1 x_1 + p_2 x_2 + \lambda\left[u - (x_1^\rho + x_2^\rho)^{\frac{1}{\rho}}\right]$$

$$\frac{\partial L}{\partial x_1} = p_1 - \lambda(x_1^\rho + x_2^\rho)^{\frac{1}{\rho} - 1} x_1^{\rho - 1} = 0 \tag{E.1}$$

$$\frac{\partial L}{\partial x_2} = p_2 - \lambda(x_1^\rho + x_2^\rho)^{\frac{1}{\rho} - 1} x_2^{\rho - 1} = 0 \tag{E.2}$$

$$\frac{\partial L}{\partial \lambda} = u - (x_1^\rho + x_2^\rho)^{\frac{1}{\rho}} = 0 \tag{E.3}$$

$$\Rightarrow \qquad \frac{p_1}{p_2} = \left(\frac{x_1}{x_2}\right)^{\rho - 1}$$

即
$$
\begin{cases}
x_1 = x_2\left(\dfrac{p_1}{p_2}\right)^{\frac{1}{\rho-1}} & \text{(E.4)}\\[3mm]
u = (x_1^{\rho} + x_2^{\rho})^{\frac{1}{\rho}} & \text{(E.5)}
\end{cases}
$$

代(E.4)进(E.5)，有

$$
\begin{aligned}
u &= \left[x_2^{\rho}\left(\frac{p_1}{p_2}\right)^{\frac{\rho}{\rho-1}} + x_2^{\rho}\right]^{\frac{1}{\rho}}\\[2mm]
&= x_2\left[\left(\frac{p_1}{p_2}\right)^{\frac{\rho}{\rho-1}} + 1\right]^{\frac{1}{\rho}} \qquad\qquad \text{(E.6)}
\end{aligned}
$$

运用 $r\equiv\dfrac{\rho}{\rho-1}$，可以得出

$$
\begin{aligned}
x_2^{h} &= u\left[\left(\frac{p_1}{p_2}\right)^{\frac{\rho}{\rho-1}} + 1\right]^{-\frac{1}{\rho}} = u\left[p_1^{\frac{\rho}{\rho-1}} + p_2^{\frac{\rho}{\rho-1}}\right]^{-\frac{1}{\rho}}\cdot p_2^{\frac{1}{\rho-1}}\\[2mm]
&= u\cdot(p_1^{r} + p_2^{r})^{\frac{1}{r}-1}\, p_2^{r-1} \qquad\qquad\qquad \text{(E.7)}
\end{aligned}
$$

将(E.7)代入(E.5)，有

$$
\begin{aligned}
x_1^{h} &= up_1^{\frac{1}{\rho-1}}\cdot p_2^{-\frac{1}{\rho-1}}(p_1^{r} + p_2^{r})^{\left(\frac{1}{r}\right)-1}\, p_2^{r-1}\\[2mm]
&= u\cdot(p_1^{r} + p_2^{r})^{\frac{1}{r}-1}\, p_1^{r-1} \qquad\qquad \text{(E.8)}
\end{aligned}
$$

(E.7)与(E.8)只取决于 p 与 u，所以，它们是关于 x_2 与 x_1 的希克斯需求函数。

我们将(E.7)与(E.8)代入支出函数问题的目标函数，就可得到

$$
\begin{aligned}
e(p_1, p_2, u) &= p_1 x_1^{h}(p_1, p_2, u) + p_2 x_2^{h}(p_1, p_2, u)\\[2mm]
&= up_1(p_1^{r} + p_2^{r})^{\frac{1}{r}-1}\, p_1^{r-1} + up_2(p_1^{r} + p_2^{r})^{\frac{1}{r}-1}\, p_2^{r-1}\\[2mm]
&= u(p_1^{r} + p_2^{r})(p_1^{r} + p_2^{r})^{\frac{1}{r}-1}\\[2mm]
&= u(p_1^{r} + p_2^{r})^{\frac{1}{r}} \qquad\qquad\qquad\qquad \text{(E.9)}
\end{aligned}
$$

公式(E.9)即为我们所求的支出函数，以此为出发点，对 $e(p_1, p_2, u)$ 求关于 p_1 的偏导，就可得到 x_1^{h}；同样，我们可以得到 x_2^{h}。从而证实了谢泼特引理。

例 3：设需要满足的效用水平是 $\bar{u}=2$，效用函数形式为 $\sqrt{x_1 x_2}$，求支出

函数。

解: 这一问题的拉格朗日表达式为

$$L = p_1 x_1 + p_2 x_2 + \lambda \left[\overline{u} - x_1^{\frac{1}{2}} x_2^{\frac{1}{2}} \right]$$

$$\frac{\partial L}{\partial x_1} = p_1 - \frac{1}{2} \lambda x_1^{-0.5} x_2^{0.5} = 0 \qquad (E.10)$$

$$\frac{\partial L}{\partial x_2} = p_2 - \frac{1}{2} \lambda x_2^{-0.5} x_1^{0.5} = 0 \qquad (E.11)$$

$$\frac{\partial L}{\partial \lambda} = \overline{u} - x_1^{\frac{1}{2}} x_2^{\frac{1}{2}} = 0 \qquad (E.12)$$

从(E.10)与(E.11),有

$$\frac{p_1}{p_2} = \frac{x_2}{x_1}$$

即

$$p_1 x_1^* = p_2 x_2^* \qquad (E.13)$$

把(E.13)代入支出函数的表达式,有

$$e = p_1 x_1^* + p_2 x_2^* = 2 p_1 x_1^*$$

从而

$$x_1^* = \frac{e}{2 p_1} \qquad (E.14)$$

类似地

$$x_2^* = \frac{e}{2 p_2} \qquad (E.15)$$

从(E.12),可知

$$\overline{u} = \left(\frac{e}{2 p_1} \right)^{0.5} \left(\frac{e}{2 p_2} \right)^{0.5} = \frac{e}{2 p_1^{0.5} p_2^{0.5}} \qquad (E.16)$$

因此 $\qquad\qquad e(p_1, p_2, \overline{u}) = 2\overline{u} \sqrt{p_1 p_2} \qquad (E.17)$

(E.17)便是我们求的支出函数。

从式(E.17)可以看出,当要求满足的效用水平 $\overline{u}$ 提高,则支出也会提高。当 p_1 与 p_2 都加倍时,$e(p_1, p_2, \overline{u})$ 也会加倍。这称为支出函数对价格变动是具有一次齐次性的。

四、预算份额

如果收入为 y,消费的商品数量为 $(x_1, x_2, \cdots, x_n)$,价格为 $(p_1, p_2, \cdots, p_n)$,则称

$$S_i = \frac{p_i x_i}{y} \qquad (2.13)$$

为购买 x_i 的收入份额，或预算份额。

如果 $i = 1, 2$，则

$$S_1 = \frac{p_1 x_1}{y}, \Rightarrow S_2 = 1 - S_1 \qquad (2.14)$$

例 4：Cobb-Douglass 效用函数中指数的经济含义。

我们称 $u(x_1, x_2) = x_1^{\alpha} x_2^{\beta} (\alpha > 0, \beta > 0)$ 为 Cobb-Douglass 效用函数。求与该效用函数相对应的需求函数，我们仍用拉格朗日法

$$L = x_1^{\alpha} x_2^{\beta} + \lambda [y - p_1 x_1 - p_2 x_2]$$

一阶条件为

$$\alpha x_1^{\alpha-1} x_2^{\beta} = \lambda p_1 \qquad (E.18)$$

$$\beta x_1^{\alpha} x_2^{\beta-1} = \lambda p_2 \qquad (E.19)$$

$$y = p_1 x_1 + p_2 x_2 \qquad (E.20)$$

从而

$$\frac{\alpha x_2^*}{\beta x_1^*} = \frac{p_1}{p_2} \qquad (E.21)$$

即

$$x_2^* = \frac{\beta}{\alpha} x_1^* \frac{p_1}{p_2} \qquad (E.22)$$

把 (E.20) 代入 (E.21)，得到

$$y = p_1 x_1^* + p_2 \frac{\beta}{\alpha} x_1^* \frac{p_1}{p_2} = \frac{\alpha + \beta}{\alpha} p_1 x_1^* \qquad (E.23)$$

如 $\alpha + \beta = 1$，则

$$x_1^* = \frac{\alpha y}{p_1}, x_2^* = \frac{\beta y}{p_2} \qquad (E.24)$$

因此，$\alpha = \frac{p_1 x_1^*}{y} = S_1, \beta = \frac{p_2 x_2^*}{y} = S_2$，即 α 与 β 分别为购买 x_1 与 x_2 的收入份额，或预算份额。

参考阅读文献

1. Roy, R. (1942 年)：*De L'utilité：Contribution á la Théorie des choix*. Paris：Hermann.

2. Shephard, R.W. (1970 年)：*Theory of Cost and Production Functions*. Princeton

University Press.

习　题

1. 设一个消费者的直接效用函数为 $u = \alpha \ln q_1 + q_2$。构造出该消费者的间接效用函数。并且运用罗尔恒等式去构造其关于两种物品的需求函数。验证：这样得到的需求函数与从直接效用函数推得的需求函数是相同的。

2. 某个消费者的效用函数是 $u(x_1, x_2) = x_1^2 x_2$，商品 1 和 2 的价格分别是 p_1 和 p_2，此消费者的收入为 m，求马歇尔需求函数和支出函数。

3. 考虑下列间接效用函数

$$v(p_1, p_2, m) = \frac{m}{p_1 + p_2}$$

这里，m 表示收入。问：

什么是该效用函数所对应的马歇尔需求函数 $x_1^*(p_1, p_2, m)$ 与 $x_2^*(p_1, p_2, m)$？

4. 考虑一退休老人，他有一份固定收入，想在北京、上海与广州三城市中选择居住地。假定他的选择决策只根据其效用函数，设该效用函数的形式为 $u = x_1 x_2$，这里$(x_1, x_2) \in \mathbf{R}_+^2$。已知北京的物价为$(p_1^a, p_2^a)$，上海的物价为$(p_1^b, p_2^b)$，并且 $p_1^a p_2^a = p_1^b p_2^b$，但 $p_1^a \neq p_1^b, p_2^a \neq p_2^b$。又知广州的物价为$(p_1^c, p_2^c) = \left(\frac{1}{2}(p_1^a + p_1^b), \frac{1}{2}(p_2^a + p_2^b) \right)$。若该退休老人是理智的，他会选择哪个城市去生活？

5. (1)设 $u = x_1 x_2$，这里$(x_1, x_2) \in \mathbf{R}_+^2$，求与该效用函数相对应的支出函数 $e(p_1, p_2, u)$。

(2) 又设 $u' = \ln x_1 + \ln x_2$，同样，$(x_1, x_2) \in \mathbf{R}_+^2$，求与该效用函数相对应的支出函数 $e'(p_1, p_2, u')$。

(3) 证明：$e'(p_1, p_2, u') = e(p_1, p_2, u)$。

6. 设某消费者的间接效用函数为 $v(p_1, p_2, m) = m / p_1^\alpha p_2^{1-\alpha}$，这里 $0 < \alpha < 1$。什么是该消费者对物品 1 的希克斯需求函数？

7. 考虑含 n 种商品的 Cobb-Douglass 效用函数

$$u(x) = A \prod_{i=1}^{n} X_i^{\alpha_i}$$

这里 $A > 0$，$\sum_{i=1}^{n} \alpha_i = 1$。

(1) 求马歇尔需求函数。

(2) 求间接效用函数。

(3) 计算支出函数。

(4) 计算希克斯需求函数。

8. 以科布—道格拉斯效用函数为例说明求解效用最大化问题和求解支出最小化问题可以得到同一需求函数。

9. 下列说法对吗？为什么？

函数 $x^h(p_x, u) = (p_x + u)^{1/2}$ 可以作为某个消费者对某种商品的希克斯需求函数。

10. 下列函数能成为一个马歇尔需求函数吗？为什么？

$$x(p_x, p_y, I) = \frac{2p_x \cdot I}{(p_x^2 + p_y^2)}$$

这里，x 与 y 为两种商品，I 为收入。

第三讲 价格变化对消费者的配置效应与福利效应

　　消费者行为理论的核心之一是研究价格变化与消费需求量之间的关系,这属于价格变化对消费者的配置效应。价格变化又会影响消费者的福利,这属于福利效应。我们已经定义了直接效用函数与间接效用函数,又定义了马歇尔需求函数与希克斯需求函数,还定义了支出函数。在这一讲,我们要运用这些工具来研究价格变化对消费者的这两个效应。前三节,我们研究价格变动对消费者的配置效应(其中又分替代效应与收入效应);第四节专门研究价格变动的福利效应(消费者剩余等);然后在第五节,专门介绍显示性偏好理论,那是研究价格变动的效应的另一种思路与途径。

第一节 价格变化的替代效应与收入效应

一、价格消费曲线与收入消费曲线

　　价格消费曲线(PCC)是收入给定的前提下相对价格 $\dfrac{p_1}{p_2}$ 变化与消费需求量 (x_1, x_2) 变化之间的对应关系的轨迹。如图 3.1 所示:

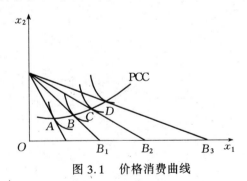

图 3.1　价格消费曲线

　　收入消费曲线(ICC)是 $\dfrac{p_1}{p_2}$ 给定的前提下由于收入变化,预算线与无差异曲线的共切点的轨迹。如图 3.2 所示:

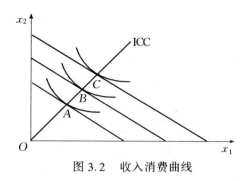

图 3.2　收入消费曲线

二、替代效应与收入效应的图示

我们通常期望,当某种商品价格下降时,如其他条件不变,消费者对其的购买量会上升。其实这不一定是必然的。有时,价格下跌并不会引起消费增加,甚至还会下降。为了具体分析价格变化的总效应,我们首先要分解价格变化的效应。

我们运用希克斯的分解法。图 3.3 给出了说明。当相对价格 $\frac{p_1^0}{p_2^0}$ 由于 p_1 下降为 p_1^1(p_2^0 不变)时,预算线 B_1 改变为 B_2,相应地 x_1 的消费量会从 x_1^0 上升至 x_1^1,x_2 的消费量会从 x_2^0 下降至 x_2^1。($x_1^1 - x_1^0$)与($x_2^1 - x_2^0$)为 p_1 下降给一个消费者带来的全部效应,但这总效应可以分为"替代效应"与"收入效应"。

替代效应是指剔除价格下降后所产生的实际购买力上升的效应之后,由于相对价格变化而引起的 x_1 对 x_2 的替代。怎么剔除实际收入上升的影响?用希克斯的补偿法,即按新的相对价格 $-\frac{p_1^1}{p_2^0}$ 的斜率实行负补偿,使消费者仍保持原来的效用 u^0,这样一来,只剩下 $\frac{p_1}{p_2}$ 变化的效应。在图 3.3(a)里,就是 $x_1^s - x_1^0 > 0$,$x_2^s - x_2^0 < 0$。可以看出,由于 x_1 的价格相对变得便宜,x_1 的消费量上升,而 x_2 的消费量则减少。

收入效应是指由于 p_1 变得便宜,使消费者的实际购买力提高了而导致的对 x_1 与对 x_2 的消费量的变化。这表现为从虚拟预算线 B_2 向 B_3 的平移,由此引起 $x_1^1 - x_1^s > 0$,$x_2^1 - x_2^s > 0$。

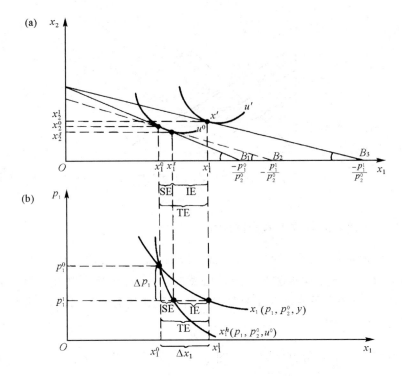

图 3.3　（a）替代效应与收入效应
　　　　（b）马歇尔需求曲线与希克斯需求曲线

与上述分解相对应,由于马歇尔需求是既包含替代效应又包含收入效应,所以,$x(p_1, p_2^0, y)$线会平坦一些;而希克斯需求只包含替代效应,所以,$x^h(p_1, p_2^0, u^0)$会陡峭一些,希克斯需求只称"补偿需求"。见图 3.3(b)。

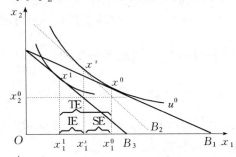

图 3.4　物价(p_1)上升时的替代效应(SE)、
　　　　收入效应(IE)与总效应(TE)

由替代效应(SE)与收入效应(IE)相加,就得到价格 p_1 下降产生的总效应(TE)。如图3.4所示。

如果我们要分析住房由福利分房改为货币分房的效应,则假定 x_1 为住房,x_2 为其他商品,取消福利分房意味着房价(租)p_1 上升,经过补偿(加工资)后,预算线由 B_3 变为虚拟的 B_2,$x_1^s - x_1^0 < 0$ 是取消福利分房后的替代效

应, $x_1^1 - x_1^s < 0$ 是取消福利分房后的收入效应。如果政府对职工不补偿,则取消福利分房的总效应是 SE + IE = TE = $x_1^1 - x_1^0 < 0$。价格放开加货币补贴的实质是,只补贴收入效应,不补贴替代效应。即在保证百姓福利不变(u^0 不变)的前提下改进价格配置资源的效率。

第二节 斯拉茨基公式

一、斯拉茨基公式的证明

【定理】 令 $x(p, y)$ 为马歇尔需求,令 u^* 为消费者在价格 p 与收入 y 的前提下达到的效用水平,则

$$\underbrace{\frac{\partial x_i(p, y)}{\partial p_j}}_{TE} = \underbrace{\frac{\partial x_i^h(p, u^*)}{\partial p_j}}_{SE} - \underbrace{x_j(p, y) \frac{\partial x_i(p, y)}{\partial y}}_{IE} \quad (3.1)$$

公式(3.1)称为斯拉茨基(Slusky)公式。它表示,价格 p_j 对 x_i 的消费量的总效应(TE)等于替代效应(SE)与收入效应(IE)之和。

为了证明公式(3.1),我们先介绍三个引理:

【引理1】 $e(p, u^*) = e(p, v(p, y)) = y$ (3.2)

证明: 固定 $(p, y) \in \mathbf{R}_{++}^n \times \mathbf{R}_{++}$,由 $v(p, y)$ 的定义知,如果价格为 p,最大 u 可以由 y 保证,所以 $e(p, v(p, y)) \leqslant y$。假定当 $u = v(p, y)$ 时,$e(p, u) < y$。我们要证"$e(p, u) < y$"不成立。设 $\overline{u}$ 为可达到(收入 y 保证的)的最大效用,由于 $u(\cdot)$ 连续,$e(\cdot)$ 连续,可以取 $\varepsilon > 0$,使得 $u + \varepsilon < \overline{u}$。且 $e(p, u + \varepsilon) < y$。让 $y_\varepsilon = e(p, u + \varepsilon)$,由 $v(\cdot)$ 定义知 $v(p, y_\varepsilon) \geqslant u + \varepsilon$。由于 $y_\varepsilon < y, v$ 是严格递增,所以 $v(p, y) > v(p, y_\varepsilon) \geqslant u + \varepsilon$。但我们在开始时假定 $u = v(p, y)$,这等于是说 $u > u + \varepsilon$。矛盾。因此,$e(p, v(p, v)) = y$。(证毕)

【引理2】 $x_i(p, y) = x_i^h(p, v(p, y))$ (3.3)

引理2是说,马歇尔需求函数等于价格为 p,并且效用在 p 与收入 y 条件下达到最大时的希克斯需求函数。

证明: 令 $x^0 = x(p^0, y^0)$,并且 $u^0 = u(x^0)$,即当价格为 p^0,收入为 y^0 时消费者选择了 x^0 并且达到效用 u^0。由于这是最优选择,所以有 $v(p^0, y^0) = u^0$。并且 $p^0 \cdot x^0 = y^0$(否则,若 $y^0 \cdot x^0 < y^0$,则与效用函数连续、递增以及效用最大化相抵触,因消费者还可以用剩下的钱去购买更多的物品,而且是不会厌足的。)由引理1可知 $e(p^0, v(p^0, y^0)) = y^0$。或者,等价地,$e(p^0, u^0) = y^0$。由于 $u(x^0) = u^0$,且 $p^0 \cdot x^0 = y^0$,这意味着 x^0 解了 $(p^0,$

u^0)给定时支出最小 $e(\cdot)$ 的问题,而按希克斯需求函数的定义,解决 $e(\cdot)$ 问题的 x 则就是 $x^h(p^0, u^0)$,所以 $x^0 = x^h(p^0, u^0)$。于是,$x^0 = x(p^0, y^0) = x^h(p^0, u^0)$。(证毕)

【引理3】 $\qquad\qquad x_i^h(p, u) = x_i(p, e(p, u))$ $\qquad\qquad$ (3.4)

证明:设 $p = p^0$,$u = u^0$,x^h 表示 $p^0 \cdot x^h$ 解决了 $e(\cdot)$ 的问题,因此在 $u = u^0$ 时,$p^0 \cdot x^h = e(p^0, u^0)$。由引理1,$e(p^0, u^0) = e(p^0, v(p^0, y^0)) = y^0$,所以,$x^h$ 解决了 $(p^0, e(p^0, u^0))$ 时的效用极大化问题。因此 $x^h = x_i(p^0, e(p^0, u^0))$。(证毕)

现在来证明公式(3.1):

因为 $x_i^h(p, u^*) = x_i(p, e(p, u^*))$ (引理3),所以,当 $p \gg 0$ 时,$x_i^h(\cdot)$ 可以对 x_j 的价格 p_j 求偏导,从而

$$\frac{\partial x_i^h(p, u^*)}{\partial p_j} = \frac{\partial x_i(p, e(p, u^*))}{\partial p_j} + \frac{\partial x_i(p, e(p, u^*))}{\partial y} \cdot \frac{\partial e(p, u^*)}{\partial p_j}$$

(3.5)

由引理1,$e(p, u^*) = e(p, v(p, y)) = y$。

再利用谢泼特引理即公式(2.9),由于 $u^* = v(p, y)$,可知

$$\frac{\partial e(p, u^*)}{\partial p_j} = x_j^h(p, u^*) = x_j^h(p, v(p, y))$$

(3.6)

又由公式(3.4)知 $x_j^h(p, u^*) = x_j(p, e(p, u)) = x_j(p, y)$,所以

$$\frac{\partial e(p, u^*)}{\partial p_j} = x_j(p, y)$$

(3.7)

从而 $\qquad \dfrac{\partial x_i^h(p, u^*)}{\partial p_j} = \dfrac{\partial x_i(p, y)}{\partial p_j} + \dfrac{\partial x_i(p, y)}{\partial y} x_j(p, y)$ $\qquad$ (3.8)

移项可得公式(3.1)

$$\frac{x_i(p, y)}{\partial p_j} = \frac{\partial x_i^h(p, u^*)}{\partial p_j} - x_j(p, y) \frac{\partial x_i(p, y)}{\partial y} \quad (i = 1, \cdots, n) \quad \text{(证毕)}$$

斯拉茨基公式揭示了可观察的马歇尔需求函数与不可观察的希克斯需求函数在面临价格变动时的相互关系。它有许多应用。

二、若干说明

1. 对引理 3 的说明

在前述关于斯拉茨基公式的证明中,关键是引理3(公式(3.4)),斯拉茨基公式是(3.4)式两边对 p_j 求偏导而得到的。而关于引理3,我们作如下说明:

引理 3 实质上讲了马歇尔需求函数与希克斯需求函数之间的关系。马歇尔需求函数的表达式为 $x_i(p, y)$，这是从有约束的效用极大化问题推导出来的；而希克斯的需求函数是根据谢泼特引理来的，即 $x_i^h(p, \overline{u}) = \dfrac{\partial e(p, \overline{u})}{\partial p_i}$。从图 2.5 与图 2.6 知，$x_i^h(p, \overline{u})$ 是当效用目标固定为 $\overline{u}$，由于价格 p_i 变化而产生的需求。为了使支出最小，只好用改变了的相对价格线 $\left(-\dfrac{p_1}{p_2}\right)$ 与同一条无差异曲线 $\overline{u}$ 去相切，这样由不同切点所对应的关于 x_i 的需求函数是剔除了价格变化的收入效应的，于是 $x_i^h(p, \overline{u})$ 中只包含价格变化的替代效应。

因此，一般说来，$x^h(p, \overline{u})$ 与 $x(p, y)$ 是不相等的。但是在特殊场合，它们可以相等。引理 3 实质上揭示了 $x_i^h(p, \overline{u})$ 与 $x_i(p, y)$ 相等的条件。请看下图：

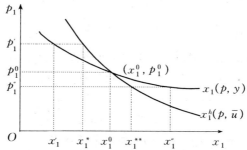

图 3.5 马歇尔需求与希克斯需求的比较

图 3.5 中，马歇尔需求曲线 $x_1(p, y)$ 与希克斯需求曲线正好在 (x_1^0, p_1^0) 点处相交，这是当 p_1 发生变化之前与 $\overline{u}$ 相对应的 X_1 的购买量 x_1^0，这时，X_1 的价格是 p_1^0。如 p_1 发生了变化，则 $x_1^h(p, \overline{u})$ 与 $x_1(p, y)$ 的变化方式会有区别。

如 p_1 下降了，设 $p''_1 < p_1^0$，按希克斯补偿原则，对消费者要实行负的收入补偿。而如果 X_1 是正常品，则负的收入补偿会使消费者对 X_1 的需求有所抑制，因此，$x_1^h(p, \overline{u})$ 这一条线在 $p''_1 < p_1^0$ 时会陡峭一些，说明 p_1 的下降对 X_1 的购买量的刺激作用由于负收入补偿而部分被剔除了。但马歇尔需求函数则不同，$x_1(p, y)$ 是既包含替代效应，又包含收入效应。当 p_1 下降，$p''_1 < p_1^0$ 时，在 $x_1(p, y)$ 曲线上需求量的变化要比在 $x_1^h(p, \overline{u})$ 线上需求量的变化大。这就是为什么在点 $p''_1 < p_1^0$ 时，线 $x_1(p, y)$ 比线 $x_1^h(p, \overline{u})$ 更为平坦的原因。

如果 $p'_1 > p^0_1$，价格上升了，由于希克斯需求线中包含了正的收入补偿，因此价格上升对于 $x^h_1(p, \overline{u})$ 的调节作用部分地被正的收入补偿抵消了。而马歇尔需求曲线 $x_1(p, y)$ 上则仍包含收入效应与替代效应。所以，马歇尔需求曲线在 $p'_1 > p^0_1$ 时，X_1 的需求量会降低得多一些，而希克斯需求曲线 $x^h_1(p, \overline{u})$ 上的需求量会降低得少一些。

从而，曲线 $x^h_1(p, \overline{u})$ 会比曲线 $x_1(p, y)$ 陡峭一些。但是，在它们的交点，它们是相等的。该交点有什么特点呢？该交点是在 $u = \overline{u}$，价格为 p^0 的时候(如消费品只有两类，$p^0 = (p^0_1, p^0_2)$)。在这一点，最优消费量 x^0_1 必然是把收入 y 花尽并且等于 $e(p^0, \overline{u})$，即 $y = e(p^0, \overline{u})$。这就是说，在该交点，收入与 $(p^0, \overline{u})$ 相对应的最小支出 $e(p^0, \overline{u})$ 是相等的。这就是引理 3 的结论：$x^h_i(p, \overline{u}) = x_i(p, e(p, \overline{u}))$。

2. 关于斯拉茨基补偿与希克斯补偿的计算

在斯拉茨基公式(3.1)的应用中，会涉及到斯拉茨基补偿与希克斯补偿这两个概念。

(1) 斯拉茨基补偿

斯拉茨基补偿是在价格变动时，按价格发生变化前的消费量(x^0)为基准，以消费者保持相同的消费计划为目标，而对价格变动后的消费者所实行的补偿。设补偿金为 Δm，价格变动向量为 $\Delta p = (\Delta p_1, \Delta p_2, \cdots, \Delta p_n)$，则 $\Delta m = \Delta p \cdot x^0$ 就行，这里，Δp 为价格变化向量；x^0 为需求量在 p^0 时的向量。若只有 p_1 变化，则 $\Delta m = (p^1_1 - p^0_1) x^0_1$。由于 x^0_1 是原来的消费购买量，是可以观察的，所以计算起来会方便得多。

(2) 希克斯补偿

希克斯补偿则是以使消费者保持相同的效用水平为目标所发放的补偿。它意味着，价格变化之后，消费计划可以改变，但可以达到与以前一样的效用。如果我们知道了效用函数的形式，利用间接效用函数 $v(p, y)$，我们是可以计算出希克斯补偿额的。办法是：先求出希克斯补偿性需求函数，再求希克斯补偿额。

例 1：如效用函数为 $u(x_1, x_2) = \sqrt{x_1 x_2}$，如 p_2 不变($p_2 = 1$)，收入 $y = 2$，p_1 由 0.25 上升到 1，求希克斯补偿，并与斯拉茨基补偿额相比较。

解：由第二讲所得的结果，知道与该效用函数相对应的马歇尔需求函数为

$$x^*_1 = \frac{y}{2p_1}$$

$$x^*_2 = \frac{y}{2p_2} \tag{E.1}$$

因此,间接效用函数为

$$v(p_1, p_2, y) = \frac{y}{2 p_1^{\frac{1}{2}} p_2^{\frac{1}{2}}} \tag{E.2}$$

如果我们用 $y = 2 v\, p_1^{\frac{1}{2}} p_2^{\frac{1}{2}}$ 代入 x_1^* 与 x_2^* 的表达式,则有

$$x_1^h = \frac{v p_2^{\frac{1}{2}}}{p_1^{\frac{1}{2}}}$$

$$x_2^h = \frac{v p_1^{\frac{1}{2}}}{p_2^{\frac{1}{2}}} \tag{E.3}$$

(E.3)就是关于 X_1 与 X_2 的补偿性需求函数,因为现在需求是取决于效用 v 而不是收入 y 了。在 v 不变时(把 v 看作常数),x_1 与 x_2 只随价格而变,这就是希克斯补偿性需求函数。

由于 $p_1^0 = 0.25$,$p_2 = 1$,$y = 2$,所以 $v = 2$。

当 p_1 从 0.25 上升到 1 时,x_1^h 会从 4 下降为 2,x_2^h 会从 1 上升到 2(从 (E.3)推算而来)。由于希克斯补偿后的支出必须保证让 (x_1^h, x_2^h) 在新的价格水平上收支平衡,即 $e = 1 \cdot x_1^h (p_1 = 1, p_2 = 1, v = 2) + 1 \cdot x_2^h (p_1 = 1, p_2 = 1, v = 2) = 1 \times 2 + 1 \times 2 = 4$,而原来的收入才只有 2,所以,需要补偿 $4 - 2 = 2$。

因此,希克斯补偿为 2。

而斯拉茨基补偿为多少呢?

从(E.1)出发,由于 p_1 从 0.25 上升为 1,而 p_2 不变,因此 $\Delta p = 1 - 0.25 = 0.75$。而 $x_1^* (p_1^0, p_2^0, y = 2)$ 为 4,要在 p_1 变化后仍让消费者购买 4 单位的 x_1,则斯拉茨基补偿为 $4 \times 0.75 = 3$。

可见,希克斯补偿比斯拉茨基补偿要小(当价格上升时)。

3. 关于斯拉茨基公式的说明

在公式(3.1)里

$$\frac{\partial x_i(p, y)}{\partial p_j} = \frac{\partial x_i^h(p, u^*)}{\partial p_j} - x_j(p, y) \frac{\partial x_i(p, y)}{\partial y}$$

$$= \frac{\partial x_i}{\partial p_j}\bigg|_{u = 常量} - x_j(p, y) \frac{\partial x_i(p, y)}{\partial y} \tag{3.1'}$$

这右边第一项是 p_j 变化对第 i 种商品需求量的替代效应。如果无差异曲

线凸向原点,则替代效应 $\left.\dfrac{\partial x_i^h}{\partial p_i}\right|_{u=常数}$ 是正的。原因是: p_j 上升时, x_j 下降,由于 x_i 对 x_j 是替代的,所以在同一条无差异曲线上 x_i 会上升。反之, p_j 下降,在同一条无差异曲线上, x_i 会下降。

而 $\left(-x_j(p,y)\dfrac{\partial x_i(p,y)}{\partial y}\right)$ 是收入效应。如果 x_i 是正常品,则 $\dfrac{\partial x_i(p,y)}{\partial y}>0$,于是收入效应为负。

三、斯拉茨基公式的若干应用与注意事项

1. 自价格效应

令 $j=i$,公式(3.1)就可写成

$$\frac{\partial x_i(p,y)}{\partial p_i} = \frac{\partial x_i^h(p,u^*)}{\partial p_i} - x_i(p,y)\frac{\partial x_i(p,y)}{\partial y} \qquad (3.5)$$

公式(3.5)就是 p_i 变动对 x_i 的效应,叫"自价格效应"。这里,最主要的发现是:净替代效应非正

$$\frac{\partial x_i^h(p,u)}{\partial p_i} \leqslant 0 \quad (i=1,2,\cdots,n) \qquad (3.6)$$

证明(3.6)要用谢泼特引理。

由于

$$\frac{\partial e(p,u)}{\partial p_i} = x_i^h(p,u) \qquad (2.9)$$

所以 $\qquad \dfrac{\partial x_i^h(p,u)}{\partial p_i} = \dfrac{\partial^2 e(p,u)}{\partial p_i^2} \qquad (3.7)$

要证:公式(3.7)是非正的。这需要利用 $e(p,u)$ 函数的一个性质:凹性。如何证明 $e(p,u)$ 为凹函数呢?

【定义】 函数 $f(x)$ 为凹函数如果对于 $x^1,x^2\in X$ 与 $\forall t\in[0,1]$,都有

$$tf(x^1)+(1-t)f(x^2)\leqslant f(tx^1+(1-t)x^2) \qquad (3.8)$$

我们需证明的是:对于 $p^1,p^2\in p$,与 $\forall t\in[0,1]$ 有

$$te(p^1,u)+(1-t)e(p^2,u)\leqslant e((tp^1+(1-t)p^2),u) \qquad (3.9)$$

假定当 $p=p^1$ 时, x^1 使花费最小,并且达到了给定的 u ; $p=p^2$ 时, x^2 使花费最小,并且达到了 u 。于是,对任何别的能达到 u 的 x ,都有

$$p^1\cdot x^1\leqslant p^1\cdot x \qquad (3.10)$$

$$p^2 \cdot x^2 \leqslant p^2 \cdot x \qquad (3.11)$$

令 $\qquad x = x^* \;(x^* \text{能达到} u)$

有 $\qquad tp^1 \cdot x^1 + (1-t)p^2 \cdot x^2 \leqslant [tp^1 + (1-t)p^2]x^* \qquad (3.12)$

即 $\qquad te(p^1, u) + (1-t)e(p^2, u) \leqslant e((tp^1 + (1-t)p^2), u) \qquad (3.13)$

所以，$e(\cdot)$ 为凹。

这样 $\qquad \dfrac{\partial x_i^h(p, u)}{\partial p_i} \leqslant 0 \qquad (3.14)$

即"净替代效应"非正。 （证毕）

2. 需求规律与吉芬品

从公式(3.1)与(3.14)可以看出，如果一种物品是正常品，那么 $\dfrac{\mathrm{d}x_i(\cdot)}{\mathrm{d}y}$ > 0，所以 $\dfrac{\partial x_i(\cdot)}{\partial p_i} < 0$。这就是说，对于正常品来说，价格下跌必定会造成需求数量上升；反之，如果价格下跌了，需求必上升。这叫需求规律。

"需求规律"的反例是"吉芬品"(Giffen goods)。这是指需求量与价格变化同方向变化。为什么有 $\dfrac{\mathrm{d}x_i}{\mathrm{d}p_i} > 0$ 这种可能？那一定是由于 $\dfrac{\mathrm{d}x_i(\cdot)}{\mathrm{d}y} < 0$。即该物品一定是劣等品。但劣质品不一定是吉芬品 $\left(\dfrac{\partial x_i(\cdot)}{\partial y} > 0\right)$。如 $\dfrac{\partial x_i(\cdot)}{\partial y} < 0$，这满足"劣等品"的定义，但 $x_i \left|\dfrac{\partial x_i(\cdot)}{\partial y}\right| < \left|\dfrac{\partial x_i(\cdot)}{\partial p_i}\right|$，由公式 (3.5)，则 $\dfrac{\partial x_i(\cdot)}{\partial p_i}$ 仍会小于零。即 x_i 仍不是吉芬品，尽管它是劣等品。

3. 净替代效应的对称性

从谢泼特引理出发

$$\begin{aligned} \frac{\partial(x_i^h(p, u))}{\partial p_j} &= \frac{\partial}{\partial p_i}\left[\frac{\partial e(p, u)}{\partial p_j}\right] \\ &= \frac{\partial x_j^h(p, u)}{\partial p_i} \end{aligned} \qquad (3.15)$$

由于公式(3.1)式右端第一项是撇开收入效应的净替代效应，所以，这种净替代总是互替的，而且是对称的。

4. 总替代与总互补

净替代的对称性指的是希克斯需求函数具有替代的对称性。如果分析马歇尔需求函数，则替代与补充的关系可以用"总替代"与"总互补"来定义：

【定义】 总替代与总互补：两种商品 X_i 与 X_j 如果

$$\frac{\partial x_i}{\partial p_j} > 0 \qquad (3.16)$$

则它们是存在总替代关系的；如果

$$\frac{\partial x_i}{\partial p_j} < 0 \qquad (3.17)$$

则它们是具有总互补关系的。

要注意的是，总替代关系与总互补关系并不像希克斯需求关系中那样具有对称性。X_1 有时替代 X_2，但不一定说明 X_2 就替代 X_1。这里的关键在于有收入效应。比如对儿童来说，食品（X_1）与玩具（X_2）可能会有 $\frac{\partial x_2}{\partial p_1} < 0$，因为食品价格上升后，由于食品开支在收入中所占的比重高，所以收入效应会占主导地位，从而使 X_2（玩具）消费下降。这说明 X_2 对 X_1 是总体相补的；但是这不一定说明 X_1 对 X_2 就是互补的。当 p_2 上升（玩具价上升）时，由于玩具开支占开支比重小，其收入效应小，这时，$\frac{\partial x_1}{\partial p_2} > 0$，即玩具贵了，人们会给小孩买更多的食品来进行替代。若这样，X_1 对 X_2 是总体相替的。

作为一个例子，我们来看看在交叉价格效应中可能出现非对称性：

例 2：如 $u(x_1, x_2) = \ln x_1 + x_2$，讨论 x_1 与 x_2 之间的总替代或总补充关系。

解：这是拟线性效用函数。由第一讲所述消费者最优解的性质，可知

$$\frac{MU_1}{MU_2} = \frac{p_1}{p_2}$$

从而有

$$\frac{1}{x_1} = \frac{p_1}{p_2}$$

即

$$p_1 x_1 = p_2 \qquad (E.4)$$

所以

$$y = p_1 x_1 + p_2 x_2 = p_2 + p_2 x_2$$

这样就有

$$p_2 x_2 = y - p_2 \qquad (E.5)$$

或者

$$\frac{p_2 x_2}{y} = 1 - \frac{p_2}{y} \qquad (E.6)$$

当 y 不变时，p_2 上升意味着 x_2 的支出比例下降，从而 p_2 上升会引起 x_1 的需求量上升。从（E.4）可见

$$\frac{\partial x_1}{\partial p_2} = \frac{1}{p_1} > 0 \qquad (E.7)$$

说明 x_1 对 x_2 是替代的。但是从（E.5）可知

$$\frac{\partial x_2}{\partial p_1} = 0 \tag{E.8}$$

从这方面看,x_2 与 x_1 是完全无关的。因此,它们既不是总互替代品,也不是总互补充品。可见,总替代关系并不一定是对称的。

第三节　弹　　性

一、定义

如果记 $x_i(p, y)$ 为关于产品 i 的马歇尔需求函数,则令

$$\eta_i \equiv \frac{\partial x_i(p, y)}{\partial y} \cdot \frac{y}{x_i(p, y)} \tag{3.18}$$

$$\varepsilon_{ij} \equiv \frac{\partial x_i(p, y)}{\partial p_j} \cdot \frac{p_j}{x_i(p, y)}, \varepsilon_{ii} \equiv \frac{\partial x_i(p, y)}{\partial p_i} \cdot \frac{p_i}{x_i(p, y)} \tag{3.19}$$

$$S_i \equiv \frac{p_i x_i(p, y)}{y} \quad (i, j = 1, 2, \cdots) \tag{3.20}$$

显然,$\sum_{i=1}^{n} S_i = 1$。这里:

η_i 是关于产品 i 的需求量对于收入的弹性;

ε_{ij} 是关于产品 i 的需求量对于别的产品价格 j 的交叉价格弹性;

ε_{ii} 是关于产品 i 的需求量的自价格弹性;

s_i 是第 i 种物品的消费支出占总收入的比重。

二、高弹性区域与低弹性区域

由于以后会经常用到弹性,我们有必要区分高弹性与低弹性。如果 $|\varepsilon_{ij}| > 1$,或 $|\varepsilon_{ii}| > 1$,或 $|\eta_i| > 1$,则称富于弹性;如果 $|\varepsilon_{ij}| < 1$,或 $|\varepsilon_{ii}| < 1$,或 $|\eta_i| < 1$,则称缺乏弹性;如果 $|\varepsilon_{ij}| = |\varepsilon_{ii}| = |\eta_i| = 1$,则称单位弹性。

如果 $|\varepsilon_{ii}| > 1$,则降低价格 (p_i)会提高总销售额;如果 $|\varepsilon_{ii}| < 1$,则提价会提高总销售额;如果 $|\varepsilon_{ii}| = 1$,价格变动不影响销售额。

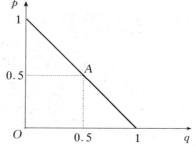

图 3.6　线性需求上的不同点的弹性不同

例3：如图 3.6，如果需求函数为 $q_i^D = 1 - p_i$，则在需求线中点 A，$|\varepsilon_{ii}|$ $= 1$，为什么？ 由于 $\dfrac{\mathrm{d}q_i}{\mathrm{d}p_i} = -1$，$\dfrac{p_i}{q_i}\Big|_A = \dfrac{0.5}{0.5} = 1$，$\therefore |\varepsilon_{ii}| = \left|\dfrac{\mathrm{d}q_i}{\mathrm{d}p_i} \cdot \dfrac{p_i}{q_i}\right| = 1$。在 A 点之上，$|\varepsilon_{ii}| > 1$（因为 $p_i > 0.5$，$q_i < 0.5$，而斜率不变）；在 A 点之下，$|\varepsilon_{ii}| < 1$（因为 $p_i < 0.5$，$q_i > 0.5$，而斜率不变）。

该例说明，线性需求函数的弹性不是处处不变的；而且，随着价格下降，开始弹性大，尔后，降价作用渐渐递减，说明以降价来促销的效率是递减的；在 A 点之上，企业有动力降价，在 A 点之下，企业有动力提价。

三、恩格尔(Engel)加总规则与古诺(Cournot)加总规则

1. 恩格尔(Engel)加总规则：对马歇尔需求函数 $x(p, y)$ 有

$$\sum_{i=1}^{n} S_i \eta_i = 1 \tag{3.21}$$

证明：

$$y = p \cdot x = \sum_{i=1}^{n} p_i x_i(p, y) \tag{3.22}$$

两边对 y 求导，可得

$$1 = \sum_{i=1}^{n} p_i \frac{\partial x_i(p, y)}{\partial y} \tag{3.23}$$

$$= \sum_{i=1}^{n} \frac{p_i x_i}{y} \frac{\partial x_i}{\partial y} \cdot \frac{y}{x_i} = \sum_{i=1}^{n} S_i \eta_i \tag{证毕}$$

2. 古诺(Cournot)加总规则

对于马歇尔需求函数 $x(p, y)$，有

$$\sum_{i=1}^{n} S_i \varepsilon_{ij} = -S_j \tag{3.24}$$

证明： 对于

$$y = p \cdot x = \sum_{i=1}^{n} p_i x_i(p, y)$$

两边，分别对 p_j 求偏导，得

$$0 = \sum_{i \neq j}^{n} p_i \frac{\partial x_i}{\partial p_j} + x_j + p_j \frac{\partial x_j}{\partial p_j} \tag{3.25}$$

即

$$-x_j = \sum_{i=1}^{n} p_i \frac{\partial x_i}{\partial p_j} \tag{3.26}$$

于是

$$\frac{-p_j x_j}{y} = \sum_{i=1}^{n} \frac{p_i x_i}{y} \cdot \frac{\partial x_i}{\partial p_j} \cdot \frac{p_j}{x_i} \tag{3.27}$$

由定义(3.20)与(3.19),可得

$$- S_j = \sum_{i=1}^{n} S_i \varepsilon_{ij} \quad (j = 1, 2, \cdots, n) \tag{3.24}$$

这说明, p_j 变化对于消费者的交叉需求弹性的加权和正好是消费品 j 支出份额的负数。价格 p_j 上升,会使消费者的支出下降相当于商品 j 在其收入中所占的相对比重。S_j 越大,则 p_j 变化的作用越大。可见,调价的作用取决于被调价物品在人们生活开支中的地位。

四、举例(最优广告投入)

例4:设消费者对某产品的需求量 D 取决于产品的价格 p 与广告 a(advertising level)的宣传效果,即 $q = D(p, a)$。又设厂商提供该商品的成本是产量 q 的函数, $C(q) = C(D(p, a))$,于是厂商的利润 π 就等于总收入减去 $C(D(p, a))$,再减去广告投入 a。利润函数可以写成

$$\pi(p, a) = pD(p, a) - C(D(p, a)) - a \tag{3.28}$$

厂商的选择变量为价格 p 与广告投入 a。为使利润极大化,使 π 对 p 与对 a 分别求一阶导数,并令一阶导数为零,我们可以得到

$$D(p, a) + pD_p(p, a) = C'(D(p, a))D_p(p, a) \tag{3.29}$$

以及

$$pD_a(p, a) - C'(D(p, a))D_a(p, a) = 1 \tag{3.30}$$

我们从弹性定义知,需求的自价格弹性 ε_p 是

$$\varepsilon_p = -\frac{\partial D}{\partial p} \cdot \frac{p}{q}$$

又定义一个新的弹性:需求的广告弹性(需求量相对变化对广告投入相对变化的比率)为

$$\varepsilon_s = \frac{\partial D}{\partial a} \cdot \frac{a}{q} = \lim_{\substack{\Delta a \to 0 \\ \Delta q \to 0}} \frac{\frac{\Delta q}{q}}{\frac{\Delta a}{a}} \tag{3.31}$$

我们从(3.29)式可得

$$C'(D(p, a)) = p + \frac{D(p, a)}{D_p(p, a)} \tag{3.32}$$

从(3.30)式中得

$$C'(D(p, a)) = p - \frac{1}{D_a(p, a)} \tag{3.33}$$

从(3.32)式与(3.33)式,可得

$$-\frac{D_a(p,a)}{D_p(p,a)} = \frac{1}{D} = \frac{1}{q} \qquad (3.34)$$

于是

$$\frac{\varepsilon_a}{\varepsilon_p} = -\frac{\dfrac{\partial D}{\partial a}\dfrac{a}{x}}{\dfrac{\partial D}{\partial p}\dfrac{p}{x}} = -\frac{D_a(p,a)}{D_p(p,a)} \cdot \frac{a}{p} = \frac{a}{pq} \qquad (3.35)$$

式(3.35)是我们得到的结果,即广告投入 a 占总销售额(pq)的相对比重 $\left(\dfrac{a}{pq}\right)$ 应等于需求的广告弹性对需求的价格弹性之比。

第四节 价格变化的福利效应与消费者剩余的测量

一、消费者剩余的定义

考虑马歇尔需求函数 $x(p,y)$。设社会上有 n 个需求者,这 n 个需求者由于自己的收入水平 y_i 不一,或者由于偏好不同,愿意支出的价格(即自己对物品的评价 v_i)亦不同。如果我们对这 n 个消费者的评价 v_i 按从高到低的次序排排队,就会有 $v_1 \geqslant v_2 \geqslant v_3 \geqslant \cdots$。当市场上某商品的价格为 p_0 时具有评价 v_i 的消费者当且仅当 $v_i \geqslant p_0$ 时,才会购买一单位商品。

我们定义:第一位消费者的剩余是

$$v_1 - p_0$$

同样地,第二个消费者的剩余是

$$v_2 - p_0$$

这样下去,直到最后一个消费者的剩余为零,需求到此结束。

以图来表示,就是图3.7:

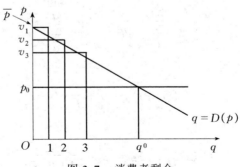

图3.7 消费者剩余

这样,消费者的总剩余就是

$$(v_1 - p_0) + (v_2 - p_0) + \cdots + (v_n - p_0)$$

如果 n 很大,则阶梯型需求函数就可近似地由一条连续的总需求函数线 $q = D(p)$ 来表示,并且,消费者剩余可以用积分来表示

$$S^n = \int_{p^0}^{\bar{p}} D(p) dp \qquad (3.36)$$

这里,$\bar{p}$ 是需求为零的诸价格水平中的最低价格。记 S^g 为毛消费者剩余,毛剩余等于 S^n(净剩余)加上消费者支出 $p^0 \cdot D(p^0)$。

需求线 $D(p)$ 上的每一点表示对于每一个特定的需求量 q,消费者所能承受的最高价格;或者换个角度说,每一点表示,对于某一特定的价格水平,消费者所愿购买的产品数量。因此,如果市场上某产品的价格越低,则需求量越大;反之,价格越高,则需求量越小。这称为需求的基本规律。

二、价格变化与消费者剩余的变化

1. 表达式

设某商品的价格由 p^0 上升为 p^1,则净消费者剩余变化与毛消费者剩余变化可分别表达为

$$\Delta S^n = -\int_{p^0}^{p^1} D(p) dp \qquad (3.37)$$

$$\Delta S^g = -\int_{p^0}^{p'} D(p) dp + [p^1 D(p^1) - p^0 D(p^0)] \qquad (3.38)$$

这可以用图 3.8 表示:

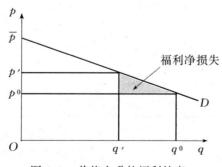

图 3.8　价格上升的福利效应

2. 补偿性的需求函数与消费者福利的变化

我们已经知道了希克斯的"补偿性的需求函数"$x^h(p, u^0)$，它是指价格变化之后，外界对消费者进行了相应的补偿之后，消费者的需求由于相对价格的变化仍会发生的相应的变化。我们又知道了斯拉茨基公式

$$\frac{\partial x_i(p, y)}{\partial p_i} = \frac{\partial x_i^h(p, u^0)}{\partial p_i} - \frac{\partial x_i(p, y)}{\partial y} \cdot x_i(p, y) \qquad (3.5)$$

运用本讲第二节证明过的引理 1 与引理 2，我们知道 $x_i^h(p, u^0) \equiv x_i(p, e(p, u^0)) \equiv x_i(p, y)$（因为 $e(p, u^0) \equiv e(p, v(p, y)) \equiv y$）。当价格从 p^0 上升至 p^1 时，我们会有

$$D(p^0, y) \equiv D^h(p^0, u^0) \qquad (3.39)$$

$$D(p^1, y) \equiv D^h(p^1, u^1) \qquad (3.40)$$

这里 $D(p^0, y)$ 与 $D(p^1, y)$ 表示马歇尔需求函数，$D^h(p^0, u^0)$ 与 $D^h(p^1, u^1)$ 表示希克斯需求函数。

如图 3.9 所示，当价格从 p^0 上升为 p^1 时，如果不对消费者实行补偿，那么，对 q 的需求会从 d 移至 e，即需求量会大大减少。如果对消费者实行补偿，则有两种补偿方法：一是以 u^0 为标准，其所对应的补偿的消费需求线为 $D^h(p^0, u^0)$，二是以 u^1 为标准，过 e 点可作另一条补偿的消费需求线 $D^h(p, u^1)$。注意，$D^h(p, u^0)$ 是以 d 为基准点对由于价格（p）上升而作的补偿后所形成的希克斯需求线，它仍经过 d 点，但比原来的马歇尔需求线更陡峭了（我们在前一讲里讲过，希克斯需求线只考虑价格变化的替代效应，而剔除了收入效应，因而 $D^h(\cdot)$ 会比马歇尔需求线更陡峭）。$D^h(p, u^1)$ 是以 e 为基准点画的希克斯需求线，在 e 点所对应的价格为 $p^1 > p^0$，所以 $u^1 < u^0$。这里，$u^0 = v(p^0, y)$，$u^1 = v(p^1, y)$。

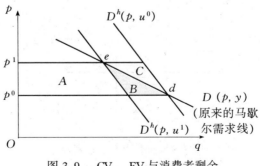

图 3.9　CV 、EV 与消费者剩余

有了补偿性需求函数的概念之后，我们可以引入两个重要的概念：补偿

性变化(compensating variation)与等值性变化(equivalent variation)。

补偿性变化可定义为

$$CV = e(p^1, v(p^0, y)) - y \qquad (3.41)$$

即本来价格为 p^0，对应不变的货币收入 y，会产生一个间接效用水平 $v(p^0, y) = u^0$。现在价格变化了，上升为 p^1，最低开支 $e(p^1, v(p^0, y))$ 肯定超过 y(因为 $e(p^0, v(p^0, y)) \equiv y$)，这超过的部分应补偿，叫补偿性变化 (compensating variation)。

等值性变化定义为

$$EV = y - e(p^0, v(p^1, y)) \qquad (3.42)$$

即你有货币收入 y，现在价格是 p^1，你按 p^1 与 y 取间接效用函数值为 $v(p^1, y) = u^1$，若以 p^0 为价格去满足 u^1，则会省一部分钱出来。这一部分省出来的钱是 $y - e(p^0, v(p^1, y))$。为什么可以省出来钱呢？因 $y \equiv e(p^1, v(p^1, y)) > e(p^0, v(p^1, y))$($e(\cdot)$ 是 p 的增函数)。现在由于价格是 p^1 而不再是 p^0，你实质上就失去了相当于 $[y - e(p^0, u^1)]$ 的钱。这笔钱也应补偿。

从图上看，价格上升(p^0 至 p^1)的补偿性变化(CV)是 $D^h(p, u^0)$ 下从 p^0 至 p^1 的面积变化，即若以更高的价格维持原来的福利水平而让消费者付出的更多的代价，这是由 $A + B + C$ 组成。

价格从 p^0 上升为 p^1 的等值性变化是 $D^h(p, u^1)$ 下的变化，这是指按物价上升后已减少了的效用 u^1 为标准由于物价从 p^0 上升为 p^1 消费者所蒙受的损失。即图上的面积 A。这也是一种计量从 p^0 到 p^1 变化对消费者造成的损失的方法。

简言之，CV 是以原来的福利水平 u^0 为基准，计算 p^0 到 p^1 变化对消费者造成的货币损失；EV 是以涨价后的福利水平 u^1 为基准，计算 p^0 到 p^1 变化对消费者造成的货币损失。两种算法大有出入。而消费者剩余变化则在 CV 与 EV 之间，是指"$A + B$"。

第五节　显示性偏好理论

从第一节到第四节的讨论都是以效用函数的存在为前提的。即价格变动以后的效应被分解为在同一效用水平上由于价格变动而发生的消费计划变动(替代效应)，与由价格变动造成的实际收入变动而对应于不同效用水平上的消费计划变动(收入效应)。这种分析的特征是：以无差异曲线为基础，以效用 u 为基准，然后引出需求变动与福利变化(EV 与 CV 同样以效

用水平 u^0 或 u^1 的存在为前提)。持这种分析的人认为,市场上可观察到的消费行为与需求现象背后都存在一种逻辑基础,而该基础实质上是人性的某些类型或特征,人性的这些特征是可以归类的,甚至可用数学方式加以归类,这便是效用函数的由来。

但是,也有学者如萨缪尔逊(P. Samuelson, 1947 年),就认为,为了研究市场需求规律,大可不必去寻找人们需求背后的效用函数,只要从消费(购买)行为中入手,我们就可以研究需求规律,并且讨论价格变动的福利效应。其理由在于:购买行为本身已经显示了消费者的偏好。换言之,这是一种不基于"偏好关系→效用函数→需求函数"的逻辑关系的思路,不同之处在于,中间去掉"效用函数"这一环,而是利用从市场上直接显示出来的偏好关系来研究价格变动的配置效应与福利效应。

一、显示性偏好弱公理

显示性偏好理论对需求(x)、价格(p)与人们行为的关系的研究基于下列思维框架:

设某个消费计划 x 包含 n 类物品,$x \in \mathbf{R}^n_+$。研究者在时期 $t = 1, 2, 3,$ $\cdots, T$ 上发现 T 组 x 与 p 之间的对应关系:(p^1, x^1), $\cdots$, (p^T, x^T)。这里,p^t 是时期 t 的价格向量,x^t 是时期 t 的消费选择。这里有一个关键假设:消费者的偏好在不同时期之间是不变的。在这个假设下,显示性偏好理论所研究的问题是:我们所发现的"选择行为记录"(p^1, x^1), $\cdots$, (p^T, x^T) 是否是一种理性选择? 如果消费者的选择是理性的,则当价格变动后,其选择的 x 会朝哪个方向变化?

显示性偏好理论为了回答这两个问题,还加进了两个假设:第一,若消费者的选择是理性的,则在最优选择上必定会花尽他(她)手中的钱,即必有 $px^* = y$(收入),对 $\forall p, y$ 都成立;第二,如果消费者是理性的,一定会寻求某种最优目标(尽管这不一定要表达为效用函数)。

由"偏好不变"与"$px^* = y$"这两个假设,实质上意味着,如果(p^t, x^t)是一个理性消费者留给我们的记录,则我们就可以从(p^t, x^t)中推知其收入 y^t。

由"偏好不变"与"$px^* = y$"显然可以得到以下公理,又称为显示性偏好的弱公理(为什么加上一个"弱"字? 因它只涉及两个给定的不同时期的选择行为的比较,并不涉及一个时期的消费计划与任何另一个时期的消费计划的比较)。下面是显示性偏好弱公理的表达:

【定义】 **显示性偏好弱公理**:令 x^0 为价格向量为 p^0 时消费者的选

择,令 x^1 为价格为 p^0 消费者可以买得起但结果并没有选择的消费计划,则:x^0 就被"显示出"偏好于 x^1,并且,若 x^0 已被显示出偏好于 x^1,则 x^1 就决不会被显示出偏好于 x^0。

如用数学公式来加以表达,则显示性偏好弱公理可以被表述如下:

令 $p^0 \cdot x^0 = y^0$ 为消费者在 $t = 0$ 期的收入,令 $p^1 \cdot x^1 = y^1$ 为消费者在 $t = 1$ 期的收入,如

$$p^0 x^1 \leqslant y^0 \tag{3.43}$$

则必有

$$p^1 x^0 > y^1 = p^1 x^1 \tag{3.44}$$

换言之,x^1 是消费者在 (p^0, y^0) 预算条件下可以买但实际上拒绝了的消费计划,这就显示了消费者认为 x^0 比 x^1 要好。而 x^0 偏好于 x^1 这种偏好关系是不会随时期不同而改变的。所以,当消费者在 (p^1, y^1) 的预算条件下选择了 x^1 而没有选 x^0,那不是由于 x^0 不如 x^1,而一定是由于 x^0 在 (p^1, y^1) 的条件下买不起(如公式(3.44)所示)。

二、显示性偏好弱公理的图示

显示性偏好弱公理的实质是说,两个不同时期的消费计划 x^0 与 x^1,不可能既同时包容在 $t = 0$ 期的预算约束内,又同时包容在 $t = 1$ 期的预算约束内。

请比较下列两图:

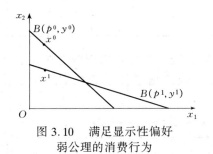 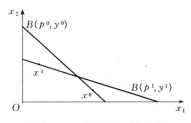

图 3.10 满足显示性偏好　　　　图 3.11 违反显示性偏好
　　弱公理的消费行为　　　　　　　弱公理的消费行为

在图 3.10 中,$x^1 \in B(p^0, y^0)$,这说明 $x^1 \leqslant p^0 x^0$,x^1 是可以被买得起的消费组合,但消费者在预算约束为 $B(p^0, y^0)$ 时选择了 x^0,这说明 $x^0 > x^1$。到了预算线为 $B(p^1, y^1)$ 时,x^0 仍应比 x^1 优越,消费者在 $B(p^1, y^1)$ 选了 x^1 而没有选 x^0,只是由于 x^0 超出 $B(p^1, y^1)$ 线的范围。所以说,图 3.10 是满足显示性偏好弱公理的。

但图 3.11 就不同了, x^1 在 $B(p^0, y^0)$ 的范围内, 消费者选择的是 x^0 而不是 x^1, 这显示了 $x^0 > x^1$ 这一事实, 那么, 如果 x^0 属于 $B(p^1, y^1)$, 则消费者应继续选择 x^0 才符合逻辑。但事实是, 消费者在 $B(p^1, y^1)$ 时可以选 x^0 却拒绝了 x^0(选了 x^1), 这说明消费者行为是内在不一致的。从而, 违反了显示性偏好弱公理。

简言之, 判断一个人的消费行为是否符合理性, 一个必要条件是: 看他(她)的购买行为是否符合显示性偏好弱公理。这只需要做三件事: 第一, 画出其在两个不同时期的预算线; 第二, 在不同的预算线下标出其购买的消费品数量组合; 第三, 判断: 若两个消费计划点都落在两条预算线的范围内, 则就违反了显示性偏好弱公理; 若至少有一个消费计划点落在其中一条预算线之外, 则满足显示性偏好弱公理。

三、举例与应用

我们先举一个例子, 看看如何判断一个消费者的行为是否是一致的(遵循显示性偏好弱公理)?

例5: 我们对一个消费者(其只消费 x_1 与 x_2)的消费行为获得了三个观察点(如表 3.1 所示)。问, 该消费者的行为是否符合显示性偏好弱公理?

表 3.1　消费行为观察值

观察期	p_1	p_2	x_1	x_2
1	1	2	1	2
2	2	1	2	1
3	1	1	2	2

解: 为了运用判断公式(3.43)与(3.44), 我们得计算出消费者在 3 个时期的收入(y^1, y^2, y^3)与三个消费计划在不同价格条件下的成本。这如表 3.2 所示:

表 3.2　在不同价格条件下三个消费计划的对应成本

价格 ＼ 消费计划	x^1	x^2	x^3
p^1	5	4	6
p^2	4	5	6
p^3	3	3	4

表 3.2 里, 对角线上的各个数实际上分别是 y^1, y^2 与 y^3。可以看出

$$p^1 x^2 = 4 < 5 = y^1$$
$$p^2 x^1 = 4 < 5 = y^2$$

所以,这个消费者的行为在 x^1 与 x^2 之间是不一致的,违反了显示性偏好弱公理。

但在 x^3 与 x^1 及 x^2 之间,则没有违反显示性偏好弱公理。因为,虽然 $p^3 x^1 < y^3$,且 $p^3 x^2 < y^3$,但是

$$p^1 x^3 > y^1$$
$$并且 \quad p^2 x^3 > y^2$$

引入"显示性偏好弱公理",是为了研究价格变化时产生的配置效应与福利效应。在实际生活里,由于政府税收政策变化或对价格进行干预,会使预算线 $B(p^t, y^t)$ 发生变化,这种变化所产生的配置效应是:消费者的消费组合会发生变化;其所产生的福利效应是:消费者的生活水平会发生变化。比如,2000 年底,中国政府决定对中国药品市场价格进行干预,降低部分药品价格,但对某些娱乐服务决定征收消费税,从而提高娱乐服务的含税价格。如果这种干预后新形成的预算线经过消费者的原消费组合点,如果消费者的行为是符合"显示性偏好弱公理"的,则肯定有下列事实:第一,消费者在(药品、娱乐)组合上会降低娱乐消费,并相应提高药品消费;第二,消费者的福利水平必定上升。为什么? 请看图3.12:

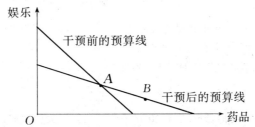

图 3.12 药品降价对娱乐征税的配置效应与福利效应

从图 3.12 中可以看出,若政府干预后新形成的预算线通过干预前消费者原来的消费组合点 A(这表示 A 点所代表的消费组合在干预后仍让消费者买得起),则由"显示性偏好弱公理",干预后消费者的最优组合不应落在 A 点以左的"干预后的预算线"的线段上,只能落在 A 点以右的线段上,如 B 点。而这意味着:

(1) 消费组合向药品倾斜,从而会适量减少娱乐消费。这是配置效应。

(2) 由于 A 点与 B 点都是在干预后的预算线上,说明 A 点所代表的消费组合仍可以被受干预后的百姓实际收入所承受,但百姓还是选择了 B 而非 A,这就"显示"出了:$B \succ A$。即 B 点的福利水平必定比 A 点的福利水平

高。这是福利效应。

以上分析表明,"显示性偏好"理论不用效用函数,有时更为简洁明快,有相当广的应用价值。

参考阅读文献

1. Chipman, J. 与 J. Moore, (1980 年):"Compensating Variation, Consumer's Surplus, and Welfare". *American Economic Review* 70:933—948.

2. Deaton, A. and J. Muellbauer, (1980 年): *Economics and Consumer Behavior*. Cambridge:U. K. Cambridge University Press.

3. Kihlstrom, R., A. Mas-Colell 与 H. Sonnenschein (1976 年):"The Demand Theory of the Weak Axiom of Revealed Preference". *Econometrica* 44: 971—978.

4. Marshall, A. (1920 年):*Principles of Economics*. London:Macmillan.

5. Mas-Colell, A. (1982 年):"Revealed Preference After Samuelson". 收录于 G. Feiwel 编的 *Samuelson and Neoclassical Economics*. Boston:Kluwer-Nijhoff.

6. Samuelson, P. (1947 年):*Foundations of Economics Analysis*. Cambridge, Mass:Harvard University Press.

习 题

1. 证明,x_1 与 x_2 不可能都是劣等品。

2. 如果偏好是凹的,替代效应仍然为负吗?

3. 已知一个消费者对牛奶的需求函数为

$$x = 10 + \frac{y}{10p}$$

这里 x 为一周内牛奶的消费量,$y = 120$ 元为收入,$p = 3$ 元(每桶),现在假定牛奶价格从 3 元降为 $p = 2$ 元。

问:

(1) 该价格变化对该消费者的需求总效应是多少?(即其牛奶消费会变化多少?)

(2) 请算出价格变化的替代效应。

(提示:如该消费者维持原消费水平,降价会使他省出多少钱?现在他用多少钱就相当于原来的 120 元钱?)

(3) 请算出价格变化的收入效应。

4. 某个消费者的效用函数为 $u(x_1, x_2) = x_1^2 x_2$。令 p_1, p_2 与 m 分别表示商品 1 的价格、商品 2 的价格与收入。

(1) 如果 m 为 24,p_1 为 1,p_2 为 1,现在 p_1 上升为 2,求此消费者关于商品 1 的斯拉茨基替代效应和收入效应。

(2) 请根据计算,验证恩格尔加总规则。

5. (单项选择)当价格是(3,1)时,某个消费者选择的消费束是 $(x, y) = (6, 6)$。在新的价格(p_x, p_y)下,他选择的消费束是$(x, y) = (5, 8)$,若此消费者的行为满足显示偏好的弱公理,那么必定有

(1) $2p_y < p_x$　　　　(2) $p_x < 2p_y$　　　　(3) $p_x > 3p_y$　　　　(4) $3p_x = p_y$

6. (单项选择)1997 年,小李将他的全部收入用在两种商品 x 和 y 上。与 1997 年相比,1998 年商品 x 和 y 的价格都上升了 8%,1998 年小李消费的 x 和 1997 年一样多,但他消费的 y 却比 1997 年少。我们可以断定:

(1) y 是个正常商品。

(2) y 是个劣等商品。

(3) x 是个劣等商品。

(4) 由于相对价格没有改变,小李的行为是非理性的。

7. 考虑一个不变弹性需求函数 $Q = Ap^{-\varepsilon}, A, \varepsilon > 0$。

(1) 求反需求函数 $p(Q)$。

(2) 计算需求的价格弹性。

(3) ε 的值为多少时,称需求是有弹性的? 多少时,称需求是无弹性的?

(4) 证明边际收入函数对反需求函数的比,$p(Q)/\mathrm{MR}(Q)$,独立于产出 Q。

8. 判断下述论断是否正确,并给出理由:

(1) 如果需求曲线是一条直线,则直线上各点的需求价格弹性是一样的。

(2) 如果对 X 的需求是由 X 的价格、Y 的价格和收入决定的,则当 X 的价格、Y 的价格和收入都上涨一倍时,对 X 的需求不变。

9. 判断对错并简要说明理由:

x_1 和 x_2 是一个消费者消费的两种物品,我们说 x_1 是 x_2 的替代品,如果$\partial x_1/\partial p_2 > 0$,$p_2$ 为 x_2 的价格。如果 x_1 是 x_2 的替代品,则 x_2 也是 x_1 的替代品。

10. 以需求函数 $q = a - bp$ 为例,试分析为什么在需求曲线缺乏弹性的部分经营不可能产生最大利润。

11. 判断对错并简要说明理由:

(1) 如果消费者是一个理性的效用最大化者,那么他对某种商品的斯拉茨基替代效应必定是负的。

(2) 假设某消费者的效用函数是 $u(x, y) = x^\alpha y^\beta$,则他关于 x 的需求对 y 价格的交叉价格弹性为零。

12. 下面的说法对吗? 为什么?

某个消费者将他的全部收入花在两种商品上,其中一种商品是吉芬商品。如果吉芬商品的价格上升,那么他对另外一种商品的需求必定下降。

13. 令斯拉茨基公式中右端第一项$\left(\dfrac{\partial x_i^h}{\partial p_j}\right)$为 s_{ij},s_{ij} 叫做 x_i 与 x_j 的净替代效应。对于效用函数 $u = x_1^r x_2$,证明:$s_{11}p_1 + s_{12}p_2 = 0$。

14. 我们观察到,一个消费者在 $p_1 = 2, p_2 = 6$ 时,购买的 $x_1 = 20, x_2 = 10$;当价格为 $p_1 = 3, p_2 = 5$ 时,他的购买量为 $x_1 = 18, x_2 = 4$。他的行为符合显示性偏好的弱公理吗?

15. 设消费者的反需求函数为 $p = a - bq$，这里，$a, b > 0$。假定政府开征消费税(从价税)，因此，消费者支付的价格会从 p 上升到 $p(1 + t)$(这里，t 为税率)。证明:消费者剩余的损失总是超过政府通过征税而获得的收入。

16. 设一个消费者只消费两类商品，他在 $p_1 = 10$ 元，$p_2 = 5$ 元时购买了 $x_1 = 5$，$x_2 = 10$。现在，p_1 下降至 8 元，p_2 上升至 6 元。问该消费者的生活水平在价格变动之后是提高了还是降低了? 为什么?

第四讲　VNM（冯·诺依曼－摩根斯坦）效用函数与风险升水

前三讲，我们讨论的是在条件完全确定时消费者的选择。但是，在许多场合，那种以完全确定为前提的分析是不现实的，因为那种分析假定，消费者在作决策之前，对于确定的结果在事先是完全知道的。事实上，我们知道，消费者在作决策时，对于选择的后果是不完全知道的，他是要冒风险的。这里涉及到不确定性和风险两个概念，这两个概念是既有联系，又有区别的。这一讲，我们先讨论不确定性与效用的联系；然后讨论风险以及人们规避风险与保险的行为。

第一节　不确定性与建立不确定条件下的效用函数所需要的若干公理

一、不确定性的概念

在消费者行为分析中引入不确定性的概念早在 17 世纪就出现了，帕斯卡的《思想录》与伯努利的若干论文里都有赌博、投机（gamble）的思想。但是，有一个问题一直悬而未决：在不确定的环境里，能否预测消费者的行为？这个问题一直到 1944 年由于冯·诺依曼与奥·摩根斯坦的名著《博弈理论与经济行为》（Von Neumann, O. Morgenstern：*Theory of Games and Economic Behavior*. Princeton University Press. 1944 年）的出版才做出了肯定的回答。他们证明了，当人们的行为满足某些条件时，经济学家有可能构筑一定的分析框架，来预测人们在不确定时的选择。

所谓"不确定性"，是指行动的结果总是被置于某种概率 P 之下的。举例来说，人们买一辆汽车，由于汽车制造过程中若干偶然因素，使一个人买到的汽车可能是符合标准的车，也可能是低于标准的车。买车者在买车时无法知道自己所买的汽车是否是一辆标准的车。记事件 A 为人们所买的汽车是辆标准车；事件 B 为此人不拥有车，他手中的钱没有花掉，既无风险，又无不确定性，因此，B 为完全确定的；事件 C 为买车者买到的车是一辆低于标准的车。假定这个消费者在 A 与 B 之间是偏好于 A，$A \gtrsim B$；在 B

与 C 之间是偏好于 B, $B \succsim C$, 因为, 如买了一辆质次的车, 会有许多麻烦, 同时保养车又会破费不少钱财。这里, 该消费者其实只有两种选择: 一种选择是索性不买车, 即结果为 B。这种选择的结果是完全确定的, 即关于事件的结果的概率等于 1。这里就没有不确定性。另一种选择, 是选择买车, 而买车就会有 A 与 C 两种可能的结果。这好比他买一张彩票或奖券, 如果他赢了, 就是指买了一辆标准的车; 如果他输了, 即买了一辆质次的车, 他就会倒霉。消费者的决策是取决于他(她)关于选择结果的概率分布的主观猜测的。如果他主观上认为出现 C 的概率非常高, 那么, 他就会选择 B, 即持币不花, 处于一种完全确定的状态; 如果他认为出现 A 的概率非常高, 那么他就偏好于去买车(或去买彩票)。由三个数组成符号 (P, A, C) 记一种奖券, 其中出现事件 A 的概率为 P, 出现事件 C 的概率为 $1 - P$。

二、单赌与复赌(simple gamble 与 compound gamble)

【定义】 单赌:单赌是把上述例子推广后得到的概念。设事件结果会有 n 种可能, 记 $A = \{a_1, a_2, \cdots, a_n\}$ 为可能的结果集, 则记 G_s 为关于 A 的单赌集合, G_s 可以定义为

$$G_s = \left\{ p_1 \cdot a_1, p_2 \cdot a_2, \cdots, p_n \cdot a_n \bigg| p_i \geq 0, \sum_{i=1}^{n} p_i = 1 \right\} \quad (4.1)$$

即各种可能的结果的概率之和总为 1, 或 100%。这里, 若一种或几种可能结果的概率为零, 则我们可以在 G_s 中排除这些相应的结果。例如, 一个单赌 $(\alpha \cdot a_1, o \cdot a_2, \cdots, o \cdot a_{n-1}, (1-\alpha) a_n)$ 可以写成 $(\alpha \cdot a_1, (1-\alpha) a_n)$。

例如, 我与一位朋友打赌, 以掷硬币方式赌, 如果币面出现, 我赢一元; 如币背出现, 我输一元, 则 $A = (1, -1)$, $P_1 = P_2 = \dfrac{1}{2}$, 因硬币是均质的, 出现币面与币背的概率都是 $\dfrac{1}{2}$, 但 $P_1 + P_2 = 1$。所以, 这是一个单赌。可以记为 $\left(\dfrac{1}{2} \cdot 1, \dfrac{1}{2} \cdot (-1) \right)$。

当然, 并不是所有的赌博都是单赌。在日常生活里, 常会见到复赌(compound gambles)。

【定义】 复赌:凡是奖品本身又成了赌博本身的赌博, 称为复赌。

例 1:

表 4.1　复赌的一个例子

	高产 20%	正常 40%	低产 40%	
(20%)雨量大	0.04	0.08	0.08	0.2
(50%)雨量中	0.10	0.20	0.20	0.5
(30%)雨量小	0.06	0.12	0.12	0.3

在这一例子中,奖品(prize)是产量的分布,它们又具有不确定性,又成了赌局本身。于是,关于气象的赌局与关于产量的赌局合在一起,构成了复赌。

在不确定的条件下进行决策的行为便是赌博。为了分析这种行为,我们需要对人们的行为作若干公理性的假定,称这些假定为不确定条件下选择的公理。

三、不确定条件下选择的公理

【次序完全公理】　对于两个不同的结果 A 与 B,消费者的偏好序或者是 $A \gtrsim B$,或者是 $B \gtrsim A$,或者是 $A \sim B$。并且,如 $A \gtrsim B$,并且 $B \gtrsim C$,那么,必有 $A \gtrsim C$。

次序完全公理是完全性与传递性的汇合。

【连续性公理】　如果 $A \gtrsim B$,并且 $B \gtrsim C$,那么必存在一个概率 P,$0 < P < 1$,使得 $P(A) + (1 - P)C \sim B$。

连续性公理是说差异很大的不确定的两个结果的某种加权结果会等同于某个确定的中间结果。

【独立公理】　假定消费者在 A 与 B 之间无差异,设 C 为任一个另外的结果。如果一张彩票 L_1 会以概率 P 与 $(1-P)$ 带来结果 A 与 C,另一张彩票 L_2 同样地会以概率 P 与 $(1-P)$ 带来结果 B 与 C,那么,该消费者会对这两张彩票 L_1 与 L_2 无差异,即

若 $A \sim B$,$C \neq A$,$C \neq B$

则
$$PA + (1 - P)C \sim PB + (1 - P)C \tag{4.2}$$
同样地,若 $A \gtrsim B$,$C \neq B$,$C \neq A$,则
$$PA + (1 - P)C \gtrsim PB + (1 - P)C \tag{4.3}$$

关于连续性公理可以举一个例子。设 A = 获 1000 元,B = 获 10 元,C = 死亡。对于我们中的大多数人来说,1000 元 > 10 元 > 死亡。现在考虑,设"10 元"为一种完全确定的状态。则必定存在一个概率 $0 < P < 1$,使得
$$P \cdot 1000 \text{ 元} + (1 - P) \text{死亡} \sim 10 \text{ 元}$$

这可以这样来思考,你在清华,1000元钱是你某个朋友让你去人民大学取,10元钱是你坐在寝室里不用出门便可以得到的,但你去人大取,客观上存在一种风险:车祸导致的死亡。如果车祸的风险达到一定程度,去人大取1000元与在房间里得到10元会无差异。

【不相等公理】 假设消费者有 $A \succ B$,令 $L_1 = (P_1, A, B) = PA + (1 - P)B$,令 $L_2 = (P_2, A, B) = P_2 A + (1 - P_2)B$,当且仅当 $P_2 > P_1$,消费者会严格地偏好于 L_2,即 $L_2 \succ L_1$。

不相等公理是说,本来 $A \succ B$,A 就比 B 好,现在出现 A 的概率在 L_2 中比在 L_1 中更大,出现 B 的概率在 L_2 比在 L_1 中更小,那么,消费者当然会偏好于 L_2。

【复赌公理】 令 $L_1 = (P_1, A, B) = P_1 A + (1 - P_1)B$,$L_2 = (P_2, L_3, L_4)$,$L_3 = (P_3, A, B)$,$L_4 = (P_4, A, B)$,是一个复赌,如果 $P_1 = P_2 P_3 + (1 - P_2)P_4$,则 $L_2 \sim L_1$。这是可以推导出来的。因为

$$L_3 = P_3 A + (1 - P_3)B \tag{4.4}$$

$$L_4 = P_4 A + (1 - P_4)B \tag{4.5}$$

所以,$L_2 = P_2 L_3 + (1 - P_2)L_4 = P_2[P_3 A + (1 - P_3)B]$
$$+ (1 - P_2)[P_4 A + (1 - P_4)B]$$
$$= P_2 P_3 A + P_2(1 - P_3)B + (1 - P_2)P_4 A + (1 - P_2)(1 - P_4)B$$
$$= [P_2 P_3 + (1 - P_2)P_4]A + [P_2(1 - P_3) + (1 - P_2)(1 - P_4)]B$$
$$= P_1 A + (1 - P_1)B = L_1$$

复赌公理是说,若第二张彩票是关于第三张彩票与第四张彩票的复赌,如果第一张彩票与第三、四张彩票都只是关于奖品的彩票,如果第一张彩票中 $P_1 = P_2 P_3 + (1 - P_2)P_4$,那么,复赌 L_2 等同于单赌 L_1。

第二节 冯·诺依曼—摩根斯坦
(Von Neumann-Morgenstern)效用函数

一、VNM 效用函数的定义

从不确定性出发,考虑消费者的偏好与效用函数就得引进概率 P。含概率的效用函数表达式叫期望效用函数。

1. 期望的概念

例2:如果你正面临着就业的选择,可选择的对象是两家销售公司,它们的收入政策不同。第一家公司工作的收入来源于佣金——你的收入取决于你的销售业绩,这里有两种收入可能性:业绩好时月收入为2000元,业绩

平平时则为 1000 元。第二家公司的收入则是固定薪水制,在正常情况下,月收入为 1510 元,但是如整个公司处于困境时,月收入是 510 元。表 4.2 给出了到以上两个公司就业你收入的两种不同的结果,它们的收入以及相应的概率(可能性)。

可以看出,这两份工作的期望收入会相等。

表 4.2　推销员的收入

	结果 1		结果 2	
	可能性(概率)	收入	可能性(概率)	收入
工作 1:佣金制	0.50	2000 元	0.50	1000 元
工作 2:固定薪水制	0.99	1510 元	0.01	510 元

期望收入 =(结果 1 的概率)×(结果 1 的收入)+(结果 2 的概率)
　　　　　×(结果 2 的收入)

所以,工作 1 的期望收入 = 0.5×(2000 元)+ 0.5×(1000 元)= 1500 元。

工作 2 的期望收入 = 0.99×(1510 元)+ 0.01×(510 元)= 1500 元。

但是,上述两份工作的收入可能出现的波动不同,这一点我们在下一讲分析"风险"时会详细分析。

2. 期望效用

有了期望的概念,就可以讲期望效用(expected utility)。如果有一个单赌 $g =(p, A, B)= pA +(1 - p)B$,那么,对应的期望效用函数就记为

$$u(g) = pu(A) +(1 - p)u(B) \qquad (4.6)$$

如果有两个单赌 $g_1 =(p_1, A_1, A_2)$ 与 $g_1 =(p_2, A_3, A_4)$,则我们说消费者在 g_1 与 g_2 之间更偏好于 g_1 当且仅当

$$\begin{aligned} u(g_1) &= p_1 u(A_1) +(1 - p_1)u(A_2) \\ &> p_2 u(A_3) +(1 - p_2)u(A_4) \end{aligned} \qquad (4.7)$$

期望效用函数的意义在于,当消费者面临不确定性时,我们能够依靠期望效用的极大化来分析消费者的选择。

一般地,对于一个单赌 $g_s =(p_1 a_1, p_2 a_2, \cdots, p_n a_n)$,如果

$$u(g_s) = \sum_{i=1}^{n} p_i u(a_i) \qquad (4.8)$$

那么,我们就称 $u(g_s)$ 为关于单赌 g_s(s 表示单赌)的期望效用函数。$u(g_s)$ 又称 VNM 效用函数。

二、期望效用函数的构造

如果事件发生的结果有 n 个可能性,即 $A = (a_1, a_2, \cdots, a_n)$,我们要构造期望效用函数,就需要对 $u(a_i)(i = 1, 2, \cdots, n)$ 赋值。怎么对 $u(a_i)$ 赋值呢?

通常的做法是,如 $a_1 \succ a_2 \succ a_3 \cdots \succ a_n$,即对于消费者来说,$a_1$ 最好,a_n 最次,如果消费者个人把 a_i 看成是 a_1 与 a_n 的一个线性组合一样好,在他看来,任一个可能结果 $a_i(i = 1, 2, \cdots, n)$ 总不外是与最好的结果与最次的结果之间的某种组合一样好,即

$$a_i \sim (P_i \cdot a_1, (1 - P_i)a_n) \tag{4.9}$$

我们令 $u(a_i) \equiv P_i$,即用消费者心里那个使 a_i 与某个单赌等价的最好事件发生的概率 P_i 来定义 $u(a_i)$。

例 3:假定 $A = (10 \text{ 元}, 4 \text{ 元}, -2 \text{ 元})$,括号中的 $a_1 = 10$ 元,$a_2 = 4$ 元,$a_3 = -2$ 元,分别表示可能发生的三种结果,这里,a_1 最好,a_3 最次。如果我们问一个消费者:当 a_1 发生的概率(P)等于多少时使你认为 $a_i(i = 1, 2, 3)$ 与(P, a_1, a_3)无差异? 如果该消费者回答

$$10 \text{ 元} \sim (1 \times (10 \text{ 元}), 0 \times (-2 \text{ 元}))$$
$$4 \text{ 元} \sim (0.6 \times (10 \text{ 元}), 0.4 \times (-2 \text{ 元}))$$
$$-2 \text{ 元} \sim (0 \times (10 \text{ 元}), 1 \times (-2 \text{ 元}))$$

那么,我们就可以定义

$$u(10 \text{ 元}) = u(a_1) \equiv 1$$
$$u(4 \text{ 元}) = u(a_2) \equiv 0.6$$
$$u(-2 \text{ 元}) = u(a_3) \equiv 0$$

请注意,当我们看到 4 元$\sim(0.6 \times (10 \text{ 元}), 0.4 \times (-2 \text{ 元}))$时,就会发现这位消费者把肯定可以得到的 4 元$(100\%$ 概率$)$与不确定条件的期望收入5.2元$(= 0.6 \times 10 + 0.4 \times (-2))$看成是一样好的。这说明他对于期望收入的评价是要打一个折扣的。后面我们会说到,这是一种规避风险的心理与态度。

一旦对上述三个可能的结果(a_1, a_2, a_3)的效用水平赋予了数值,我们现在就可以比较不同的单赌格局了。比如

$$g_1 = (0.2 \times 4 \text{ 元}, 0.8 \times 10 \text{ 元})$$
$$g_2 = (0.07 \times (-2 \text{ 元}), 0.03 \times 4 \text{ 元}, 0.9 \times 10 \text{ 元})$$

则

$$u(g_1) = 0.2 u(4 \text{ 元}) + 0.8 u(10 \text{ 元})$$
$$= 0.2(0.6) + 0.8(1) = 0.92$$

$$u(g_2) = 0.07 \times u(-2\,元) + 0.03 \times u(4\,元) + 0.9 \times u(10)$$
$$= 0.07 \times 0 + 0.03 \times 0.6 + 0.9 \times 1$$
$$= 0.918$$

由于 $u(g_1) > u(g_2)$，即 g_1 的期望效用大于 g_2 的期望效用，所以，该消费者必然偏好于 g_1。

这里要区分两个概念：一是关于单赌的期望效用 $u(g_i)$（$i=1,2$），另一个是单赌本身的期望收入 $E(g_i)$（$i=1,2$）。请看

$$E(g_1) = 0.2 \times (4\,元) + 0.8 \times (10\,元) = 8.8\,元$$
$$E(g_2) = 0.07 \times (-2\,元) + 0.03 \times (4\,元) + 0.9 \times (10\,元)$$
$$= -0.14 + 0.12 + 9 = 8.98$$

所以，$E(g_2) > E(g_1)$。但是，消费者仍然选择了 g_1，而不选择 g_2。因为 $u(g_1) > u(g_2)$。其原因在于，g_2 中包含了坏结果（$a_3 = -2\,元$）发生的概率，因而具有更大的风险。

第三节　风险度量、确定性等值与风险升水

我们在上两节里已经看到，对于某些消费者来说，让他在两个赌局之间选一个，一个是收入低一些，但毫无风险，如 100% 可以得到 4 元；另一个局面是以 60% 的可能得到 10 元，但以 40% 的可能会损失 2 元，即平均会得 5.2 元。但他仍认为以上两个格局是无差异的。究其原因，是由于第二个格局含有风险，而该消费者又想规避风险。在这一节，我们就来分析风险问题。我们先引入风险的客观度量概念，再讨论消费者主观上对风险的不同态度，然后引入确定性等值与风险升水的概念，最后讨论它们的应用，主要讲在保险业中如何定保险价格、保险业的公平收费标准以及保险业的利润计算。

一、风险的客观度量

我们通常以实际结果与人们对该结果的期望值之间的离差（diviations）来度量某一事件的风险程度的大小。风险与不确定性有区别，不确定性是指 $a_i \in A = \{a_1, a_2, \cdots, a_n\}$ 发生的概率 $P(a_i)$ 不是 100%；因此，事件 A 的期望值等于 $E(A) = P_1 a_1 + \cdots + P_n a_n$。选择 a_i 的风险则是指 $|a_i - E(A)|$。事件 A 的风险则可度量为

$$|a_1 - E(A)|P_1 + |a_2 - E(A)|P_2 + \cdots + |a_n - E(A)|P_n \qquad (4.10)$$

例 4：我们仍以本讲第二节那个不同工作的收入为例。表 4.3 是显示两种推销工作的实际收入与期望收入之间的偏差：

表 4.3　实际收入与期望收入之间的偏差(期望收入 = 1500 元)

	结果 1	离差	结果 2	离差
工作 1	2000 元	500 元	1000 元	500 元
工作 2	1510 元	10 元	510 元	990 元

平均离差 $= P_1 \times$(结果 1 的离差)$+ P_2 \times$(结果 2 的离差)

所以,在第一份工作里

平均离差 $= 0.5 \times (500$ 元$) + 0.5 \times (500$ 元$) = 500$ 元

在第二份工作里

平均离差 $= 0.99 \times (10$ 元$) + 0.01 \times (990$ 元$) = 19.8$ 元

由于第一份工作的平均离差 500 元要远远高于第二份工作的平均离差 19.8元,所以可以认为,第一份工作的风险要远远高于第二份工作的风险。

在实际中,如果大家学过概率论,则风险常常以"方差"或"标准差"来度量。

$$方差 = \sum_{i=1}^{n} p_i [x_i - E(x_i)]^2 \qquad (4.11)$$

记方差为 σ^2,而标准差则是方差的平方根,即 σ。

二、人们对风险的主观态度

1. 效用函数的凹性及其经济含义

考虑马歇尔直接效用函数 $u(x)$,这里只讨论效用函数中的自变量只有 x 一维这样一种简单状态。通常假定 $u(x)$ 关于 x 是凹的,即效用函数具有凹性:$u'(x) > 0, u''(x) < 0$。

效用函数的凹性具有浓厚的经济含义,它是表示人们对于风险的态度是躲避的,即"风险规避"(risk-averse)。请看图 4.1:在收入为 10000 元时,假定效用水

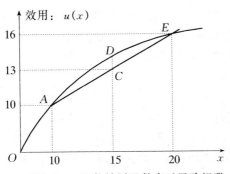

图 4.1　凹的效用函数表示风险规避

平是 10;在收入为 20000 元时,假定效用水平为 16。收入可能是 10000 元,也可能为20000元,即存在着不确定性。有不确定性就会有风险。如果这两

种可能各有 $\frac{1}{2}$ 的可能性,则期望效用水平为 $\frac{1}{2}u(10)+\frac{1}{2}u(20)=\frac{1}{2}\times 10+$

$\frac{1}{2}\times 16=13$。但如果该消费者知道他可以万无一失地获得 15(千元)$=\frac{1}{2}$

(10 千元)$+\frac{1}{2}$(20 千元)收入时,其效用水平会达到 D 点,而 D 点显然高

于 C 点。这说明,在该消费者看来,$u\left(\frac{1}{2}10+\frac{1}{2}20\right)>\frac{1}{2}u(10)+\frac{1}{2}u$

(20)。一个确定的收入 15000 元所带来的效用要比不确定的两种结果所带来的效用水平高。这说明,他是讨厌风险的,是会规避风险的。

　　反之,若效用曲线是凸的,即效用函数 $u(x)$ 对于 x 呈凸性,则消费者是喜欢风险(risk loving)的。从图 4.2 中可以看出,由两种不确定的结果所带来的效用要高于一种确定的居中收入水平所带来的效用。因此,凸效用函数表示风险喜爱。

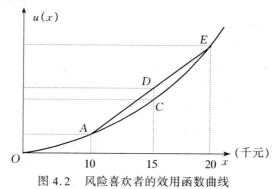

图 4.2　风险喜欢者的效用函数曲线

　　同理,线性的效用函数表示消费者对风险持中性的态度(risk-neutral)。在图 4.3 中,$u\left(\frac{1}{2}10+\frac{1}{2}20\right)=\frac{1}{2}u(10)+\frac{1}{2}u(20)$,说明消费者对于风险持中立的态度,既不喜欢,又不讨厌。

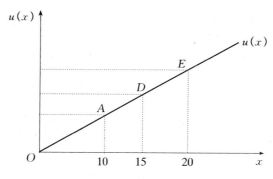

图 4.3　风险中立者的效用函数呈线性

2．风险规避(risk aversion)、风险中立(risk neutrality)与风险喜爱(risk loving)的定义

设效用函数 $u(\cdot)$ 是 VNM 效用函数，对于单赌 $g=(P_1a_1,P_2a_2,\cdots,P_na_n)$，我们称一个人为：

(1) 在 g 中规避风险，如果 $u(E(g))>u(g)$；

(2) 在 g 中风险中立，如果 $u(E(g))=u(g)$；

(3) 在 g 中喜欢风险，如果 $u(E(g))<u(g)$。

这里，$u(g)=\sum_{i=1}^{n}P_iu(a_i)$，$E(g)=\sum_{i=1}^{n}P_ia_i$，$u(E(g))=u\left[\sum_{i=1}^{n}P_ia_i\right]$，显然，$\left(\sum_{i=1}^{n}P_ia_i\right)$ 是指一个给定的结果，$u(E(g))$ 是对一个确定的结果取效用函数，而 $u(g)$ 是对 n 个不确定的结果所依次对应的效用函数值求加权和。

3．风险规避程度的数学刻画

由上面的讨论可知，一条效用函数的曲线如果越是凹，凹度越大，则表示消费者越是规避风险；反之，如凹度越小，则表示其不大规避风险。但曲线的凹度(curvature)是可以由函数的二阶导数来刻画的，让二阶导数除以 $(-u')$，得到一个衡量度。这是由阿罗(Arrow，1970 年)与帕拉特(Pratt，1964 年)提出来的关于风险规避程度的数学度量：记为 $R_a(w)$。

$$R_a(w)=\frac{-u''(w)}{u'(w)} \qquad (4.12)$$

如果消费者是喜欢风险的，$u(\cdot)$ 为凸，则 $R_a(w)<0$；如他是风险中立性的，$u(\cdot)$ 为线性，则 $R_a(w)=0$；如他是风险规避者，$u(\cdot)$ 为凹，则 $R_a(w)>0$。

三、确定性等值、风险升水及其应用

1．确定性等值与风险升水的定义

请看图 4.4，消费者面临两种不同的收入结果 w_1 与 w_2，$u(w_1)=R$，$u(w_2)=S$，$u(g)=P_1u(w_1)+P_2u(w_2)=P_1R+P_2S$，如果 $P_1=P_2=\frac{1}{2}$，则 $u(g)=T$，这是期望的效用水平。如果事先知道必有相当于 $\frac{1}{2}w_1+\frac{1}{2}w_2=E(g)$ 的收入，该收入无风险，则对应的效用水平为 $u(E(g))=C>T$。

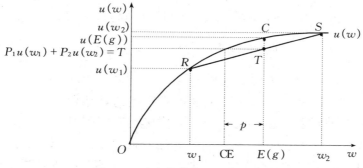

图 4.4　确定性等值(CE)与风险升水

确定性等值"CE"(certainty equivalent)是一个完全确定的收入量,在此收入水平上所对应的效用水平等于不确定条件下期望的效用水平,即 CE 满足

$$u(\text{CE}) \equiv u(g) \tag{4.13}$$

风险升水(risk premium)是指一个收入额度 P,当一个完全确定的收入 $E(g)$ 减去该额度 P 后所产生的效用水平仍等于不确定条件下期望的效用水平。即 $u(E(g) - P) \equiv u(g)$。换言之,单赌 g 所含的风险相当于使一个完全确定的收入量 $E(g)$ 减少了 P 的额度。

从图 4.4 中可以看出

$$P \equiv E(g) - \text{CE} \tag{4.14}$$

要注意的是,这里,相当于 $E(g)$ 的收入被看作是一个完全确定的收入,风险升水是指当一个完全确定的收入 $E(g)$ 转化为两个不确定的收入 w_1 与 w_2 时,消费者由于面临风险而付出的代价。P 表示,w_1 或 w_2 两个不确定的结果所代表的效用均值,实质上使一个确定的收入 $E(g)$ 缩小为另一个确定的收入"CE",这两个确定的收入之间的差距,便是风险的代价,故称风险升水。

例 5: 假定 $u(w) \equiv \ln(w)$。令单赌赋于赢 h 与亏 h 各 50% 的概率,设消费者原来的资产水平为 w。求 CE 与风险升水 P。

解: 原来的资产 $w_0 = E(g)$,这是一个确定的收入水平,如不赌,不会丢掉;

如参加赌(参加竞争与冒险),有两种可能,一是赢,会有 $w_0 + h$;二是输,只会剩 $w_0 - h$;所以,$g \equiv (0.5 \times (w_0 + h), 0.5 \times (w_0 - h))$

$$\ln(\text{CE}) = \ln(g) = \frac{1}{2}\ln(w_0 + h) + \frac{1}{2}\ln(w_0 - h)$$

$$= \ln[(w_0 + h)(w_0 - h)]^{\frac{1}{2}} = \ln(w_0^2 - h^2)^{\frac{1}{2}}$$

所以 $$\text{CE} = (w_0^2 - h^2)^{\frac{1}{2}} < w_0 = E(g)$$

所以 $$P \equiv E(g) - \text{CE} = w_0 - (w_0^2 - h^2)^{\frac{1}{2}} > 0$$

也许有人会说，$E(g)$明明是含不确定性的期望收入，怎么说($P = E(g) - \text{CE}$)是两个完全确定的收入之间的差距呢？原因在于，我们这里假定消费者拥有一笔完全确定的相当于$E(g)$的收入，而不是说$E(g)$本身就是完全确定的。"$P = E(g) - \text{CE}$"的含义是，一个有风险的赌局带给消费者的真实财产水平其实不是该赌局的期望收入水平$E(g)$，而是与该赌局给消费者带来的期望效用水平$u(g)$所对应的确定性等值的收入水平CE。消费者若是聪明理智的人，对该赌局打出的分就不应该是$E(g)$，而应该是CE。风险升水"P"这一概念的深刻之处在于：在有风险与不确定性时，赌局带给消费者的真实收入水平是CE，而不是期望收入$E(g)$；当$u(w)$是严格凹时，真实等价的收入CE必小于赌局的期望收入水平，这个使$E(g)$还要缩水的原因，恰恰就是风险。风险升水"P"告诉我们，我们对一项投资项目或一项含风险的消费计划作评估时，千万不要根据它们的期望收入来打分，而应该按CE来评估它们，即要结合投资者或消费者的效用函数形式，对含风险的投资项目或消费计划做出合理评估。这里，$E(g)$是只根据客观概率判断做出的评估，而"CE"(确定性等值)则是结合了客观概率与主观偏好($u(x)$的形式)后做出的评估。显然，CE才是投资者或消费者的真实评估。

2. 应用

例6：有一种彩票，有赢或输两种概率。如赢，获900元，其概率为0.2；如输，只获100元，其概率为0.8。如消费者的效用函数形式为$u = \sqrt{w}$，问该消费者愿出多少钱去买这张彩票？风险升水P的值是多少？

解：消费者对该彩票的出价即评估应按CE来做出，即

$$u(\text{CE}) = 0.2u(900) + 0.8u(100)$$

即 $$\sqrt{\text{CE}} = 0.2\sqrt{900} + 0.8\sqrt{100}$$

所以 $$\sqrt{\text{CE}} = 6 + 8 = 14$$

∴ CE = 196(元)，所以，他对彩票的最高出价为196元。

按定义 $$p = E(g) - \text{CE}$$

但由于$E(g) = 0.2 \times 900 + 0.8 \times 100 = 260$(元)，所以，风险升水$P = 260 - 196 = 64$(元)。

在保险业中,投保人愿付的保险金(设为 R)是与风险升水 P 既有区别又有联系的概念。说它们之间有区别,是由于风险升水 P 一般不是投保者对保险愿付的保险价格总额。风险升水是对期望收入 $E(g)$ 做出的缩水,是说你对有风险的项目,不应相信期望收入 $E(g)$,而应对 $E(g)$ 再减去一个 P。但投保人买保险则不是从 $E(g)$ 出发,而是从自己的财产原值 w_0 出发。他要比较的只是买保险后避免了风险与不买风险会遇上风险这两种局面,他只是根据这两种局面对自己应"无差异"为标准,才决定掏多少保险费给保险公司。若他买保险,又假定他买了保险后保险公司是会对损失 h 全额赔偿的,则买保险后的效用函数应为 $u(w_0-R)$,这里,R 代表保险费总和;若他不买保险,则结局是 $u(g)$。应该从

$$u(w_0-R) = u(g) \tag{4.15}$$

出发,来决定消费者愿支付的保险金总额 R 的最高限。这无论对单边风险(如例7)或双边风险(如例5),无论对均值 $E(h)$ 是否为零(例5中 $E(h) = 0$),都是适用的。

说 R 与风险升水 P 有联系,是由于在公式(4.15)中,$u(g)$ 按确定性等值的定义应等于 $u(\text{CE})$,所以,由(4.15)知,$u(w_0-R)$ 必等于 $u(\text{CE}) = u(E(g)-P)$。而 $u(w_0-R) = u(E(g)-P)$ 说明,保险金 R 与风险升水毕竟有联系,确定保险金的公式(4.15)只是公式(4.13)$u(\text{CE}) = u(g)$ 原则的一个变形与应用。只是我们不要由于 $u(w_0-R) = u(E(g)-P)$,就认为 $R = P$,也不要以为必有 $w_0 = E(g)$,只有当均值 $E(h)$ 为零时,才有 $w_0 = E(g)$,$P = R$。

例7:如果一个消费者的效用函数为 $u = w^{0.5}$。设 $w_0 = 90000$,$h = 80000$(火灾后会损失大部分财产),发生火灾的概率 $\alpha = 0.05$。求消费者愿支付的保险价格 R 与保险公司在消费者支付 R 时的利润。

解:

$$u(w_0-R) = 0.95(90000)^{\frac{1}{2}} + 0.05(1000)^{\frac{1}{2}}$$

$$(90000-R)^{0.5} = 0.95(90000)^{\frac{1}{2}} + 0.05(10000)^{\frac{1}{2}}$$

$\therefore R = 5900$。但 $\alpha h = 0.05(80000) = 4000$。

保险公司付赔的额度为 4000 元。但保险费为 5900 元。所以,保险公司的利润是 1900 元。

例8(公平的保险价格与理性的保险购买量):设一个规避风险的个人的初始财产为 w_0,他的效用函数具有 VNM 性质。他想购买汽车保险,假定他遇上车祸,其财产损失为 L;如果他遇上车祸的概率为 $\alpha \in (0,1)$,他会

购买多大数额的保险?

这个人买多少数额的保险取决于保险公司对每一元保险值收取多少价格。通常,保险的公平价格是指使保险公司的期望利润为零的保险价格。设 ρ 为保险价格,即如投保人要求保 1 元价值的险,保险公司收费为 ρ。如果出了车祸,保险公司的收入是 $\rho - 1$(即对投保的每一元钱收费 ρ);但如不出车祸,则保险公司稳拿 ρ。由于出车祸的概率为 α,不出车祸的概率为 $1 - \alpha$,所以保险公司从每一元保险额的服务上的期望利润为:$\alpha(\rho - 1) + (1 - \alpha)\rho$。

如果令保险公司的期望利润为零,则

$$\alpha(\rho - 1) + (1 - \alpha)\rho = 0 \qquad (E.1)$$

可得

$$\rho = \alpha \qquad (E.2)$$

即保险的公平价格等于车祸发生的概率。

在这种公平的保险价格下,我们这位规避风险的当事人会购买多大额的保险呢? 因为他的效用函数具有 VNM 的性质,他应该会追求其期望效用的极大化。所以,他会使下式极大化

$$\alpha u(w_0 - \alpha x - L + x) + (1 - \alpha)u(w_0 - \alpha x) \qquad (E.3)$$

使上式对 x 求一阶导(因为 x 是所买的保险额,是这个人的选择变量),可得

$$(1 - \alpha)\alpha u'(w_0 - \alpha x - L + x) - (1 - \alpha)\alpha u'(w_0 - \alpha x) = 0 \quad (E.4)$$

对上式除以 $\alpha(1 - \alpha)$,得

$$u'(w_0 - \alpha x - L + x) = u'(w_0 - \alpha x) \qquad (E.5)$$

因为效用函数严格凹,$u'' < 0$,从而 $u'(\cdot)$ 单调,这样,边际效用相等意味着等式两边的财产量相等,所以

$$x = L \qquad (E.6)$$

这说明,在公平的保险价格 $\rho = \alpha$ 之下,这个人会对其风险全部投保,即把全部可能的损失都买上保险。

注意,在这种公平价格下,如果他没有遇上车祸,则保险费 αL 是白付了,其财产为 $w_0 - \alpha L$;如遇上车祸,则其财产为 $w_0 - \alpha L - L + L = w_0 - \alpha L$。所以,无论是否遇上风险,其财产都为 $w_0 - \alpha L$。在这里,买了保险的惟一好处是他的财产肯定是 $w_0 - \alpha L$,这一点是确定无疑的了。

如果不买保险呢? 他的期望收入也是 $w_0 - \alpha L$,因为发生车祸的损失是 L,而车祸的发生概率是 α。但这里的 $w_0 - \alpha L$ 是一个不确定条件下的期望值。不买保险的结果是,$w_0 - \alpha L$ 成了一个期望。

在效用函数严格凹的条件下,由于完全确定的 $w_0 - \alpha L$ 所对应的效用比不确定条件下的期望收入为 $(w_0 - \alpha L)$ 的赌局有更高的效用,$u(w_0 - \alpha L) > \alpha u(w_0 - L) + (1 - \alpha)u(w_0)$,所以,这个人购买保险是增进了其福利的,尽管保险公司并没有亏一分钱。这说明,在公平的保险价格下,这个买保险的人是有净福利的。如果保险公司想与该消费者分享这份净福利,则保险价格便会高于公平的保险价格。

参考阅读文献

1. Arrow, K. J.: *Aspects of the Theory of Risk-Bearing*. Helsinki: Academic Bookstore. 1965 年.

2. Friedman, M. 与 L. J. Savage: "The Utility Analysis of Choices Involving Risk". *Journal of Political Economy*. 56(August, 1948 年). pp.279—304.

3. Diamond, P. 与 M. Rothschild (1978 年): *Uncertainty in Economics*: *Readings and Exercises*. New York: Academic Press.

4. Knight, F. (1921 年): *Risk*, *Uncertainty and Profit*. Boston, Mass: Houghton.

5. Kreps, D. (1988 年): *Notes on the Theory of Choice*. Boulder, Culo: Westview Press.

6. Von Neumann 与 O. Morgenstein (1944 年): *Theory of Games and Economic Behavior*. Princeton: N.J.. Princeton University Press.

习 题

1. (单项选择)一个消费者的效用函数为 $u(w) = -ae^{-bw} + c$,则他的绝对风险规避系数为

(A) a (B) $a + b$ (C) b (D) c

2. 证明:若一个人的绝对风险规避系数为常数 c,则其效用函数形式必为 $u(w) = -e^{-cw}$,这里 w 代表财产水平。

3. 若一个人的效用函数为 $u = w - \alpha w^2$,证明:其绝对风险规避系数是财富的严格增函数。

4. 设一种彩票赢得 900 元的概率为 0.2,而获得 100 元的概率为 0.8。计算该彩票的期望收入。若一个人对该彩票的出价超过彩票的期望收入,请写出这个人的效用函数形式(形式不惟一)。

5. 证明:在下列效用函数中,哪些显示出递减的风险规避行为:

(1) $u(w) = (w + \alpha)^{\beta}, \alpha \geqslant 0, 0 < \beta < 1$。

(2) $u(w) = w$。

(3) $u(w) = \ln(w + \alpha), \alpha \geqslant 0$。

(4) $u(w) = w^3$。

6. 一个具有 VNM 效用函数的人拥有 160000 单位的初始财产,但他面临火灾风险:一种发生概率为 5% 的火灾会使其损失 70000;另一种发生概率为 5% 的火灾会使其损失120000。他的效用函数形式是 $u(w) = \sqrt{w}$。若他买保险,保险公司要求他自己承担前 7620 单位的损失(若火灾发生)。什么是这个投保人愿支付的最高保险金?

7. 考虑下列赌局:

支付 赌局	10000 元	1000 元	0 元
1	0.10	0.90	0.00
2	0.20	0.60	0.20
3	0.02	0.06	0.92
4	0.01	0.09	0.90

上表内,矩阵中的数字代表每一种结果的发生概率(比如,在赌局 1 中,发生 10000 元的概率为 0.1)。如果有人告诉你,他在赌局"1"与"2"之间严格偏好于"1",在赌局"3"与"4"之间严格偏好于"3"。请问,他的选择一致吗? 请做出说明。

8. 两匹马 A 与 B 赛跑。李某对该赛马打赌。马 A 与 B 之间,或 A 赢,或 B 赢,无平局。李某按下列偏好序对打赌进行排序:

(1) 他在 A 上下赌注 2 元,若 A 赢了,则会获 x 元;若 A 输了,则分文无收;

(2) 不赌;

(3) 他在 B 上下赌注 2 元,若 B 赢了,他会获 x 元;若 B 输了,则分文无收。

你能得出结论说,李某相信 A 获胜的概率 P 大于 $\frac{1}{2}$ 吗?

如果李某是风险规避的,你能知道 $P \cdot x$ 的值吗?

9. 一个消费者具有 VNM 效用函数,他面临四种结局:A、B、C、D。其偏好序为 $A \succ B \succ C \succ D$。实验显示,他认为

$$B \sim 0.4A + 0.6D$$
$$C \sim 0.2B + 0.8D$$

请对 A、B、C、D 这四种结局构筑出一组 VNM 效用值。

10. 近年来保险业在我国得到迅速发展,本题应用经济学原理分析为什么人们愿意购买保险。假定有一户居民拥有财富 10 万元,包括一辆价值 2 万元的摩托车。该户居民所住地区时常发生盗窃,因此有 25% 的可能性该居民的摩托车被盗。假定该户居民的效用函数为 $u(w) = \ln(w)$,其中 w 表示财富价值。

(1) 计算该户居民的效用期望值。

(2) 如何根据效用函数判断该户居民是愿意避免风险,还是爱好风险?

(3) 如果居民支付一定数额的保险费则可以在摩托车被盗时从保险公司得到与摩托车价值相等的赔偿。试计算该户居民最多愿意支付多少元的保险费?

(4) 在该保险费中"公平"的保险费(即该户居民的期望损失)是多少元? 保险公司扣除"公平"的保险费后的纯收入是多少元?

11. 下列三个说法对吗？请说明理由：

(1) 摸彩票的期望收益低于消费者付出的货币，而消费者却常常热衷于此，说明在这种情况下，摸彩票的人是喜爱风险的。

(2) 一个人面对两种收入可能，一种是获得 2000 元和 1000 元收入的概率均为0.5，另一种是获得 2500 元和 500 元收入的概率各为 0.5，两种情况的期望收入相同，故消费者对二者的评价相同。

(3) 一个消费者的效用函数为 $u(w) = w^{0.5}$，有两种可能的收益，第一种是获得 4 元和 25 元的概率均为 0.5，另一种情况是他获得 9 元和 16 元的概率分别为 0.4 和 0.6，则他对第一种的评价好于第二种。

12. 一个人具有期望效用函数，其效用函数的原形是 $u(w) = \ln w$。他有机会参与掷硬币，头面向上的概率为 π。如果他下赌注 x 元，若头面向上，他会拥有 $w + x$；反之，若背面向上，则他只拥有 $w - x$。请解出其作为 π 的函数的最优赌注 x 量。当 $\pi = \dfrac{1}{2}$，什么是他的关于 x 的最优选择？

13. 一个人具有期望效用函数，其效用函数原形为 $u(w) = \sqrt{w}$。他的财产初值为 4 元。他拥有一张奖券，该奖券值 12 元的概率为 $\dfrac{1}{2}$，值零的概率为 $\dfrac{1}{2}$。什么是这个人的期望效用？若要他出让该彩票，其索取的最低价会是多少？

14. 一个人具有期望效用函数，其效用函数原形为 $u(w) = -\dfrac{1}{w}$。他有机会参加一场赌博，若赢了，他的财产会达到 w_1，其赢率为 P；但该赌局下他的财产为 w_2 的概率是 $(1 - P)$。为使他对持有当前财产与参与赌博无差异，则他当前的财产水平 w_0 应该是多少？

第五讲 风险规避、风险投资与跨期决策

在前一讲,我们分析了不确定条件下个人决策的基本行为。这一讲,我们要运用那些分析来进一步讨论保险、金融业中人们的一些决策。

第一节 对保险金的进一步说明

我们已经指出,保险金(R)是投保人对于消除风险可以承受的最高价格,即从一笔初始的财产出发,消费者为了免受不确定的灾祸的袭击,所能接受的最高价格。这实际就是投保人为风险所付的代价。因为,如果消费者没有风险,旱涝保收,他是用不着去支付这笔钱的。

这里,我们进一步就保险金 R 再作几点说明:

一、关于保险金 R 与规避风险程度($R_a(w)$)之间的关系

保险金 R 与规避风险程度 $R_a(w)$ 之间是成正比例的。假定一个人有初始财产 w_0,但这笔财产会有不确定性,即该消费者面临一个赌局,赌局的奖金(或损失)为 h。若 $h > 0$,h 为奖金;若 $h < 0$,就是赌局带来的损失。因此,该消费者的期望效用函数可以写成 $E[u(w_0 + h)]$(h 可以是小于零),假定其中的 $E(h) = 0$。

如果这位消费者为了免灾,宁肯支付一个确定的 R 给保险公司。那么,他就完全退出赌局,而得到一个确定的效用水平 $u(w_0 - R)$。确定性等值这个定义告诉我们

$$E[u(w_0 + h)] = u(w_0 - R) \tag{5.1}$$

我们用泰勒级数把上式左右两边都展开。先看右边

$$u(w_0 - R) = u(w_0) - Ru'(w_0) + 高阶项 \tag{5.2}$$

再看左端,同样可以用泰勒级数展开

$$E(u(w_0 + h)) = E\left[u(w_0) + hu'(w_0) + \frac{h^2}{2}u''(w_0) + 高阶项\right]$$

$$= u(w_0) + E(h)u'(w_0) + \frac{E(h^2)}{2}u''(w_0) + 高阶项 \tag{5.3}$$

(由于只有 h 是随机变量。)

但是, $E(h) = 0$, 再令 $\dfrac{E(h^2)}{2}$ 为一常数 $k(>0)$, 略去高阶项, 我们就可得到

$$u(w_0) - Ru'(w_0) \approx u(w_0) + ku''(w_0) \tag{5.4}$$

从而

$$R \approx -\frac{ku''(w_0)}{u'(w_0)} \tag{5.5}$$

由于消费者的初始财产水平 w_0 可以任设, 所以, 实际上我们得到了

$$R \approx -k\frac{u''(w)}{u'(w)} = kR_a(w) \tag{5.6}$$

即消费者愿付的保险金 R 与风险规避程度是大致成一个正比例的:投保人越是厌恶风险,他便越愿支付高一些的保险金;反之,则会只愿承担低一些的保险金。

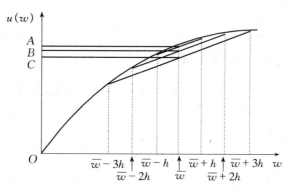

图 5.1 风险升水与 h 大小(即风险大小)之间的关系

二、风险升水(P)与风险大小之间的关系

在消费者是风险厌恶者时,风险升水(P)(注意,由于 $E(h) = 0$,所以财产初值 $\overline{w} = E(g)$,并且 $R = P$)的高低与风险本身的大小成正比例。

设消费者有初始财产 w_0, 他面临三种赌博, 在第一种赌局里他以一半对一半的概率赢或输 h 单位财产, 我们记该消费者在这一赌局中的期望效用函数为

$$E[u^h(w)] = \frac{1}{2}u(w+h) + \frac{1}{2}u(w-h) \tag{5.7}$$

在第二种赌局里, 他以一半对一半的概率赢或输 $2h$ 单位财产, 相应地, 其期望效用函数为

$$E[u^{2h}(w)] = \frac{1}{2}u(w+2h) + \frac{1}{2}u(w-2h) \qquad (5.8)$$

在第三种赌局里,他的一半对一半的概率赢或输 $3h$ 单位财产,这样,他的期望效用函数为

$$E[u^{3h}(w)] = \frac{1}{2}u(w+3h) + \frac{1}{2}u(w-3h) \qquad (5.9)$$

在图 5.1 中可以看出,点 $A > B > C$,即 $E[u^h(w)] > E[u^{2h}(w)] > E[u^{3h}(w)]$。说明赌局的风险越大,其期望效用水平会越低。为什么? 这是由于该消费者的财产的边际效用递减。当财富增加时,尽管他的效用评价也上升,但上升幅度递减;但一旦出现失败,财产受损失,效用损失却更大,同样幅度的财富的失或增所对应的"失"时的效用损失的幅度大于"赢"时效用增加的幅度。说明这一个人实在太在乎输,他输不起。

当消费者是风险厌恶者时,从图 5.1 中可以看出,当奖金由 h 上升至 $2h,3h$ 时,风险升水(保险价格)P 也会上升。这是由于,当 $-2h$ 的损失或 $-3h$ 的损失出现时,消费者认为其效用损失比 $-h$ 的损失大得多。相应地,为了免灾,会愿支付较高的保险价格。

三、风险升水(P)(这里,由于 $E(h)=0$, $P=R$(保险金))与投保人的财富的绝对水平不一定有关系

当一个人财富增加时,是否会愿支付更高的保险金(R)? 这是一个非常重要的问题,也是一个复杂的问题。我们往往以为,一个财大的人气一定也壮,一定敢赌,他愿意支付的保险金也就相应地会低。但事实上这不一定。一个人财富多少与其愿支付的保险金之间的关系取决于这个人的效用函数形式。请看下面两个例子。

例 1:如果某人的效用函数形式是

$$u(w) = a + bw - cw^2 \quad (a > 0, b > 0, c > 0)$$

则其风险规避程度 $R_a(w)$ 为

$$R_a(w) = -\frac{u''(w)}{u'(w)} = \frac{2c}{b-2cw}$$

这样,当 w 上升时,$R_a(w)$ 也上升,说明这个人越富越怕担风险。由式(5.6)知,如这样,他会在财富上升时愿意支付更高的保险金(R)。

但是,并不是所有的人都会这样做。请看下例:

例 2:假定有一个人,其财产初值为 w_0,效用函数形式为

$$U(w) = -e^{-Aw} = -\exp(-Aw) \quad (A > 0)$$

则

$$R_a(w) = \frac{-u''(w)}{u'(w)} = \frac{A^2 e^{-Aw}}{A e^{-Aw}} = A$$

这说明该消费者的风险规避程度为一常数 A，而与其财富水平高低无关。由公式(5.6)知，风险升水就完全取决于 A。相应地，这个人愿支付的保险金(R)与其财产(w)无关。

比如，他以一半对一半的概率面对赢 1000 元或输 1000 元的赌局。为了避免风险，他会愿意花多少钱(R)给保险公司？由于($w_0 - R$)为"确定性等值"，则由"确定性等值"的定义知

$$-e^{-A(w_0-R)} = \frac{1}{2}(-e^{-A(w_0+1000)}) + \frac{1}{2}(-e^{-A(w_0-1000)})$$

由于上式中所有项里都含有 $-e^{-Aw_0}$，所以可以约去这一因素。这表示，对于指数形的效用函数，风险升水(P)(也就是保险金(R))与财富是独立的。剩下的各项为

$$e^{AR} = \frac{1}{2}e^{-1000A} + \frac{1}{2}e^{1000A}$$

如果 $A = 0.0001$，则 $R = 49.9$ 元；如果 $A = 0.0003$，则 $R = 147.8$ 元。A 这个数值有时是可以通过对经验数据的回归获知的。

$u(w) = -e^{-Aw}$ 这种效用函数在现代经济学中关于不确定性的研究里有十分广泛的运用，以后在研究"委托—代理"问题时我们再讨论它。

第二节 不确定条件下的风险决策的基本原则

我们来初略地运用前面介绍的不确定与风险理论讨论一下现代金融理论中的风险决策的基本原则。

一、不确定条件下消费者的预算约束与边际替代率

我们从"独立性假定"出发，然后引入预算线与无差异曲线。

1. 独立性假定

"独立性公理"在第四讲里已有阐述。即，若 $A \gtrsim B$，$C \neq A$，又 $C \neq B$，则必有

$$P \cdot A + (1-P) \cdot C \gtrsim P \cdot B + (1-P) \cdot C$$

独立性公理实质上是说明，你在 A 与 B 之间是选择 A 或 B，与另外一种结果 C 没有关系。推而广之，因出现 A 与 B 的概率都为 P，而出现另一种事件 C 的概率为 $1-P$，那是另一种可能性，独立性公理实质上是说，你

在一种条件下所作的决策(选 A 还是选 B?)与在另一种条件下进行的决策(选 C)是完全独立的。举例来说,一个消费者在房子可能遭火灾的条件下所作的决策与其房子没有遭火灾的条件下所作的决策是相互独立的。如果 w_0 代表其房子遭火灾时的财产水平,如果 w_1 代表其房子没遭火灾时的财产水平,则 $u(w_0)$ 与 $u(w_1)$ 之间应该相互独立。由于这一独立性假定,才可以写出期望效用函数

$$E[u(w)] = Pu(w_0) + (1 - P)u(w_1)$$

可见,期望效用的概率实质上是以"独立性公理"为逻辑前提的(这里 P 为发生火灾的概率)。

2. 不确定条件下的预算约束

如果我们把不同条件下出现的结果称为或然结果,同样,我们也可以把同一种但在不同状态下提供的商品称为或然品。根据阿罗(Arrow)与迪布鲁(Debru)的定义,虽是同一种物品,但由于该物品所处的状态不同,应分属于两种不同的商品。比如雨衣,在出现大旱的条件下与出现多雨的条件下是不一样的。财产在出现遇灾与不出现灾害这两种状态下是不一样的。基于这种理由,我们可以像描述一个消费者面临两种消费品的情形一样,来画出不同状态下两种不同或然财产(或然品)的预算线。

但要写出预算约束,必须知道不同的或然品的价格。实际上,由于有了保险费与赔偿金,我们是可以获知或然品的价格的。举例来说,如你有35000 元的财产,但有 1% 的概率你会丧失 10000 元,有 99% 概率你的财产会安然无恙。于是,你会去买保险,如果保险价格是你保 100 元付 1 元(即付了 1 元后,如你出现 100 元的损失时可以获赔 100 元),如你要保 10000元,就要付保险费 100 元。

这样一来,如在 1% 可能性下你的财产出现 10000 元的损失,你的财产总额是 34900 元($= 35000 - 10000 + 10000 - 100$);而在 99% 的可能性下你的财产毫无损失,但你得付 100 元保险费。所以,不论出现什么结果,你的财产总会是 34900 元。

如果我们设投保的财产为 K ,设每单位财产(上例中单位为 100 元)的保险费为 r ,则在出现财产损失时,你的财产为 $35000 - 10000 + K - rK = 25000 + K - rK$;在结果没出现财产损失时,你的财产为 $35000 - rK$ 。而你的财产的原始值为 35000,如不买保险,则你有两种可能:35000 元与 25000元。这两种可能的财产值相当于你拥有的两种不同物品的数量。于是,我们可以用预算线来表示,见图 5.2:

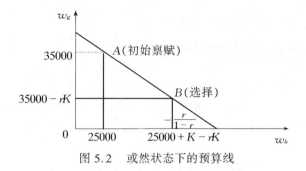

图 5.2　或然状态下的预算线

在图 5.2 里, A 点是没投保时两种或然的结果组合; B 点是买了价值为 K 的财产保险后两种或然结果的组合。什么叫预算约束呢? 这是指, A 点上的值应等于 B 点上的值,预算线上每一点的价值应该相等。但注意,每一点的价值都只是预期值。比如 A 点,其预期值就是 $0.99 \times 35000 + 0.01 \times 25000 = 34900$。因此,在 B 点,预算约束便是

$$P(25000 + K - rK) + (1 - P)(35000 - rK) = 34900$$

这里, P 是遇灾的概率。

下面我们讨论预算线的斜率。

从 A 点到 B 点的替代,是从没有投保到投保之间的替代。我们发现,在纵轴上下降的距离为 $35000 - (35000 - rK) = rK$; 在横轴上,增加的幅度为 $(25000 + K - rK) - 25000 = K - rK$。因此,这条预算线的斜率为

$$\frac{w_g}{w_b} = -\frac{rK}{K - rK} = -\frac{r}{1 - r} \tag{5.10}$$

这里, w_g 表示状态好时你的财产值, w_b 表示状态差时你的财产值。

3. 不确定条件下的边际替代率(MRS)

要确定消费者或投资者在不确定条件下的选择,还必须知道其边际替代率 MRS。这里,由于效用函数是

$$E[u(w)] = Pu(w_b) + (1 - P)u(w_g) \tag{5.11}$$

其中, P 为发生财产损失的概率。对上式分别求关于 w_b 与 w_g 的偏导,然后由 $\mathbf{MRS}_{b,g}$ 的定义知

$$\mathbf{MRS}_{b,g} = \frac{-\dfrac{\partial u(w)}{\partial w_b}P}{\dfrac{\partial u(w)}{\partial w_g}(1 - P)} \tag{5.12}$$

注意, $\mathbf{MRS}_{b,g}$ 表示的是好状态下的财产与坏状态下的财产之间的替代率。什么是好的状态呢? 好的状态是没有损失,这有 99% 的概率;坏的状

态是 1% 的可能性下你会丧失 10000 元。

二、不确定条件下最优选择的条件

1. 最优条件的表述

按消费者行为的最优化理论,我们知道,当个人消费最优时,应该有预算线斜率等于无差异曲线的斜率。由于无差异曲线的斜率为

$\dfrac{-P \cdot \dfrac{\partial u(w)}{\partial w_b}}{(1-P) \cdot \dfrac{\partial u(w)}{\partial w_g}}$,而预算线的斜率为 $\dfrac{-r}{1-r}$,所以,我们有

$$\frac{-P \cdot \dfrac{\partial u(w)}{\partial w_b}}{(1-P) \cdot \dfrac{\partial u(w)}{\partial w_g}} = -\frac{r}{1-r} \tag{5.13}$$

但是,如果保险公司的保险价是公平价,那么其期望利润应等于零,则

$$期望利润 = rK - P \cdot K - (1-P) \cdot 0 = rK - P \cdot K = 0 \tag{5.14}$$

上式是说,$r \cdot K$ 是保险公司稳获的保险费收入;在 P 的概率下出现灾祸,则保险公司会赔 $P \cdot K$;在 $(1-P)$ 的概率是平安无事,保险公司分文不赔。也就是说,若上述期望利润为零,则 $r = P$。

将 $r = P$ 代入公式(5.13),我们就会有

$$\frac{-P \cdot \dfrac{\partial u(w)}{\partial w_b}}{(1-P) \cdot \dfrac{\partial u(w)}{\partial w_g}} = -\frac{P}{1-P} \tag{5.15}$$

从上式两边约去 $\left(-\dfrac{P}{1-P}\right)$,就可得

$$\frac{\partial u(w_b)}{\partial w_b} = \frac{\partial u(w_g)}{\partial w_g} \tag{5.16}$$

公式(5.16)是说,当消费者在不确定条件下消费行为达到最优时,必有其在两种状态下的边际效用相等。这实质上给出了风险决策的一个基本原则。

但是,如何使消费者或投资者在好与坏两种可能的状态下的边际效用相等呢?惟一的办法是使 $w_b^* = w_g^*$(这里带星号是表示最优的财产水平),即设法使消费者或投资者在好坏两种可能性下有相等的财产值。如若不然,设 $w_g^* > w_b^*$,则由边际效用递减原理知,必有 $\dfrac{\partial u(w)}{\partial w_g} < \dfrac{\partial u(w)}{\partial w_b}$;反之亦然。当然,由效用函数 $u(w)$ 的凹性,知 $u''(w) < 0$,从数学上不难推

知满足(5.16)式的充要条件是 $w_g^* = w_b^*$。

这里要特别注意的是最优点的位置。由于在讨论无差异曲线的斜率与预算线的斜率相等时我们用保险价格 $r(=P)$ 作为变量来表示预算线的斜率,因此,这里讲的最优是指你投保后的最优。这里讲的好状态与坏状态也是指你投保后遇上的好状态(没有灾祸)与坏状态(出现灾祸)。"$w_b^* = w_g^*$"这个最优条件是指,在投保后,不论你是遇上灾还是没遇上灾,你的财产应一样。但是,千万注意,只有在 $r = P$,即保险价格等于发生灾祸的概率时,才可以说"$\dfrac{\partial u(\cdot)}{\partial w_b} = \dfrac{\partial u(\cdot)}{\partial w_g}$"是最优条件,即"$w_b^* = w_g^*$"是最优条件。如果 r 不等于 P,则就不会有上述最优条件,或者最优条件要另外表达。

2. 举例

例3:考虑汽车保险中的一个实例。某人的一辆汽车,在"没有遇上小偷"时的价值为 100000 元;如果"遇上小偷",车子有损失,汽车的价值会下降至 80000 元。设"遇上小偷"的概率为 25%,车主的效用函数形式为 $\ln w$。

问:(1) 在公平保险价下,他买多少数额的保险才是最优的?

(2) 保险公司的净赔率为多少?

(3) 车主按公平保险费投保与不投保相比,其期望效用水平会有多少改进?

解:(1) 我们在预算约束条件下,来考虑最优条件"$w_b^* = w_g^*$"(因这是在公平保险价的前提下)。预算约束为

$$(0.75)(100000) + (0.25)(80000) = 0.75 w_g^* + 0.25 w_b^*$$

这个约束的左端,相当于图 5.2 里的 A 点,即如车主不买保险,其预期价值为 95000 元。上述约束的右端,相当于图 5.2 里的 B 点,即如买了保险,其财产的期望值可由下式计算得出:按最优化条件,$w_g^* = w_b^*$,可知,$w_g^* = w_b^* = 95000$ 元。

但我们知道在初始禀赋(不买保险)时,w_g(好状态下的价值)为 100000 元,w_b(坏状态下的价值)为 80000 元。所以,为了达到最优配置,该车主应该使 w_g 降至 95000 元,使 $w_g^* = 95000$ 元;同时使 w_b 上升至 95000 元,即 $w_b^* = 95000$ 元。从而,要购买 2 万元价值的财产保险,付出 5000 元(= 2 万 × 0.25)的保险金。这样,w_g 就从 10 万元降至 95000 元;而 w_b^*(出现小偷时的财产)确定无疑是 95000 元,因 10 万 - 2 万 + 2 万 - 0.5 万 = 9.5 万元。这个事例又一次告诉我们,如果保险价格是公平的,则投保人的投保额应等于其遇灾时的全部损失额,即"充分投保"。

（2）净赔率是指投保人在遇灾时从保险公司所获的净赔额（＝赔额－保险费）与其所付的保险费之比率。在此例中，净赔额为 1.5 万，保险费为 0.5 万，所以净赔率＝3。一般化条件是

$$净赔率 = \frac{1-P}{P} \qquad (5.17)$$

（这里，P 指发生坏事件的概率。）这个公式也只有当保险价格是公平时才会成立。因为，如车主购买值为 K 的保险，公平保险价 $r = P$，则其所付的保险金为 PK，但遇险时其净所赔为 $(1-r)K = (1-P)K$，净赔率就是 $(1-P)K/PK = \frac{1-P}{P}$。净赔率的概念在保险业中是经常出现的。

（3）由于该车主的效用函数为 $\ln w$，所以，如没有购保险，其期望效用水平为

$$0.75\ln(100000) + 0.25\ln(80000) = 11.45714$$

如果购了保险，在最优解时，$w_b^* = w_g^* = 95000$，所以，车主的期望效用水平为

$$0.75\ln(95000) + 0.25\ln(95000) = \ln(95000) = 11.46163$$

这说明，当车主的保险行为最优时，购买保险后其生活状态会有一个明显的改善。

第三节 跨时期的最优决策

不确定问题是与时间联系着的，所谓不确定性与风险都是指未来的事件带有偶然性。因此，分析不确定与风险，必然会涉及跨时期的决策问题。经济学里关于跨时期的决策模型通常是两期（t 与 $t+1$ 期）模型。这里介绍的只是两期模型的基本结构。

一、跨期的预算约束

考虑两个时期，$t = 1$，与 $t = 2$（这里，"t" 为时间）。我们记消费者在这两时期的消费量为 (c_1, c_2)，并假定第一期的价格为 1。设该消费者在这两期的货币量（其实就是其财产值）为 (m_1, m_2)。又假定，利率水平为 r，消费者可以在此利率下自由地借出与借入货币。我们规定，如果该消费者在第一期的消费支出 c_1（因价格 $p_1 = 1$）小于 m_1，则他会有储蓄 $(m_1 - c_1)$。当然，如果 $c_1 > m_1$，则他就要透支 $(c_1 - m_1)$。

我们分别来讨论该消费者在 $c_1 < m_1$ 与 $c_1 > m_1$ 这两种情形下的跨期预算约束。

如果消费者在第一期储蓄了$(m_1 - c_1)$，这样，如果$p_2 = 1$，他在第二期的消费量为

$$c_2 = m_2 + (1 + r)(m_1 - c_1) \tag{5.18}$$

反过来，如果他在第一期是一个借入者（透支者），那么，他在第二期便需付利息$r(c_1 - m_1)$，这样，再考虑还本，他在第二期的消费量（当$p_2 = 1$时）是

$$c_2 = m_2 - (r + 1)(c_1 - m_1)$$
$$= m_2 + (1 + r)(m_1 - c_1) \tag{5.19}$$

公式(5.18)与(5.19)看上去是一样的，但它们之间的内容却是有区别的。在(5.18)里，$m_1 > c_1$；而在(5.19)里，$m_1 < c_1$。

如果该消费者在每一期都收支相抵，$m_1 = c_1$，$m_2 = c_2$，则在预算线上就会有相应一点，在该点，(c_1, c_2)点正好与(m_1, m_2)点重合。

(5.18)或(5.19)式其实就是跨期的预算线方程。

如果我们重新改写(5.19)式，可以得到

$$(1 + r)c_1 + c_2 = (1 + r)m_1 + m_2 \tag{5.20}$$

与

$$c_1 + \frac{1}{1 + r}c_2 = m_1 + \frac{m_2}{1 + r} \tag{5.21}$$

即

$$p_1 c_1 + p_2 c_2 = p_1 m_1 + p_2 m_2 \tag{5.22}$$

在公式(5.20)里，$p_1 = 1 + r$，$p_2 = 1$；在公式(5.21)里，$p_1 = 1$，$p_2 = \frac{1}{1 + r}$。因公式(5.20)中$p_2 = 1$，我们称(5.20)是以期值表示的跨期预算线。因在公式(5.21)里$p_1 = 1$，我们称(5.21)是以现值表示的跨期预算线。

这条预算线可用下图来表示：

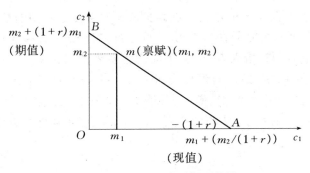

图 5.3　跨时期预算线

在图 5.3 里,纵轴表示第二期的消费量 c_2,当 $c_1 = 0$ 时, c_2 的最大值是 $m_2 + (1 + r)m_1$,即消费者把两期的货币全投于第二期的消费。由于在 $m_2 + (1 + r)m_1$ 的表达式中 $p_2 = 1$,所以这个公式称为"期值"表示式。图 5.3 的横轴表示第一期的消费量 c_1,如 $c_2 = 0$,则 c_1 的最大值为 $m_1 + (m_2/(1 + r))$,因这里 $p_1 = 1$,故称为现值表示式。消费者的禀赋是 (m_1, m_2),如 $c_1 = m_1, c_2 = m_2$,这就是每期都达到预算平衡的状态,消费组合必经过预算线上 (m_1, m_2) 点。预算线的斜率是 $-(1 + r)$。这只要看从点 B 到点 m 的线段就可以明了:因从 B 至 m_2 点的距离是 $(1 + r)m_1$,而从 m_2 点至 m 点的横距是 m_1,所以线段的斜率是 $-(1 + r)$。

现值表示法的关键在于将未来收入 m_2 贴现为现在的价值,即用 $1/(1 + r)$ 去乘 m_2。$1/(1 + r)$ 通常被称为贴现因子。

二、消费者的选择与利率

与以往的讨论一样,消费者是在服从预算约束的前提下进行跨时期的最优决策的。在最优点,其关于 c_1 与 c_2 的无差异曲线的斜率必然等于预算线的斜率。由于 c_1 与 c_2 的无差异曲线的斜率的负值 $\left(-\dfrac{dc_2}{dc_1} \right)$ 是 MRS_{c_1, c_2},而 MRS_{c_1, c_2} 是代表 c_1 的边际效用对 c_2 的边际效用之比。因此,在最优点,必有

$$\mathrm{MRS}_{c_1, c_2} = 1 + r = \frac{\dfrac{\partial u(\cdot)}{\partial c_1}}{\dfrac{\partial u(\cdot)}{\partial c_2}} \tag{5.23}$$

因此,当利率上升时,说明消费者的 c_1 与 c_2 的边际效用之比上升,这或意味着 c_1 量的下降(因边际效用递减),或意味着 c_2 的上升;当利率下降时,说明或者 c_1 的边际效用下降, c_1 上升,或者是 c_2 下降。

由于偏好的不同,不同的消费者在跨期决策时会处于不同的最优位置。这取决于不同形状的无差异曲线在哪一点正好与跨期的预算线相切。图 5.4 给出了"出借者"与借入者两类不同的消费者的最优配置。在图 5.4 的左图里,无差异曲线与给定的预算线切于 (m_1, m_2) 点的右下方,所以 $m_1 < c_1, m_2 > c_2$,这样,该消费者是借入者(透支户);在右图,消费者的选择位置在点 (m_1, m_2) 的左上方,因此 $c_1 < m_1, c_2 > m_2$,这位消费者是储蓄者或出借者。

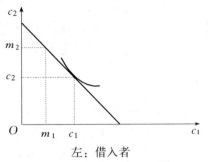 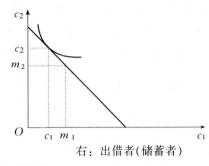

左：借入者   右：出借者(储蓄者)

图 5.4   借入者与出借者

现在讨论利率变动对消费者跨期决策的影响。如果利率上升了，$(1+r)$ 会上升，从而预算线会更陡峭。但是，不管利率如何变动，初始禀赋这一点总是在预算线上的。因此，变动了的预算线仍会经过 (m_1, m_2) 点，即利率上升引起的预算线变动是经过 (m_1, m_2) 点的一种旋转。

如果一个人本来是出借者，$c_1 < m_1, c_2 > m_2$，则由于利率的上升，他仍会是出借人。这是由于当 r 上升时，放弃一单位的 c_1 的边际替代率比原来更高了。从图 5.5 中可以看出，在无差异曲线形状不变时，新的无差异曲线会与更陡峭的预算线相切于更左上方的位置。

为什么利率上升会使消费者仍保持出借人的位置？我们可以用显示性偏好的弱公理进行说明。因为显示性偏好的弱公理告诉我们，当原来的选择点 A 在新的预算线下仍是可行时，那么，新的选择点 B 在原来的预算线下必然是不可行的。因此，新选择点必然仍在 $m(m_1, m_2)$ 点的左上方。即消费者仍为出借人。但是，显示性偏好的弱公理并没有无差异曲线分析的结论强，按无差异曲线的分析，新的选择点不但是在 m 点的左上方，而且会在 A 点的左上方。

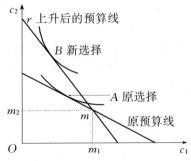 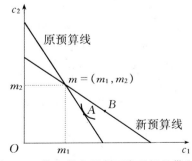

图 5.5   出借人在利率上升后仍是出借人   图 5.6   借入者在利率下降后仍是借入者

如果消费者本来是借入者,利率下降后,他必定仍然还是借入者。为什么? 因原选择点 A 在新的预算线下仍是可行的,那么,新的选择点 B 在原预算线下必然不可行,即 B 点会落在 m 点的右下方,消费者仍为借入者。

三、名义利率、通货膨胀率与实际利率

我们在以前的讨论中并没有区分名义利率与实际利率。但由于通货膨胀率的存在,在人们作跨时期决策时,需要按实际利率而不是名义利率来计算得失,因此,这里讨论一下实际利率的表述,该表述其实也给出了实际利率与名义利率及通货膨胀率之间的关系。

名义利率就是金融机构在进行借贷时宣布的利率。比如,当银行宣布存款年利率为 7% 时,这种利率就是名义利率。你今年的 1 元钱存入银行,到明年就成了 $(1 + 0.07) \times 1 = 1.07$ 元。

通货膨胀率实际上就是物价的上涨率。如设第一期的价格为 1,即 $p_1 = 1$,如第一期与第二期之间通货膨胀率为 π,那么,$p_2 = p_1 + \pi = 1 + \pi$。

这样,如你将 1 元钱按名义利率 r 存入银行,如这一年间通货膨胀率为 π,那么,到明年这一元钱会有多少实际的购买力呢? 它实际上是 $(1 + r)/(1 + \pi)$。我们称这为实际利率关系式。理由是,当你放弃 1 元钱的当前消费,你可以在第二期所能获得的实际价值就是 $\left(\dfrac{1 + r}{1 + \pi} \right)$。记实际利率为 r^*,则实际利率应该满足

$$1 + r^* = \frac{(1 + r)}{(1 + \pi)} \tag{5.24}$$

或者

$$r^* = \frac{1 + r}{1 + \pi} - 1$$
$$= \frac{1 + r - 1 - \pi}{1 + \pi} = \frac{r - \pi}{1 + \pi} \tag{5.25}$$

即   实际利率 $r^* = (r - \pi)/(1 + \pi)$

我们通常听到"实际利率 = 名义利率 - 通货膨胀率"的说法,严格地说,这是不精确的。只有当 π 非常小时,实际利率才近似于名义利率与通货膨胀率之差。

第四节   现值与套利行为

金融市场上充满着不确定性与风险,但另一方面,金融市场又是人们在

面临不确定性时为分散风险、降低风险带来的损失而选择的一种机制。这里从不确定性与风险出发,再介绍几个基本概念。

一、现值公式与贴现

我们在分析跨时期的决策时已涉及到现值公式。我们知道,如果一个消费者在第二期所消费的价值为 1,那么贴现到第一期,就成为 $1/(1+r)$,这里 r 是名义利率。

那么,怎么对第三期的消费的价值进行贴现呢? 我们可以这样设想,如你今天投资 1 元,利率为 r,则第二期为 $(1+r)$,到第三期为 $(1+r)(1+r)$ $= (1+r)^2$。所以,第三期的 1 元钱如要贴现为今天(第一期)的价值,则变为 $\dfrac{1}{(1+r)^2}$。即你今天的 $\dfrac{1}{(1+r)^2}$ 元钱,到了第三期就会变为 1 元。换言之,第三期的一元与第一期的 $\dfrac{1}{(1+r)^2}$ 元一样。一般地,要把第 t 期的某个财产值贴现为现值,就要用 $\dfrac{1}{(1+r)^{t-1}}$ 这一贴现因子。

贴现是金融市场上的一种基本业务。一笔未来的财产,经过贴现,就成为现值(present value)。这里举债券(bond)为例来说明现值公式。

设一个单位要在金融市场上借款,它发行债券。债券上的基本信息有三个方面:(1) 到还本期前每一期付给买债券的人的一个固定的金额 x,这叫息票(coupon);(2) 偿还本金的期限,如 30 年债券,最后期就是第 30 年,记为 T,T 叫到期(maturity date);(3) 到期归还给买债券者的一个金额,记为 F,F 是面值(face value)。

这样,如记债券所带来的现金流量为 $(x,x,x,\cdots,F)$,于是,这一现金流量的现值,记为 PV(present value),就是

$$\mathrm{PV} = \frac{x}{1+r} + \frac{x}{(1+r)^2} + \cdots + \frac{F}{(1+r)^T} \tag{5.26}$$

公式(5.26)假定每年的息票支付是在年底,所以从第一年起就有现金流回。

经济学文献里还常用 e^{-r} 来作为贴现因子,这是怎么来的呢? 这是从复利计算过程来的。一单位钱存入银行后如年利率为 r,则一年后变为 $(1+r)$ 单位的钱。但是,若半年计一次利息,就会发生两个变化,一是年利息 r 变为半年利率 $\dfrac{r}{2}$,二是半年到期的本利再按 $\dfrac{r}{2}$ 利率存半年。这样,到年底就是 $\left(1+\dfrac{r}{2}\right)^2$ 单位的金额。如每季度计一次息呢? 就会变为 $\left(1+\dfrac{r}{4}\right)^4$。如每时每刻都连续计算呢? 就会变为

$$\lim_{t \to \infty} \left(1 + \frac{r}{t}\right)^t = \lim_{t \to \infty} \left[\left(1 + \frac{1}{\frac{t}{r}}\right)^{\frac{t}{r}}\right]^r = \lim_{\frac{t}{r} \to \infty} \left[\left(1 + \frac{1}{\frac{t}{r}}\right)^{\frac{t}{r}}\right]^r = e^r \quad (5.27)$$

公式(5.27)告诉我们,1 元钱,如每时每刻连续计息,到年底,就成为 e^r 元的钱。这也就是说,1 单位年底的钱如贴现为现在的值,就是 $\frac{1}{e^r} = e^{-r}$ 单位的金额。因此 e^{-r} 成了贴现因子。

如 1 元钱按这一复利计算方式存 t 年呢? 就会变为 $\underbrace{e^r \cdot e^r \cdot e^r \cdots e^r}_{t} = e^{rt}$。即 t 年以后的 1 单位钱如贴现,就变为 $\frac{1}{e^{rt}} = e^{-rt}$ 单位的现值。所以,e^{-rt} 作为贴现因子,在经济增长、资本积累研究中经常出现。

二、无风险套利与无套利条件

我们来分析一种极端的状态,即,金融资产是无风险的,资产所带来的回报是完全确定的。在这种极端状态下,各种金融资产的回报必然是相等的。其原因很明显:如果一种资产的回报率高于另一种资产的回报率,那么人们必然会用低回报率的资产去买入高回报率的资产。在均衡时,各种资产的回报率必然相等。

让我们稍微详细地讨论一下这个结果的产生过程。设人们有两个投资机会,一是买下某种资产 A,该资产的价格在现在为 p_0,在将来为 p_1,对 p_0 与 p_1 大家都是知道的。另一个投资机会是把钱存入银行。

如果一个人在资产 A 上投资 1 元钱,如 A 的现价是 p_0,则他能买到的资产 A 的数额 x 必满足

$$p_0 x = 1 \quad (5.28)$$

即

$$x = \frac{1}{p_0} \quad (5.29)$$

那么,到下一期,资产 A 的价值按期值(future value)计算就是

$$FV = p_1 x = \frac{p_1}{p_0} \quad (5.30)$$

但是,如果这个人选择在银行储蓄的投资方式,到下一期,一元钱会变为 $(1 + r)$ 元。

如果

$$(1 + r) > \frac{p_1}{p_0}$$

那么,如持有 A 资产的人就会在第一期(现在)按价格 p_0 出售掉 1 单位 A 资产,他可获 p_0 的现金,再存入银行,到下一期会得到 $p_0(1+r)$ 的钱。由于

$$p_0(1+r) > p_0 \frac{p_1}{p_0} = p_1$$

这样,用 $p_0(1+r)$ 的钱在第二期里以 P_1 的价格去买回 A,得到的就不止一单位的 A。这也就是说,他可以通过套利,把一单位 A 资产倒成多于一单位的 A。如果人人都这样干,那么人人都会在现在卖掉资产 A,使 A 的现价 p_0 下降,一直到

$$1 + r = \frac{p_1}{p_0} \tag{5.31}$$

为止。所以,在均衡时,公式(5.31)必然成立。

上述那种买进某种资产又卖掉某种资产去实现一个**确定**的回报的方式,称为无风险套利。

只要金融市场上存在寻找"确定"的好处的人,那么,我们可以期望,运作正常的金融市场会立即消除这类无风险套利机会。因此,在均衡时,不会有套利的机会。

我们称"无套利机会"为金融市场上的均衡条件。这也就是说,只要有套利机会,那么,现存的金融市场就是不均衡的。反过来说,套利行为是使金融市场趋于均衡的一种途径:到套利机会被大家利用尽了,市场就达到均衡。

三、投资多样化与降低风险

作为降低风险的一种途径,投资多样化是人们通常的选择。考虑下列两种投资机会:太阳镜或雨衣。假定在当前的市场上,一副太阳镜与一件雨衣都销 10 元钱。如未来的夏季是雨季,雨衣价格会涨至 20 元,而太阳镜价格会跌至 5 元。但是,如未来的夏季是烈日炎炎,则太阳镜的价格会涨至 20 元,而雨衣的价格会跌至 5 元。如果天气是雨季还是酷暑的概率各是 50%,你要投资 100 元,你如把 100 元全投资于雨衣(即买下 10 件雨衣,因现价是 10 元一件),那么,你就有 50% 的概率会获 200 元,有 50% 的概率会只获 50 元。如你把 100 元全买下太阳镜,结果也一样。最后,你的期望收入是 125 元。

但是,若你在太阳镜与雨衣上各投资一半,那么,当未来的夏季是雨季时,你从雨衣上会获 100 元,在太阳镜上会获 25 元;当未来的夏季是酷暑烈

日时,你在太阳镜上会获 100 元,而在雨衣上只获 25 元。但不管怎样,你一定可以得到 125 元。

分散投资与单一投资的差别在于:在后面的分散投资中,125 元是一个确定的收入;而在前面的单一投资中,125 元只是一个期望收入。如果投资者是规避风险的,那么,结论非常显然:一个确定的收入的效用必定高于同一数额的期望收入的效用。原因在于,分散决策降低了风险,提高了确定性,从而提高了效用。

分散投资对于降低风险的作用可以有明确的数学表达。设有 i,j 两个投资机会,记 u_i 与 u_j 为各自的期望收益,σ_i^2 与 σ_j^2 为各自的收益方差,方差大小反映的是投资风险的大小。如果单一集中投资于 i 或单独集中投资于 j,则期望值为 u_i 或 u_j,风险即方差为 σ_i^2 或 σ_j^2。

但是,如果分散投资,设 $\alpha \in (0,1)$,Z 为分散投资方案的或然收益。

$$Z = \alpha x_i + (1 - \alpha) x_j \qquad (5.32)$$

这里 x_i 与 x_j 为投资于 i 与 j 上的或然收益,那么

$$\mu_z = \alpha\mu_i + (1 - \alpha)\mu_j \qquad (5.33)$$

$$\sigma_z^2 = \alpha^2\sigma_i^2 + (1 - \alpha)^2\sigma_j^2 + 2\alpha(1 - \alpha)\sigma_{ij} \qquad (5.34)$$

如果 i 与 j 投资项目之间是独立的,则 $\sigma_{ij} = 0$;如果 $\sigma_i^2 = \sigma_j^2$,则

$$\alpha^2\sigma_i^2 + (1 - \alpha)^2\sigma_j^2 < \sigma_i^2 = \sigma_j^2 \qquad (5.35)$$

即分散投资可以降低投资风险。

参考阅读文献

1. Arrow, K.J. (1963 年):"The Role of Securities in the Optimal Allocation of Risk Bearing". *Review of Economic Studies* (31):91—96.

2. Hirshleifer, J. (1965 年):"The Investment Dicision under Uncertainty: Choice Theoretical Approaches". *Quarterly Journal of Economics* (79):509—536.

3. Spence, A. 与 R. Zeckhauser (1971 年):"Insurance, Information and Individual Action". *American Economic Review* (May 1971 年):380—387.

4. Sharpe, W.F. (1970 年):*Portfolio Theory and Capital Markets*. New York: McGraw-Hill.

5. Varian, H.R. (1999 年):*Intermediate Microeconomics*. New York: Norton. 第 10—13 章.

习　题

1. 一个农民认为在下一个播种的季节里,雨水不正常的可能性是一半对一半。他

的预期效用函数的形式为

$$预期效用 = \frac{1}{2}\ln y_{NR} + \frac{1}{2}\ln y_R$$

这里，y_{NR} 与 y_R 分别代表农民在"正常降雨"与"多雨"情况下的收入。

(1) 假定农民一定要在两种如下表所示收入前景的谷物中进行选择的话，会种哪种谷物？

谷物	y_{NR}	y_R
小麦	28000 元	10000 元
谷子	19000 元	15000 元

(2) 假定农民在他的土地上可以每种作物都播种一半的话，他还会选择这样做吗？请解释你的结论。

(3) 怎样组合小麦与谷子才可以给这个农民带来最大的预期效用？

(4) 如果对于只种小麦的农民，有一种要花费 4000 元的保险，在种植季节多雨的情况下会赔付 8000 元，那么，这种有关小麦种植的保险会怎样改变农民的种植情况？

2. 证明：如一个人拥有初始财产 w^*，他面临一场赌博，赌博的奖金或罚金都为 h，赌博的赢输概率都为 0.5(公平赌博)。若这个人是风险厌恶型的，则他便不会参加该赌博。

3. 当决定在一个非法的地点停车时，任何人都知道，会收到罚款通知单的可能性是 P，并且罚金额为 f。假定所有的个人都是风险厌恶型的(也就是说，$u''(w) < 0$，其中，w 是个人的财富)。

被抓到的可能性的按比例增加或是罚金上的按比例增加在防止非法停车方面会是更有效的吗？(提示：运用泰勒级数展开式 $u(w - f) = u(w) - fu'(w) + \frac{f^2}{2}u''(w)$)

4. 在固定收益率为 r 的资产上投资 w^* 美元，可以在两种状态时获得 $w^*(1 + r)$；而在风险资产上的投资在好日子收益为 $w^*(1 + r_g)$，在坏日子为 $w^*(1 + r_b)$(其中 $r_g > r > r_b$)。通过上述假定，风险资产上的投资就可以在状态偏好的框架中被加以研究。

(1) 请画出两种投资的结果。

(2) 请说明包含无风险资产与风险资产的"资产组合"怎样可以在你的图中得到显示。你怎样说明投资在风险资产中的财富比例？

(3) 请说明个人对于风险的态度会怎样决定他们所持有的无风险资产与风险资产的组合。一个人会在什么情况下不持有风险资产？

5. 设题 4 中的资产收益要上缴税收。请说明(用文字)：

(1) 为什么对财富按比例征税不会影响配置在风险资产上的财富比例。

(2) 假定只有从安全资产中获得的收益才按比例交税。这会怎样影响风险资产在财富中的比例？哪些投资者可能受这样一个税收的影响最大？

(3) 如果所有的资产收益都要按比例交收入税，你对(2)的回答会怎样变化？

（注意：这个问题是请你去计算能导致税后效用最大化的财富的税前配置）

6. 某消费者的效用函数为 $u(c_0, c_1) = c_0 c_1^{\frac{1}{2}}$。这里 c_0 表示其在时期 0 的消费开支，c_1 代表其在时期 1 的消费开支。银行存贷利率相等且为 r，该消费者在 $t = 0$ 期的收入为 $I_0 = 60$，在 $t = 1$ 期的收入 $I_1 = 100$。

问：如果 $r = 0$，他该储蓄还是借贷？

如果 $r = 1$，他该储蓄还是借贷？

7. 一个人拥有固定财富 (w)，并把它分配在两时期的消费中，个人的效用函数由下式给出

$$u(c_1, c_2)$$

预算约束为

$$w = c_1 + c_2/(1 + r)$$

这里，r 是单期利率。

(1) 证明如果个人在此预算约束下要最大化其效用，则他应当选择 **MRS**$(c_1$ 对 $c_2)$ $= 1 + r$ 时的 c_1 与 c_2 的组合。

(2) 证明 $\partial c_2/\partial r \geq 0$，但是 $\partial c_1/\partial r$ 的符号不确定。

8. 一个人寿保险推销员说："在你这个年纪购买一张 100000 美元终身寿险保单比一张定期保单要好得多。持有终身寿险保单，你只在前 4 年里每年支付 2000 美元，但在你生命的以后的日子里就无需支付了。一张定期保单每年需要你支付 400 美元，而且永远是这样。如果你再活上 35 年，你只需对终身保单支付 8000 美元，但对定期保单则要支付 14000 美元。所以，终身保单无疑是笔更好的交易。"

假定推销员的寿命预期是正确的，你将如何评价他的论断？更确切地说，假定利率为 10%，请计算两张保单的保费成本的贴现现值。

9. 一个强行推销汽车贷款的女推销员对一个刚刚购车的人说："假定你用现金购买这辆 10000 美元的汽车，因为你用那笔钱可在银行获得 10% 的利率，所以三年内你将至少损失 3000 美元。另一方面，如果你要选择我们的低成本的汽车贷款购买 10000 美元的汽车，那么只需每月支付 350 美元即可持续 36 个月即可，总体上你只需为汽车支付 12600 − 10000 = 2600 美元的利息。因此，你通过这样融资就可以省钱。"

你是如何评价这一说法的？汽车贷款果真是低成本之举吗？

10. 某人计划花 1 万元去旅游，其旅游的效用函数为 $v(w) = \ln w$（这里 w 为其支出的价值量）。如果他在旅途中丢失 1000 元的概率是 25%，他如想为丢钱的损失买保险，且保险价是公平价，则他愿为这 1000 元损失支付的最高保险金为多少？

11. 消费者的效用函数为 $u(c_1, c_2) = c_1^{0.4} c_2^{0.6}$，在第一期和第二期的收入分别为 100 元和 180 元，利率为 r。

求：(1) 第一期和第二期的消费分别为多少？

(2) r 取什么值时，该消费者在第一期将储蓄、贷款或不借贷？

(3) 当利率变化时对 c_1 和 c_2 的影响是什么？

12. 一个人买了一打鸡蛋，并一定要把它们带回家。尽管回家的旅行是无成本的，

但在任何一条路上所带的鸡蛋被打破的概率都是 50% 。这个人会考虑两个战略。

第一个战略:走一条路带所有 12 个鸡蛋。

第二个战略:走两条路,每次带 6 个鸡蛋。

(1) 请列出每种战略的可能结果与每种结果的可能性。请说明在每种战略下,回家之后平均都有 6 个鸡蛋没有被打碎。

(2) 画一图表示在每一种战略下可获得的效用,人们会倾向于哪一个战略?

(3) 采用多于两条路的方案,效用是否可以被进一步改善? 如果其他的路是有成本的,那么,这种可能性会受到怎样的影响?

13. 判断:下列说法对吗? 为什么?

(1) 当利率上升时,原来的贷款者仍将贷款,而且贷款数量一定会增加;当利率下降时,原来的借款者将继续借款,而且借款数量至少不会减少。

(2) 跨期消费的第一期和第二期的消费之间的边际替代率为 $1 + r$。

(3) 如果名义利率小于通货膨胀率,则一个理性的消费者不会选择存钱。

14. 在一个封闭的村庄中惟一的产品是玉米,由于土地的原因好收成与坏收成交替出现,今年的收成是 1000 公斤,明年的收成是 150 公斤,这个村庄与外界没有贸易。玉米可以储存但是老鼠会吃掉 25%,村民的效用函数是 $u(c_1, c_2) = c_1 c_2$,c_1 是今年的消费,c_2 是明年的消费。

(1) 画出跨时期预算曲线,指出截距位置。

(2) 村民今年消费量是多少?

(3) 老鼠会吃掉多少?

(4) 村民明年消费多少?

(5) 如果考虑后年,且效用函数为 $u(c_1, c_2, c_3) = c_1 c_2 c_3$,$c_3$ 是后年的消费,求解问题(2)—(4)。

第六讲　生产函数与规模报酬

生产理论与成本理论是企业经营管理的关键所在。经理人员通常会遇到这样一些问题：在新成立的工厂中，使用多少台机器？雇佣多少名工人？为了提高产量，是雇佣更多的工人呢，还是另外再投资办厂？一家工厂是生产各种型号的同类产品呢，还是每家工厂只生产一种型号的产品？明年企业的成本是多少？这些成本随着时间与产量的变化又会有什么样的变化？等等。这一类问题不仅与企业管理人员的日常工作有关，也与金融市场上价格变动及政府的政策选择有关。

在这一讲，我们先分析生产的技术条件，在下一讲，再分析成本函数。把生产的技术条件与成本分析结合起来，就可以分析企业的利润函数，因利润不外是生产的产值减去总成本。

第一节　若干基本概念

一、生产技术与生产函数

1. 技术

生产技术是指生产的投入、要素与产出量之间的关系。即为了生产某一给定的产出量，需要多少投入品？或者，给定某组生产投入品，可以生产出多少产品？这些量度都反映一定的技术关系。

生产的投入要素又称生产要素。通常我们将生产要素分为三类：劳动、原料与资本品。劳动的投入包括技术工人和非技术工人，以及管理人员的创造行为；原料包括钢材、电力、水以及各种其他生产的材料品；资本则包括建筑物、设备和存货。

生产技术是对企业的一种可行性约束。一般说来，企业决策面临三类约束：一是资金约束，又称预算约束，即从财务上说，你有多少资金可以用于生产与投资？二是市场需求约束，即市场对你的生产品究竟需求多少？由此决定你可以销售多少。三是生产技术约束，即你有了钱，买了设备与原材料，雇佣了工人，也有市场需求，但你究竟能够生产出多少？

2. 生产集

生产技术约束可以集中地以生产集来描述。生产集是企业面临的关于投入品与产出品的各种组合的集合。如只有一种生产要素 x，又只有一种产出品 y，那么，生产集就会如图 6.1 所描绘的那样。图中阴影部分中在 x^0 垂直向上的所有的点都指对应一个给定的投入量 x^0，你能够生产许多个相应的产量 y。对应于另一点 x，又有许多个 y 点。因此，生产集是企业所面临的可能的

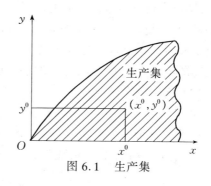

图 6.1　生产集

技术选择：你可以选择投入多少要素(x)？你又可以在给定 x 的前提下，选择多少产出量？产出量可以有多种选择，你可以选择 $y = 0$(不生产)，也可以选择 y^0，但不可能使产出量超出生产集所允许的范围。

3. 生产函数

生产集的边界就叫生产函数。因此，生产函数是给定生产投入品的前提下的最大可能产出点的集合。生产函数的这个定义隐含了有效利用了生产技术与生产投入品的意思。因此，生产函数表示一定技术条件下特定的投入的组合有效使用时的最大的可能性产出。这个定义本身就排除了投入品的使用反而带来产出下降的可能。于是，生产函数曲线是不包括产出量下降那一部分线段的。

4. 常见的生产函数

(1) 固定比例的生产函数

$$y = f(x_1, x_2) = \min\{x_1, x_2\} \qquad (6.1)$$

这是说，产出 y 是 x_1 与 x_2 的函数；同时，产出量究竟是多少，取决于少的那一种生产要素的量。在日常生活里，我们叫做"短边规则"。即如果 x_1 为电力，x_2 是劳动力人数，如果 $x_1 < x_2$，那么，产出量 $y = x_1$，即 y 只取决于短缺的这一种生产要素量，x_2 再多也没有用。如果电力短缺，人再多也只好闲置，不会形成新的产量。$y = \min\{x_1, x_2\}$ 用图来刻画，就是图 6.2。

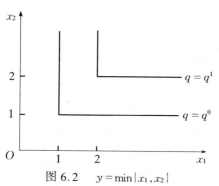

图 6.2　　$y = \min\{x_1, x_2\}$

在图 6.2 里，$q = q^0$ 是一条等产

量线,即线上任一点表示相同的产量,当 $x_1 = 1$ 时,x_2 即使是无穷大也没有更多的用处,产量仍由 $x_1 = 1$ 决定,$y = x_1 = 1$。这是由 x_1 与 x_2 之间毫无替代性所造成的。陈云同志在 20 世纪 50 年代就把这种情形形象地比喻为"箍桶原则",即水桶能盛多少水,完全取决于最短的那一块木板。

（2）线性生产函数

如 $$y = f(x_1, x_2) = x_1 + x_2 \qquad (6.2)$$

在这种情形下,增加一个单位的 x_1,同时减少一个单位的 x_2,就会正好相互抵消。这时,等产量线就是一条直线。如图 6.3 所示:

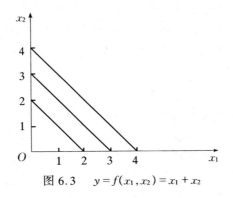

图 6.3 $y = f(x_1, x_2) = x_1 + x_2$

（3）柯布—道格拉斯生产函数（Cobb-Douglas production function）

这是美国经济学家柯布与道格拉斯从美国经济增长发展过程的历史中总结出来的,并经受了无数的统计验证。其形式为

$$y = f(x_1, x_2) = Ax_1^{\alpha}x_2^{\beta} \qquad (6.3)$$

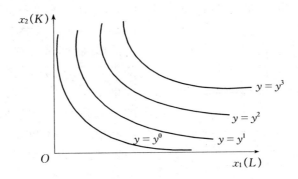

图 6.4   Cobb - Douglas 生产函数（$\alpha = \frac{1}{2}$, $\beta = \frac{1}{2}$）

如果 $x_1 = L$, $x_2 = K$, L 指劳动投入, K 是资本投入, A 表示给定的技

术水平对总产出 y 的效应。常用的假定是 $A = 1, \alpha + \beta = 1$,这样

$$y = f(L, K) = L^{\alpha} K^{1-\alpha} \tag{6.4}$$

如果 $y = y^0, y^1, \cdots$,那就可以相应地画出若干条类似双曲线的等产量线,如图6.4。

5. 生产技术的性质

通常我们假定,生产技术具有以下两个性质:

(1)单调性。单调性是指,如果你在至少一种生产要素上增加了投入,那么,产出量应该至少等于你原先的生产量。这一性质有时被称为是"自由处置"(free disposal):即企业可以无代价地处置任何投入品,拥有超额的投入品至少不会损害企业。

(2)凸性。这是指,如果你有两种方法 (x_1, x_2),(z_1, z_2) 去生产 y 单位的产出,那么,上述两种方法的加权平均至少能生产出同样多的产出量。

凸性可由图 6.5 说明:

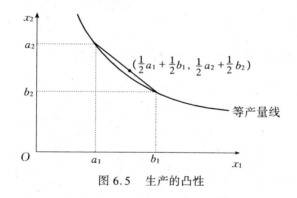

图 6.5 生产的凸性

在图 6.5 中,假定你用 a_1 单位的第一生产要素与 a_2 单位的第二生产要素去生产一单位产出,你又可以用 b_1 单位的第一生产要素与 b_2 单位的第二生产要素去生产一单位产出,那么,在连结 (a_1, a_2) 与 (b_1, b_2) 的线段上的任一点都可以至少生产出一单位产出。

凸性是以分离的生产过程之间相互不干扰为前提的。当不同的生产过程 (a) 与 (b) 之间相互不干扰时,对它们的加权平均而得到的新的生产计划应该也是可行的。

二、短期与长期

在进行具体的生产分析时,很有必要区分长期与短期。短期是指在此时段内,一种或多种生产要素是无法变更的,它们的量是固定的,这种在一

定时段内不可变更的投入品也称为固定投入品。例如,企业的 K(设备)的变更往往需要时间。而劳动(L)则可以经常变更。长期是指在此时段内所有的投入品都是可以变更的。在长期内,资本设备(K)是可以通过投资加以改变的。

要注意的是,短期与长期的划分,要根据不同的行业、不同的企业的具体情况而定,如服装行业,缝纫设备比较容易改变,"短期"的时段较短;但如电力、钢铁行业,更改设备会需较长时间,往往会需 6—7 年,所以,短期的时段会较长。

第二节　短期生产函数与生产决策

一、短期生产函数

在短期,通常假定资本量 K 为固定,如果生产函数 $y = f(K, L)$(省略了原材料),那么在短期,$y = f(\overline{K}, L) = f(L)$,即产出量仅仅是劳动投入量 L 的函数。

二、总产量、平均产量与边际产量的相互关系

1. 定义(总产量、平均产量与边际产量)

总产量(TP)是一种投入量 L 的函数,即

$$TP = Q = f(L) \tag{6.5}$$

因为在短期,资本量是一个固定的量 $\overline{K}$。

平均产量(AP)是指劳动的平均产量,即

$$AP = \frac{Q}{L} = 产出量 / 劳动量 \tag{6.6}$$

边际产量(MP)是指产出变化量对于劳动变化量之比。设 ΔQ 为产量增量,ΔL 为劳动投入的增量,则

$$MP = \frac{\Delta Q}{\Delta L} \tag{6.7}$$

2. 产出曲线

总产量、平均产量与边际产量之间的相互关系可由图 6.6 表示。在图6.6(上)中,总产量 $Q = f(L)$ 开始随 L 的上升而递增(说明劳动的边际产出量为正),一直到 D 点,TP 是上升的。但到 D 点之后,L 的上升只会带来 TP 的下降。

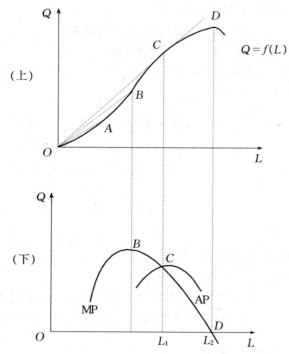

图 6.6 总产量(Q)、平均产量(AP)与边际产量(MP)

对应于每一劳动投入量 L_0, 平均产量为从原点出发过 $f(L)$ 曲线上对应点的射线的斜率, 即 $\dfrac{f(L_0)}{L_0}$。

对应于每一劳动投入量 L_0, 边际产量为 $f(L)$ 曲线上对应点切线的斜率, 即 $f'(L_0)$。

在 B 点以左, 曲线为凸, $f'>0$, $f''>0$, 表示边际产量递增。这时, $f'>\dfrac{Q}{L}$。

在 B 点与 C 点之间, $f'>0$, 但 $f''<0$, 表示边际产量仍为正, 但已出现边际产量递减。不过, $f'>\dfrac{Q}{L}$, 说明边际产量大于平均产量。

在 C 点, $f'=\dfrac{Q}{L}$。曲线在 C 点的斜率等于从原点出发过 C 点的射线的斜率。这时, 边际产量 = 平均产量。

在 C 点之后, $f'<\dfrac{Q}{L}$, 表示边际产量小于平均产量。

到 D 点之后, $f'<0$, 边际产量为负。

3. 边际产量与平均产量的关系

在 C 点之前,边际产量＞平均产量,必有平均产量递增,因边际产量把平均产量拉了上去,这在图 6.6(下)中可以看出。

在 C 点之后,边际产量＜平均产量,必有平均产量递减,因边际产量把平均产量拉了下来。

在 C 点,$\mathrm{MP} = \dfrac{Q}{L}$,平均产量 = 边际产量,平均产量最大。这一结论是可以证明的。

$$\frac{Q}{L} = \frac{f(L)}{L} \tag{6.8}$$

$$\left[\frac{f(L)}{L}\right]' = \frac{Lf'(L) - f(L)}{L^2} = 0 \tag{6.9}$$

这是平均产量最大的必要条件,从而 $f'(L) = \dfrac{f(L)}{L}$。说明平均产量最大时,平均产量必然等于边际产量。

在 D 点,$f' = 0$,边际产量为零,说明总产量在该点最大。过 D 点的 $f(L)$ 线段不属于生产函数,因生产函数的定义只包括有效的生产量。

三、边际报酬递减规律

当一种或一种以上的生产要素固定不变时,如增加另一种生产要素的投入量,这种增加过程达到一定程度之后,便会出现边际产量递减。这称为是边际报酬递减规律(law of diminishing marginal product)。

注意:(1) 边际报酬递减律是以技术不变为前提的。如技术水平提高了,边际报酬可以是递增的。(2) 边际报酬递减律是以其他要素不变为前提的。(3) 它是在某种要素(如劳动)增加达到一定程度之后才出现的。

究其原因,边际报酬递减的出现是在一种或一种以上要素量不变时,过多地增加另一种要素的投入量而造成的要素比例破坏而产生的。

四、生产三阶段

以边际报酬递减规律为基础,根据可变投入的多少,可以把生产分为三个阶段。

从图 6.6(下)中可以看出,劳动投入量从零到 L_1 是第一阶段。在这一阶段中,边际产量先是递增,达到最大,然后递减。但由于边际产量始终大于平均产量,所以平均产量(AP)是递增的,总产量当然也会递增。

第二阶段从 L_1 到 L_2。此阶段中边际产量是递减的,而且边际产量小于平均产量,所以平均产量会下降;但由于边际产量仍大于零,所以总产量还在继续上升。

第三阶段在 L_2 之后。在该阶段的起始点上,边际产量为零,说明总产量已达到了最大值。在该阶段中,边际产量小于零并且继续下降,总产量也就会不断下降,平均产量也继续下降。

那么,厂商应选择哪一个阶段呢?

在第一阶段里,使用的可变投入与不变投入相比,显得太少,此时增加可变投入会提高所有投入的效率,从而产出更多。由于平均产量递增,也就意味着单位成本下降。因而,可变投入如停留在第一阶段在经济上是不合理的。第三阶段也是明显不合理的,因在这一阶段中,随着劳动投入量的增加反而会使总产量下降。所以,理性的厂商不应在第三阶段上进行生产。结论是:合理的劳动投入量应在第二阶段中。

五、短期中的劳动最优投入量

在短期中,劳动的合理投入量应在第二阶段中。但在这第二阶段中,能否找出一点是劳动的最优投入量呢?这在理论上讲是可能的。

所谓最优,从企业的目标来说,就是指企业的利润最大。因此,最优的劳动投入量就是指使企业利润最大的劳动投入量。

设企业利润 π 是产值减去劳动成本与资本成本,设劳动投入量的价格为 w,资本投入量的价格为 r,但资本投入量在短期是一固定量 $\overline{K}$。又设 p 为产出品价格。于是

$$\pi = pf(L, \overline{K}) - wL - r\overline{K} \tag{6.10}$$

$$\frac{\mathrm{d}\pi}{\mathrm{d}L} = \frac{p\,\mathrm{d}f}{\mathrm{d}L}(L, \overline{K}) - w = 0 \tag{6.11}$$

即

$$p \cdot \frac{\mathrm{d}f}{\mathrm{d}L}(L, \overline{K}) = w \tag{6.12}$$

由于 $\frac{\mathrm{d}f}{\mathrm{d}L}(L, \overline{K})$ 是劳动边际产量 MP_L,所以,在短期,决定劳动最优投入量的必要条件是

$$p \cdot \mathrm{MP}_L = w \tag{6.13}$$

即劳动的边际产量价值与劳动的价格相等。

例 1(最优劳动投入量):已知某企业的生产函数为

$$Q = 21L + 9L^2 - L^3$$

(1)求该企业的平均产出函数和边际产出函数。

(2)如果企业现在使用了 3 个劳动力,试问是否合理? 合理的劳动使

用量应在什么范围内?

(3) 如果该企业的产品的市场价格为 3 元,劳动力的市场价格为 63 元。那么,该企业的最优劳动投入量是多少?

解:(1) 平均产出函数为

$$AP = \frac{Q}{L} = 21 + 9L - L^2$$

边际产出函数为

$$MP = \frac{dQ}{dL} = 21 + 18L - 3L^2$$

(2) 我们首先确定合理投入区间的左端点。令 AP = MP,即

$$21 + 9L - L^2 = 21 + 18L - 3L^2$$

可解得 $L = 0$ 与 $L = 4.5$。$L = 0$ 不合理,可以舍去。所以,合理区间的左端点应在劳动力投入为 4.5 的时候。

再定合理区域的右端点。令 MP = 0,即

$$21 + 18L - 3L^2 = 0$$

得

$$L = -1 \quad 与 \quad L = 7$$

因 $L = -1$ 不合理,应舍去。所以,合理区域的右端点为 $L = 7$。

这样合理区域为

$$4.5 \leqslant L \leqslant 7$$

目前的使用量 $L = 3$,所以是不合理的。

(3) 劳动投入最优的必要条件为 $p \cdot MP_L = w$。

即

$$(21 + 18L - 3L^2)3 = 63$$

容易解出

$$L = 0 \quad 或 \quad L = 6$$

$L = 0$ 不合理,舍去。因此,$L = 6$,即使用 6 个劳动力最优。

第三节 长期生产函数与要素组合比例

一、长期生产函数

在长期,所有的要素都是可变的,因此,K 也是可以改变的。这样,如果我们只考虑两种投入要素的生产函数,便有

$$Q = F(L, K) \tag{6.14}$$

这一生产函数里的劳动 L 与资本 K 都是可变的。

二、要素的边际技术替代率(MRTS)

在长期,不仅两种要素投入都可以改变,并且两者之间可以相互替代。因此,同一数量的产量往往可以由两种要素的不同组合来实现。类似于第一讲里所出现的无差异曲线,同一数量的产出量可由两种要素的不同的组合来实现的思想可以通过等产量线来表达。设 q^0 为一定的产出量,那么

$$q^0 = f(L, K) \tag{6.15}$$

就是一条等产量线,其产出量为 q^0,是一个常数,所有满足上式的 L 与 K 的组合的轨迹便是一条等产量线。

图 6.7 里给出了三条等产量线:$q^{(3)} > q^{(2)} > q^{(1)}$。

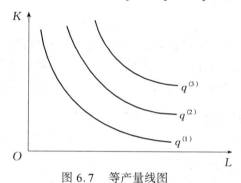

图 6.7 等产量线图

在每一条等产量线上,过某一点的切线的斜率是一种替代的比率,即投入要素 L 对另一投入要素 K 的替代率。通过这样的替代,可使产出量保持相等。我们定义该斜率的负值为"边际技术替代率 $\textbf{MRTS}_{L,K}$"(marginal rate of technical substitution)。写作

$$\textbf{MRTS}_{L,K} = -\frac{dK}{dL} \tag{6.16}$$

如果生产函数为

$$q = f(L, K)$$

对上式两边都取全微分,有

$$dq = \frac{\partial f}{\partial L}dL + \frac{\partial f}{\partial K}dK \tag{6.17}$$

由于 q 是一条等产量线,因此 q 是一常数,dq 便为零。所以

$$\textbf{MRTS}_{L,K} = \frac{-dK}{dL} = \frac{\dfrac{\partial f}{\partial L}}{\dfrac{\partial f}{\partial K}} = \frac{\text{MP}_L}{\text{MP}_K} \tag{6.18}$$

MP_L 是劳动的边际产量, MP_K 是资本的边际产量。如果劳动的边际产量 (MP_L)越高,则劳动对资本的边际技术替代率便越高。

三、最优要素比例的决定

假定企业是在完全竞争的要素市场上购买劳动(L)与资本(K)投入要素,设 w 与 r 为这两种要素的单位价格,且 w 与 r 为常数(即价格给定),则企业的生产总成本(C)就由下列线性方程给定

$$C = wL + rK \tag{6.19}$$

如果企业的总成本为一给定的常数 C^0,则等成本线(isocost line)就由下列要素组合的轨迹来定义

$$C^0 = wL + rK \tag{6.20}$$

与消费者理论里关于消费者的最优选择行为的讨论类似,等成本线的作用相当于"预算线"的作用。企业的最优要素比例由过等产量线与等成本线的共切点的切线的斜率来决定。图 6.8 中的点 E 便是最优的要素比例决定点, $\dfrac{OK^e}{OL^e}$ 便是资本对劳动投入的最优比例。

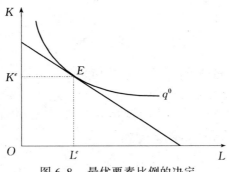

图 6.8　最优要素比例的决定

如果把这一问题写成数学规划,则企业的问题是在服从成本约束($wL + rK \leqslant C^0$)的前提下,追求最大可能的产出量。这样,求解的数学问题是

$$\left. \begin{array}{l} \max_{L,K} \{ f(L,K) \} \\ s.t. \quad wL + rK \leqslant C^0 \end{array} \right\} \tag{6.21}$$

相应地,形成了函数

$$V = f(L,K) + \mu(C^0 - wL - rK) \tag{6.22}$$

这里, $\mu \neq 0$ 是未定的拉氏乘子。让 V 对 L, K 与 μ 分别求偏导,并令这些

偏导为零,有

$$\frac{\partial V}{\partial L} = \frac{\partial f}{\partial L} - \mu w = 0 \qquad (E.1)$$

$$\frac{\partial V}{\partial K} = \frac{\partial f}{\partial K} - \mu r = 0 \qquad (E.2)$$

$$\frac{\partial V}{\partial \mu} = C^0 - wL - rK = 0 \qquad (E.3)$$

从上述(E.1)与(E.2)式中,可以得出

$$\frac{\frac{\partial f}{\partial L}}{\frac{\partial f}{\partial K}} = \frac{w}{r} \qquad (6.23)$$

即

$$\boxed{\frac{MP_L}{MP_K} = \frac{w}{r}} \qquad (6.24)$$

$\frac{MP_L}{MP_K} = \frac{w}{r}$ 是企业决定最优要素比例的必要条件。

这个条件也可由另一数学规划得到。假定企业的目标是使其要素投入成本最小,但必须满足一定的生产目标约束,即

$$\left. \begin{array}{l} \min_{L,K} \{WL + rK\} \\ s.t. \quad f(L,K) \geqslant q^0 \end{array} \right\} \qquad (6.25)$$

相应地,形成函数

$$V = wL + rK + \mu(q^0 - f(L,K)) \qquad (6.26)$$

让 V 对 L、对 K 与对 μ 分别求一阶偏导,并令这些偏导都为零,我们同样可得

$$\frac{\frac{\partial f}{\partial L}}{\frac{\partial f}{\partial K}} = \frac{w}{r}$$

即

$$\boxed{\frac{MP_L}{MP_K} = \frac{w}{r}} \qquad (6.24)$$

$\frac{MP_L}{MP_K} = \frac{w}{r}$ 换句话说,是指企业在决策最优时,所用劳动的边际产量与资本的边际产量之比等于工资与利率之比。μ 是什么呢? 从前面(E.1)式与(E.2)中不难得到

$$\mu = \dfrac{\dfrac{\partial f}{\partial L}}{w} = \dfrac{\dfrac{\partial f}{\partial K}}{w} \qquad (6.27)$$

即

$$\mu = \frac{\mathrm{MP}_L}{w} = \frac{\mathrm{MP}_K}{r} \qquad (6.28)$$

这说明, μ 是单位要素价格在最优时所获得的边际产量。最优化的含义在于, 在最优时, 最后一单位货币投入, 不论其是投在资本上, 还是投在劳动上, 其对产量的贡献必须相等。

例 2: 如果生产函数为 $q = 6KL$, 工资 $w = 5$, 利率(资本成本) $r = 10$, 试求劳动(L)与资本(K)的最优比例。

解: 　　　　　　$\mathrm{MP}_L = 6K$, 　　$\mathrm{MP}_K = 6L$

$$\frac{\mathrm{MP}_L}{\mathrm{MP}_K} = \frac{K}{L}$$

$$\frac{w}{r} = \frac{5}{10} = \frac{1}{2}$$

所以　　　　　　　　　　　$\dfrac{K}{L} = \dfrac{1}{2}$

即　　　　　　　　　　　　$K : L = 1 : 2$

例 3: 如生产函数为 $q = \min\{3L, K\}$, $W = 2$, $r = 2$, 求 K 与 L 的最优比例。

解: 我们从成本最小的目标出发来讨论, 如 $3L > K$, 则 $q = K$, 说明 $3L$ 中有部分劳动投入浪费了, 这不符合成本最小的目标; 如 $3L < K$, 则 $q = 3L$, 说明 K 中有部分资本投入浪费了, 这也不符合成本最小的目标。因此, 成本最小的投入应该在 $q = 3L = K$ 这一点达到。

于是, 我们有

$$3L = K$$

即　　　　　　　　　　　　$L : K = 1 : 3$

第四节　生产扩张与规模报酬

一、生产经济区

我们从等产量线图(图 6.7)出发, 每一条等产量线上的斜率为 $\dfrac{\Delta K}{\Delta L}$,

$-\dfrac{\Delta K}{\Delta L} = \dfrac{\mathrm{MP}_L}{\mathrm{MP}_K}$ 是 **MRTS**$_{L, K}$。"**MRTS**$_{L, K}$"称为劳动对资本的边际技术替代

率。一般情况下,等产量线的斜率 $\left(\dfrac{\Delta K}{\Delta L}\right)$ 是负的,说明如产出量的目标给定,L 如增加,K 会相应地减少;或者 K 增加,L 会相应地减少。C 与 D 点上的生产组合可以达到同样多的产出量 Q^0。但是,有时,等产量线的斜率可能是正的,如图 6.9:

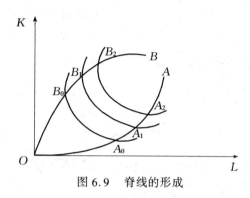

图 6.9　脊线的形成

上图说明,如 B_0 点以后 K 的增加会引起总产量的下降,这时只有相应地增加 L 才会弥补由于 K 太多所引起的损失,保持同样多的 Q^0 产出量;或者 A_0 点以右,L 的增加反而会引起产量的下降,只有相应地增加 K 才能弥补 L 增加太多所导致的损失,以保持同样的产出量 Q^0。因此,B_0 以右的线段与 A_0 以右的线段就称为是生产不经济的区域。

以同样方法可以画出 B_1,B_2,… 与 A_1,A_2…,我们得到 OA 与 OB 两条曲线。这两条曲线一般称为"脊线"。脊线内的区域叫生产经济区域,脊线外的区域叫生产不经济区域。

二、产出弹性、生产力弹性与替代弹性

1. 产出弹性

产出弹性是指在技术与投入品价格不变的条件下,若其他投入固定不变,仅一种投入变动时,产出的相对变动和投入的相对变动之比。

设 $Q = f(L, K)$,E_L 与 E_K 分别为劳动的产出弹性与资本的产出弹性。

$$E_L = \frac{\dfrac{\Delta Q}{Q}}{\dfrac{\Delta L}{L}} = \frac{\Delta Q}{\Delta L} \cdot \frac{L}{Q} = \frac{\mathrm{MP}_L}{\mathrm{AP}_L} \tag{6.29}$$

$$E_K = \frac{\frac{\Delta Q}{Q}}{\frac{\Delta K}{K}} = \frac{\Delta Q}{\Delta K} \cdot \frac{K}{Q} = \frac{\mathrm{MP}_K}{\mathrm{AP}_K} \tag{6.30}$$

2. 生产力弹性

生产力弹性是指,在技术与投入价格不变的条件下,所有要素都按同一比例变动时,产出的相对变动对投入要素的相对变动之比。

设生产函数为 $Q = f(K, L)$,要素向量为 $X = (L, K)$

【定义】　$E_e = \frac{\mathrm{d}Q}{Q} / \frac{\mathrm{d}x}{x} = \frac{\mathrm{d}Q}{\mathrm{d}x} \cdot \frac{x}{Q}$ $\tag{6.31}$

【定理】　若产量是资本(K)与劳动(L)的生产函数,则有

$$E_e = E_L + E_K \tag{6.32}$$

证明：因为　　　　　　　$Q = f(K, L)$

所以　　　　$\mathrm{d}Q = \frac{\partial f}{\partial K}\mathrm{d}K + \frac{\partial f}{\partial L} \cdot \mathrm{d}L = \frac{\partial Q}{\partial K}\mathrm{d}K + \frac{\partial Q}{\partial L} \cdot \mathrm{d}L \tag{6.33}$

因为 K, L 都以同一比例变化,所以

$$\frac{\mathrm{d}L}{L} = \frac{\mathrm{d}K}{L} = \frac{\mathrm{d}X}{X} \tag{6.34}$$

所以　　$\frac{\mathrm{d}Q}{\mathrm{d}X} \cdot \frac{X}{Q} = \frac{\partial Q}{\partial K} \cdot \frac{\mathrm{d}K}{\frac{\mathrm{d}X}{X}} \cdot \frac{1}{Q} + \frac{\partial Q}{\partial L} \cdot \frac{\mathrm{d}L}{\frac{\mathrm{d}X}{X}} \cdot \frac{1}{Q}$

$$= \frac{\partial Q}{\partial K} \cdot \frac{\mathrm{d}K}{\frac{\mathrm{d}K}{K}} \cdot \frac{1}{Q} + \frac{\partial Q}{\partial L} \cdot \frac{\mathrm{d}L}{\frac{\mathrm{d}L}{L}} \cdot \frac{1}{Q}$$

$$= \frac{\partial Q}{\partial K} \cdot \frac{K}{Q} + \frac{\partial Q}{\partial L} \cdot \frac{L}{Q}$$

$$= E_K + E_L$$

所以　　　　　　　$E_e = E_K + E_L$ 　　　　　　（证毕）(6.32)

这说明：如果投入要素按同一比例变动,则产出的相对变动对投入的相对变动之比等于产出的相对变动对每一投入的相对变动之比的和。即生产力弹性等于各项投入的产出弹性之和。

3. 替代弹性

在一定的技术条件下,因为 $\frac{\mathrm{MP}_K}{\mathrm{MP}_L} = \frac{r}{w}$,如 $\frac{r}{w}$ 之比(投入品相对价格)变化了,会导致 $\frac{K}{L}$ 发生变化。但 $\frac{r}{w}$ 之比发生变化,也即是 $\frac{\mathrm{MP}_K}{\mathrm{MP}_L}$ 发生了变化。

我们关心的是：$\dfrac{\mathrm{MP}_K}{\mathrm{MP}_L}$ 的变化导致 $\dfrac{K}{L}$ 发生了什么样的变化？

称 $\dfrac{K}{L}$ 相对变化对 $\dfrac{\mathrm{MP}_L}{\mathrm{MP}_K}$ 的相对变动之比为劳动对资本的替代弹性。记作

$$E_\sigma = \frac{\dfrac{\mathrm{d}\left(\dfrac{K}{L}\right)}{\dfrac{K}{L}}}{\dfrac{\mathrm{d}\left(\dfrac{\mathrm{MP}_L}{\mathrm{MP}_K}\right)}{\dfrac{\mathrm{MP}_L}{\mathrm{MP}_K}}} = \frac{\mathrm{d}\left(\dfrac{K}{L}\right)}{\mathrm{d}\left(\dfrac{\mathrm{MP}_L}{\mathrm{MP}_K}\right)} \cdot \frac{\left(\dfrac{\mathrm{MP}_L}{\mathrm{MP}_K}\right)}{\dfrac{K}{L}} \tag{6.35}$$

例 4： $f(K, L) = AL^\alpha K^\beta$（柯布—道格拉斯生产函数）

证明：（1）替代弹性恒为 1（即单位替代弹性）；（2）$\mathbf{MRTS}_{L, K} = \dfrac{\alpha}{\beta} \cdot \dfrac{K}{L}$；
（3）$E_e = \alpha + \beta$。

解： 为了运用 E_σ 的定义，我们要先求出 $\mathrm{MP}_K, \mathrm{MP}_L$

$$\mathrm{MP}_K = \beta AL^\alpha K^{\beta-1}; \quad \mathrm{MP}_L = \alpha AL^{\alpha-1}K^\beta$$

先证（2）

$$\mathbf{MRTS}_{L, K} = \frac{\mathrm{MP}_L}{\mathrm{MP}_K} = \frac{\alpha AL^{\alpha-1}K^\beta}{\beta AL^\alpha K^{\beta-1}} = \frac{\alpha}{\beta} \cdot \frac{K}{L} \tag{E.4}$$

再证明（1）

所以 $\quad E_\sigma = \dfrac{\mathrm{d}\left(\dfrac{K}{L}\right)}{\mathrm{d}\left(\dfrac{\alpha}{\beta}\dfrac{K}{L}\right)} \cdot \dfrac{\dfrac{\alpha}{\beta}\dfrac{K}{L}}{\dfrac{K}{L}} = \dfrac{\mathrm{d}\left(\dfrac{K}{L}\right)}{\dfrac{\alpha}{\beta}\mathrm{d}\left(\dfrac{K}{L}\right)} \cdot \dfrac{\alpha}{\beta} = 1 \tag{E.5}$

最后，证明（3）

由于 $\qquad\qquad\qquad E_e = E_L + E_K$

又因为 $\qquad\qquad E_L = \dfrac{\mathrm{MP}_L}{\mathrm{AP}_L}, \ E_K = \dfrac{\mathrm{MP}_K}{\mathrm{AP}_K}$

但 $\qquad\qquad \begin{cases} \mathrm{AP}_L = AL^{\alpha-1}K^\beta & \text{(E.6)} \\ \mathrm{AP}_K = AL^\alpha K^{\beta-1} & \text{(E.7)} \end{cases}$

所以 $\qquad\qquad E_L = \dfrac{\alpha AL^{\alpha-1}K^\beta}{AL^{\alpha-1}K^\beta} = \alpha \tag{E.8}$

$$E_K = \frac{\beta AL^\alpha K^{\beta-1}}{AL^\alpha K^{\beta-1}} = \beta \tag{E.9}$$

所以 $\qquad\qquad E_e = \alpha + \beta \qquad\qquad$（证毕）

三、规模报酬

规模报酬是指：在技术水平和要素价格不变的条件下，当所有的投入要素都按同一比例变动时，产量变动的状况。

规模报酬有三种表达方式：

1. 生产函数表达式

$$Q = f(K, L), 设\ t > 1$$

如 $\qquad\qquad f(tK, tL) > tf(K, L) \qquad\qquad$ 则称规模报酬递增；

如 $\qquad\qquad f(tK, tL) < tf(K, L) \qquad\qquad$ 则称规模报酬递减；

如 $\qquad\qquad f(tK, tL) = tf(K, L) \qquad\qquad$ 则称规模报酬不变。

例 5：如 $Q = f(K, L) = K^{\frac{1}{4}} L^{\frac{1}{4}}$

问：该生产过程是呈规模报酬不变、递减或递增？

解：设 $t > 1$

$$f(tK, tL) = (tK)^{\frac{1}{4}}(tL)^{\frac{1}{4}} = t^{\frac{1}{2}}\left(K^{\frac{1}{4}} \cdot L^{\frac{1}{4}}\right)$$

$$= t^{\frac{1}{2}} f(K, L) < tf(K, L)$$

所以，是规模报酬递减。

2. 生产力弹性表达式

因 $E_e = \dfrac{\frac{dQ}{Q}}{\frac{dX}{X}}$，设 $\delta = \dfrac{dX}{X}$ 为要素变动率，$\mu = \dfrac{dQ}{Q}$ 为产出变动率。

则，当 $E_e > 1$，即 $\mu > \delta$ 时，规模报酬递增；

当 $E_e < 1$，即 $\mu < \delta$ 时，规模报酬递减；

当 $E_e = 1$，即 $\mu = \delta$ 时，规模报酬不变。

3. 等产量图表达式

在一等产量图上，K 与 L 按同一比例变化后，产量是否按同一比例变化？请看下例。

例 6：从下列表内的数据分析该生产过程在什么阶段是规模报酬递增、在什么阶段是规模报酬递减的？

表 6.1 产出表

R \ L	1				
5	300	490	550	580	600
4	275	450	520	<u>550</u>	570
3	240	380	<u>450</u>	490	520
2	180	<u>300</u>	400	430	450
1	<u>190</u>	200	250	300	340
K \ L	1	2	3	4	5

解：从 $L=1$, $K=1$ 到 $K=2=L$, Q 从 100 上升为 300, 所以规模报酬递增;从 $K=2$, $L=2$ 到 $K=3=L$, 投入量增一半, 产量从 300 上升为 450, 即产出量也上升一半, 所以规模报酬不变;从 $K=L=3$ 到 $K=L=4$, 规模报酬递减。

如果规模报酬递增, 我们称生产具有规模经济;如果规模报酬递减, 我们称生产具有规模不经济。

四、扩张线

【定义】 在技术水平和投入要素价格不变的条件下, 由投入总成本的变化而引起的最优要素比例($K:L$)的变动的轨迹, OE, 叫生产扩张线(见图 6.10)。

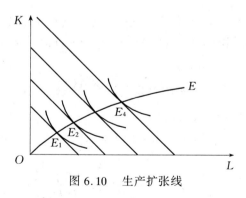

图 6.10 生产扩张线

【例 7】 (柯布—道格拉斯生产函数的扩张线)

因为

$$\frac{\mathrm{MP}_K}{\mathrm{MP}_L} = \frac{r}{w} = \frac{\beta AL^\alpha K^{\beta-1}}{\alpha AL^{\alpha-1} K^\beta} = \frac{\beta}{\alpha} \frac{L}{K}$$

所以 $$K = \frac{\beta}{\alpha} \cdot \frac{w}{r} \cdot L$$

即扩张线必为通过原点的射线;也即扩张线必是等斜线。

五、要素价格变动引起的替代效应与产量效应

从图 6.11 可以看出,由于 w 下降,替代效应是: $L_C - L_A, K_C - K_A$,这说明 w 下降后,资本相对较贵,企业少用 K,多用 L。

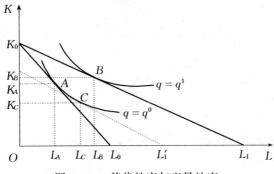

图 6.11 替代效应与产量效应

而产量效应是 $L_B - L_C, K_B - K_C$,这说明 w 下降后成本节省了,如 C^0 不变,生产规模可以有所扩大。

六、技术进步的测定

为了测定技术进步,我们常设 $Q = A(t)f(L,K)$,其 $A(t)$ 是时间 t 的函数,表示随着时间的推移,$A(t)$ 也变化,$A(t)$ 指科学技术对于生产的影响。

如何测定技术进步? 实质上是要测 $\dfrac{d(A(t))}{A(t)}$。

从 $Q = A(t)f(L,K)$,可得

$$\ln Q = \ln A(t) + \ln f(L,K) \tag{6.36}$$

两边取全微分

$$\frac{1}{Q}dQ = \frac{d(A(t))}{A(t)} + \frac{df(L,K)}{f(L,K)} \tag{6.37}$$

因为 $$\frac{d(f(K,L))}{f(K,L)} = \frac{A(t)df(L,K)}{A(t)f(L,K)} = \frac{A(t)\cdot\left[\frac{\partial f}{\partial L}dL + \frac{\partial f}{\partial K}dK\right]}{Q}$$

$$= \frac{1}{Q}\cdot\frac{\partial Q}{\partial L}dL + \frac{1}{Q}\cdot\frac{\partial Q}{\partial K}dK \tag{6.38}$$

把 $E_L = \dfrac{\partial Q}{\partial L} \cdot \dfrac{L}{Q}$ 与 $E_K = \dfrac{\partial Q}{\partial K} \cdot \dfrac{K}{Q}$ 代入(6.38),重新写(6.37)式,得

所以
$$\frac{\mathrm{d}Q}{Q} = \frac{\mathrm{d}(A(t))}{A(t)} + E_L \frac{\mathrm{d}L}{L} + E_K \frac{\mathrm{d}K}{L} \qquad (6.39)$$

所以
$$\frac{\mathrm{d}(A(t))}{A(t)} = \frac{\mathrm{d}Q}{Q} - E_L \frac{\mathrm{d}L}{L} - E_K \frac{\mathrm{d}K}{K} \qquad (6.40)$$

公式(6.40)说明:技术进步率可由产出增加率减去劳动增长率乘劳动产出弹性与资本增长率乘资本产出弹性来获得。

例8:若 $Q = A(t)K^\alpha L^\beta$,由于 α,β 分别是 E_K 与 E_L,所以,技术进步率为:$\dfrac{\mathrm{d}(A(t))}{A(t)} = \dfrac{\mathrm{d}Q}{Q} - \alpha \dfrac{\mathrm{d}K}{K} - \beta \dfrac{\mathrm{d}L}{L}$。

第五节 齐次生产函数与范围经济

规模报酬是与齐次生产函数有关系的。与规模报酬相区别的另一个重要范畴是范围经济。这一节,我们专门分析齐次生产函数与范围经济。

一、齐次生产函数与欧拉定理

【定义】 **齐次生产函数**:如果生产函数满足下列性质
$$f(tx_1, tx_2) = t^k f(x_1, x_2) \qquad (6.41)$$
则称该生产函数为 k 次齐次生产函数(这里 t 是任何正实数,k 为一常数)。

显然,如 $t > 1$,$k > 1$,则生产的规模报酬递减;若 $t > 1$,$k = 1$,则生产规模报酬不变;如 $t > 1$,$k < 1$,则生产规模报酬递减。

(6.41)式两边对 t 求导,有
$$x_1 f_1(tx_1, tx_2) + x_2 f_2(tx_1, tx_2) = k t^{k-1} f(x_1, x_2) \qquad (6.42)$$
如令 $t = 1$,会有
$$x_1 f_1 + x_2 f_2 = k f(x_1, x_2) \qquad (6.43)$$

式(6.43)是说,若要素投入量 x_1 与 x_2 分别与其边际产出量 $f_1\left(= \dfrac{\partial f}{\partial x_1}\right)$ 与 $f_2\left(= \dfrac{\partial f}{\partial x_2}\right)$ 相乘,正好等于 k 乘产出量 $f(x_1, x_2)$ 之积。

(6.43)式通常称为欧拉定理。

欧拉定理有若干应用:

第一,齐次幂与产出弹性之间的关系。

对(6.43)式两边除以 $f(x_1, x_2)$,因 $Q = f(x_1, x_2)$,就有

$$\frac{x_1}{Q}\frac{\partial Q}{\partial x_1} + \frac{x_2}{Q}\frac{\partial Q}{\partial x_2} = k \tag{6.44}$$

这说明,如果生产函数是齐次生产函数,且是含两要素的生产函数,则要素的产出弹性之和等于齐次生产函数的幂 k。

第二,耗尽性分配定理。

如果 $k = 1$,即如果生产函数为一次齐次生产函数(生产规模报酬不变),则从(6.43)式有

$$x_1 f_1 + x_2 f_2 = f(x_1, x_2) \tag{6.45}$$

由于 f_1 与 f_2 分别为要素 X_1 与 X_2 的边际产量($f_1 = \mathrm{MP}_1$,$f_2 = \mathrm{MP}_2$),所以,如设 $X_1 = L$,$X_2 = K$,则

$$L \cdot \mathrm{MP}_L + K \cdot \mathrm{MP}_K = f(x_1, x_2) = y \tag{6.46}$$

这说明在规模报酬不变时,若按要素的边际物质产量去对生产要素 L 与 K 分别付酬,结果正好把总产量分光,即耗尽全部生产量。这就是耗尽性分配定理。

耗尽性定理可以有两方面的含义:

(1) 若生产的规模报酬不变($k = 1$),但要素的报酬超过了其边际生产量,这往往会造成总需求超过总供给 y,其结果是通货膨胀。我们常听说,工资增长率不要超过劳动生产率的增长,从道理上讲,是来自于耗尽性分配定理。

(2) 相对收入分配比例也与耗尽性分配定理有关。

如果 $q = f(x_1, x_2) = A x_1^\alpha x_2^{1-\alpha}$,则

$$f_1 = \alpha A x_1^{\alpha-1} x_2^{1-\alpha}$$
$$f_2 = A(1-\alpha) x_1^\alpha x_2^{-\alpha}$$

于是

$$x_1 f_1 + x_2 f_2 = \alpha A x_1^\alpha x_2^{1-\alpha} + (1-\alpha) A x_1^\alpha x_2^{1-\alpha}$$
$$= \alpha y + (1-\alpha) y = y$$

如果 $x_1 = L$,$x_2 = K$,则

$$\alpha y = L f_1$$
$$(1-\alpha) y = K f_2$$

全部产出量 y 在劳动与资本两者之间分配的相对比例为 α 与 $(1-\alpha)$ 之比。这说明,柯布—道格拉斯生产函数若是一次齐次的,$y = f(K, L) = A K^\alpha L^{1-\alpha}$,则这里的 α 与 $(1-\alpha)$ 实质上是资本与劳动在国民收入中的相对份额。

二、联合生产与范围经济

有些生产过程会同时生产不止一种产品。当生产过程生产出两种或两种以上的产品,并且这两种产品在技术上是相互依赖的时候,我们就称生产过程为联合生产过程。如果一个企业生产两种以上产品,但在技术上该两种产品是相互独立的,则不属于联合生产。

1. 联合生产与生产转换线

考虑一家企业,它只用一种要素 X,但同时生产两种产品 Q_1 与 Q_2。这样,我们得到一个生产隐函数

$$H(q_1, q_2, x) = 0 \qquad\qquad (6.47)$$

假定可以解出 x,则

$$x = h(q_1, q_2) \qquad\qquad (6.48)$$

这时,以 x 数量表达的生产要素量便是两种产出量的函数。我们假定 x 是正值函数,并且在 q_1 与 q_2 的非负定义域内是一个增函数。

生产转换曲线是产出量的组合的集合。给定要素投入量 x^0,生产转换曲线由下式给定

$$x^0 = h(q_1, q_2) \qquad\qquad (6.49)$$

即 q_1 与 q_2 的所有组合都是用同样多的 x^0 所生产的。

图 6.12 给出三条对应不同投入量 x 的生产转换曲线($x^{(3)} > x^{(2)} > x^{(1)}$):每一条生产转换线上的点的斜率表示为多获得一单位的 Q_1,多少 Q_2 必须牺牲掉。转换线凹向原点表示,随着 Q_1 的数量上升,为多获一单位 Q_1,需牺牲(放弃)更多的 Q_2。

2. 范围经济

范围经济是与联合生产有关联的。当一个企业以同一种资源(或同样的资源量)生产一种以上的产出品时,由于生产活动维度的增加(即生产范围在横向上的扩展)所带来的效益增进(或利润上升,或成本节省),叫做范围经济。

回头看图 6.12。如果生产的转换曲线是一条直线,则说明联合生产不会带来任何收益(当然也不会造成损失),这时,就没有范围经济。因为,一个同时生产两种产品的工厂与两个分别生产一种产品的工厂的结果会完全一样。当生产转换线是严格凹向原点时,就表示存在范围经济。

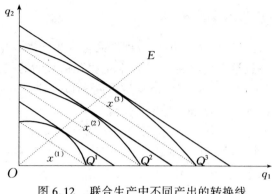

图 6.12　　联合生产中不同产出的转换线

这是由于,联合生产通常具有某些优势,使单个企业以相同的资源生产的两种产品比两个单独的企业生产出的产品更多,从而,生产转换曲线呈凹型。联合生产的优势包括:(1) 投入要素的共同分享;(2) 统一管理生产过程的优势;(3) 两种生产过程之间的互补性,等等。

从图 6.12 可以看出,范围经济是指单个企业联合生产两种产品其产出超出两个各自生产一种产品的企业所能达到的产量之和。如有范围经济,则企业应兼并。

如果企业联合生产的产出低于两个独立企业所能达到的产量之和,则称这种状态为范围不经济。这时,大企业应分小。

要注意的是,范围经济不等于规模经济。一家公司可以在单独生产一种产品时拥有规模经济,即同比例增加各种投入后,其产出以更高比例上升;但该公司可以不拥有范围经济,即如其同时生产两种产出品时,不会比分别生产单独产品生产更多。同样,一家公司,可以拥有范围经济,但不一定意味着每一种产品生产上都存在规模经济。

参考阅读文献

1. Bartelsman, E. J. 与 M. Doms (2000 年):"Understanding Productivity". *Journal of Economic Literature* (XXXVIII):569—694.

2. Clark, J. M. (1931 年):"Diminishing Return". *Encyclopaedia of the Social Science*. Vol. 5. New York:Crowell-Collier and Macmillan. pp.144—146.

3. Douglas, P. H. (1948 年):"Are There Laws of Production?" *American Economic Review* (38):1—41.

4. Douglas, P. H. (1976 年):"The Cobb-Douglass Production once again:Its History, Its Testing, and Some Empirical Values". *Journal of Political Economy* (84):903—

16.

5. Henderson, J. M. 与 R. E. Quandt（1980 年）：*Microeconomics*（第 4—5 章）. McGraw-Hill Book Company.

6. Varian, H. R.（1999 年）：*Intermediate Microeconomics*（第 17—19 章）. New York：Norton.

习 题

1. 生产函数为 $Q = -KL^2 + 16L - 18$，工人工资为 $w = 8$，产品价格为 $p = 1$。

计算：（1）短期内 $K = 2$，最优劳动投入是多少？（2）最大平均产量的劳动投入为多少？此时的最大平均产量是多少？

2. 确定下列函数是不是齐次函数，如果是，规模报酬情况如何？

（1）$f(x, y) = x^3 - xy + y^3$

（2）$f(x, y) = 2x + y + 3(xy)^{1/2}$

（3）$f(x, y, w) = (x^4 - 5yw^3)^{1/6}$

3. 设某一省有一个村，该村生产粮食又会织布。其产品既可用来自己消费，也可以出卖。但粮食与布也可以从外边买入来满足消费。如果村外的市场价格比率是一担粮食能换回的布少于 1/2 米，则该村民们会不再种粮食；如果一担粮可以换回 1/2 米的布，则该村将提供 24 担粮食；如果一担粮可以换回 1 米布，则该村将提供 30 担粮食；最后，如一担粮可以换回 4 米布，则该村会提供 38 担粮食。

但是，该村的劳动力与土地如用来产棉织布，也是有机会成本的。当织布的产量从零增加到 32 米这一阶段，粮食产量会从 38 担下降到 30 担；如布的产量要从 32 米上升到 38 米，则粮食产量会从 30 担进一步下降到 24 担；如布的产量从 38 米上升到 50 米，则粮食产量更会从 24 担下降到零。

作图：

（1）请以横轴表示粮食数量，纵轴表示以布的数量所代表的粮食的价格，做出该村粮食的供给曲线。

（2）请以横轴表示布的数量，纵轴表示以粮食数量所代表的布的价格，做出该村布的供给曲线。

4. 对下面的生产函数

$$f(K, L) = \beta_0 + \beta_1(KL)^{1/2} + \beta_2 K + \beta_3 L$$

其中 $0 \leqslant \beta_i \leqslant 1 \quad (i = 1, 2, 3)$

（1）当 β_0、β_1、β_2、β_3 满足什么条件时，该生产函数呈现规模报酬不变。

（2）证明在规模报酬不变的情况下，该函数呈现出边际生产力递减而且边际生产力函数是零次齐次的。

5. 判断下列结论是否正确，并说明理由：

（1）边际产出大于零，则总产量将随着投入的增加而上升，平均产量则不一定上升。

（2）如果生产是有效率的,生产的可能性边界一定是外凸的。

6. 假定一家企业的生产函数为: $y = L^{1/3}$,产出品价格 $p = 3$,工资率 $w = 4$,固定资本成本为2。

问:（1）最优要素投入量 L^*。

（2）最优供给量 y^*。

（3）计算这家企业的利润量。

（4）这家企业应不应关闭?

7. 证明:若某家企业的生产函数为 $AL^a(0 < a < 1)$,如果该企业的资本支出为一常数 J,则

（1）其供给量 q 随产品价格 p 上升而上升。

（2）q 随工资率 w 上升而下降。

8. 已知一家企业的生产函数为 $F(K, L) = 4K^{\frac{1}{2}}L^{1/4}$,产品价格为1,工资率为 $\frac{1}{4}$,利率为 $\frac{1}{2}$。固定资本成本为 k。

求:（1）$L : K$ 的最优比率。

（2）L 与 K 的最优量。

9. 某总公司有甲、乙、丙三个分公司,每个分公司都生产 X 和 Y 两种产品。下面是三个分公司用其全部资源可生产的 X 与 Y 的最大产量:

分公司＼产品	X	Y
甲	100	200
乙	120	180
丙	150	150

请画出该总公司的生产可能性边际曲线(以 X 为横轴,Y 为纵轴)。

10. 在落日湾用手挖海蚶只需要劳动投入。每小时可获得的海蚶总量(q)由下式给出

$$q = 100\sqrt{L}$$

其中,L 是每小时的劳动投入。

（1）用图表示出 q 与 L 间的关系。

（2）落日湾中劳动的平均生产力为多少? 用图表示出这一关系并表明随着劳动投入的增加 AP_L 下降。

（3）证明落日湾的劳动边际产出为

$$MP_L = 50/\sqrt{L}$$

用图表示出这一关系并证明对于所有的 L 值,$MP_L < AP_L$。请解释它。

11. 某公司使用两种类型的除草机割草。小型除草机具有24英寸刀片并适用于具有较多树木与障碍物的草坪。大型的除草机恰为小型除草机的两倍大并适用于操作时不太困难的空旷场地。

两种生产函数的情况如下：

	每小时产出(平方英尺)	资本投入	劳动投入
大型除草机	8000	2	1
小型除草机	5000	1	1

（1）对应于第一种生产函数，图示出 $q = 4000$ 平方英尺的等产量线。如果这些要素没有浪费地结合起来，则需使用多少 K 与 L？

（2）对应于第二种函数回答（1）中的问题。

（3）如果 4000 平方英尺中的一半由第一种生产函数完成，一半由第二种生产函数完成，则 K 与 L 应如何无浪费地配合？如果 3/4 的草坪由第一种生产函数完成，而 1/4 的草坪由第二种生产函数完成，则 K 与 L 应如何配合？

（4）在你考虑（3）中问题的基础上，画出 $q = 4000$ 的联合生产函数的等产量线。

12. 假定，$q = L^\alpha K^\beta$，$0 < \alpha < 1$，$0 < \beta < 1$，$\alpha + \beta = 1$。

（1）证明 $e_{q,L} = \alpha$，$e_{q,K} = \beta$。

（2）证明 $MP_L > 0$，$MP_K > 0$；$\partial^2 q / \partial L^2 < 0$，$\partial^2 q / \partial K^2 < 0$。

（3）证明 **MRTS** 只取决于 K/L，而不依赖于生产规模，而且 **MRTS**（L 对 K）随着 L/K 的增加而递减。

13. 我们已知，对于欧拉定理（见本讲第五节），它意味着规模报酬不变的生产函数 $[q = f(K, L)]$，有

$$q = f_K K + f_L L$$

运用这一结论，证明对于这种生产函数，如果 $MP_L > AP_L$，则 MP_K 必为负数。这意味着生产应在何处进行呢？一个企业能够在 AP_L 递增的点进行生产吗？

14. 再次运用欧拉定理证明，对于只有两种投入（K 与 L）的一个规模报酬不变的生产函数，f_{KL} 必定为正。解释这一结论。

15. 生产函数形式如下

$$q = K^{1/2} L^{1/2} = \sqrt{KL}$$

（1）劳动与资本的平均生产力是多少？（AP_L 将取决于 K，而 AP_K 则取决于 L。）

（2）图示当 $K = 100$ 时的 AP_L 曲线。

（3）证明 $MP_L = \dfrac{1}{2} AP_L$，$MP_K = \dfrac{1}{2} AP_K$。运用这一信息，加一个 MP_L 函数到（2）图中。这一曲线有何特别的地方？

（4）画出 $q = 10$ 时的等产量线。

（5）运用（3）中的结果，在点 $K = L = 10$，$K = 25$，$L = 4$ 及 $K = 4$，$L = 25$ 处，$q = 10$ 的等产量线上的 **MRTS** 是多少？这一函数呈现边际技术替代率递减吗？

第七讲　要素需求函数、成本函数、利润函数与供给函数

我们从前一讲里已知最优要素比例是从生产者解利润极大化问题或者解成本极小化问题而得到的。这就引出了要素需求函数。一旦决定了要素需求,也就可以推导出成本函数。因此,在这一讲,我们先讲要素需求函数,再讲成本函数。然后进入利润函数与供给函数的介绍。由于生产可分为短期与长期,相应地,成本函数也可分为短期成本函数与长期成本函数。

第一节　要素需求函数

一、要素需求函数的推导

我们从利润公式出发。利润(π)是总收入与总成本之差,即

$$\pi = pq - C \tag{7.1}$$

请注意,(7.1)式还只是一个定义,还不是利润函数(利润函数我们会在第四节讲)。如果 $q = f(x_1, x_2)$(这里 x_1 与 x_2 是两种要素),则 $C = r_1 x_1 + r_2 x_2 + b$ 为总成本(这里 r_1 与 r_2 分别为要素 x_1 与 x_2 的价格,b 为固定成本,固定成本可以包括厂房与高级管理人员的薪金,在一定时期内,b 总是固定的)。

于是,(7.1)式就可写为

$$\pi = pf(x_1, x_2) - r_1 x_1 - r_2 x_2 - b \tag{7.2}$$

让 π 对 x_1 与 x_2 分别求一阶偏导,并令这两个一阶偏导分别为零,则有

$$\frac{\partial \pi}{\partial x_1} = pf_1 - r_1 = 0, \quad \frac{\partial \pi}{\partial x_2} = pf_2 - r_2 = 0 \tag{7.3}$$

即

$$pf_1 = r_1, pf_2 = r_2 \tag{7.4}$$

pf_1 为要素 x_1 的边际产量 MP_1 的价值,pf_2 为 x_2 的边际产量 MP_2 的价值。$pf_1 = r_1$ 与 $pf_2 = r_2$ 是说利润最大化必然要求要素的使用要达到其边际产量的价值等于要素本身的价格时才为最优。当 $pf_i > r_i$ 时,x_i 还未用足,企业应增加 x_i 的投入($i = 1, 2$);当 $pf_i < r_i$ 时,企业运用 x_i 太多,企业

应减少 x_i 的使用。

从 $pf_1 = r_1$ 与 $pf_2 = r_2$,可以导出企业对 x_1 与 x_2 的需求函数 $x_1 = x_1(r_1, r_2, p)$, $x_2 = x_2(r_1, r_2, p)$。

例 1:$q = A x_1^{\alpha} x_2^{\beta}$,这里 $\alpha > 0$, $\beta > 0$,但 $\alpha + \beta < 1$, $x_1 > 0$, $x_2 > 0$。求企业关于 x_1 与 x_2 的需求函数。

解:
$$pf_1 = p\alpha A x_1^{\alpha-1} x_2^{\beta} = r_1 \tag{E.1}$$

$$pf_2 = p\beta A x_1^{\alpha} x_2^{\beta-1} = r_2 \tag{E.2}$$

可以解出
$$\frac{x_2}{x_1} = \frac{\beta}{\alpha} \frac{r_1}{r_2} \tag{E.3}$$

$$x_2 = \frac{\beta}{\alpha} \frac{r_1}{r_2} x_1 \tag{E.4}$$

把 (E.4) 代入 (E.1),有
$$p\alpha A x_1^{\alpha-1} \left(\frac{\beta}{\alpha} \frac{r_1}{r_2} x_1 \right)^{\beta} = r_1 \tag{E.5}$$

所以
$$p\alpha A x_1^{\alpha+\beta-1} \left(\frac{\beta}{\alpha} \frac{r_1}{r_2} \right)^{\beta} = r_1 \tag{E.6}$$

$$x_1^{\alpha+\beta-1} \cdot pA\alpha^{1-\beta}\beta^{\beta} \left(\frac{r_1}{r_2} \right)^{\beta} = r_1 \tag{E.7}$$

从而
$$pA\alpha^{1-\beta}\beta^{\beta} r_1^{\beta-1} r_2^{-\beta} = x_1^{1-\alpha-\beta} \tag{E.8}$$

令
$$1 - \alpha - \beta = r \tag{E.9}$$

则
$$x_1 = \left(\frac{\alpha}{r_1} \right)^{\frac{1-\beta}{r}} \cdot \left(\frac{\beta}{r_2} \right)^{\frac{\beta}{r}} (pA)^{\frac{1}{r}} = \phi_1(r_1, r_2, p) \tag{E.10}$$

同理
$$x_2 = \left(\frac{\alpha}{r_1} \right)^{\frac{\alpha}{r}} \left(\frac{\beta}{r_2} \right)^{\frac{(1-\alpha)}{r}} (pA)^{\frac{1}{r}} = \phi_2(r_1, r_2, p) \tag{E.11}$$

即企业对 x_1 与 x_2 的最优需求为 r_1, r_2 与 p 的函数。

我们可以同样以成本最小化求最优要素需求。即

$$\left. \begin{array}{l} \min \{ x_1 r_1 + x_2 r_2 \} \\ s.t. \quad f(x_1, x_2) \geqslant q \\ x_1 \geqslant 0, \ x_2 \geqslant 0 \end{array} \right\} \tag{E.12}$$

相应的拉氏函数为
$$L(x_1, x_2) = x_1 r_1 + x_2 r_2 + \lambda [q - f(x_1, x_2)] \tag{E.13}$$

$$\frac{\partial L}{\partial x_1} = r_1 - \lambda f_1 = 0 \tag{E.14}$$

$$\frac{\partial L}{\partial x_2} = r_2 - \lambda f_2 = 0 \tag{E.15}$$

$$\frac{\partial L}{\partial \lambda} = q - f(x_1, x_2) = 0 \qquad (E.16)$$

从
$$\begin{cases} f_1 = \dfrac{r_1}{\lambda} \\[2mm] f_2 = \dfrac{r_2}{\lambda} \end{cases} \qquad (E.17)$$

解出关于 x_1 与 x_2 的最优需求,结果是一样的。需要注意的是,在例1里,由于生产函数是呈规模报酬递减的,所以,利润最大化问题有解,我们可以根据最大化的利润要求找出要素需求。这与从成本最小的要求寻找要素需求是一致的,如果生产函数是呈规模不变或规模递增,则利润可能没有极大值(如没有等成本线约束),这时就不能从利润极大去找要素需求。而只能根据成本最小要求去找要素需求。所以,从成本最小出发求要素需求(当然要满足一定产量要求),是更为一般的办法。

二、要素价格变化对要素需求量的影响

从前例可以看出,如果 r_1 上升,x_1 会下降;如 r_2 上升,x_1 也会下降。如果 r_2 上升,x_2 会下降,同样,如果 r_1 上升也会导致 x_2 下降。现在,我们来推导一下 r_1 与 r_2 变化对 x_1 与 x_2 的影响。

为推导这种影响,先引进生产函数 $f(x_1, x_2)$ 凹性的概念。

【定义】 我们说 $f(x_1, x_2)$ 为严格凹,如果
$$f_{11} < 0, f_{22} < 0 \qquad (7.5)$$
并且
$$\begin{vmatrix} f_{11} & f_{12} \\ f_{21} & f_{22} \end{vmatrix} = f_{11}f_{22} - f_{12}^2 > 0 \qquad (7.6)$$

不难验证,例1中的生产函数是严格凹的。而当生产函数为严格凹时,利润极大化问题有解。

从(7.4)式,可知
$$\left. \begin{array}{r} pf_1 - r_1 = 0 \\ pf_2 - r_2 = 0 \end{array} \right\} \qquad (7.4')$$

因 f_1 与 f_2 分别为 x_1 与 x_2 的函数,我们对(7.4')式再求关于 x_1、x_2、r_1、r_2 与 p 的全微分,有
$$pf_{11}dx_1 + pf_{12}dx_2 + f_1 dp - dr_1 = 0 \qquad (7.7)$$
$$pf_{21}dx_1 + pf_{22}dx_2 + f_2 dp - dr_2 = 0 \qquad (7.8)$$
$$\Rightarrow \qquad pf_{11}dx_1 + pf_{12}dx_2 = -f_1 dp + dr_1 \qquad (7.9)$$

$$pf_{21}dx_1 + pf_{22}dx_2 = -f_2dp + dr_2 \qquad (7.10)$$

公式(7.9)与(7.10)可以写成

$$\begin{bmatrix} pf_{11} & pf_{12} \\ pf_{21} & pf_{22} \end{bmatrix} \begin{bmatrix} dx_1 \\ dx_2 \end{bmatrix} = \begin{bmatrix} -f_1dp + dr_1 \\ -f_2dp + dr_2 \end{bmatrix} \qquad (7.11)$$

用克莱姆法则解 dx_1, dx_2(令 $D = f_{11}f_{22} - f_{12}^2 > 0$),可以得到

$$dx_1 = \frac{1}{p^2D}\big[(-f_1dp + dr_1)pf_{22} - (-f_2dp + dr_2)pf_{12}\big]$$

$$= \frac{1}{pD}\big[f_{22}dr_1 - f_{22}f_1dp + f_2f_{12}dp - dr_2f_{12}\big]$$

$$= \frac{1}{pD}\big[f_{22}dr_1 - f_{12}dr_2 + (f_{12}f_2 - f_{22}f_1)dp\big] \qquad (7.12)$$

同理 $\quad dx_2 = \frac{1}{pD}\big[-f_{21}dr_1 + f_{11}dr_2 + (f_{21}f_1 - f_{11}f_2)dp\big] \qquad (7.13)$

这里,$D > 0$ 是由于生产函数的严格凹性。

如果只看 r_1 对 x_1 的影响,我们令 $dr_2 = dp = 0$
则有

$$dx_1 = \frac{1}{pD}(f_{22}dr_1) \qquad (7.14)$$

即 $\qquad \dfrac{dx_1}{dr_1} = \dfrac{1}{pD}f_{22} < 0 \qquad (7.15)$

因为 $D > 0, F_{22} < 0$。

那么,r_2 对 x_1 有什么影响呢? 设 $dr_1 = dp = 0$,则有

$$\frac{dx_1}{dr_2} = \frac{1}{pD}(-f_{12}) \qquad (7.16)$$

这里,$\dfrac{dx_1}{dr_2}$ 的符号取决于 f_{12} 的符号。f_{12} 是指 x_2 增加后对 x_1 的边际产量的作用。f_1 是资本的边际产出。如果 $f_{12} > 0$,就有

$$\frac{dx_1}{dr_2} < 0 \qquad (7.17)$$

如果要看产出品价格 p 对 x_1 的影响,则令 $dr_1 = dr_2 = 0$,有

$$dx_1 = \frac{1}{pD}(f_{12}f_2 - f_{22}f_1)dp \qquad (7.18)$$

即 $\qquad \dfrac{dx_1}{dp} = \dfrac{1}{pD}\big[f_{12}f_2 - f_{22}f_1\big] \qquad (7.19)$

由于假定 f_{12} 通常为正,并且 $f_2 > 0, f_{22} < 0, f_1 > 0$,所以在这种情况下,我们有

$$\frac{\mathrm{d}x_1}{\mathrm{d}p} > 0 \qquad (7.20)$$

即产出品价格上升会驱使企业增加投入品。

第二节 短期成本函数与长期成本函数

一、成本函数的定义

设生产函数为 $q = f(x_1, x_2)$，r_1, r_2 分别为要素价格，$x_1 > 0$，$x_2 > 0$。则成本函数是

$$\left. \begin{array}{l} C(r_1, r_2, q) \equiv \min(r_1 x_1 + r_2 x_2) \\ s.t. \quad f(x_1, x_2) \geq q \end{array} \right\} \qquad (7.21)$$

如果 $x_i^*(r_1, r_2, q)$ （$i = 1, 2$）是成本最小化规划的解，称该解 $x_i^*(r_1, r_2, q)$ 为条件要素需求函数。这里所谓的"条件"是指在产出量 q 给定的条件下，求要素需求。则成本函数就是

$$c(r_1, r_2, q) = r_1 x_1^*(r_1, r_2, q) + r_2 x_2^*(r_1, r_2, q) \qquad (7.22)$$

换言之，成本函数是从解成本极小化问题中推导出来的。

短期成本函数与长期成本函数之间的区别有二：一是在短期，生产总有固定成本 b，而在长期，所有的要素都可变，因此无所谓固定成本，b 也就没有了；二是在短期，生产规模是给定的，而在长期，生产规模 k 是可以改变的。

二、短期成本函数(SRTC)

我们已经知道，成本函数所表达的支出已不是日常的支出，而是解成本决策以后的最小支出。我们以下式表示成本函数

$$C = \phi(q, r_1, r_2) + b \qquad (7.23)$$

如果生产函数为 $q = f(x_1, x_2)$，如果要素价格是给定的，$r_1 = \overline{r}_1$，$r_2 = \overline{r}_2$，则成本 C 就只是产量 q 的函数，于是

$$C = \phi(q) + b \qquad (7.24)$$

C 有时又写成 TC，即总成本。

1. 平均成本与边际成本的关系

平均成本(AC)又写成 ATC

$$\text{ATC} = \frac{C}{q} = \frac{\phi(q) + b}{q} \qquad (7.25)$$

总成本(TC)包括不变成本(固定成本)(FC)与可变成本(VC)。固定成本是与产量无关的成本。如厂房、设备上的支出一旦投入,即使企业不生产,也要耗费与折旧这些装备的价值的。因此,又称 FC 为 $q=0$ 时的支出,可变成本是指随产量变化而变化的成本,包括原材料费用与工人工资开支等等。

平均可变成本 AVC 是可以记为

$$\text{AVC} = \frac{\phi(q)}{q} \tag{7.26}$$

平均(固定)不变成本 AFC 可以记为

$$\text{AFC} = \frac{b}{q} \tag{7.27}$$

边际成本(MC)是产出量增量所导致的成本增量,数学上表达为 $\phi(q)$ 对产出量 q 的一阶导数,即

$$\text{MC} = \phi'(q) = \frac{\mathrm{d}C}{\mathrm{d}q} \tag{7.28}$$

因此,边际成本只与可变成本有关,与不变成本无关。

成本曲线与产量曲线的形状正好倒个个。AFC 是 b/q,因此是一条双曲线。由于边际成本先是下降(边际产量开始上升),后上升,因此平均成本(AC)与平均可变成本 AVC 呈 U 型。在平均成本线的最低点,边际成本 MC 等于平均成本。因为,让(7.25)式对 q 求导,并令该导数为零,有

$$\left\{ \frac{\phi(q)}{q} + \frac{b}{q} \right\}' = \frac{\phi'(q)q - (\phi(q) + b)}{q^2} = 0 \tag{7.29}$$

解出

$$\phi'(q) = \frac{\phi(q) + b}{q} \tag{7.30}$$

即

$$\text{MC} = \text{AC} \tag{7.31}$$

同理,当 MC = AVC 时,是 AVC 的最低点。如 MC < AC(AVC),则会使 AC(AVC)下降;如 MC > AC(AVC),则会使 AC(AVC)上升。

这些关系可由下图表示:

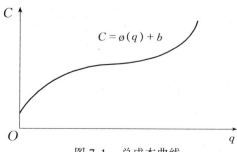

图 7.1　总成本曲线

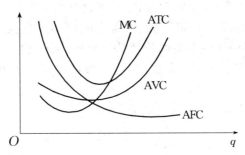

图 7.2　平均成本、平均可变成本、平均固定
成本与边际成本之间的关系

注意, MC 先与 AVC 相交, 再与 ATC 相交。原因在于, 当 AVC 最低时, AFC 还会下降, ATC 还未达到最低点。

如果 MC 一直高于 AC, 则 AC 一直上升, 一定会有规模报酬递减; 如果 MC 一直等于 AC, 则 AC 是一条水平线; 如果 MC 一直小于 AC, 则 AC 会一直下降。如 MC 一直等于 AC, 则一定是规模报酬不变; 如 MC 一直低于 AC, 则一定有规模报酬递增。

图 7.3 即表示了这三种不同的情形。

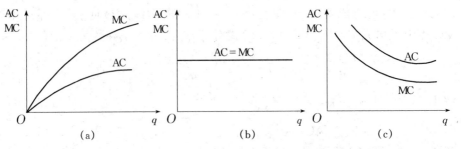

图 7.3　MC 与 AC 之间的关系跟规模报酬的联系

2. 成本函数的二阶性质

当成本函数为 $C = \phi(q) + b$ 时, 利润也可表达为是产出量的函数

$$\pi = pq - \phi(q) - b \tag{7.32}$$

于是

$$\frac{\mathrm{d}\pi}{\mathrm{d}q} = p - \phi'(q) = 0 \tag{7.33}$$

这是利润极大化的一阶条件。

利润极大化的二阶条件是,在短期,$\dfrac{\mathrm{d}^2\pi}{\mathrm{d}q^2}<0$,如果不是这样,$\dfrac{\mathrm{d}^2\pi}{\mathrm{d}q^2}\geq0$,则说明生产可以无限扩张,利润增加不会随生产增加而递减。但这在短期是无法做到的。

因此
$$\frac{\mathrm{d}^2\pi}{\mathrm{d}q^2}=-\phi''(q)=-\frac{\mathrm{d}^2C}{\mathrm{d}q^2}<0 \tag{7.34}$$

说明
$$\frac{\mathrm{d}^2C}{\mathrm{d}q^2}>0 \tag{7.35}$$

即边际成本是递增的。

三、长期成本函数(LRTC)

在长期,所有要素都是可变的,而且生产规模 k 也可变。因此,如果生产函数是 $q=f(x_1,x_2,k)$,则短期成本函数可以表达为
$$\text{STC}=r_1x_1+r_2x_2+\psi(k) \tag{7.36}$$

通常,在 p 与 r_1,r_2 给定时,x_1 与 x_2 是 q 的函数,所以,短期成本函数中可以略去 x_1,x_2,于是
$$\text{STC}=\phi(q,r_1,r_2,k)+\psi(k) \tag{7.37}$$

如果 r_1 与 r_2 给定,则
$$\text{STC}=\phi(q,k)+\psi(k) \tag{7.38}$$

其中,$\phi(q,k)$ 为 k 给定条件下生产 q 的成本,$\psi(k)$ 为生产规模 k 本身的成本。

右图是对长期成本函数中规模 k 的说明:右图中有三个不同的生产规模:$k^{(1)}$,$k^{(2)}$,$k^{(3)}$。企业的规模为 $k^{(1)}$ 时,起步时的总成本低一些,因为规模小;但不久边际成本就递增了;当规模扩大一些,起步时的总成本高一些,但边际成本递减的阶段会长一些;而当企业的规模为 $k^{(3)}$ 时,边际成本递减的阶段会更长一些。

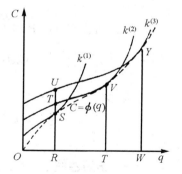

图 7.4　长期成本函数

当产出量为 OR 时,生产规模 $k^{(1)}$ 所对应的成本 S 最低;当产量为 OT 时,生产规模 $k^{(2)}$ 所对应的成本 V 最低;当生产量为 OW 时,$k^{(3)}$ 所对应的成本 Y 最低。所以,长期成本线经过 S,V,Y 点。

从式(7.38)
$$C=\phi(q,k)+\psi(k)$$

令　　　　　　　$C - \phi(q, k) - \psi(k) = G(C, q, k) = 0$　　　　　（7.39）

为一个隐函数,则由 $G(C, q, k)$ 对 k 求偏导,并令该偏导为零,可得

$$G_k(C, q, k) = 0 \qquad (7.40)$$

这表示当 k 变化时,企业是充分利用了 k 的潜力的。即找出了最佳的 k 与 q 的关系。从 $G_k(C, q, k) = 0$ 可以解得

$$C = \Phi(q) \qquad (7.41)$$

这便是长期成本函数。

例 2：一组短期成本函数由下列函数决定

$$C = 0.04q^3 - 0.9q^2 + (11 - k)q + 5k^2$$

(这里 $k = 1, k = 2, \cdots$。)这是在不同阶段的企业的短期成本函数,求长期成本函数。

解：
$$G(q, C, k)$$
$$= C - 0.04q^3 - 0.9q^2 - (11 - k)q - 5k^2$$
$$G_k = 0 \Rightarrow q - 10k = 0$$

所以　　　　　　　　　　　$k = 0.1q$

所以　　　　$C = 0.04q^3 - 0.9q^2 + (11 - 0.1q)q + 5(0.1q)^2$
$$= 0.04q^3 - 0.95q^2 + 11q$$

这便是长期成本函数。

有时,如果不舍掉要素价格,则长期成本函数会是产出量 q 与要素价格的函数,即

$$C_{LR} = \Phi(q, r_1, r_2) \qquad (7.42)$$

与长期总成本(LRTC)相对应,有长期边际成本 LRMC,长期平均成本 LRAC。LRMC$= C'_{LR}(q)$,LRAC$= \dfrac{\Phi(q)}{q}$。定义方式与短期成本分析类似。

第三节　学习曲线与成本次可加性

一、学习曲线

在讨论长期成本曲线时,我们会发现,有些企业的长期平均成本(LAC)曲线可能会逐渐下降。这种 LAC 的逐渐下降可能来自于企业随产出量的累积而不断进行的"学习"。

"学习"是指"边干边学"(learning by doing)。这种现象广泛地出现于计算机工业、国际贸易、技术引进等等领域。现在,我们来给出学习效应的

数学刻画。

考虑两个时期，$t=1,2$。每个时期有产出量 q，于是两时期产量分别为 q_1,q_2。第一期的成本为 $C_1(q_1)$，第二期的成本则为 $C_2(q_2,q_1)$。"学习效应"是指 $\partial C_2/\partial q_1<0$。即第一期的产出量越多，则第二期的生产成本会降下来。

通常，学习效应便以累积的产量对降低平均成本的作用来表示。这里引进"学习曲线"

$$L = A + BN^{-\beta} \tag{7.43}$$

上式中的 L 表示单位产出的劳动投入量，N 表示累积的产出量，$A,B>0$。

如 $\beta=0$，则 $L=A+B$，这时单位产出的劳动投入量为一常数，N 增加不会引起 L 减少。于是，不存在学习效应。

如 $\beta=1$，则 $L=A+B/N$，那么，随着 $N\to\infty$，$L\to A$。这时，学习效应是充分的。

在通常的情况下，$0<\beta<1$，β 的大小表示"学习效应"的大小。有时，学习曲线可写成

$$L = AN^{-\beta} \tag{7.44}$$

例3：设有一公司，在累积产量达到 20 时，测得总用工为 200 小时；在累积产量达到 400 时，测得总用工为 360 小时，试估计学习曲线

$$L = AN^{-\beta}$$

解：由于

$$L_1 = \frac{200}{20} = A20^{-\beta} \tag{E.18}$$

$$L_2 = \frac{360}{40} = A40^{-\beta} \tag{E.19}$$

由 $\dfrac{L_2}{L_1}$，可得

$$0.9 = 2^{-\beta}$$

$$\ln(0.9) = -\beta\ln2$$

所以

$$-\beta = \frac{\ln(0.9)}{\ln2} = -0.0152$$

得

$$\beta = 0.0152$$

又解 A：从式（E.18）可知

$$10 = A20^{-0.0152}$$

所以

$$A = \frac{10}{20^{-0.0152}} = 15.77$$

所以，学习曲线为

$$L = 15.77N^{-0.0152}$$

二、成本函数的次可加性与规模报酬

我们在第四讲从生产函数的角度研究了规模报酬,其实,我们也可从成本函数的角度来研究规模报酬。

1. 反映规模报酬递增的若干成本变化范畴。

这个问题是与"U形"企业理论相联系的。

所谓 U 形企业,原词是 unitary form,即"一元化领导"形。典型的 U 形是:

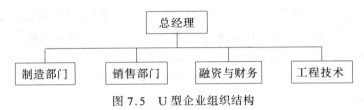

图 7.5　U 型企业组织结构

这种 U 形企业组织形式是为了利用潜在的规模经济。因为,在一个企业单位内部规模的扩大会降低操作上的成本。因此 U 形企业理论是与规模报酬理论密切相关的。

这种理论可以追溯到 1932 年雅可比·维纳(J. Viner,又一位芝加哥大学经济系的台柱子)的论文:《成本曲线与供给曲线》("Cost Curve and Supply Curves")。维纳指出,一个产业中企业规模的大小以及企业数目的多少,取决于规模报酬的程度。

问题在于,如何用数学方式描述"规模报酬"?这项工作直到 1982 年才由鲍莫尔(W. Baumol)、潘泽(J. Panzar)与温利格(R. Willig)完成(见他们的合著:*Contestable Market and The Theory of Industry Structure*. 1982. New York)。

先考虑一个只生产一种产品的企业。设 $C(q)$ 为企业生产 q 产量的总成本。注意,$C(q)$ 已是企业决策最优化后的产物,即 $C(q)$ 已是为生产 q 单位产品的一组投入品的最低成本。为简单起见,假定成本函数除在零点外是二阶可微

$$C(q) = \begin{cases} F + \int_0^q C'(x)\,dx & \text{当 } q > 0 \\ 0 & \text{其他情形} \end{cases} \tag{7.45}$$

这里,$F \geq 0$ 为生产的固定成本,$C'(x)$ 为边际成本,$\int_0^q C'(x)\,dx$ 实质上就是可变成本。

按本讲已介绍的概念,我们知道:

首先,如果对于所有可能出现的产出量 q,如果 $C''(q)<0$,那么,边际成本严格递减。

其次,如果对于所有的 q_1 与 q_2 都满足 $0<q_1<q_2$,有

$$\frac{C(q_2)}{q_2} < \frac{C(q_1)}{q_1} \tag{7.46}$$

那么,平均成本是严格递减的。

这里再引入一个新概念:"成本函数的次可加":如果对于产量 $q_1, q_2, \cdots, q_n$,有

$$\sum_{i=1}^{n} C(q_i) > C\left(\sum_{i=1}^{n} q_i\right) \tag{7.47}$$

那么,成本函数就是严格次可加(subadditivity)的。注意 subadditivity 的 sub(次)是指"小于"的意思,"sub"是与前缀"super"(大于)相对的。次可加是指,在一个有限的产量变化范围内,共同生产一组产出量的总和会比分别生产它们节约成本。

显然,边际成本严格递减,或平均成本严格递减,或严格次可加,这三个概念都是存在规模报酬的数学表达式。但什么是它们三者之间的关系呢?我们有以下两个定理:

2. 两个定理

【定理】　边际成本在任何地方都递减意味着平均成本在任何地方都递减。

证明:

由于
$$C(q) = F + \int_0^q C'(x)\mathrm{d}x$$

所以

$$\frac{\mathrm{d}}{\mathrm{d}q}\left(\frac{C(q)}{q}\right) = \frac{\mathrm{d}}{\mathrm{d}q}\left(\frac{F}{q}\right) + \frac{\mathrm{d}}{\mathrm{d}q}\left(\int_0^q C'(x)\mathrm{d}x\Big/q\right) \tag{7.48}$$

而
$$\frac{\mathrm{d}}{\mathrm{d}q}\left(\frac{F}{q}\right) = -\frac{F}{q^2} \tag{7.49}$$

由于,在任何 $x \in [0, q]$ 范围内有 $C'(q)<C'(x)$(这是边际成本在任何地方都严格递减的含义。),就有 $C'(q) < \int_0^q C'(x)\mathrm{d}x\Big/q$,为什么?因为,这里,$C'(q)$ 是边际成本,$\int_0^q C'(x)\mathrm{d}x\Big/q$ 是产量为 q 点的平均可变成本。边际成本处处递减,那么在 q 点的边际成本必定是 $x \in [0, q]$ 范围内边际成本最小的值,那么,q 点的边际成本必小于 q 点的平均成本。就如同一支队伍中的人

的身高是依次变矮的,则最后那个人的身高必矮于全队平均身高。由于边际成本递减,又由于边际成本在平均成本之下,因此严格递减的边际成本必然导致严格递减的平均可变成本,于是

$$\frac{\mathrm{d}}{\mathrm{d}q}\left(\int_0^q C'(x)\mathrm{d}x/q\right) < 0 \qquad (7.50)$$

由(7.49)与(7.50)式,就使(7.48)式 $\frac{\mathrm{d}}{\mathrm{d}q}\left(\frac{C(q)}{q}\right) < 0$。证毕。

【定理】 平均成本在任何地方都递减意味着生产是次可加的。

证明: 设

$$q \equiv \sum_I q_i \qquad (q_i > 0) \qquad (7.51)$$

平均成本在任何地方都递减表示

$$\frac{C(q_i)}{q_i} > \frac{C(q)}{q} \qquad (7.52)$$

于是,有

$$C(q_i) > \frac{C(q)}{q} \cdot q_i \qquad (7.53)$$

对(7.53)式两边,从 $i=1$ 到 $i=n$ 求和

$$\sum_{i=1}^n C(q_i) > \sum_{i=1}^n \frac{C(q)}{q}q_i = \frac{C(q)}{q} \cdot \sum_{i=1}^n q_i \qquad (7.54)$$

由(7.51)式,就得到

$$\sum_{i=1}^n C(q_i) > \frac{C(q)}{q} \cdot q = C(q) = C\left(\sum_{i=1}^n q_i\right) \qquad (证毕)$$

所以,边际成本在任何地方的严格递减的条件是最强的,它意味着平均成本严格递减与严格次可加,必定存在规模报酬。反过来,不一定成立。即平均成本在任何地方都严格递减不一定意味着边际成本在任何地方严格递减,严格次可加不一定意味着平均成本在任何地方严格递减。所以,严格次可加的条件为最弱。

鲍莫尔等人认为,如果在产出量的一个贴切的范围内,成本函数是次可加的,那就可以定义一个产业在上述条件下是一个自然垄断者。这种以规模经济来定义企业规模或产业规模的观点被称为是"企业理论"的技术观点。

3. n 种产品生产成本的次加性、范围经济与企业集团的理论依据

前面的讨论仅限于单一产品生产。若生产的产品不止一种,那么,q_i 就代表产品 i 的产量,则公式(7.47)就说明存在着"范围经济"。即由一家企业集团联合生产若干种产出,要比 n 家企业分别生产各自产品节省成

本。例如,若 $n = 2$,则公式(7.47)就可以写成

$$C(q_1, 0) + C(0, q_2) > C(q_1, q_2) \qquad (7.55)$$

例如,一家铁路运输公司既从事客运,又从事货运,会比两家只从事客运或只从事货运的铁路运输企业节省成本。

n 种产品生产成本的次可加性,实质是所谓企业集团研究的理论基础。在美国,20 世纪 60 年代与 80 年代,出现了大规模的企业兼并现象。经济学家们对于企业兼并会带来效率提高的原因做了不少探讨,归纳起来有以下四个方面:

第一,由于生产过程是相互联系的,联合生产可能会带来成本节省。一个农民种粮食又兼养猪,就由于种粮与养猪之间有相互促进的效应。

第二,n 种产品(服务)在需求上也是相互联系的,联合生产后,一家企业同时为 n 种不同需求服务,这可以利用需求上的互补性而提高效益。例如,机场内设各种商店与餐馆,就是由于出门旅行与就餐、购物是互补的。

第三,有时,一个企业集团从事的各种生产活动无论从生产上还是在需求上均无什么联系,但出于"分散风险"的考虑,n 种产品同时生产会比单打一地生产安全,不易于被市场风险或金融风险一网打尽。

第四,一个企业集团从事 n 种不同的生产活动,也有利于调动企业内部的经理与管理人员的积极性。试想,若一个企业只生产一种产品,当外部遇上风险,企业利润受到随机干扰时,对企业经理的绩效就难以做出准确评估。而如果企业从事多种生产服务活动,各种风险由"大数定律"(我们在第五讲最后证明的结论)的作用会相互抵消一些,企业的风险均值就会小得多,这有利于股东对管理人员的业绩做出正确的评价,从而有利于提高管理人员与经理的效率,节省成本。

以上理论说明当然并非完美无缺。新中国在 20 世纪 60 年代前期与 90 年代后期都在推行企业集团战略,中国的许多大学也都在行政命令下合并了。这是否带来成本次可加性与范围经济?我们尚缺乏确凿的证据。

铁罗(J. Tirole, 1988 年)就指出过,我们并不清楚,就算真的存在着"范围经济"的潜力,为什么非要用一个企业而不是 n 个独立的企业来利用这种范围经济?事实上,由 n 个独立的企业通过签订合约,也同样可以利用范围经济。他举了两个例子,一是美国的电力。电力(单一产出)往往是由大公司提供,据说理由之一是,高峰用电的电荷量是小企业难以提供的,因满足高峰用电的需求量需要企业投资于大容量的蓄电设备。铁罗便问:为什么不同的企业不能通过签订合约来联合提供高峰用电的电量,为什么不能通过合同解决高峰用电的蓄电问题?事实上,在美国的电力行业,在若干

家电力公司之间就签订了关于蓄电的合约,从而打破了一家垄断的格局。铁罗举的第二个例子是所谓的"修理工"现象,坚持企业集团或企业兼并理论的人常用这一现象来论证一家公司应该兼业,比如,应该有自己的修理部门,养专门的修理工。但为什么几家公司或企业不能通过合约来共同与一个修理公司发生关系呢? 这个问题与中国高校的后勤专业化与外移化很类似。当然,究竟是"联合"好? 还是"专门化"好? 这是一个由实证来检验的问题,不同的行业也许会有不同的答案。

第四节　利润函数与供给函数

讲了生产函数与成本函数以后,我们就可以讲利润函数与供给函数了。

设生产函数为 $f(x)$,这里的 x 是一个向量,即 $x = (x_1, x_2, \cdots, x_n)$ 为投入要素向量。设 $r = (r_1, r_2, \cdots, r_n)$ 为投入品价格向量,企业的基本问题是一个求利润极大化的问题,即

$$
\begin{aligned}
& \max \quad py - r \cdot x \\
& (x, y) \geq 0 \\
& s.t. \quad f(x) \geq y
\end{aligned}
\tag{7.56}
$$

如果解这一问题,我们分别找到了使利润最大的要素投入量 x^*,与产出量 y^*,那么 x^* 与 y^* 必定是 (p, r) 的函数(类似于马歇尔需求函数 $x(p, y)$),即 $x^* \equiv x(p, r)$, $y^* \equiv y(p, r)$。我们称 $y^* \equiv y(p, r)$ 为企业的供给函数,称 $x^* \equiv x(p, r)$ 为企业的投入需求函数。要注意的是,这里的投入品的需求函数不同于第二节讲的投入品的需求函数,那里 $x = x(p, r, y)$,即投入品的需求也取决于产出量 y,我们称 $x = x(p, r, y)$ 为有条件的投入品需求函数,指 x 取决于 y;而在这里,由于 y^* 又取决于 (p, r),所以 $x \equiv x(p, r)$,称 $x^* \equiv x(p, r)$ 为投入品需求函数,自变量中不包括产出 y,只含产品价格 p 与投入品价格集 $r = (r_1, r_2, \cdots, r_n)$。

因此,说到底,企业的利润 π 最终取决于 (p, r)。由于 (p, r) 变动,导致企业对产出量 y^* 与投入量 x^* 的最优选择变动,最终会导致利润 π 的变化。于是,我们就可以定义利润函数。

一、利润函数的定义

企业的利润函数只取决于投入品价格与产出品价格,利润函数可以定义为下列最大值函数(maximum-value function)

$$\pi(p,r) = \begin{array}{c} \max\ py - r.x \\ (y,x) \geq 0 \end{array} \tag{7.56}$$
$$s.t. \quad f(x) \geq y$$

这个定义是指 $\pi(p,r)$ 已经包括企业对产出量 y 与投入量 x 的选择是最优的,使得给定一组 (p,r) → 会有相应的 (y,x) → 并使 $(py-rx)$ 最大。利润函数一定指最大利润是存在的。并且这个最大利润只依赖于 (p,r)。

这样的利润函数只有当规模报酬递减时才存在。如果生产技术是呈规模报酬递增的,我们选 x' 为生产投入品的一组合,$f(x') = y'$ 为对应的产量,则 $\pi = pf(x') - rx'$ 为最大利润(最大利润是利润函数的定义所规定的),即 $pf(x') - rx'$ 在 (p,r) 给定时使利润最大。

但是,由于生产技术是呈规模报酬递增的,我们会有

$$f(tx') > tf(x') \qquad (\text{对所有的}\ t > 1) \tag{7.57}$$

不等式(7.57)两边都乘上 p,各减去 $(r \cdot tx')$,有

$$\begin{aligned} pf(tx') - r \cdot tx' &> tpf(x') - r \cdot tx' \\ &= t[pf(x') - rx'] \\ &> pf(x') - r \cdot x' \\ &= \pi(p,r) \end{aligned}$$

但这就与 x' 与 $y' = f(x')$ 已使利润最大的前提相矛盾。因此,只要有规模报酬递增,就不会存在利润函数。

同理可证,若规模报酬不变,又有利润最大值,则该利润必为零。

二、利润函数的性质

【定理】　如果生产函数 $f: \boldsymbol{R}_+^n \to \boldsymbol{R}_+$ 在定义域 $\boldsymbol{R}_+^n$ 上是连续,严格递增,且严格 拟凹[①],$f(0) = 0$,那么,对于产品价格 $p \geq 0$,投入品价格集 $r \geq 0$,利润函数 $\pi(p,\gamma)$ 是连续的,并且有:

(1) 对于 p 递增;

(2) 对于 r 递增;

(3) 对于 (p,r) 是一次幂齐次的 $(k=1)$;

(4) 对于 (p,r) 是凸的;

(5) 当 $(p,r) \gg 0$ 时,对 (p,r) 是可导的,并且有霍太林引理

---

① 函数 $f(x_1,x_2)$ 严格拟凹是指:$\begin{vmatrix} f_{11} & f_{12} & f_1 \\ f_{21} & f_{22} & f_2 \\ f_1 & f_2 & 0 \end{vmatrix} > 0$。

$$\frac{\partial \pi(p, r)}{\partial p} = y(p, \gamma)$$

$$-\frac{\partial \pi(p, r)}{\partial r_i} = x_i(p, \gamma) \quad (i = 1, 2, \cdots, n) \tag{7.58}$$

证明：

(1) 按"包络定理"，$\dfrac{\partial \pi(p, r)}{\partial p} = y \geq 0$（因 y 已是保证利润最大的最优产出选择，$\Rightarrow \dfrac{\mathrm{d} y}{\mathrm{d} p} = 0$）；

(2) 也按"包络定理"，$\dfrac{\partial \pi(p, r)}{\partial r_i} = -x_i \leq 0$（因 x_i 已是保证利润最大的最优投入选择，$\Rightarrow \dfrac{\mathrm{d} x_i}{\mathrm{d} r_i} = 0$）；

(3) $\pi(tp, tr) = \begin{aligned}\max \\ (y, x) \geq 0\end{aligned} \{tp \cdot y - tr \cdot x\} = t \left(\begin{aligned}\max \\ (y, x) \geq 0\end{aligned} \, py - rx \right) = t\pi(p \cdot r) \tag{7.59}$

$\qquad\qquad s.t. \quad f(x) \geq y \qquad s.t. \quad f(x) \geq y$

所以，$k = 1$。

(4) 凸函数的性质是，对 $0 \leq t \leq 1$，有

$$f(tx + (1 - t)x') \leq tf(x) + (1 - t)f(x') \tag{7.60}$$

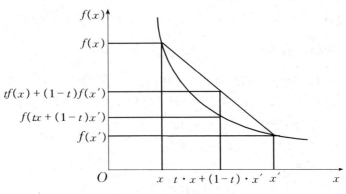

图 7.6　利润函数的凸性

我们定义

$$p^t \equiv tp + (1 - t)p' \qquad 0 \leq t \leq 1 \tag{7.61}$$

$$r^t \equiv tr + (1 - t)r' \tag{7.62}$$

令 y^* 与 x^* 使利润在 (p^t, r^t) 时最大，于是

$$\pi(p,r) = py - rx \geq py^* - rx^* \tag{7.63}$$

（因为 y^* 与 x^* 在 (p,r) 时并不保证使 π 最大）

同理　　　　　$\pi(p',r') = p'y - r'x \geq p'y^* - r'x^*$ (7.64)

这样　$t\pi(p,r) + (1-t)\pi(p',r') \geq t(py^* - rx^*) + (1-t)(p'y^* - r'x^*)$

$\qquad = [tp + (1-t)p']y^* - [tr + (1-t)r']x^* = \pi(tp + (1-t)p', tr$

$\qquad + (1-t)r')$

这说明利润函数是关于 (p,r) 的凸函数。

(5) $\dfrac{\partial \pi(p,r)}{\partial p} = y(p,r)$（因为 y 是使利润最大的最优产量选择，所以

$\dfrac{\mathrm{d}y}{\mathrm{d}p} = 0$）;

$\qquad \dfrac{\partial \pi(p,r)}{\partial r_i} = -x_i(p,r)$（因为 x 是使利润最大的最优投入品选择，所

以 $\dfrac{\mathrm{d}x_i}{\mathrm{d}r_i} = 0$）。于是 $-\dfrac{\partial \pi(p,r)}{\partial r_i} = x_i(p,r)$。

$y^*(p,r)$ 即为供给函数。$x_i(p,r)$ 为要素需求函数。

（证毕）

三、供给函数的求法

事实上，我们至少有三种求供给函数的办法：

1. 从利润函数求供给函数

由霍太林引理知，要求一家企业的供给函数，若已知生产函数形状，则第一步是求出该企业的利润函数；第二步是让利润函数对产品价格 p 求一阶偏导，结果就是供给函数。供给函数表达的是供给量 y 与产品价 (p) 及投入品价格集 (r) 之间的对应关系。

例 4： 如果生产函数为 $y = x_1^\alpha \bar{k}^{1-\alpha}$，$r_1$ 为 x_1 的单价，$\bar{r}_2$ 为 $\bar{k}$ 的单价（$\bar{k}$ 为固定投入量），p 为产出品单价，求利润函数 $\pi(p, r_1, \bar{r}_2, \bar{k})$；求产出函数（供给函数）$y(p, r_1, \bar{r}_2, \bar{k})$。

解： $\pi = pf(x_1, \bar{k}) - r_1 x_1 - \bar{r}_2 \bar{k} = px_1^\alpha \bar{k}^{1-\alpha} - r_1 x_1 - \bar{r}_2 \bar{k}$

由于　　　　　$p(\mathrm{MP}_1) = r_1$　（利润极大化条件）

所以　　　　　$p(\alpha x_1^{\alpha-1} \bar{k}^{1-\alpha}) = r_1$

$\Rightarrow \quad x_1^* = p^{\frac{1}{1-\alpha}} \cdot r_1^{\frac{1}{\alpha-1}} \alpha^{\frac{1}{1-\alpha}} \bar{k}$

把 x_1^* 代入 π 方程，有

$$\pi(p, r_1, \bar{r}_2, \bar{k})$$

$$= p^{\frac{1}{1-\alpha}} r_1^{\frac{\alpha}{\alpha-1}} \alpha^{\frac{\alpha}{1-\alpha}} (1-\alpha) \bar{k} - \bar{r}_2 \bar{k}$$

这是短期利润函数。

由霍太林引理(Hotelling lemma),可求供给函数 $y(p, r_1, \bar{r}_2, \bar{k})$

$$y(p, r_1, \bar{r}_2, \bar{k}) = \frac{\partial \pi(p, r_1, \bar{r}_2, \bar{k})}{2p}$$

$$= p^{\frac{\alpha}{1-\alpha}} r_1^{\frac{\alpha}{\alpha-1}} \alpha^{\frac{\alpha}{1-\alpha}} \bar{k}$$

这便是供给函数。

2. 从生产函数直接求供给函数

如果一个生产函数 $f(x_1, x_2)$ 是一个严格凹函数[①],则利润极大化问题有解。我们可以先求出要素的条件需求函数,然后将该条件需求函数代入生产函数,就得到企业的供给函数。

例 5:已知一家企业的短期生产函数为

$$f(K, L) = 10K^{0.25} L^{0.25} F^{0.5} \tag{E.20}$$

如果已知 F(这是某种固定投入)为 16,求该企业的短期供给函数。

解:把 $F = 16$ 代入原生产函数,就得到

$$f(K, L) = 40K^{0.25} L^{0.25} \tag{E.21}$$

于是,企业的利润为

$$\begin{aligned} \pi &= p \cdot f(K, L) - r_1 K - r_2 L - R \\ &= p40K^{0.25} L^{0.25} - r_1 K - r_2 L - R \end{aligned} \tag{E.22}$$

这里的 R 为企业对固定投入 F 所付的租金,r_1 为资本价格,r_2 为劳动价格。

从(E.22)式求利润极大化的一阶条件,可得

$$10pK^{-0.75} L^{0.25} = r_1 \tag{E.23}$$

$$10pK^{0.25} L^{-0.75} = r_2 \tag{E.24}$$

让(E.23)去除(E.24),得

$$\frac{K}{L} = \frac{r_2}{r_1} \tag{E.25}$$

所以

$$K^* = \frac{(10p)^2}{r_1^{1.5} r_2^{0.5}} \tag{E.26}$$

[①] 若生产函数 $f(x_1, x_2)$ 满足:$f_{11} < 0$,$f_{22} < 0$,且 $f_{11} f_{22} - f_{12}^2 > 0$,则称 $f(x_1, x_2)$ 是严格凹的。

$$L^* = \frac{(10p)^2}{r_1^{0.5} r_2^{1.5}} \tag{E.27}$$

将 K^* 与 L^* 代回原生产函数,就得到该企业的短期供给函数

$$y = \frac{400p}{\sqrt{r_1 r_2}} \tag{E.28}$$

若 $r_1 = r_2 = 4$ 给定且不变,则供给 y 就只表达 y 与 p 之间的函数关系

$$y = 100p \tag{E.29}$$

3. 从成本函数求供给函数

由于企业利润的表达式可以是

$$\pi(q) = p \cdot q - c(q) \tag{7.65}$$

这里 Q 是产出,$C(q)$ 是总成本函数,p 为产出品价格。

若利润极大化问题有解,则(7.65)式的一阶条件是

$$p = MC \tag{7.66}$$

(7.66)是说,若企业有最大利润,则必满足价格等于边际成本这一条件(必要条件)。于是,我们可以按(7.66)式去求供给函数。

例 6:若一家企业的短期成本函数是

$$STC = 16 + \frac{q^2}{100} \tag{E.30}$$

求该企业的短期供给函数。

解:按 $p = SMC$ 的条件,可得

$$\frac{q}{50} = p \tag{E.31}$$

于是

$$q = 50p \tag{E.32}$$

就是所求的短期供给函数。

类似地,若我们知道了长期成本函数,就可按 $LMC = p$ 这一条件求出长期供给函数。

四、生产者剩余

我们常常见到这样的说法,即生产者剩余就等于企业利润。其实,生产者剩余与利润可能是不同的。我们来分别讨论短期的生产者剩余与长期的生产者剩余,看看它们与利润之间究竟有没有区别?

1. 短期的生产者剩余

【定义】　短期的生产者剩余:短期的生产者剩余是指企业参与市场交

易(供给量大于零)较之不参与市场交易而言的福利改进。其数额可由市场价格 p^* 线与短期边际成本线 MC 之间的面积来衡量(见图 7.7)。

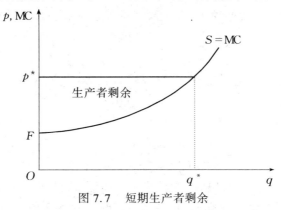

图 7.7　短期生产者剩余

我们不妨想一下,在短期,企业若不参与市场交易(产量为零),则会承受固定成本 F 的损失,因 $C(0)=F$(即 F 是产量为零时的成本支出)。若生产了,产量为正,则 F 不会白白浪费了。在计算生产者剩余时,就不应该减去 F,因为 F 与生产与否无关,不管企业是否参与了交易,F 横竖是要丢失的。但在计算利润时,则必定要减去 F,这是利润的定义规定的。从而,若按利润的定义来度量生产者剩余,就少了一个 F。可见,短期生产者剩余应等于利润加不变成本。正式地,我们可证明如下:

$$
\begin{aligned}
\text{短期生产者剩余} &= \int_0^{q^*} (p^* - \mathrm{MC}(q))\mathrm{d}q = \left[p^* q - \mathrm{TC}(q) \right]\Big|_0^{q^*} \\
&= \left[p^* q^* - \mathrm{TC}(q^*) \right] - \left[p^* \cdot 0 - \mathrm{TC}(0) \right] \\
&= \pi + F
\end{aligned}
\tag{7.67}
$$

因为 $\mathrm{TC}(0) = F$。

所以,如果以利润来度量短期生产者剩余,会丢掉一个固定成本。

2. 长期生产者剩余

【定义】　**长期生产者剩余**:长期的生产者剩余是企业(或行业)参与市场交易较之不参与市场交易而言在福利上的改进。它也是由市场价格线与长期供给曲线之间的面积来衡量。

一个企业长期的生产者剩余是否等于利润? 回答是:既是又不是。说"是",是由于在长期,$F=0$,固定成本不再存在,从而利润量可以代表生产者剩余。说"不是",是由于,在长期,若一个行业(产业)是竞争性的,则均衡利润为零,若利润等于生产者剩余,则生产者剩余在长期就为零。但我们还是看到有许许多多的企业要从事市场交易,为什么? 因交易较之不交易,会带来生产者剩余,这个额外的好处就不能以正常利润来衡量,因为正常利润在长期都等于零。长期生产者剩余是指一个行业的最后进入者的产出为零时(即行业的边际产出为零时),超过正常利润(它是零)的额外利润。我们亦称其为"租"。这种生产者剩余之所以会在长期中存在,或者是由于特种要素的无可替代性(如球星、歌星、特级教授、杰出科学家、土地、石油等珍贵资源),或者是由于某企业拥有无可替代的技术(如可口可乐),或者是由于某企业一直拥有"先发优势",它的成本曲线始终比同行业的最后进入者的成本曲线要低,等等。可见,长期生产者剩余这一概念与垄断有关,与行业中企业之间的关系有关。这些,我们会在第八讲再展开分析。

参考阅读文献

1. Baumol, W., J. Panzar 与 R. Willig(1982 年):*Contestable Markets and the Theory of Industry Structure*. New York: Harcourt Brace Jovanovich.

2. Ferguson, C. R. (1969 年): *The Neoclassical Theory of Production and Distribution*. Cambridge: Cambridge University Press.

3. Henderson, J. M. 与 R. E. Quandt (1980 年): *Microeconomic Theory*(第 3 版). 第 4—5 章.

4. Knight, F.H. (1921 年): "Cost of Production and Price over Long and Short Periods". *Journal of Political Economy* (29): 304—335.

5. Tirole, J. (1988 年): *The Theory of Industrial Organization*. The MIT Press.

6. Viner, J. (1932 年): "Cost Curves and Supply Curves". 见由 G. Stigler 与 K. Boulding (编): *Readings in Price Theory*. Homewood, ILL: Irwin, 1952 年版.

7. Varian, H. R. (1999 年): *Intermediate Microeconomics* (第 19—21 章). New York: Norton.

习　　题

1. 已知生产函数为 $f(x_1, x_2) = 0.5\ln x_1 + 0.5\ln x_2$,求利润函数 $\pi(w_1, w_2, p)$,并用两种方法求供给函数 $y(w_1, w_2, p)$。

2. 已知成本函数为 $C(Q) = Q^2 + 5Q + 4$,求厂商供给函数 $S(p)$ 与利润函数 $\pi(p)$。

3. 下列说法对吗? 为什么?

函数 $\pi(p) = p^{0.5}$ 可以成为一个利润函数。

4. 在一篇著名的论文里(J. Viner: "Cost Curves and Supply Curves". *Zeitschrift fur Nationalokonomie* 3 (September 1931): 23—46),维纳批评他的绘图员不能画出一组 SATC 曲线,并令其与 U 型 AC 线的切点也分别是每一条 SATC 线的最低点。绘图员抗议说这种画法是不可能做出的。在这一辩论中,你将支持哪一方?

5. 施教授与纪教授将出版一本新的初级教科书。作为真正的科学家,他们提供了写作本书的生产函数如下

$$q = S^{1/2} J^{1/2}$$

其中 q = 完成本书的页码数,S = 施教授将要支出的工作时间(小时)数,J = 纪教授花费的工作小时数。施教授认为其每小时工作价值为 3 美元,他花费了 900 小时准备初稿。纪教授的每小时工作价值为 12 美元,并将修改施教授的初稿以完成此书。

(1) 纪教授必须耗费多少小时,以完成一本具有下列页数的书:150 页? 360 页? 450 页?

(2) 一本 150 页的成书的边际成本是多少? 300 页的书的边际成本是多少? 450 页的书的边际成本是多少?

6. 假定厂商生产函数为柯布—道格拉斯生产函数,有

$$q = K^\alpha L^\beta$$

(其中 $\alpha, \beta > 0$。)厂商可以在竞争性投入市场购买租金价格分别为 v 与 w 的任意数量的 K 与 L。

(1) 证明成本最小化要求

$$vK/\alpha = wL/\beta$$

该厂商的扩张线的形状是什么?

(2) 假定成本最小化,证明总成本可以表示为下述的关于 q, v 与 w 的函数

$$TC = Bq^{1/\alpha+\beta} w^{\beta/\alpha+\beta} v^{\alpha/\alpha+\beta}$$

这里,B 是依赖于 α 与 β 的常量。提示:这部分可通过运用(1)中结果去计算 TC 作为 L 的函数以及 TC 作为 K 的函数并代入到生产函数中去。

(3) 证明如果 $\alpha + \beta = 1$,则 TC 与 q 成比例。

7. 假定厂商固定要素比例的生产函数如下

$$q = \min(5K, 10L)$$

资本与劳动的租金价格分别为 $v = 1, w = 3$。

(1) 计算厂商的长期总成本、平均成本和边际成本。

(2) 假定 K 在短期内固定为 10,计算:厂商的短期总成本、平均成本与边际成本。第 10 单位的边际成本是多少? 第 50 单位呢? 第 100 单位呢?

8. 假定某厂商的生产函数是

$$q = 2\sqrt{KL}$$

在短期,厂商的资本装备数量固定为 $K = 100$。K 的租金价格为 $v = 1$ 元,L 的工资率为 $w = 4$ 元。

(1) 计算厂商的短期总成本曲线及短期平均成本曲线。

(2) 厂商的短期边际成本函数是什么? 如果生产 25 个曲棍球棒,则厂商的 STC, SATC 与 SMC 是什么? 若生产数量分别为 50、100、200 时,这些曲线是什么样的?

(3) 画出厂商的 SATC 与 SMC 曲线。标出(2)中所求得的点。

(4) SMC 曲线与 SATC 曲线在何处相交? 解释为什么 SMC 曲线将通常交于 SATC

线的最低点。

9. 一个富有进取心的企业家购买了两个工厂以生产装饰品。每个工厂生产相同产品而且每个工厂的生产函数都是

$$q = \sqrt{K_i L_i} \quad (i = 1, 2)$$

每个工厂在各自拥有的资本存量方面却不同。工厂 1 拥有 $K_1 = 25$, 工厂 2 拥有 $K_2 = 100$。

K 与 L 的租金价格由 $w = v = 1$ 元给出。

(1) 如果该企业家试图最小化短期生产总成本,则产出应如何在两个工厂间分配。

(2) 给定在两个工厂间的最优产量分配,计算短期总成本、平均成本与边际成本曲线。产量为 100、125 与 200 时的边际成本是多少?

(3) 在长期,应如何在两个工厂间分配产量? 计算长期总成本、平均成本与边际成本曲线。

(4) 如果两个厂商呈现规模报酬递减,则(3)将会有什么变化?

10. 假定某厂商的生产函数是

$$q = 2 \sqrt{KL}$$

而资本投入在短期固定为 $\overline{K}$。

(1) 计算厂商的总成本为 q, w, v 与 $\overline{K}$ 的函数。

(2) 给定 q, w 与 v,资本投入应如何加以选择以使成本最小化?

(3) 用你在(2)中求得的结果去计算曲棍球棒生产的长期总成本。

(4) 对于 $w = 4$ 美元, $v = 1$ 美元,试画出曲棍球棒生产的长期总成本曲线。运用 $\overline{K} = 100, \overline{K} = 200$ 与 $\overline{K} = 400$ 证明它是由(1)所算出的短期成本曲线的包络线。

11. 下列说法对吗? 为什么?

因为利润最大化是成本最小化的充分条件,所以要素需求函数具有条件要素需求函数的所有性质。

12. 函数 $C(w, r, Y) = w^{\frac{2}{3}} r^{\frac{1}{4}} y^{\frac{1}{2}}$ 可以成为一个成本函数吗? (这里 w 为工资率, r 是利率, y 为产量。)并请陈述你的理由。

13. 推导成本函数 $C(r_1, r_2, q)$,当生产函数分别为以下形式时:

(1) $f(z_1, z_2) = z_1 + z_2$

(2) $f(z_1, z_2) = \min\{z_1, z_2\}$

(3) $f(z_1, z_2) = (z_1^\rho + z_2^\rho)^{1/\rho}$

注: 假设每个生产函数都只有一种产出。z_1、z_2 为两种投入, r_1、r_2 分别为两种投入的单价, q 为产量。

14. 下列说法对吗? 为什么?

(1) 当边际成本(MC)下降时,平均成本必下降;

(2) 当边际成本(MC)上升时,平均成本必上升。

15. 对于生产函数 $f(z_1, z_2) = a_1 \ln z_1 + a_2 \ln z_2 (a_1 > 0, a_2 > 0)$,计算利润最大化的

利润函数、供给函数。并判断该利润函数是否满足课本上讲过的性质(1)—(4)。

注：假设该生产函数只有一种产出。z_1、z_2 为两种投入。

16. 证明："在竞争型的市场中,如果一个厂商的生产技术具有规模报酬不变的特性,那么如果最大利润存在,它一定为零。"

17. 说明生产者剩余也能由如下运算得出

$$\int_0^{p^*} \partial \pi^* / \partial p \, dp$$

这里,p^* 是市场给出的价格,企业是价格接受者。

18. 假定一个从事非法复制计算机 CDs 的厂商有如下每日短期总成本函数

$$STC = q^2 + 25$$

(1) 如果非法复制的计算机 CDs 每盘卖 20 元,则这个厂商每天生产多少? 它的利润是多少?

(2) 当 $p = 20$ 美元时,厂商的短期生产者剩余是多少?

(3) 写出这个厂商的生产者剩余作为非法 CDs 价格的函数的一般表达式。

19. 给出下列论断不成立的反例(或图像):

(1) 平均成本在任何地方都递减意味着边际成本在任何地方都递减。

(2) 成本函数呈次可加性意味着平均成本在任何地方都递减。

20. 学习曲线的出现与规模报酬递增是一回事吗? 如不是,请说明两者之间的差别。

21. 有学者对美国化工行业的平均成本(AC)、行业的累积产量(X)以及企业平均规模(Z)做了回归。其计算结果如下

$$\log(AC) = -0.387\log(X) - 0.173\log(Z)$$

(1) 请你对上述计算结果做出经济解释。这里,什么是学习曲线效应? 它是多少? 什么是规模经济效应? 它是多少?

(2) 这项研究对于你研究中国工业行业中的学习曲线效应与规模报酬效应有什么启发? 若你想做这样的研究,应该首先确定哪些统计指标? 对统计数据先作什么样的处理?

第八讲　完全竞争与垄断

迄今为止,我们分别讨论了个别消费者与个别企业的行为,研究的问题是:当市场产品价格给定时,个别消费者与个别企业如何进行最优选择。在那种讨论中,我们实际上假定价格的决定是超出单个当事人的控制范围的。现在开始,我们把消费者的行为与生产者的行为结合起来,来考察市场价格是如何决定的。

在微观经济学里,核心问题是研究价格机制。这种研究可分为三个层次:一是假定价格给定(固定不变),考察消费者与生产者如何进行优化选择。二是从消费者与生产者相互作用的过程中来看市场价格如何决定,但这种考察只限于单个产品的市场价格,实质是只研究单个行业的价格与产出量的决定。这个层次的分析称为局部均衡(partial equilibrium)分析。三是从各个市场的相互联系的角度来研究全部产品的价格 $p = (p_1, p_2, \cdots, p_n)$ 是如何同时被决定的。这称为一般均衡(general equilibrium)分析。我们从第一讲至第七讲属于第一个层次,从第八讲至第十五讲属于第二个层次,第三个层次的内容将在第十六讲与第十七讲中进行简要的分析。完全地、详细地展开第三个层次,属于高级微观经济学课程的范围。

第一节　完全竞争的市场

一、完全竞争市场的短期均衡

1. 完全竞争市场的定义

完全竞争的市场是指这样的市场:(1) 在该市场中买者与卖者的数目达到足够的大,以至于单个买者的购买量或单个卖者的销售量都无法影响市场价格的决定。单个买者与单个卖者只是"价格的接受者"(price takers),而不是价格的决定者(price makers);(2) 产品同质(homogeneous),说明厂商之间的产品完全可以相互替代,这才导致完全的竞争;(3) 进入与退出市场是充分自由的(free entry and free exit);(4) 信息是充分的,买卖双方的信息是完全对称的。

上述四个特征保证了竞争是完全的。在现实生活中,发达的证券市场与农产品市场比较接近于完全竞争的市场。

2. 完全竞争市场短期均衡的定义

令 $I \equiv \{1, 2, \cdots, I\}$ 为买者集,每一个买者 i 的需求为 $q^i(p, P, y^i)$,即第 i 个购买者的购买量是马歇尔需求函数,这里 p 是所买物的价格,P 是其他商品的价格,y^i 为该买者的收入。于是,市场上对于某物的需求为

$$q^d(p) = \sum_{i \in I} q^i(p, P, y^i) \tag{8.1}$$

再来考察厂商的供给。我们令 $J \equiv \{1, 2, \cdots, J\}$ 为企业集。所谓短期,有两方面的含义:第一,在该时期内,厂商至少有一种要素(比如,生产规模 k)是固定不变的。这一点我们在第六讲与第七讲中说明过。第二,在短期内,市场上潜在的供应者是固定不变的,而且是有限的,只限于市场上已经存在的那些厂商,不应包括以后会进入市场的厂商。每一个厂商的供给量可以表达为 $q^j(p, w)$。这里 p 是该产品的价格,w 是要素价格集(设有 n 种要素投入)。于是,某物的市场供给为

$$q^s \equiv \sum_{j \in J} q^j(p, w) \tag{8.2}$$

所谓完全竞争市场的短期均衡,是指在完全竞争市场上存在着一个价格 p^*,在此价格下,$q^d(p^*) = q^s(p^*)$。这个短期均衡的定义是指,在现存的价格 p^* 下,作为价格接受者的买者想购买的最优数量正好与同样作为价格接受者的卖者想提供的最优数量相等。这也就是说,在现存的价格 p^* 下,存在 $q^d(p^*)$ 与 $q^s(p^*)$,没有一个当事人有动力去改变自己的行为,他们已经达到了最佳状态。

在短期均衡,单个企业的经营状况可能为盈利,也可能为亏损,也可能为不亏不盈。请看下例:

例 1:考虑一个完全竞争市场,其中有 J 个企业,生产函数为 $q = x_1^\alpha \bar{k}^{1-\alpha}$。单个企业的供给函数为:$q^i = p^{\frac{\alpha}{1-\alpha}} r_1^{\frac{\alpha}{\alpha-1}} \alpha^{\frac{\alpha}{1-\alpha}} \bar{k}$。单个企业的利润函数为 $\pi^j = p^{\frac{1}{1-\alpha}} r_1^{\frac{\alpha}{1-\alpha}} \cdot \alpha^{\frac{\alpha}{1-\alpha}} (1-\alpha) \bar{k} - \bar{r_2} \bar{k}$,这里 x_1 为可变投入要素(如劳动),k 是厂房规模,$\bar{k}$ 在短期内是不变的。$0 < \alpha < 1$。r_1 为 x_1 的要素价格。$\bar{r_2}$ 为 $\bar{k}$ 的要素价格。

(1) 如果 $\alpha = \dfrac{1}{2}$,$r_1 = 4$,$\bar{r_2} = 1$,$\bar{k} = 1$,$J = 48$,求市场供给函数。

(2) 如果市场需求函数为 $q^d(p) = 294/p$,求均衡价格,均衡产量,每个企业(j)的供应量,每个企业 j 的利润水平。

解:(1) $q^j = p r_1^{-1} \dfrac{1}{2} = \dfrac{p}{8}$

$$\therefore q^s = 48 \cdot q^j = 6p$$

(2)
$$\because 6p = 294/p \quad \therefore p^* = 7$$

$$\therefore q^* = 42; \quad q^i = \frac{42}{48} = \frac{7}{8}$$

$$\therefore \pi^j = 2.0625 > 0$$

这一结果可用图 8.1 来表示:

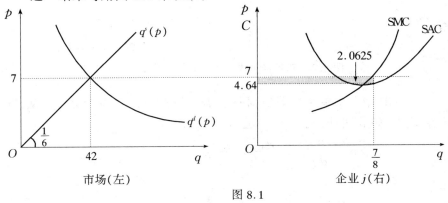

市场(左)   企业 j(右)

图 8.1

在图 8.1(左),我们看到市场上供与求是如何决定的,当供求均衡所决定的价格为 7 时,单个企业 j 就出现了盈利(= 2.0625)。

3. 市场需求与单个企业所面临的需求

图 8.1 具有典型意义。它说明,在完全竞争的市场上,市场需求线 $q^d(p)$ 与单个企业所面临的需求线是不一样的。市场需求线 $q^d(p)$ 是一条向右下方降的曲线,与一般的市场需求线是一样的。但是,单个企业所面临的需求线则是一条水平的直线,是当市场供求处于均衡时单个企业实际面临的需求:在市场已决定的均衡价格水平下,单个企业面临的更多需求是不要求降价的,单个厂商可以在该均衡价格下尽可能地出售其所有产量。如图8.2。因此,单个企业所面临的需求线只是对应于市场需求线上的一个点,即均衡点,当然只是一条水平直线。

在图 8.2(右)中,为什么 $p = MR$ 呢? 设总收益(TR)为 pq,当 p 对于单个企业为常数(他只是价格接受者)时,$\dfrac{d(\text{TR})}{dq} = \dfrac{d(pq)}{dq} = p$,所以 $MR = p$,即价格与边际收益(MR)相等。由于 MR 是每多售一单位产品所获的收入增量,所以 $p = MR$ 是表示单个企业在完全竞争市场上每多售一单位产品的收益增量,其收益增量与前一单位售量的收益增量一样,都为 p。

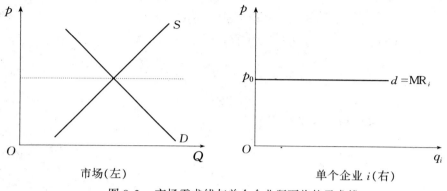

图 8.2　市场需求线与单个企业所面临的需求线

$p = \mathrm{MR}$ 隐含了单个企业所面临的需求的价格弹性为无穷大。从 TR $= pq$ 出发,如 q 可变,则

$$\mathrm{MR} = \frac{d(\mathrm{TR})}{dq} = \frac{d(pq)}{dq} = p + q\frac{\alpha p}{\alpha q}$$

$$= p + \frac{p}{\dfrac{p}{q}\dfrac{dq}{dp}} = p\left[1 + \frac{1}{\dfrac{p}{q}\dfrac{dq}{\alpha p}}\right] = p\left[1 - \frac{1}{|\varepsilon|}\right] \qquad (8.3)$$

$|\varepsilon|$ 为需求的价格弹性。可见,如 $\mathrm{MR} = p$,则 $|\varepsilon| = \infty$。$|\varepsilon| = \infty$ 表示单个企业所面临的需求线是一条水平线。

我们在第六讲中说过,单个企业的供给函数不一定要从利润函数中通过霍太林引理(Hotelling lemma)来求。在完全竞争的市场中,还有另外的方法来确定单个企业的供给函数。我们现在来讨论这一点。

4. 短期企业供给的决定

单个企业 $j \in J$ 在完全竞争的市场上如何决定自己的供给 q^j 呢? 它们会在"价格接受者"的假设限制下按两个原则来决定产品供给:(1) $p = \mathrm{MC}$,即价格等于边际成本;(2) $p \geqslant \min(\mathrm{AVC})$,即价格至少要补偿最低的平均可变成本(AVC)。为什么?

我们从企业利润极大化出发,因 p 是常数

$$\max_q \{\pi = qp - C(q)\}$$

$F.O.C$(一阶条件)

$$\Rightarrow \qquad p = C'(q) = \mathrm{MC} \qquad (8.4)$$

即价格等于边际成本是企业利润极大化的必要条件。

为什么价格要大于等于最小的 AVC 呢? 看图 8.3:

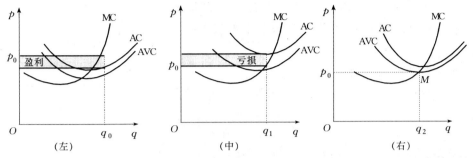

图 8.3　市场价格与单个企业的盈亏状况

在图 8.3(左)，在 $p = \mathrm{MC}$ 所对应 q_0 产量水平，企业 j 是有盈利的，因 $p > \mathrm{AC}$，利润为 $(p - \mathrm{AC})q_0$。在图 8.3(中)，在 $p = \mathrm{MC}$ 决定的产量 q_1 上，企业有亏损，因价格 $p < \mathrm{AC}$，亏损额为 $(\mathrm{AC} - p)q_1$，但企业仍会继续营业，为什么？因 $p > \mathrm{AVC}$，即价格仍大于平均可变成本，亏的只是由于 AFC 不能得到充分补偿，但 AFC 是无法避免的，因固定成本即使当产量为零也是要支付的。$p > \mathrm{AVC}$ 说明生产一点还可以弥补一些固定成本的支出。在图 8.3(右)里，$p_0 = \mathrm{MC} = \mathrm{AVC}, \Rightarrow p_0 = \min(\mathrm{AVC})$，这一点实质上是企业关门的临界点。如价格低于这一点，那么企业多生产一单位产品，连为生产该单位产品的可变投入成本都不能全部得到补偿，当然不如关门更合算。

因此，单个企业的供给 q^j 由下列分段函数表示

$$q^j = \begin{cases} 0 & \text{如果 } p < \min(\mathrm{AVC}) \\ q^j(p) & \text{如果 } p \geqslant \min(\mathrm{AVC}) \end{cases} \tag{8.5}$$

这里 $p = \mathrm{MC}$。

图 8.4 给出了单个企业的供给曲线。

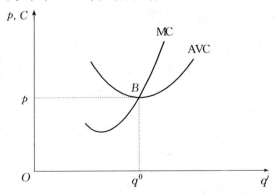

图 8.4　企业关闭的临界点与企业供给曲线

企业供给线就是 MC 线上过 B 以上的部分。

例 2：假定单个企业 j 的总成本函数为

$$C_j = 0.1q_j^3 - 2q_j^2 + 15q_j + 10$$

求该企业的供给函数。

解：
$$MC_j = 0.3q_j^2 - 4q_j + 15 = p$$

$$\Rightarrow \qquad q_j = \frac{4 + \sqrt{12p - 2}}{0.6}$$

但是必须满足 $p \geqslant \min(AVC)$ 这一条件。

因为
$$AVC = 0.1q_j^2 - 2q_j + 15$$

从而
$$\min(AVC) \Rightarrow \frac{d(AVC)}{dq_j} = 0$$

于是
$$0.2q_j^0 - 2 = 0 \qquad \Rightarrow q_j^0 = 10$$

这也就是说，在 $(0, 10)$ 这一区域内，企业 j 是没有供给的。

但对应 $q_j^0 = 10$，价格为什么水平呢？从

$$10 = \frac{4 + \sqrt{1.2p - 2}}{0.6}$$

可得出

$$6 - 4 = \sqrt{1.2p - 2}$$
$$4 = 1.2p - 2 \qquad \Rightarrow \quad p^0 = 5$$

所以，企业 j 的供给函数 q^j 为

$$q^j = \begin{cases} \dfrac{4 + \sqrt{1.2p - 2}}{0.6} & \text{如果 } p \geqslant 5 \\ 0 & \text{如果 } p < 5 \end{cases}$$

二、完全竞争市场中的长期均衡

长期均衡的条件有二：

第一，$q^s(p^*) = q^d(p^*)$，即供求相等。这与短期均衡的条件一样。

第二，$\pi^j(p^*) = 0$　　　　　　对 $j = 1, 2, \cdots, J$。　　　　(8.5)

即任一企业在长期中的利润必须为零。

零利润条件包含了企业的正常利润。因经济利润是收益减经济成本所得到的，而经济成本是包含了正常利润的。

零利润条件之所以必要，是由于完全竞争市场上企业是自由进入与退出的。如果已有的企业的经济利润大于零，则别的企业就会进入该行业来分享利润；反之，如果已有的企业的经济利润为负，则在市场上已开业的企

业也会选择关厂,退出市场。所谓均衡,必须是该行业中企业个数保持不变,既无进入者,又无退出者。这个均衡过程可由图 8.5 与 8.6 来描述:

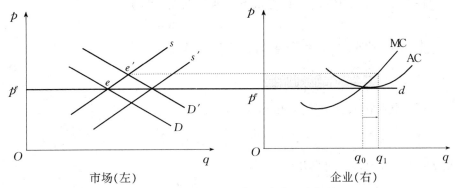

图 8.5　新企业在进入市场

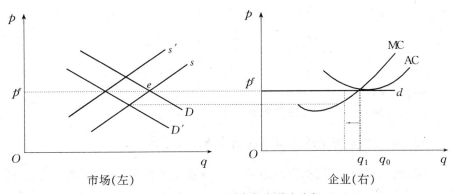

图 8.6　原企业在退出市场

在图 8.5(左),由于社会需求上升,D 上升至 D',市场价格上升,使单个企业会有盈利($\pi_i > 0$),这就会使单个企业扩张产量(从 q_0 增至 q_1);同时,如行业中典型企业有利润,会吸引新的企业进入该行业,结果是行业中企业个数增加→供给上升→s 线向右平移,直到市场价格回到 p^e 为止。

在图 8.6(左),由于市场需求收缩,D 下降至 D'→价格下跌→右图中单个企业会出现亏损→有些企业减少生产,有些企业会退出市场→行业中企业个数减少→供给线左移(s 线移至 s' 线),…直至市场价格返回 p^e。

因此,在长期均衡时,$p = \min(\mathrm{AC})$,企业既无盈利,又无亏损。为什么 $p = \min(\mathrm{AC})$ 而不是 $p = \mathrm{AC}$? 因 $p = \mathrm{MC} = \mathrm{AC} \Rightarrow p = \min(\mathrm{AC})$。

长期均衡不仅包含了均衡价格 p^e 与均衡产量 q^e 的决定,还包含了行业中同产量的企业个数(n)的决定。

例 3: 假设市场逆需求函数是下列线性形式

$$p = 39 - 0.009q$$

假定行业中企业是完全相同的, 每个企业的利润函数为

$$\pi^j(p) = p^2 - 2p - 399$$

求: (1) 均衡价格 p^e, 均衡的行业总产量。

(2) 均衡的企业产量。

(3) 行业中企业的个数。

解: 根据霍太林引理(Hotelling lemma)

$$y^j = \frac{d\pi^j(p)}{dp} = 2p - 2$$

从 $p = 39 - 0.009q$, 可解出

$$q = (39 - p)\frac{1000}{9}$$

由长期均衡的两个条件知(设企业个数为 J)

$$\begin{cases} (39 - p)\dfrac{1000}{9} = J(2p - 2) \\ p^2 - 2p - 399 \doteq 0 \end{cases}$$

$\Rightarrow p^e = 21, \quad J = 50$。

行业产量: $q^e = 2000$; 每个企业产量: $q^j = 40$。

三、完全竞争市场的效率与福利分析

完全竞争的长期均衡意味着通过市场机制的作用, 可以使社会的资源实现最有效率的配置。这一命题的证明将放在第十六讲, 并且用到一些高深的数学工具。但我们可以直观地来理解这一点。

(1) 在行业达到长期均衡时, 每个企业提供的产量不仅必然位于其短期平均成本曲线的最低点, 而且也必然位于长期平均成本曲线的最低点。也就是说, 每个企业所选用的厂房设备的规模在当时技术条件下是效率最高的规模, 而且提供的产量也是该厂房设备之平均成本最低点的产量。行业中的每一个企业都具有最高的经济效率, 都在长期成本最低处进行生产。

最低成本意味着最少的资源投入, 社会为了生产这种商品, 已经不可能再减少其资源的投入。另一方面, 可以说留在行业中的也都是具有最高效率的企业, 如果企业的生产成本高于这一水平, 企业将出现亏损, 就只能退出这一行业, 无法在这一行业中长期留存下去。

由于 $p = $ LAC 的最低点, 从消费者角度来看, 市场价格也就不可能再低, 价格再低就将使企业亏损, 因此消费者为这种商品所花费的消费成本也

是最低的。

（2）在达到行业长期均衡时，$p = LAC = SAC$，因此 $\pi = 0$，留在该行业中的企业都只能获取正常利润，市场力量使每个企业的超额利润都为零。这是因为，只要该行业中还有企业能获取超额利润，就会有新的企业被吸引进来，由此又会引起供给量的增加和均衡价格的下降，直到使超额利润消失为止。

（3）在行业长期均衡状态下，$p = LMC = SMC$。从整个社会的角度来看，如果每种商品的价格都等于其生产的边际成本，那么所有资源在各种用途上的配置就达到最高的效率。

这一结论的证明过于复杂，此处从略。但对于价格与边际成本相等这一条件，我们将从社会福利的角度再作分析。

第二节　完全垄断

现在我们来讨论垄断。垄断又称独卖。即市场上只有一家供货者。因此，市场需求线就等于单个垄断厂商所面临的需求线。

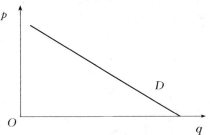

图 8.7　垄断市场上企业所面临的需求线

一、完全垄断市场中的边际收益线与均衡的决定

我们从垄断厂商的利润极大化目标出发。其利润为

$$\pi(q) = p \cdot q - C(q) = TR - C(q) \qquad (8.6)$$

由一阶条件

$$\frac{d\pi(q)}{dq} = 0$$

可得

$$\frac{d(TR)}{dq} = C'(q) = MC \qquad (8.7)$$

我们称 $\dfrac{d(TR)}{dq}$ 为边际收益，记为 MR。

所以,垄断厂商利润极大化的必要条件是:边际收益＝边际成本(MR＝MC)。

什么是边际收益 $MR(q)$ 呢?

从 $TR = p(q) \cdot q$ 出发

$$MR(q) = \frac{d(p(q) \cdot q)}{dq}$$

$$= p(q) + q \cdot \frac{dp(q)}{dq}$$

$$= p(q)\left[1 + \frac{\alpha p(q)}{dq} \frac{q}{p(q)}\right]$$

$$= p(q)\left[1 - \frac{1}{|\varepsilon|}\right] \tag{8.8}$$

$|\varepsilon|$ 是需求的价格弹性,$|\varepsilon| = -\frac{dq}{dp} \cdot \frac{p}{q}$。

由于 $MR = MC$,因此

$$MR = p(q)\left[1 - \frac{1}{|\varepsilon|}\right] = MC \geqslant 0 \tag{8.9}$$

因边际成本在正常情况下是大于等于零的。

从公式(8.9),我们可以得出关于垄断市场的几个基本结论(请看图 8.8):

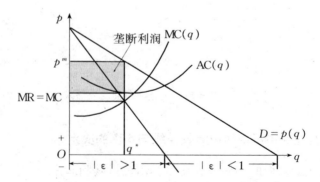

图 8.8　垄断下的边际收益、边际成本与垄断利润

第一,由于 $MC \geqslant 0$,可知 $|\varepsilon| \geqslant 1$。否则,若 $|\varepsilon| < 1$,则 $MC < 0$(因价格总为正),这是不符合常理的。如 $MC > 0$,则需求的价格弹性大于 1。可见,垄断厂商从来不会选择在需求的价格弹性小于 1 的区域内从事生产,垄断往往是在需求富于弹性的区域内出现的。

第二，由于 $MR = p(q)\left[1 - \dfrac{1}{|\varepsilon|}\right]$，只要 $|\varepsilon| < \infty$，则 $MR < p(q)$，即边际收益总会小于价格。边际收益小于价格的经济含义在于，为了多销售一单位产品，垄断者不得不降低市场价格，这样不仅最后那个销售单位会按较低的价格出售，而且其全部产量都会按一个较低的价格出售，结果，为增加一单位销售量的收益变动（MR）会小于该单位产品的价格 p。

第三，由于垄断者以 $MR = MC$ 来决定产量 q^*，而当供应量为 q^* 时，消费者愿支付的最高价格（保留价格）为 $p^m(q^*)$，从 $p^m > MR = MC$ 可知 $p^m > MC$，这可能使垄断者获得垄断利润：$(p^m - AC) \cdot q^*$。q^* 为均衡产量，p^m 为垄断价格。垄断是不让别的企业进入市场的，所以垄断利润为垄断者独享。

第四，由于 $p^m > MC$，垄断者的供给与价格之间再也不存在对应关系了，价格越高，垄断者的供应有可能减少。因此，垄断市场上再也不存在通常的那条供应曲线了。垄断无供应线。

从图 8.9 中可以看出，如 MC 线往左上方移（边际成本上升），MR 会与 MC 交于左边，使均衡产量更小，而相应的价格水平会更高。

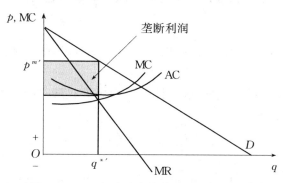

图 8.9　MC 上升后会使价格上升、产量下降

二、勒纳指数与市场势力的度量

从公式(8.9)　　　　　　　$p\left[1 - \dfrac{1}{|\varepsilon|}\right] = MC$

解出　　　　　　　　　　　$p - \dfrac{p}{|\varepsilon|} = MC$　　　　　　　　　(8.10)

即　　　　　　　　　　　　$p - MC = \dfrac{p}{|\varepsilon|}$

可得

$$\frac{p - \text{MC}}{p} = \frac{1}{|\varepsilon|} \qquad (8.11)$$

公式(8.11)称作勒纳指数(Leaner index)。

勒纳指数刻画的是垄断利润的边际,又称价格标高程度(markup),它是指垄断价格超出边际成本的部分对于垄断价格之比率。而勒纳指数式告诉我们,这是取决于商品的需求弹性的:弹性越大,市场产品之间越有竞争性,价格标高程度越低,垄断利润的边际便越小,即垄断程度就越小;反之,弹性越小,垄断价格标高程度就越高,垄断程度也越高。但这都是弹性大于1为前提。

例 4:需求的弹性独立于价格时的勒纳指数。设需求函数为

$$q = kp^{-\varepsilon}$$

求勒纳指数。

解:这里 ε 是需求弹性,$k > 0$ 是一个常数。那么其弹性为

$$-\frac{dq}{dp} \cdot \frac{p}{q} = -(-\varepsilon)kp^{-\varepsilon-1} \cdot \frac{p}{q} = \varepsilon k \frac{p^{-\varepsilon}}{q} = \varepsilon$$

即弹性恒等于常数 ε,与价格变化无关。所以勒纳指数也恒等于 $\frac{1}{\varepsilon}$,与价格变化无关。

例 5:在例 4 的基础上,讨论规模报酬不变时,垄断企业的垄断价格与成本的关系。

解:如果垄断者的技术显示其具有不变规模报酬,即边际成本 C' 等于单位产量成本,那么

$$\frac{p - C'}{p} = \frac{p - C}{p} = \frac{1}{\varepsilon} \qquad (8.12)$$

如果 $\varepsilon = 2$,由 $\frac{p - C}{p} = \frac{1}{2}$,可以解出 $p = 2C$。即垄断价格总是为单位成本的两倍。

这个例子在日常生活中是可以见到的。即许多垄断者定价时其实并不计算其边际成本,但他们知道单位产量的成本,便大概地几倍于单位成本制定价格。

如果 $\varepsilon = 1$ 呢?即如果弹性恒等于 1,那只有 $C' = 0$ 时,才能满足 $\frac{p - C'}{p} = 1$。那么,图 8.8 中的 MC 线就等于 q 轴,MC 线与 MR 线相交点必是 MR = 0 的点,这样企业就不是垄断企业。这再次表明,垄断出现的一个必要条件是弹性大于 1。

第三节 价格歧视与两部收费

通常的价格理论假定市场上的消费者是同质的(homogeneous or identical)。其实,消费者是异性的(heterogeneous)。由于消费者的偏好不同,不同的消费者对于同一商品的主观评价(V),即保留价格(reservation price)是不一样的。这就使垄断的厂商有可能实行差别的价格政策,来实现其最大的利润。在中国以往的计划体制下是实行一物一价的,但价格放开后,尤其是外国垄断者的进入,使价格歧视这一问题也随之出现了。价格歧视会对消费者与生产者的福利造成一定的影响。现实生活中的垄断者会比教科书中描绘的垄断者富有更大的创造力,他们总会设计出各种机制来获取消费者剩余。

一、价格歧视的定义与种类

要给出一个关于价格歧视的精确定义是很困难的。通常,价格歧视是指同一物品对同一消费者索取不同的价格,或者,同一物品对不同的消费者收不同的价格。

价格歧视的种类有三。三种程度的价格歧视的划分最早是由庇古(Pigou)(1920 年,《福利经济学》)做出的。一级价格歧视又称完全的价格歧视。它由图8.10表示。

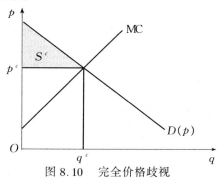

图 8.10 完全价格歧视

由于垄断厂商可以对不同的需求量索取不同的价格,因而能够获得全部的消费者剩余。但是,实行这种完全的价格歧视,厂商必须拥有关于需求者的偏好的充分信息,而这实际上是做不到的。

于是,日常生活中普遍的价格歧视是不完全的价格歧视,不完全的价格歧视是以不完全的信息为前提的。不完全的价格歧视分为二级价格歧视与三级价格歧视。

二级价格歧视是通过间接的选择装置,即"自我选择装置"来分离不同的消费需求层次。这种价格歧视是应用"激励相容原理"("incentive compatibility")来对需求提供不同的消费计划,让不同的消费者根据各自不同的情况而自选,但不同的消费计划付不同的价钱。

三级价格歧视则是通过直接的信号来有区别地对待消费者。这些直接的信号包括消费者的就业岗位、居住地域、年龄等等。根据这些不同的特征,同一物品对消费者收取不同的价格。运用这些直接的信号,垄断厂商把消费者分为几类不同的群体。当然,垄断者仍无法知道每一个群体内不同的消费者的偏好。

二、价格歧视的发生原因与后果

1. 原因

价格歧视之所以存在,是由于垄断厂商想最大限度地获取垄断利润,从而想最大限度地把消费者剩余转化为生产者剩余。

下面,我们就三种类型的价格歧视,来分析一下,为什么实施价格歧视会提高垄断利润?

(1) 一级价格歧视政策下的垄断利润的增进

如图 8.11,在点(p^m, Q^m),垄断利润为

$$\pi^m = \int_0^{Q^m} [\mathrm{MR}(Q) - \mathrm{MC}(Q)] dQ \qquad (8.13)$$

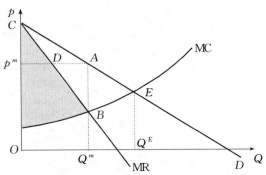

图 8.11　完全的价格歧视下垄断利润的增进

按定义,在点(p^m, Q^m),$\pi^m = \square Op^mAQ^m - \int_0^{Q^m} \mathrm{MC}(Q)dQ$　　(8.14)

这两个面积应相等,原因是,D线是一直线,MR线的斜率的绝对值必等于D线斜率绝对值的一倍。$\therefore \overline{p^mD} = \overline{DA}$。$\therefore \triangle Cp^mD = \triangle DAB$。我们用公式(8.13)来表达垄断利润,是为了与一级价格歧视下的垄断利润比较。

如实施完全价格歧视,则相应的垄断利润$\widetilde{\pi}^m$会等于D线下面面积与MC线下面积之差,即

$$\widetilde{\pi}^m = \int_0^{Q^E} [D(Q) - \mathrm{MC}(Q)]dQ \qquad (8.15)$$

比较公式(8.15)与(8.13),显而易见,$\widetilde{\pi}^m$比π^m大,大出的面积为CBE。

原因在于,在一级价格歧视政策下,从生产和销售每个增加的单位产品所得到的利润现在是需求与边际成本之差。

我们在日常生活中会遇上许多一级价格歧视的事。比如,医生给病人看病,会问你是公费还是自费,若公费,则会收你较多的钱;若自费,可能收你正常的价。北京发生过冒充"同仁堂"的药品销售部,同样的药,卖给自费的北京人、公费的北京人与外地人分三种价格。"问"本身就是了解消费者的偏好,获得信息。

由于实施一级价格歧视需要以掌握消费者的偏好为前提,所以,许多厂商会让消费者填写各种表格。保险公司、大商场甚至会派人让你填表。有时,为了诱使你填表,给你一个小奖品,而领奖时让你乖乖地填表。"填表",就是消费者披露信息的形式。有了信息,厂商就可能对消费者实施价格歧视。连学校发助学金,也要求学生填写家庭收入的信息。会计师事务所、律师事务所对不同的服务对象,收费标准是不同的。前提也是:事务所了解自己的服务对象的消费偏好,了解服务对象是否有钱,对服务的需求有多迫切,等等。

(2) 二级价格歧视下的利润增进

二级价格歧视的特点是不直接对人,而是通过设置一个"自我选择"的机制,让消费者愿者上钩。通常的"自我选择"机制是:对同一货物的不同数量或不同"段"定不同的价格。请看图8.12:

在图8.12里,厂商根据消费者购买量的多少而定不同的价。你购买Q_1,则价格为p_1;你购买Q_2,则价格为p_2;你购买Q_3,则价格为p_3。叫"多买打折"。这在批发市场与零售市场中都常见。

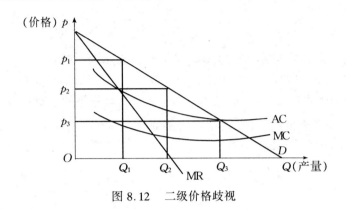

图 8.12　二级价格歧视

　　这里有两个问题:第一,为什么厂商要这样做? 不同的价格为什么比单一价格带来更多的利润? 不妨想一下,若厂商只实行单一价格,若价格为 p_1,则会失去想购买 Q_3 的消费者;若价格为 p_3,消费者固然多了,但厂商会失去想购买 Q_1(他们混在 p_3 时的全体消费者之中)的人本来会白白送上门的银子($=(p_1-p_3)\times Q_1$)。可见,不同的价格,会带给垄断者更多的利润。第二,当垄断者对购买量大的消费者打折时,不是会丢钱吗? 为什么还愿"打折"? 其原因是,厂商有规模报酬递增的技术。当产量增加时,平均成本反而还是下降的。因此,价格与平均成本仍会有离差。这在图 8.12 中可以看出。

　　(3) 三级价格歧视下利润的上升

　　三级价格歧视仍是对人,不过不像一级价格歧视那样对消费者分得那样细,而只是大略分类。

　　从图 8.13 可以看出,三级价格歧视下的价格差别反映了需求弹性的差别。

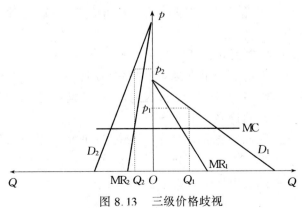

图 8.13　三级价格歧视

　　一家垄断厂商的边际成本线只有一条 MC。设其面临两类需求 D_1 与 D_2，D_1 的需求弹性为 ε_1，D_2 的需求弹性为 ε_2。若垄断厂商要追求利润极大化，必应满足

$$\mathrm{MR}_2 = \mathrm{MR}_1 = \mathrm{MC} \qquad (8.16)$$

为什么？因为同一种产品，如在东城区的 MR_1 大于在西城区销售得的 MR_2，则可通过把货物从西城转移到东城而提高利润，而同样的 MC 可以由于需求线弹性不同而对应不同的价格水平。

　　弹性差异与价格差异之间关系的数学表达式可以推导如下

因为
$$\mathrm{MR}_1 = p_1\left(1 - \frac{1}{|\varepsilon_1|}\right) = \mathrm{MC} \qquad (8.17)$$

与
$$\mathrm{MR}_2 = p_2\left(1 - \frac{1}{|\varepsilon_2|}\right) = \mathrm{MC} \qquad (8.18)$$

$$\therefore \ p_1\left(1 - \frac{1}{|\varepsilon_1|}\right) = p_2\left(1 - \frac{1}{|\varepsilon_2|}\right) \qquad (8.19)$$

$$\therefore \ \frac{p_1}{p_2} = \frac{\left(1 - \dfrac{1}{|\varepsilon_2|}\right)}{\left(1 - \dfrac{1}{|\varepsilon_1|}\right)} \qquad (8.20)$$

　　公式(8.20)可以帮我们计算同一产品在不同市场之间的价格差别或相对价格之比。

　　例6：若有两组消费者 A 与 B，A 组的需求价格弹性为 2，B 组的需求价格弹性为 4。求两个市场上的价格之比。

　　解：记 A 组市场上弹性为 $|\varepsilon_1| = 2$，B 组市场上弹性为 $|\varepsilon_2| = 4$，则由公式(8.20)，可得

$$\frac{p_1}{p_2} = \frac{1 - \dfrac{1}{4}}{1 - \dfrac{1}{2}} = 1.5$$

　　2. 价格歧视的效应分析

　　价格歧视并不是违反法律的不法活动，只要在价格歧视下厂商索价没有超出需求线上对应的价格高度（保留价格），那么，就没有理由说厂商通过价格歧视损害了消费者的利益。价格歧视只是由于厂商通过自己已获得的信息优势，将消费者剩余转化为生产者剩余。前面说的那个"冒充"同仁堂的例子，其不法性可能还在于那个"冒充"上。古往今来，医生对穷人看病都可能不收钱或少收钱，而对阔佬送的厚利则从容笑纳。一个愿挨，一个愿

收,只要厂商收的价没有超出消费者的支付意愿,应该讲是合法的。

　　价格歧视与通常的垄断价相比会造成更多的社会成本吗? 不会。价格歧视下的社会福利损失反而比垄断下的福利损失小。请看下面两个图:

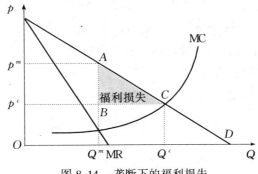

图 8.14　　垄断下的福利损失

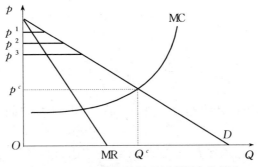

图 8.15　　一级价格歧视下福利损失的消失

　　从图 8.14 与 8.15 的对比中,不难看出,在完全垄断下,福利损失是无谓损失,是三角形 ABC;而一旦实行价格歧视,则最后厂商终止的价格点是 p^c(见图 8.15),对应的产量也是完全竞争条件下的产量 Q^c。这样一来,价格歧视反而使垄断下的福利损失消失了。

　　实行二级价格歧视与三级价格歧视,也会在垄断的前提下,对资源配置作适当改进。二级价格歧视实质上是"多买打折扣",这使多买的消费者返回一部分消费者剩余,而且打折促销会使产量向竞争性产量 Q^c 靠拢,也有利于消除垄断下的福利损失。

　　三级价格歧视只要在"隔离墙"很好的条件下,是有利于对消费者实行分流,从而改进资源配置,提高社会经济效率的。这方面,法国巴黎地铁是一个很典型的例子。

"巴黎地铁"(Paris Metro)方案的实施大约在 1985 年。巴黎地铁管理部门鉴于顾客拥挤问题而采取了两档定价制。其做法是:将地铁的车厢分为两档,一档的价格高,另一档车厢的票价低,而事实上每一档的车厢中的座位数目与座位质量完全一样,当然,两档车厢的目的地也完全相同。尽管事实上两类车厢是完全一样的,但由于第一档车厢的票价高,只有对座位非常渴求的旅客才会出高价去第一档车厢,这样,乘坐这第一档车厢的旅客人数就比较少,车厢显得宽松,旅客的座位也就有了保证;而由于第二档车厢的票价低,进入这一类车厢的旅客就较多,车厢里会拥挤些,座位不一定有保证。这里,不同的票价实质上把顾客分了类,有效地解决了乘地铁拥挤问题。

由于互联网上目前"拥挤"现象很严重,于是,奥迪莱泽柯(Odlyzko)(1997 年)(见 A. Odlyzko:"A Modest Proposal for Preventing Internet Congestion". AT&T 实验室,研究未定稿)就建议,依照巴黎地铁的两档定价制来对上网的用户实行价格歧视。具体建议是,将网络分为若干子网络,对于进入不同子网络的用户则收取不同的使用费。这里,网络公司并不担保服务质量,但由于对若干子网络收较高的服务价,则用户量与信息交通量就会低一些,从而使交通拥挤程度低一些。这实质上是用价格对不同偏好的消费者进行分类。分类后收费高的网络上用户少一些,拥挤程度低,服务质量自然就提高了。

我们这样论证,无非是要说,在垄断存在的前提下,实行或允许实行价格歧视,实质上是对垄断本身的负效应的一种抵消。中国的书籍发行行业基本是一家垄断(新华书店网络),2001 年总算有了一家对手,但仍是基本垄断。在垄断条件下,如实行三级价格歧视,对藏书欲读书欲很强的消费者早出书、出精书,收高价;而同一书对大众版则晚出一些、书纸次一些,但收价低一些,可能有利于占领目前由盗版书市所占领的市场。结论是:垄断 + 价格歧视,则社会的福利水平会高于垄断本身的福利水平。如果一方面仍继续在体制上实行高度的垄断,另一方面却在报刊、电视台等大众媒介上攻击价格歧视,这才叫真正的本末倒置。

三、两部收费

两部收费制是与价格歧视有关但不完全等同于价格歧视的一种定价制度。说它与价格歧视有关,是由于两部收费也是为了获取消费者剩余,并且,若厂商只面临一类消费者,则厂商实行两部收费,实质上等同于价格歧视。

请看图 8.16。在图 8.16 里:

$$R = T + pq \tag{8.21}$$

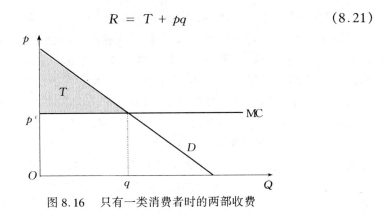

图 8.16　只有一类消费者时的两部收费

在公式(8.21)中，R 代表厂商的总收费，T 为固定价，p 为使用费，T 与消费量 q 无关(只要 $q>0$)，而 p 才与 q 有关。电话的月租费、出租车的起步价、上网的月租费、进公园的大门门票等都属于固定价 T；而电话的使用费、出租车在 n 公里后的计程价、上网的使用费、公园内小门票价等，才是不固定的价格，"不固定"是指与 q 变化有关。

若消费者只有一类，且企业了解消费者的偏好，只要设 T = 消费者剩余，则两部收费就与"完全价格歧视"等同。

但是，两部收费在面临两类或两类以上的消费者时，就不等同于价格歧视。这里所谓不等同，是指在面临两类消费者时，厂商或者是对固定费 T 是一律的，或者是对 p 只定一个标准。如这样，两部收费就不完全等同于价格歧视，它是一物一价，或同类服务收同样的价格。

在厂商面临两类消费者时，有一个如何定 (T, p) 才使自己利润最大的决策问题。

请看图 8.17：

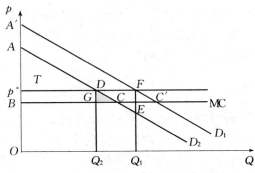

图 8.17　面临两类消费者时的两部收费

如果使用费 $p = \mathrm{MC}$,则门票(固定费)只能为 $T_1 = \triangle ABC$,而不能为 $T_2 = \triangle A'BC'$。为什么? 因门票如为 T_2,则 D_2 的需求就流失了。只能设 $T_1 = \triangle ABC$,使 D_1 的消费者返还部分消费者剩余 $\square A'ACC'$。这样,厂商的利润为 $2T_1$。

如果 $p^* > \mathrm{MC}$ 呢? 这时,固定费为 $T = \triangle Ap^*D$,但厂商可从非固定的收费 p^* 上获得利润 $= (p^* - \mathrm{MC}) \times (Q_1 + Q_2)$。

究竟是 $p = \mathrm{MC}$ 使厂商利润大,还是 $p^* > \mathrm{MC}$ 使利润大? 我们来计算一下。由于实行 p^* 时,固定费 T 比 T_1 减少梯形 p^*BCD,因此,固定费损失为 $2(p^*BCD)$。但是,由于 $(p^* - \mathrm{MC}) > 0$,服务费收入由于实行 p^* 而从 D_1 上新得 $\square p^*BGD$;从 D_2 上新得 $\square p^*BEF$。服务费上收入增量与固定费损失相抵,还余 $(\square DCEF - \triangle DGC)$。所以 $p^* > \mathrm{MC}$ 这个服务价比 $p = \mathrm{MC}$ 这个服务价要有利。

至于 p^* 应该定在哪里? 这里有一个得失权衡(trade-off)问题:门票 (T) 太高必然使 p 下降,但 T 高会把消费者被拒之门外,哪怕 p 再低也无效;另一方面,p 上升必然意味着门票(T)降低,T 低了固然会吸引游人,但由于 p 偏高,游人仍会不进小门。因此,p 与 T 之间有一个最优确定问题。

参考阅读文献

1. Arrow, K.J. 与 F.H.Hahn(1978 年): *General Competitive Analysis*. Amsterdam: North-Hall Publishing Co. (第 1 章).

2. Henderson, J.M. 与 R.E.Quandt (1980 年): *Microeconomic Theory*. New York: Mc Graw-Hill Book Company (第 6—7 章).

3. Nicholson, W. (1995 年): *Microeconomic Theory*. 第 15—16 章,第 20 章.

4. Odlyzko, A. (1997 年): "A Modest Proposal for Preventing Internet Congestion". AT&T Labs. Research Mimeo.

5. Posner, R.A. (1975 年): "The Social Costs of Monopoly and Regulation". *Journal of Political Economy* (83):807—827.

6. Tirole, J. (1988 年): *The Theory of Industrial Organization*. Cambridge, Mass: MIT Press (第 1 章).

7. Laffont, J.J. 与 J.Tirole (2000 年): *Competition in Telecommunications*. Cambridge, Mass: MIT Press.

习　　题

1. 某产品的市场需求曲线为: $Q = 1800 - 200p$。无论什么市场结构,该产品的平均成本始终是 1.5。当该产品的市场是完全竞争市场时,市场价格和销量多大? 消费者剩余、生产者剩余和社会的无谓损失是多大？当该产品的市场是完全垄断市场时，只能实行单一价格，市场价格和销量多大？消费者剩余、生产者剩余和社会的无谓损失是多大？当该产品的市场是完全垄断市场，同时生产者可以实行一级差别价格，市场销量多大？消费者剩余、生产者剩余和社会的无谓损失是多大？

2. 一个有垄断势力的企业面临的需求曲线为（A 为投入的广告费用）

$$p = 100 - 3Q + 4A^{1/2}$$

总成本函数为

$$C = 4Q^2 + 10Q + A$$

(1) 试求出实现企业利润最大化时的 A、Q 和 p 的值。

(2) 试求出企业利润最大化时的勒纳指数。

3. 如果某行业中典型企业的利润函数是：$\pi^j(p, \bar{k}) = \dfrac{p^2 \bar{k}}{16} - \bar{k}$；市场需求为：$Q = 294/P$。（$\bar{k}$ 是资本规模。）

(1) 求典型企业的供给函数 q^j。

(2) 求长期均衡价格。

(3) 证明：行业中单个企业的资本规模 $\bar{k}$ 会与行业中存在的企业个数成相反关系（假定行业中所有企业是完全相同的）。

4. 在一个完全竞争、成本不变的行业中有几十个企业，它们的长期成本函数均为 $\text{LTC} = 0.1q^3 - 1.2q^2 + 111q$，其中 q 是单个企业的年产量，市场对该行业产品的需求曲线为 $Q = 6000 - 20p$，其中 Q 是行业的年产量。问：

(1) 该行业的长期均衡产量。

(2) 均衡时该行业将有多少企业？

(3) 若政府决定将该行业的企业数减至 60 家，并且用竞争性投标的方式每年出售 60 份许可证。于是企业的数目固定为 60 家，并且这 60 家企业的竞争性经营将形成新的均衡。那么产品的新价格是多少？一份一年期许可证的竞争均衡价格是多少？

5. 设某完全垄断企业的总成本函数为 $\text{TC} = 8 + 20(q_a + q_b)$，其产品分别在 A、B 两个市场销售。若两市场的需求函数分别为：$p_a = 100 - q_a$，$p_b = 120 - 2q_b$。试求 A、B 两市场的价格、销售量、需求价格弹性以及企业利润。

6. 设某完全垄断企业拥有 A、B 两个工场，成本函数分别为

$$\text{TC}_a = 4q_a^2 + 5 \qquad \text{TC}_b = 2q_b^2 + 10$$

市场需求函数为 　　　　　　　　　　$p = 100 - 2Q$

(1) 求该企业利润最大的产量、价格和利润。

(2) 若政府采用边际成本定价法对其产品价格加以限制，则该企业的产量、价格、利润为多少？这时，政府宜采取何种辅助措施？

7. 判断对错并简要说明理由：

(1) 在长期竞争性均衡中厂商的利润为零，所以在竞争性行业的财务报告中不应看到普遍的正的利润。

(2) 如果市场需求曲线向下倾斜，则每个厂商面对的需求曲线也向下倾斜。

(3) 垄断厂商的供给曲线是向上倾斜的。

(4) 垄断企业有可能在需求曲线上的任何点选择生产。

(5) 如果利率为 10%, 垄断者将会选择在边际成本基础上加价(markup)10% 。

8. 已知汽油市场上的供求如下

需求: $Q^D = 150 - 50 p_b$ 　　　供给: $Q^S = 60 + 40 p_S$

求:(1) 市场上的均衡价格与数量。(2) 此时若政府对每单位产品征收 0.5 单位的税收, 求此时的市场价格与数量。(3) 求解消费者剩余与生产者剩余的损失, 与政府所得比较, 社会存在净损失吗?

9. 假设你作为中国电信的经理正在决策北京和石家庄固定电话的定价问题, 已知需求函数为

石家庄: $p_1 = a - Q_1$ 　　　北京: $p_2 = b - Q_2$ 　　　$C(Q) = cQ$ 　　　$(c < a < b)$

试求:

(1) 现在考虑实施两部收费制(初装费 A 与话费 p 分开), 并且可在两地区区别定价, 求初装费 A_1, A_2 与话费 p_1, p_2。

(2) 在上问中, 如果不能实施地区差别定价, 求 A, p。

(3) 若 $A = 0$, 并且可以在两地区实行价格歧视, 求各地的价格与数量。

(4) 若 $A = 0$, 但法律规定只能实施统一价格, 求价格与数量。

10. 假定一厂商面临一条不变弹性的需求曲线, 即

$$q = 256 \cdot p^{-2}$$

其边际成本曲线为

$$MC = 0.001q$$

(1) 用图形表示其需求曲线与边际成本曲线。

(2) 计算与需求曲线相联系的边际收益曲线, 并在图上画出这条曲线。

(3) 在什么样的产出水平上边际收益等于边际成本?

11. 这个问题探讨在几种函数形式下需求曲线与边际收益曲线之间的关系。请说明:

(1) 对一条线性需求曲线, 在任何价格水平上, 边际收益曲线都处在纵轴与需求曲线之间的平分点上。

(2) 对任一条线性需求曲线, 需求曲线与边际收益曲线之间的垂直距离为 $-1/(b \cdot q)$, 这里的 $b(< 0)$ 是需求曲线的斜率。

(3) 对于 $q = ap^b$ 这样一条不变弹性的需求曲线, 需求曲线与边际收益曲线之间的垂直距离与需求曲线的高度成一固定的比率, 这一比率取决于需求的价格弹性。

(4) 对于任何向下倾斜的需求曲线, 在任一点上需求曲线与边际收益曲线之间的垂直距离可以通过在该点对需求曲线的线性趋近, 并应用在(2)中所描述的程序得到。

(5) 将从(1)到(4)所得的结果在图上表示出来。

12. 我们近两年的粮食丰收使粮食供给有很大的增加, 今年再次出现粮食供过于求的局面。

(1) 试作图分析如果任凭市场机制对粮食供求状况进行调节,对我国明年的粮食生产可能会产生何种影响。

(2) 试作图分析如果采用价格支持方式使国家粮食收购价保持在较高的水平,对消费者、生产者和政府的利益有何影响? 总的福利变化如何?

13. 一个歧视性垄断厂商在两个市场上销售。假设不存在套利机会。市场 1 的需求曲线为 $p_1 = 100 - q_1/2$,市场 2 的需求曲线为 $p_2 = 100 - q_2$。垄断厂商的总产量用 $Q \equiv q_1 + q_2$ 表示。垄断厂商的成本函数依赖于总产出,$TC(Q) = Q^2$。

(1) 列出垄断厂商(q_1 和 q_2)的利润函数。

(2) 计算垄断厂商分别在两个市场上的利润最大化的销售量。

(3) 计算歧视性垄断的利润水平。

(4) 假设有一个新的管理者接管了这一企业,他决定将这一个垄断工厂分成两个工厂,工厂 1 的产品只在市场 1 销售,工厂 2 的产品只在市场 2 销售。分别计算两个工厂利润最大化的产出水平。

(5) 计算两个工厂的利润之和。

(6) 将一个工厂分割成两个是增加了利润还是减少了利润? 利用规模报酬递增或递减理论来解释你对上述问题的回答。

14. 市场 1 的需求弹性是 $\varepsilon_1 = -2$,市场 2 的需求弹性是 $\varepsilon_2 = -4$。假设一个垄断厂商可以在两个市场上分别定价(在市场 1 定价 p_1,在市场 2 定价 p_2)。下面的说法是否正确:市场 1 的价格 p_1 将比市场 2 的价格 p_2 高出 150%。

15. 单项选择:

已知市场需求曲线为 $Q = 5 - p$,现有一成本函数为 $C(Q) = 2Q$ 的垄断厂商进行两部收费,则固定费与单价分别为

(A) 4.5,2　　 (B) 3,3　　 (C) 2,5　　 (D) 5,2　　 (E) 以上都不对

16. 考虑一个完全竞争的小麦市场。

单个的小麦生产者都具有 U 型的长期平均成本曲线,并且在产量为 1000 蒲式耳时达到最低平均成本,每蒲式耳 3 美元。

(1) 如果对小麦的需求曲线为 $Q_D = 2600000 - 200000p$。求在长期均衡时小麦的价格、需求量以及小麦市场生产者的个数。

(2) 如果需求向外移动

$$Q_D = 3200000 - 200000p$$

如果小麦生产者在短期不能调整其产出,那么,伴随新需求曲线的市场价格会是多少? 典型生产者的利润又会是多少? 新的长期均衡会怎样(价格、产量、生产者个数)?

17. 作为一孤立的富裕新区惟一的网球俱乐部的拥有者,你必须决定会员费和场地时间费。有两种类型的网球手:"热衷"的网球手有需求 $Q_1 = 6 - p$,其中,Q_1 是每周场地小时,p 为每人每小时的费用。"偶尔为之"的网球手的需求:$Q_2 = 3 - p/2$。设各类型都有 1000 人。你有足够的场地,因而场地时间的边际成本为 0。你有每周 5000 元的固定成本。热衷的和偶尔为之的网球手看起来是相似的。所以你必须向他们要同样

的价。

（1）假设为了保持一种"职业"气氛,你想将会员限制在热衷的网球手中。你将如何定年度会员费和场地费(假定每年 52 周)以使利润最大化?

（2）有个朋友告诉你鼓励两类网球手都入会你将能赚到更大的利润。这个朋友有道理吗? 多少年费和场地费会使周利润最大化? 这些利润是多少?

（3）假使过了几年,年轻的、进取的专业人员移到你的社区,他们都是热衷型的网球手。你相信现在有 3000 个热衷型的网球手和 1000 个偶尔为之的网球手。对偶尔为之的网球手开放还有利可图吗?

18. 考虑对于电信业的需求,通常这种需求中存在着网络的外在性,即随着上网或电话客户数上升,消费者对电信服务的效用评价也会上升。下列效用函数就是反映"网络外在性"的

$$u_x = n(1 - x) - p$$

这里, u_x 是消费者 x 的效用, n 是网络中消费者的人数, x 为消费者在电信客户中的先后次序,对 n 与对 x 标准化后,我们有 $0 \leqslant n \leqslant 1, 0 \leqslant x \leqslant 1$; x 越是离 0 近,表示消费者越是早地成为电信客户。

证明:在这样的"网络外在性"状态下,垄断电信公司不可能实现 100% 的电话普及率。

第九讲　古诺(Cournot)均衡、Bertrand 均衡与不完全竞争

我们在第八讲中讨论了完全竞争与垄断,那是两种极端状态。在现实生活里,市场结构往往是居于这两个极端之间的。在这些市场结构里,存在着若干个卖者,相互之间有竞争,产品是相同或者接近的。它们之间的行为策略对于市场的价格形成是有不可忽视的作用的。我们称这种市场结构为"寡头"(oligopoly)。

在这一讲,我们的分析实质上进入了博弈论。在少数几个厂商(通常是两个厂商)之间进行竞争,每个厂商所选择的策略就十分重要了。通常,厂商与厂商之间的博弈选择的变量不外是两种形式:产量或价格。但是,以产量为变量的博弈,还可以分为同时博弈与序列博弈:同时博弈是指决策双方是同时进行决策,每一方在进行决策时是把对方的策略选择作为预期考虑进来,然后双方同时摊牌,双方的产量选择的合力决定了市场上的价格水平。这就是古诺模型。另一种博弈是"序列"博弈,以一方先走一步,另一方相应地采取对策,然后一方再走下一步……,博弈双方就分为"领导者"与"追随者"。这种在产量选择上的"领导—追随"模型被称为是斯塔克伯格(Stackelberg)模型。

在以价格为决策变量的博弈格局中,也可分为"同时博弈"与"序列博弈"。同时的价格决定博弈就是"Bertrand 均衡"所分析的对象;而价格决定的"序列博弈"则称"价格领导"模型。

简言之,本讲的主体部分可由表 9.1 说明:

表 9.1　博弈分类

博弈类型 选择变量	同时	序列
以产量为选择变量	古诺均衡	产量的"领导—追随"模型
以价格为选择变量	Bertrand 均衡	价格领导模型

最后,我们会简要分析"勾结"(collution)行为、垄断竞争的均衡。

第一节 古 诺 均 衡

一、两个企业的古诺模型

奥古斯汀·古诺(Augustin Cournot)是 19 世纪著名的法国经济学家。法国的经济学家在学术风格上属于欧洲大陆的唯理论传统,重视思辨,重视演绎,强调以数理方法对经济事实进行抽象,这与传统的英国学派重视经验事实、主张从事实中进行归纳的经验论风格是迥然不同的。古诺可以称为是法国经济学派的开山鼻祖。他在 1838 年发表的《对财富理论的数学原理的研究》("Researches into the Mathematical Principles of the Theory of Wealth"),给出了两个企业的博弈均衡的经典式证明,直到今天仍具生命力。后来的法国经济学家瓦尔拉斯(L. Walras)是继承与发展这一演绎传统的。20 世纪的法国经济学大师阿莱斯(Allais)、马林俄特(E. Malinvaud),以及当代顶尖的经济学家贝纳西(J. Benassy)、拉封特(J. Laffont)与铁罗(J. Tirole)都是法国经济科学在数理抽象方面的杰出代表。我们现在来讨论古诺的两企业模型。

1. 市场结构

古诺模型设市场上只有两家企业,且生产完全相同的产品。企业的决策变量是产量(生产多少?)。假定两个企业是同时决定生产多少这一策略。这时,每家企业必须预测一下对手会提供多少产量。为什么? 因为市场上的价格 p 是这两个企业产量之和的函数,即需求函数是

$$p = p(q_1 + q_2) \tag{9.1}$$

这里,q_1 是第一家企业的产量,q_2 是第二家企业的产量。

这两个企业都是以利润最大化为其目标的。当一家企业对另一家企业的产量有了一种猜测或预测之后,便从利润极大化目标出发对本身的产量进行决策。我们从企业 1 出发,它估计第二家企业的产量为 q_2^e(e 表示期望)。如果企业 1 决定生产 q_1,则市场上供给的产量就为 $q_1 + q_2^e$,相应地,市场价格就为

$$p(q) = p(q_1 + q_2^e) \tag{9.2}$$

从而,企业 1 的利润极大化问题就可写成

$$\max_{(q_1)} \{ p(q_1 + q_2^e)q_1 - C(q_1) \} \tag{9.3}$$

2. 反应函数

对于任一给定关于企业 2 产量的信念(belief)q_2^e,都会有相应的企业

1 的产量选择 q_1，于是，企业 1 的最佳产出量 q_1 说穿了是其对于企业 2 的产量的信念 q_2^e 的函数，即

$$q_1 = f_1(q_2^e) \tag{9.4}$$

式(9.4)称为是企业 1 对企业 2 产量的"反应函数"(reaction function)。同理，企业 2 也要对企业 1 的产量 q_1 进行估计，在给定的关于企业 1 的产量的信念 q_1^e 的前提下，会导致企业 2 的反应函数

$$q_2 = f_2(q_1^e) \tag{9.5}$$

3. 古诺均衡

什么叫古诺均衡呢？古诺均衡是指存在着这样一对产量组合(q_1^*，q_2^*)，使得：假定企业 2 的产量为 q_2^* 时，q_1^* 是企业 1 的最优产量；假定企业 1 的产量为 q_1^*，q_2^* 是企业 2 的最优产量。换言之，古诺均衡是指(q_1^*，q_2^*)满足

$$\left.\begin{array}{l} q_1^* = f_1(q_2^*) \\ q_2^* = f_2(q_1^*) \end{array}\right\} \tag{9.6}$$

公式(9.6)即是说，古诺均衡包含：

第一，给定对于另一个企业的产量信念，每一个企业都做出了自己最优的产量选择，使自己的利润极大化。

第二，每一个企业对于另一家企业的产量信念(预期)被实践证明是正确的，即 $q_1^e = q_1^*$，$q_2^e = q_2^*$。这叫预期是理性的。理性预期是指被实践证明是正确的预期。

可见，古诺均衡已不仅仅是我们以前在通常意义上讲的均衡了。通常意义上的均衡是指市场供求相等。而古诺均衡是博弈论中的均衡：除满足供求相等这一要求之外，在均衡时，参与博弈的每一方都达到了最大的满足；在均衡时，当事人对自己的对手的策略的信念被事实证明是正确的。

4. 等利润线与反应线

考虑下列市场需求函数

$$p = a - bq \quad (a > 0, b > 0) \tag{9.7}$$

由于 $q = q_1 + q_2$，因此，企业 1 的利润函数为

$$\pi_1(q_1, q_2) = (a - bq)q_1 - c(q_1)$$

为分析的简单起见，设 $c(g_i)$ 为零，$i = 1, 2$。

这样

$$\left.\begin{aligned}
\pi_1(q_1, q_2) &= [a - b(q_1 + q_2^e)]q_1 \\
&= aq_1 - bq_1^2 - bq_2^e q_1 \\
\pi_2(q_1, q_2) &= aq_2 - bq_2^2 - bq_1^e q_2
\end{aligned}\right\} \tag{9.8}$$

公式(9.8)称为企业 1 与 2 的"等利润线"(isoprofit line)。

如果写成 $q_1^e = q_1,\ q_2^e = q_2$,即在企业 1 的等利润线中把 q_2^e 看成是给定的,在企业 2 的等利润线中把 q_1^e 看成是给定的,则

$$\left.\begin{aligned}
aq_1 - bq_1^2 - bq_1 q_2 &= \bar{\pi}_1 \\
aq_2 - bq_2^2 - bq_1 q_2 &= \bar{\pi}_2
\end{aligned}\right\} \tag{9.9}$$

$(\bar{\pi}_1, \bar{\pi}_2)$ 分别记作某一组给定的利润水平。

于是,不管 q_1 与 q_2 如何变化,只要使 $\bar{\pi}_1$ 不变,就称 q_1 与 q_2 变化的轨迹为满足等利润 $\bar{\pi}_1$ 的等利润线,如图 9.1 所示:

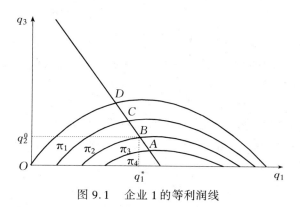

图 9.1　企业 1 的等利润线

图 9.1 中画出了四条关于企业 1 的等利润线。等利润线有以下性质:

第一,越是低的等利润线代表着越是高的利润水平。为什么? 因为当 $q_2 = 0$ 时,企业 1 的等利润线就成为

$$aq_1 - bq_1^2 = \bar{\pi}_1$$

因为当市场上只有企业 1 提供的产量 q_1 时,q_1 越高一般是利润水平越高;并且,如果同一利润水平可以由两个不同的产量来实现,则企业一般是选较低的产量的。所以,当 $q_2 = 0$ 时,我们只需看等利润线左半部分与 q_1 轴相交点,交点越往右,则利润水平越高。

第二,给定企业 2 的任一产量 q_2^0,企业 1 能生产得越多则说明其在市场上的相对份额越高,从而利润水平也越高。因此,当 $q_2 = q_2^0$ 时,企业 1 会

在与 $q_2 = q_2^0$ 这一水平线相切的等利润线上选择产量。在图 9.1 中，是在 $\bar{\pi}$ $= \pi_3$ 上选择 B 点。为什么不选择 π_1, π_2？因为 $\pi_1 < \pi_2 < \pi_3$；为什么不选择 π_4？因为 π_4 实现不了。当 $q_2 = q_2^0$ 时，企业 1 不可能达到 π_4。π_3 是 $q_2 = q_2^0$ 时企业 1 所能达到的最大利润。

第三，从上述第二个性质出发，企业 1 实质上是对应着每一个企业 2 的产出量 q_2，相应地在不同的利润线中寻找最大利润，找到的最大利润点必定是某一条等利润线上切线斜率为零的点。由该点所确定的 q_1^* 就是企业 1 对于 q_2^0 的反应。由此可见，反应函数必定是

$$\max_{q_1}(\pi_1) = \max_{q_1}[aq_1 - bq_1q_2 - bq_1^2] \tag{9.10}$$

从 (9.10) 式，可知，在我们所讨论的具体例子中，企业 1 的反应函数是

$$a - bq_2 - 2q_1 = 0$$

即

$$q_1^* = \frac{a - bq_2^e}{2} \tag{9.11}$$

反映 (9.11) 的线叫做企业 1 的"反应线"。同理，企业 2 的反应线为

$$q_2^* = \frac{a - bq_1^e}{2} \tag{9.12}$$

式 (9.11) 与 (9.12) 中的 q_2^e 与 q_1^e 分别代表预测的产量。

在图 9.1 里，联结点 A，B，C，D……等点的直线便是代表 $q_1^* = \frac{a - bq_2^e}{2}$ 的反应线。

我们当然可以画出企业 2 的若干条等利润线，然后画出企业 2 的反应线 (从略)。在古诺均衡时，两条反应线必然相交，即 $q_1 = q_1^*$，$q_2 = q_2^*$，如图 9.2 所示：

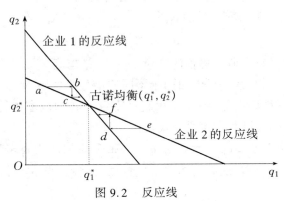

图 9.2　反应线

古诺均衡具有稳定性的特点:在两条反应线上,任一离开(q_1^*, q_2^*)的点最后都会自动趋近于古诺均衡。假定初始的 q_1 与 q_2 的组合为 a 点,对应 a 点所代表的q_2,企业 1 会选择以 b 的横坐标所代表的q_1→企业 2 会选择以 c 点纵坐标所代表的q_2→…直到(q_1^*, q_2^*)。反之从 e 点出发,企业 1 会选择以 d 点的横坐标所代表的q_1→企业 2 会选择以 f 点的纵坐标所代表的q_2→…直至(q_1^*, q_2^*)。

5. 举例

例 1:如市场需求为 $P = 100 - 0.5(q_1 + q_2)$, $c_1 = 5g_1$, $c_2 = 0.5g_2^2$, 求古诺均衡,并相应地求出 π_1 与 π_2。

解:

$$\left.\begin{aligned}\pi_1 &= [100 - 0.5(q_1 + q_2)]q_1 - 5q_1 \\ \pi_2 &= [100 - 0.5(q_1 + q_2)]q_2 - 0.5q_2^2\end{aligned}\right\} \text{(等利润线)} \quad (E.1)$$

$$\left.\begin{aligned}\frac{\partial \pi_1}{\partial q_1} &= 100 - 0.5q_2 - q_1 - 5 = 0 \\ \frac{\partial \pi_2}{\partial q_2} &= 100 - 0.5q_1 - q_2 - q_2 = 0\end{aligned}\right\} \quad (E.2)$$

所以
$$\left.\begin{aligned}q_1 &= 95 - 0.5q_2 \\ q_2 &= 50 - 0.25q_1\end{aligned}\right\} \text{(反应线)} \quad (E.3)$$

把 q_2 代入 q_1 方程,可解得

$$q_1^* = 80, q_2^* = 30 \text{(这便是古诺均衡)}$$
$$p = 45$$
$$\pi_1 = 3200, \pi_2 = 900$$

二、存在 n 个企业条件下的古诺均衡

上面所讨论只是存在两个企业的古诺均衡,如果一个行业中存在 N (>2)个相同的企业,并且,第 $N+1$ 个企业会被行业有效地排斥在外,每一个现存企业的成本函数相同,即成本为

$$C(q_j) = cq_j \quad (j = 1, 2, \cdots N) \quad (c \geqslant 0) \quad (9.13)$$

设市场需求为

$$p = a - b\left(\sum_{j=1}^{N} q_j\right) \quad (9.14)$$

这里 $a > 0, b > 0$,当然 $a > c$(否则会有问题,我们往下会看到。)。

从(9.13)与(9.14)两式,可知企业 j 的利润为

$$\pi_j(q_1, q_2, \cdots, q_N) = \left(a - b\sum_{k=1}^{N} q_k\right)q_j - cq_j \qquad (9.15)$$

所谓古诺均衡,便是存在一个产量向量: $q^* = (q_1^*, q_2^*, \cdots, q_N^*)$,使得每一个企业的利润都达到极大。这就是说,当所有别的企业的产量 $q_k = q_k^*$ 时$(k \neq j)$,q_j^* 必须使(9.14)式极大化。于是,让

$$\frac{\partial \pi_j(\cdot)}{\partial q_j} = 0$$

我们有

$$a - 2bq_j^* - b\sum_{k \neq j}^{N} q_k^* - c = 0 \qquad (9.16)$$

即

$$bq_j^* = a - c - b\sum_{k=1}^{N} \qquad (9.17)$$

注意到(9.17)式的右端是与我们考虑的企业 j 是谁无关的,因此,在均衡时,所有的企业的 bq^* 必等于(9.15)的右端。即

$$bq^* = a - c - bNq^* \qquad (9.18)$$

换言之

$$q^* = \frac{a - c}{(N + 1)b} \qquad (9.19)$$

从(9.19)中可以看出 $a > c$ 的必要性。通过(9.19),我们可知:对于每个企业 j 来说,在古诺均衡时,其最优产量 q_j^* 为

$$q_j^* = \frac{(a - c)}{b(N + 1)} \qquad (j = 1, 2, \cdots, N) \qquad (9.20)$$

因此,行业的总产量为

$$\sum_{j=1}^{N} q_j^* = \frac{N(a - c)}{b(N + 1)} \qquad (9.21)$$

价格 p 为

$$p = a - \frac{N(a - c)}{(N + 1)} < a \qquad (9.22)$$

每个企业的利润 π_j 为

$$\begin{aligned}
\pi_j &= [p - c]q_j^* \\
&= \left[a - \frac{N(a - c)}{(N + 1)} - c\right]\frac{(a - c)}{b(N + 1)} \\
&= \frac{(a - c)^2}{b(N + 1)^2} \qquad (9.23)
\end{aligned}$$

值得注意的是,在古诺均衡时,价格高出边际成本(这里为 c)的幅度 $p-c$ 为

$$p-c = a-c-\frac{N(a-c)}{(N+1)}$$

$$= \frac{(N+1)(a-c)-N(a-c)}{(N+1)}$$

$$= \frac{a-c}{N+1} > 0 \tag{9.24}$$

但是,当 $N \to \infty$ 时

$$\lim_{N \to \infty}(p-c) = 0 \tag{9.25}$$

说明当企业个数无穷多时, $p \to c$,即价格会接近于边际成本。这也就是说,当企业个数无穷多时,市场结构会趋于完全竞争。

第二节　Bertrand 均衡

大约在古诺给出古诺均衡模型后 50 年,另一位法国经济学家 Joseph Bertrand(1883 年)在其一篇论文中讨论另一种形式的同时博弈,参加该博弈的双方都以定价作为决策变量(古诺模型里是以产量作为决策变量)。这一改变使博弈的市场均衡完全不同于古诺均衡。

一、市场结构

市场上只有两家厂商,生产的产品完全相同,企业也完全相同(即成本函数完全一样:生产的边际成本 = 单位成本 = c ,设固定成本为零。)。市场需求为

$$Q^d = \alpha - \beta p$$

这两家厂商亦称是 Bertrand 双头(duopoly)。我们这里讨论的博弈实质上是"价格战"。因为,当我们只考察企业 1 的状况时,就不难看到

$$\pi_1(p_1, p_2) = \begin{cases} (p_1-c)(\alpha-\beta p_1) & \text{如 } 0 < p_1 < p_2 \\ \frac{1}{2}(p_1-c)(\alpha-\beta p_1) & \text{如 } 0 < p_1 = p_2 \\ 0 & \text{如 } 0 < p_2 < p_1 \end{cases} \tag{9.26}$$

即企业 1 的定价 p_1 如高于企业 2 的定价,则会整个地失去市场;如 $p_1 < p_2$,便会得到整个市场;如企业 1 与企业 2 定价水平相同,则平分市场。当然,我们得假定 $p_i \geqslant c$ ($i=1,2$),否则,利润会负,企业会都不生产。

二、Bertrand 均衡

Bertrand 均衡是惟一的,即两家企业的价格相同且等于边际成本 c,利润等于零(正常利润仍是有的)。

我们来证明,为什么 $p_1 = p_2 = c$ 是 Bertrand 均衡? 因为利润函数是非连续的,因此,我们不能通过求导的办法来解一阶条件,我们只有通过常识推理来证明。

首先,如果两家企业进行价格竞争,因为低价的企业会拥有整个市场,而高价的企业会丧失整个市场。所以,每个企业总有动力去降价,直到 $p_i = c$ 为止。如 $p_i < c$ 则会有负利润,这也不行,因此降价到 $p_i = c$ 为止。

其次,在 $p_i = c$ 时,每个企业获 $\frac{1}{2}(p_i - c)(\alpha - \beta p_i)$ 的利润,即零利润。它们可不可以通过改变价格去增加利润呢? 不能。因为若使 $p_i > c$,当另一家企业 $p_j = c$ 时,i 会丧失整个市场;若使 $p_i < c$,会有负利润。所以,当另一家企业选择 $p = c$ 时,$p_i = c$ 实质上已使各个企业的利润极大化了。

再次,会不会有可能出现这样的状况,即 $p_1 = p_2 > c$ 呢? 也不会。证明如下:

设 $p_1 = p_2 > c$,考虑企业 2 的决策。企业 2 在面临 $p_1 > c$ 时,可以在 $p_2 \in (c, p_1)$ 中任选一个价格水平,就可得到整个市场,并且有正利润,而使企业 1 的利润为零。从而我们有下列推理

$$\text{如果 } p_1 > c,\text{必有 } p_2 > c \text{ 并且 } p_2 < p_1 \qquad (*)$$

但是,同样的道理也可以反过来用于企业 1,即

$$\text{如果 } p_2 > c,\text{必有 } p_1 > c \text{ 并且 } p_1 < p_2 \qquad (**)$$

把推理 (*) 与推理 (**) 结合起来,我们可知,如果一家企业的价格高于边际成本,另一家企业的价格必然也高于边际成本,并且每一家价格必定要低于另一家的价格。但这最后一句话是不可能做到的。

所以,$p_1 = p_2 > c$ 是不能成为均衡的。

Bertrand 均衡的含义在于,如果同业中的两家企业经营同样的产品,且成本一样,则价格战必定使每家企业按 $p =$ 边际成本的原则来经营,即只获取正常利润。但是,如果两家企业的成本不同,则从长期看,成本低的企业必定挤走成本高的企业。

三、关于 Bertrand 悖论的三种解法

Bertrand 均衡的结论告诉人们,只要市场上有两个或两个以上生产同

样产品的企业,则没有一个企业可以控制市场价格获取垄断利润。但是,这个结论是很难令人信服的。我们看到,市场上企业间的价格竞争事实上往往并没有使均衡价格降到等于边际成本这一水平上,而是高于边际成本,企业仍是获得超额利润的。为什么现实生活里达不到 Bertrand 均衡呢?这被称为是"Bertrand 之谜"或 Bertrand 悖论(Bertrand paradox)。

如何解释 Bertrand 悖论呢?

到目前为止,经济学家对此有三种解法:

第一种是埃奇沃斯(Edgeworth)解。Edgeworth 在 1897 年发表的论文《关于垄断的纯粹理论》("The Pure Theory of Monopoly")中指出,由于现实生活中企业的生产能力是有限制的,所以,只要一个企业的全部生产能力可供量不能全部满足社会需求,则另一个企业对于残差的社会需求就可以收取超过边际成本的价格。举例说来,如市场上只有两家企业,称企业 1 与企业 2,生产的边际成本都为 c,设企业 1 的生产的全部可供量小于价格为 c 时的需求量 $D(c)$。在这种条件下,$(p_1^*, p_2^*) = (c, c)$ 就不是一个均衡的价格体系。为什么?因为,即使企业 1 按 $p_1 = c$ 出售商品,社会上的需求都会转到它提供的产量上来,但仍有一部分社会需求无法得到满足,仍然得转而买企业 2 生产的产品。如果企业 2 收取的价格 p_2 大于 c,消费者仍需支付 p_2。当然,谁以 $p_1(=c)$ 的价格购买企业 1 的产品,谁以 $p_2(>c)$ 的价格购买企业 2 的产品,这是一个排队或者配额的方式问题,但肯定有人得以 p_2 去购买,企业 2 肯定可以获得超额利润,而不是 Bertrand 均衡的结果。这种解释叫做生产能力约束解。

第二种解叫做博弈时序解。Bertrand 均衡的证明是依赖于两家企业的相竞降价来追求消费者对于降价的反应这一逻辑基础的。然而,如果 Bertrand 模型只是一个同时的价格博弈,则不应包括一家企业降价造成的消费反应这样一个带时序性的博弈过程。如果真要分析价格博弈中的时序性,即真是分析两家企业相竞降价的序列后果,则马上会遇上一个问题:当一家企业看到自己降价之后会引起另一家企业更低的定价的竞争,这家企业还敢降价吗?每一家企业都得比较降价在短期中带来的好处与在长期中由于价格战而带来的损失。如果作这样的时序分析,现实生活与 Bertrand 均衡之间的不一致就可以得到解释:因为企业怕降价引发长期的价格战,所以两家企业很可能在 $p_1 = p_2 > c$ 的某一点达成协议,不降价了。这就是所谓的"勾结"(collusion)。

第三是产品差异解。Bertrand 均衡是假定企业间的产品是同一的,是完全可以相互替代的,这会引发企业间的价格战,使价格往边际成本靠拢。

但事实上,企业间在产品上是有差异的,即使出售同一产品,在服务上也可以大有差别,并且有些厂商又占有地域上的优势,这样,如企业 1 定价为 $p_1 = c$,企业 2 如果服务上或位置上有优势,定价为 $p_2 = c + \varepsilon$($\varepsilon > 0$),也是非常正常的事。这种分析,已属于垄断竞争的范围,我们会在本讲第六节再详细展开分析。

第三节　斯塔克博格(Stackelberg)模型
——先走一步的优势

第三节与第四节是讨论序列博弈。先在第三节研究产量的序列博弈,这是由德国学者 Stackelberg 在 1934 年的一篇论文("Markform und Gleichgewicht")中提出的分析范式。然后在第四节研究价格的序列博弈。

斯塔克博格模型通常是用来描述这样一个产业,在该产业中存在着一个支配企业,比如,在美国计算机行业中的 IBM 公司,除它以外,该行业中还有若干家小企业。那些小企业经常是先等待支配企业宣布其产量计划,然后相应地调整自己的产量。我们称先宣布产量计划的企业为产量博弈中的领导者,称那些随后决定产量计划的小企业为产量博弈中的追随者。

市场上的价格决定仍与古诺模型一样,即价格是由领导型企业的产量(q_1)与追随型企业的产量(q_2)之和($q_1 + q_2$)与需求来共同决定均衡价格。即价格 p 是($q_1 + q_2$)的函数,记为 $p(q_1 + q_2)$。在古诺模型里,我们是设两个企业各自独立且同时做出关于产量的决策,然后由($q_1 + q_2$)来决定价格水平。而斯塔克博格模型里起支配作用的是领导型企业的产量决策。我们已设企业 1 为领导者。那么,领导型企业该如何定产量才达到自己利润的极大化呢? 这里有两点需要加以指出:第一,领导者有先走一步的好处;第二,他由于有先走一步的权利,就会考虑这样一个问题,因为一旦自己宣布一个产出量,追随型企业是会做出反应的,于是,先行一步的领导型企业会充分估计到自己做出的产量计划所产生的追随型企业的反应函数。这就要求领导型企业是在估计到追随型企业的反应函数的基础上来做出有利于自身利益极大化的产量决策。

因此,关于产量决策的序列博弈模型,得采取反向归纳(backward induction)的思路,先分析追随型企业的反应函数;然后把这个反应函数纳入领导型企业的决策过程,才能导出领导型企业的最优产量决策。

一、追随者的问题

假定领导者宣布了自己的产量决策,对于追随者来说,q_1 就是一给定的量,这样,追随者(企业 2)的问题便是

$$\max_{q_2} \{ p(q_1 + q_2)q_2 - c_2(q_2) \} \tag{9.27}$$

解这一问题,可得到追随者利润极大化的一阶条件。这个一阶条件可以改写为

$$MR_2 = p(q_1 + q_2) + \frac{dp(q_1 + q_2)}{dq_2} \cdot q_2 = MC_2 \tag{9.28}$$

由上述一阶条件,可以解出追随者的反应函数

$$q_2 = f_2(q_1) \tag{9.29}$$

图 9.3 给出了追随者的等利润线与反应线图:

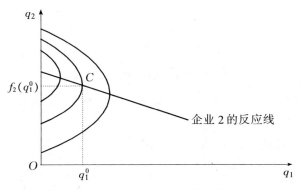

图 9.3　追随者(企业 2)的等利润线与反应线

图 9.3 与图 9.1 的含义是一样的,只不过这里表达的是企业 2 的等利润线与反应线。给定企业 1(领导者)的产出决策 q_1^0,企业 2(追随者)会找出利润尽可能高的等利润线与 $q_1 = q_1^0$ 这一直线相切的点(c)来决定其相应的产出决策 $f_2(q_1^0)$。企业 2 的每一条等利润线与企业 1 某一个相关产量决策的反应点的集合便形成了追随者的反应线(反应函数线)。

例 2:如果 $p = 100 - 0.5(q_1 + q_2)$,$c_1 = 5q_1$,$c_2 = 0.5q_2^2$,则一旦 q_1 给定,追随者的利润函数便为

$$\pi_2(q_1, q_2) = (100 - 0.5(q_1 + q_2)q_2) - 0.5q_2^2$$

让 π_2 对 q_2 求一阶导,并令 $\dfrac{\partial \pi_2}{\partial q_2} = 0$,有

$$100 - 0.5q_1 - q_2 - q_2 = 0$$

于是,追随者的反应函数为

$$q_2 = \frac{100 - 0.5q_1}{2}$$

这也就是追随型企业的反应线。

二、领导者的问题

一旦领导者知道他给出了 q_1 会导致 $q_2 = f_2(q_1)$,他就会给出一个对自己利润化目标有利的 q_1 去影响追随者的反应函数 $q_2 = f_2(q_1)$,从而使自己的利润极大。

于是,领导者的问题便为

$$\left. \begin{array}{l} \max_{q_1} p(q_1 + q_2)q_1 - c_1(q_1) \\[2mm] s.t. \quad q_2 = f_2(q_1) \end{array} \right\} \tag{9.30}$$

把 $q_2 = f_2(q_1)$ 代入领导者的利润函数,则领导者的问题就成为

$$\max_{q_1} \{ p(q_1 + f_2(q_1))q_1 - c_1(q_1) \} \tag{9.31}$$

这也就是说,领导者会充分利用自己先走一步的优势,去诱使追随者做出对领导者最有利的反应。

例 3:我们仍从例 2 出发。$p = 100 - 0.5(q_1 + q_2)$,$c_1 = 5q_1$,$c_2 = 0.5q_2^2$,因为已知 $q_2 = \dfrac{100 - 0.5q_1}{2}$。如果领导者把追随者的反应函数纳入自己的利润函数,则企业 1 的利润函数便为

$$\pi_1(q_1) = \left[100 - 0.5\left(q_1 + \frac{100 - 0.5q_1}{2} \right) \right]q_1 - 5q_1$$

即

$$\pi_1(q_1) = 100q_1 - 0.5q_1^2 - 0.5(50 - 0.25q_1)q_1 - 5q_1 = 70q_1 - 0.375q_1^2$$

$$\frac{\partial \pi_1(q_1)}{\partial q_1} = 70 - 0.75q_1 = 0$$

所以

$$q_1 = 93\frac{1}{3}, \pi_1 = 3266\frac{2}{3}$$

我们然后再把 $q_1 = 93\frac{1}{3}$ 代入追随者的反应函数 $q_2 = \dfrac{100 - 0.5q_1}{2}$ 中,

可解得,$q_2 = 26\frac{2}{3}$,$\pi_2 = 711\frac{1}{9}$。

这里解得的 $\left(q_1 = 93\dfrac{1}{3}, q_2 = 26\dfrac{2}{3}\right)$ 便是以企业 1 为领导者,以企业 2 为追随者的斯塔克博格均衡。

三、先行者的优势

我们不妨比较一下古诺解与斯塔克博格解的结果。我们看到,对于同样的市场需求函数 $p = 100 - 0.5(q_1 + q_2)$,对于同样的成本函数($c_1 = 5q_1$, $c_2 = 0.5q_2^2$),古诺解的结果是

$$q_1 = 80, q_2 = 30$$

但是,斯塔克博格解的结果则是

$$q_1 = 93\frac{1}{3}, q_2 = 26\frac{2}{3}$$

不难看出,总产量 $q_1 + q_2$ 在上述两个结果中是不一样的,产量在企业 1 与企业 2 之间的分割也是不同的,由于斯塔克博格解中企业 1 是领导者,会比他在古诺解中的均衡产量增加 $13\dfrac{1}{3}$,这便是先行一步给领导者带来的优势。

一般地,由于在斯塔克博格解中,领导者是把追随者的反应函数纳入自己的利润函数,然后再找出最大利润的产量,所以,领导者的最优产量点肯定是通过追随者的反应线与领导者的某一条等利润线的相切点来确定。看图 9.4:

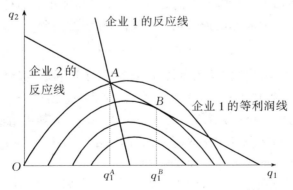

图 9.4 斯塔克博格解中领导者先行一步的优势

在图 9.4 中,企业 1 与企业 2 的两条反应线的交点是古诺均衡,与此对应的企业 1 的产出选择为 q_1^A;在斯塔克博格均衡里,企业 2 的反应线与企

业 1 的一条等利润线相切于 B，B 点为斯塔克博格均衡。与此相对应，企业 1 的产出量从 q_1^A 增加到 q_1^B。$(q_1^A - q_1^B)$ 便是先走一步给领导者（企业 1）所带来的好处（优势）。如果先行一步的好处以利润计算，则我们应比较企业 1 在古诺解中的利润与在斯塔克博格解中的利润。在我们所举的例子里，企业 1 在古诺解中的利润为 3200，在斯塔克博格解中的利润 3266，所以 66 为先走一步的好处。

第四节 价格领导模型

现在讨论价格竞争的序列博弈。领导型企业不一定是先宣布产量决策，他可能会先宣布价格决策。但在宣布其价格水平以前，领导者必定会充分考虑追随者对此将会做出什么反应。因此，博弈的分析仍应遵循"反向归纳"的思路，先分析追随者对于领导者给出的价格所采取的行为，然后分析领导者如何选择最优价格的问题。

一、追随者的行为与残差需求线

假定领导者给定产品价格 p。追随者在均衡时必须接受领导者给定的价格。为什么？因为如果追随者的喊价低于领导者定出的价，那么整个市场需求便会转向追随者，但这样一来，追随者便不成其为"追随者"了。如果追随者的喊价高于领导者的定价，则追随者便会丧失全部市场。因此，在均衡时，追随者必然接受领导者的定价。追随者所能采取的行为，只能是选择一个产量水平，使其利润极大化。于是，追随者的问题是

$$\max_{q_2} \{ pq_2 - c_2(q_2) \} \tag{9.32}$$

这会导致追随者按其边际收益（MR_2）等于边际成本（MC_2）的原则去决定产出量。这实质上是会决定追随者（企业 2）的供给线 $S_2(p)$ 的。

一旦追随者在领导者给定的价格（p）下决定了其供给函数 $S_2(p)$，那么，市场需求留给领导型企业（企业 1）的残差需求便为 $D(p) - S_2(p)$。记为 $R(p)$（residual demand curve）。即

$$R(p) = D(p) - S_2(p) \tag{9.33}$$

二、领导者的最优价格选择

领导者在决定价格水平 p 时，会充分考虑到一旦 p 给出，自己将会面临的需求线只为残差需求线 $R(p)$，所以，他必须从 $R(p)$ 出发，按边际成

本等于边际收益的原则来决定产出 q_1，最后解出相应的价格水平 p。

具体的步骤是：

第一，按 $MC_2 = p$ 的原则再定 $S_2(p)$；

第二，按 $D(p) - S_2(p) = R(p) = q_1$ 的原则来求出领导者面临的残差需求线；

第三，从残差需求线出发，按 $MR_1 = MC_1$ 的原则来确定领导者的均衡产量 q_1；

第四，按第三步解得的 q_1，定出领导者的价格水平 p。

例 4：假定市场需求为 $D(p) = a - bp$（这里 $D(p)$ 是指市场需求 Q^d），追随者的成本为 $c_2(q_2) = \dfrac{q_2^2}{2}$，领导者的成本函数为 $c_1(q_1) = cq_1$。求领导者的均衡价格 p 与均衡产量 q_1。

解：先解出追随者的供给函数。

因为追随者在"价格领导"模型中只是"价格接受者"，所以，其边际收益又与价格同一了。这样，追随者会按 $MC = p$ 的原则来决定其供给函数。

$$\because c_2(q_2) = \frac{q_2^2}{2} \quad \therefore MC_2 = q_2 = p$$

因此，$P = q_2$ 是 $S_2(p)$，即

$$S_2(p) = q_2 = p$$

再求出领导者（企业 1）所面临的残差需求

$$R(p) = D(p) - S_2(p)$$
$$= a - bp - p = a - (b+1)p$$

由于 $R(p) = q_1$，即 $R(p)$ 是企业 1 可以卖掉的产量，有

$$q_1 = a - (b+1)p$$

从中解出

$$p = \frac{a}{b+1} - \frac{1}{b+1}q_1$$

再次，按 $MR_1 = MC_1$ 的原则确定 q_1

$$\pi_1 = p \cdot q_1 - c_1(q_1)$$
$$= \left[\frac{a}{b+1} - \frac{1}{b+1}q_1\right]q_1 - cq_1$$

$$\frac{\partial \pi_1}{\partial q_1} = \frac{a}{b+1} - \frac{2q_1}{b+1} - c = 0$$

所以

$$q_1 = \frac{a - c(b+1)}{2}$$

把 $q_1 = \dfrac{a - c(b + 1)}{2}$ 代入价格方程，可知

$$p = \frac{a}{b + 1} - \frac{1}{b + 1}\left(\frac{a - c(b + 1)}{2} \right)$$

$$= \frac{a}{b + 1} - \frac{a}{2(b + 1)} + \frac{c}{2}$$

$$= \frac{a}{2(b + 1)} + \frac{c}{2}$$

这便是价格领导者选择的最优价格。

"价格领导模型"可由图 9.5 表示：

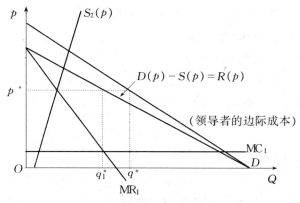

图 9.5 价格领导模型

在图 9.5 中，给定了需求 $D(p)$ 后，由于追随者作为价格接受者要选择其供给函数 $S_2(p)$，因此留给领导者的残差需求线为 $R(p)$。从 $R(p)$ 出发领导者会根据 $MR_1 = MC_1$ 的原则做出 q_1^* 的产出决策，相应地价格为 p_1^*。在价格 p_1^* 时，社会的需求量是 q^*。由于领导者供给了 q_1，所以，追随者的供给量仅仅为 $(q^* - q_1^*)$。

第五节　串通与价格卡特尔

前面四节讨论的博弈都属于非协同博弈。非协同博弈的特点是参与博弈的每一方都只为自己打算，分散决策，相互竞争。只追求个人利益的极大化，这是现实世界中常见的事。然而，在现实世界中，还有另一类博弈，叫合作博弈。合作博弈的特点是参加博弈的各方在决策过程中联合起来，先追求共同利益的极大化，然后再分配这个已经极大化了的共同利益。价格与

产量的串通(collusion)就属于合作博弈。

一、串通条件下的产量与价格决定

设一个市场上只有两家生产同样产品的企业,市场价格 p 仍取决于两家企业的产量之和,即 $p = p(q_1 + q_2)$。但两家企业各自的成本函数可能不同,分列为 $c_1(q_1)$ 与 $c_2(q_2)$。

如果两家企业是串通的,则相当于一家大公司有两家工厂的情形。两家工厂会谋求其利润总和的最大,而不是每家工厂只求自己利润的极大。于是,问题就成为

$$\max_{q_1, q_2} \pi(q_1, q_2) = [p(q_1 + q_2)](q_1 + q_2) - c_1(q_1) - c_2(q_2) \tag{9.34}$$

令
$$\frac{\partial \pi}{\partial q_1} = 0, \frac{\partial \pi}{\partial q_2} = 0$$

我们会有 $\left(因 \dfrac{\mathrm{d}p}{\mathrm{d}q_1} = \dfrac{\mathrm{d}p}{\mathrm{d}q_2} = \dfrac{\mathrm{d}p}{\mathrm{d}q}\right)$

$$MR = p + (q_1^* + q_2^*)\frac{\mathrm{d}p}{\mathrm{d}q} = MC_1 \tag{9.35}$$

$$MR = p + (q_1^* + q_2^*)\frac{\mathrm{d}p}{\mathrm{d}q} = MC_2 \tag{9.36}$$

这也就是说,均衡的条件是

$$MR = MC_1 = MC_2 \tag{9.37}$$

例5:如 $p = 100 - 0.5(q_1 + q_2)$,$c_1 = 5q_1$,$c_2 = 0.5q_2^2$,若两企业串通,求 q_1、q_2、p,π_1 与 π_2。

解:$\pi = \pi_1 + \pi_2 = [100 - 0.5(q_1 + q_2)](q_1 + q_2) - 5q_1 - 0.5q_2^2$

$$= 100(q_1 + q_2) - 0.5(q_1 + q_2)^2 - 5q_1 - 0.5q_2^2$$

$$\frac{\partial \pi}{\partial q_1} = 95 - q_1 - q_2 = 0$$

$$\frac{\partial \pi}{\partial q_2} = 100 - q_1 - 2q_2 = 0$$

可解得

$$q_1^* = 90, q_2^* = 5, p = 52.5$$

$$\pi_1 = 4275, \pi_2 = 250$$

如果把此结果与古诺解与斯塔克博格解进行一番比较,就不难发现,串通以后,市场上均衡的总产量($q_1^* + q_2^*$)大大减少了,而均衡价格则上升了。但是,厂商的总利润却大为提高了(上升到4525)。

二、卡特尔下的违约冲动

由于串通是从不同企业的利润之和极大化出发来决定产量配额(在上述例子中,企业 1 的产量为 90,而企业 2 的产量配额只为 5)与价格水平(在上例中,价格为 52.5)的,尽管这样做符合两家企业的共同利益,但不一定符合每一家企业的私人利益极大化目标。比如,我们看上例中的企业 2,如果价格为 $p = 52.5$,则

$$\pi_2 = 52.5 \cdot q_2 - 0.5q_2^2$$

$$\frac{\partial \pi_2}{\partial q_2} = 52.5 - q_2 = 0$$

则
$$\tilde{q}_2 = 52.5 > 5 = q_2^*$$

说明在给定的价格卡特尔前提下,企业 2 有违约冲动。

通常的价格卡特尔协议是指一个行业的有关企业按共同利益极大化原则($MR = MC_i$, $i = 1, 2, \cdots, n$,如有 n 个企业)来确定价格,并确定产量配额。但是,如果某个企业发现在价格卡特尔所规定的价格下超过产量配额生产会带来更多的利润,则它便会暗中背叛卡特尔协议,扩张其产量。如果这种背叛行为比较普遍,则会导致卡特尔的破裂。石油输出国组织常常会重新分配石油产量的配额,这说明在原有的卡特尔协议下已出现了严重的背叛行为,需要新的协议来重新约束各成员国的石油生产。

第六节　垄　断　竞　争

从第一至五节,我们的分析都以产品同一为前提。垄断竞争的市场结构则不同,这里的分析对象是一大群生产同类且不同的产品的企业,在顾客眼里,这些企业的不同产品在相当程度上仍是可以替代的,不过,替代是不完全的。于是,垄断竞争的市场具有两个特点:首先,由于企业之间的产品或服务是不同的,每一个企业在其产品特色、服务质量或品牌商标方面具有别的企业所不具备的优势,所以,每个企业在市场上都具有一种有限的垄断势力;其次,毕竟不同产品之间的差异并不是根本性的差异,因此,企业之间仍是可以竞争的,而且,企业进入与退出市场都是自由的,这又类似于完全竞争的市场。上述两个特点的结合,使行业呈现出既垄断又竞争的性质,故称垄断竞争。

垄断竞争的行业包括大量的小商品行业与服务性行业。如牙膏、肥皂、服装等等,这里企业间相互竞争的武器是质量、品牌与广告投入等。

一、短期的垄断竞争市场的特征

假定一个行业里有 $1, 2, 3, \cdots$ 无穷多个可能的企业,对企业 j 的产品的需求不仅取决于 p_j,而且取决于该行业中所有其他产品的价格,因为别的产品可以在一定程度上替代产品 j。我们记对于产品 j 的需求为

$$q_j = q_j(p) \tag{9.38}$$

这里,$\dfrac{\partial q_j}{\partial p_j}<0$,但是 $\dfrac{\partial q_j}{\partial p_k}>0(j\neq k)$,因为 j 与 k 是互替的。$p = (p_1, p_2, \cdots, p_j, \cdots)$,是一个无穷维的价格向量。另外,我们假定总存在某些价格 $\bar{p}_j>0$,在此价格水平上,对于 j 的需求为零,即 $\bar{p}_j>0$ 是使消费者不愿买 j 的价格水平,不管别的商品价格有多高。

显然,企业 j 的利润函数为

$$\pi_j(p) = q_j(p)p_j - c_j(q_j(p)) \tag{9.39}$$

在短期,市场上的企业个数肯定是有限的,即企业个数为一有界正整数,每一企业都选一价格水平去实现利润极大化。我们假定别的企业都取价格 p_k 为 $\overline{p}_k$,$\overline{p}_k$ 为企业达到利润最大化的价格。

如企业 j 选择 $\bar{p}_j$,则 $q_j=0$,企业 j 会损失 $c_j(0)$,$c_j(0)$ 是固定成本,这并不划算。因此,j 的价格应在 $0<\overline{p}_j<\bar{p}_j$ 之间,$\overline{p}_j$ 是企业 j 的最优价格。

令 $\pi_j(p)$ 对 p_j 求一阶导,最优价 $\overline{p}_j$ 应满足

$$
\begin{aligned}
\frac{\partial \pi_j(p)}{\partial p_j} &= q_j(p) + p_j \frac{\partial q_j(\overline{p})}{\partial p_j} - \frac{dc(q_j(\overline{p}))}{dq_j} \cdot \frac{\partial q_j(\overline{p})}{\partial p_j} \\
&= \frac{\partial q_j(\overline{p})}{\partial p_j}\left[\frac{q_j(\overline{p})}{\dfrac{\partial q_j(\overline{p})}{\partial p_j}} \frac{p_j}{p_j} + p_j - \mathrm{MC}_j(q_j(\overline{p})) \right] \\
&= \frac{\partial q_j(\overline{p})}{\partial p_j}\left[p_j\left(1 - \frac{1}{\varepsilon_j}\right) - \mathrm{MC}_j(q_j(\overline{p})) \right] \\
&= \frac{\partial q_j(\overline{p})}{\partial p_j}\left[\mathrm{MR}_j(q_j(\overline{p})) - \mathrm{MC}_j(q_j(\overline{p})) \right] \\
&= 0
\end{aligned}
\tag{9.40}
$$

这里,ε_j 是产品 j 的需求价格弹性。由于 $\dfrac{\partial q_j(\overline{p})}{\partial p_j}<0$,所以,必有

$$\mathrm{MR}_j(q_j(\overline{p})) = \mathrm{MC}_j(q_j(\overline{p})) \tag{9.41}$$

即在短期,垄断竞争的企业行为类似于完全垄断的企业行为。在短期,单个企业在垄断竞争市场的利润可能为正,可能为负,也可能为零。这些,都与

完全垄断企业相类似。

二、长期的垄断竞争市场的特征

在短期,垄断竞争市场的需求曲线是比较陡峭的,说明需求的价格弹性比较小。但是,在长期,垄断竞争市场的需求曲线会发生两个重要的变化:

第一,如果现存的企业是有正利润的,这便会吸引越来越多的企业进入垄断竞争行业。这样,单个企业所面临的需求曲线会向内移动。为什么?原因是新进入的企业会分走一部分市场需求,使现存的企业所面临的需求减少。

第二,由于新进入的企业会提供与现存企业的产品相类似的产品,这会加大企业之间的竞争力度,于是,现存企业产品的需求的价格弹性会比短期的弹性大,使单个企业所面临的需求线会由短期的比较陡峭转化为在长期中的比较平坦。

图 9.6 给出了短期的垄断竞争与长期的垄断竞争的不同均衡状态。

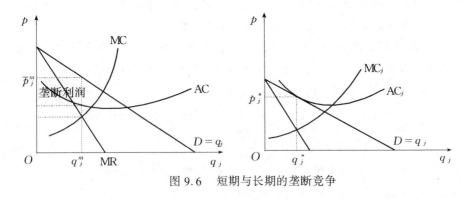

图 9.6　短期与长期的垄断竞争

在短期,由于 D 线比较陡峭,且需求越大,垄断市场中的企业会有垄断利润。但在长期,由于 D 线内移,而且 D 线比较平坦了,就会与平均成本线(AC)相切。因此,在均衡时,垄断竞争行业中单个企业的利润会等于零。

单个企业在垄断竞争行业里所面临的长期需求线 D 线能不能穿过平均成本线,与 AC 线有两个交点?不能。原因是,如那样,需求线上的某一线段会处于 AC 线之上,这会意味着垄断竞争的企业会有正的利润。但是这样一来,新的企业肯定还会进入,说明垄断竞争还未达到长期均衡。因此,若垄断竞争行业已达到长期均衡,D 线与 AC 线只能相切于一点,价格与产量的组合必须出现在 AC 线上某一点。

有三点事实值得引起注意：

第一，即使垄断竞争的企业在长期均衡时是处于盈亏相抵点的，但是，该点仍然是企业的利润极大化点。若生产超过 q_j^*，D 线上的价格会低于 AC，从而会出现亏损；若产量小于 q_j^*，价格亦会低于平均成本，同样意味着亏损。因此，只有产量处于 q_j^* 点，才是利润极大化点。

第二，尽管 $p=$ AC，垄断竞争的企业的利润在长期均衡时为零，但是，资源配置并未达到最优。为什么？因为价格仍远远高于边际成本 MC。只要 D 线是往右下倾斜的，则 D 线永远不可能切于 AC 线的最低点；又由于只有在 AC 线的最低点 MC 线才**从下往上**与 AC 线相交，所以，当 D 线与 AC 线相切时，MC 必低于 AC 线，这也就意味着 $p=$ AC$>$MC，即 $p>$MC。而只要 $p>$MC，说明从社会有效性的角度说，生产还是不足的，应该扩张生产。但垄断竞争行业固有的垄断性使生产水平低于有效的产量。

第三，正由于 D 线是在 AC 线的最低点以左的某处与 AC 线相切，所以，生产规模还远未达到使平均成本最小的程度。这意味着，与垄断一样，垄断竞争即使是在长期均衡时，生产仍是在第 I 阶段。我们通常把这种状态解释为生产"能力过度"（excess capacity），即企业尚有余力去扩展生产，其生产却在企业能力尚未充分利用完之前就停住了，这是一种资源的浪费。

参考阅读文献

1. Cournot, A. (1938 年): *Research into the Mathematical Principles of the Theory of Wealth*. 由 N. T. Bacon 翻为英文版. New York: Micmillan Co. 1897 年出版.

2. Chamberlin, E. H. (1950 年): *The Theory of Monopolistic Competition*. Cambridge, Mass: Harvard University Press.

3. Grossman, G. 与 C. Shapiro (1984 年): "Informative Advertising with Differentiated Products". *Review of Economic Studies* (1984 年 2 月号): 63—82.

4. Stackelberg, H. Von (1952 年): *The Theory of the Market Economy*. 由 A. T. Peacock 译成英文. New York: Oxford University Press 1952 年出版。

5. Stiglitz, J. 与 C. F. Mathewson (1986 年) 编: *New Developments in the Analysis of Market Structure*. Cambridge, Mass: MIT Press.

6. Tirole, J. (1988 年): *The Theory of Industrial Organization*. Cambridge, Mass: MIT Press(第 2—4 章)。

7. Varian, H. R. (1999 年): *Intermediate Microeconomics* (第 23—24 章, 第 26 章). New York: Norton.

习　　题

1. 考虑一个由两家企业组成的寡头垄断行业，市场的需求由 $p=10-Q$ 给出。这两家企业的成本函数分别为 $C_1 = 4 + 2Q_1$,$C_2 = 3 + 3Q_2$。

(1) 若两家串通追求共同的利润最大化,总的产量水平是多少? 市场价格多大? 各自生产多少? 各自利润多大?

(2) 若两家追求各自的利润最大化,利用古尔诺模型,各自生产多少? 各自利润多大? 市场价格多大? 并给出各自的反应函数。

(3) 若串通是非法的,但收购不违法。企业 1 会出多少钱收购企业 2?

2. 一个垄断企业的平均成本和边际成本为 AC = MC = 5,市场的需求曲线函数为 $Q = 53 - p$。

(1) 计算这个垄断企业利润最大化时的产量和市场价格,以及其最大化的利润。

(2) 若又有第二个企业加入该市场,市场的需求不变。第二个企业生产成本和第一个企业相同,在古尔诺模型下,求各企业的反应曲线、市场价格、各企业的产量和利润。

(3) 若有 N 个企业加入该市场,市场的需求不变。这 N 个企业生产成本和第一个企业都相同,在古尔诺模型下,求市场价格、各企业的产量和利润。

(4) 当 N 趋于很大时,市场价格有什么变化趋势?

3. 在世界石油市场上,石油的需求 $W = 160p^{-1/2}$,非欧佩克的供给为 $S = (31/3)p^{1/2}$,欧佩克的净需求为 $D = W - S$。

(1) 试画出世界石油市场上石油的需求曲线、非欧佩克的供给曲线和欧佩克的需求曲线。为简单起见,设欧佩克的生产成本为零。在图中指出欧佩克的最优价格、欧佩克的最优产量,以及非欧佩克的产量。

(2) 若非欧佩克国家石油储量资源开始枯竭,生产成本开始上升,各条曲线会如何移动?

(3) 若石油消费国联合起来,形成买方垄断势力,这会对世界石油价格造成怎样的冲击?

4. 一个生产榴莲的卡特尔由四个果园组成。它们的总成本函数分别为

$$TC_1 = 20 + 5Q_1^2$$
$$TC_2 = 25 + 3Q_2^2$$
$$TC_3 = 15 + 4Q_3^2$$
$$TC_4 = 20 + 6Q_4^2$$

(1) 用列表的形式列出产量在 1 至 5 之间各果园的总成本、平均成本、边际成本。

(2) 如果该卡特尔将总产量控制为 10,而价格定为 25,产量在各果园之间应怎样分配?

(3) 在 b 的产量水平和价格下,是否每个果园都没有欺诈的冲动? 若有,哪个果园的欺诈冲动最大?

5. 假定有 n 家相同的厂商处于古诺均衡情况下,求证市场需求曲线的弹性一定大于$1/n$。

6. (价格竞争模型)有两个寡头企业,它们的利润函数分别是

$\pi_1 = -(p_1 - ap_2 + c)^2 + p^2$, $\pi_2 = -(p_2 - b)^2 + p_1$ (p_1、p_2 分别是两个企业采取的价格，a、b、c 为常数)。

(1) 求企业 1 先决策时的均衡。

(2) 求企业 2 先决策时的均衡。

(3) 是否存在某些参数值(a,b,c)使得每个企业都希望自己先决策?

7. 对某商品，市场需求曲线为 $p = 100 - 2Q$，生产该产品的任何厂商的总成本函数都为 $TC(q) = 4q$。

(1) 假设市场上有两个古诺厂商 A、B，这两个厂商的反应线分别是什么? 求解古诺均衡时的产量。

(2) 假设市场上有两个厂商，一个是领导者 A，一个是追随者 B，求解 Stackelberg 均衡。

8. 考虑一个新开发的市场，该市场每年的需求为 $Q = 10 - p$。在第一期企业 1 抢先进入，并以广告的方式进行大量宣传。在它正要进行生产时得知企业 2 正在定购生产此产品的设备，并通过调查得知企业 2 的成本函数为 $C_2(Q_2) = Q_2^2$。已知企业 1 的成本函数为 $C_1(Q_1) = 4 + 2Q_1$。

(1) 如果你是厂商 1，你将抢先向社会宣布什么样的生产计划(即产量为多少)，这时厂商 2 会宣布生产多少。

(2) 在第二年初出于行业的惯例，两厂商同时发布产量，这时你预计产量会有变化吗?

9. 下列说法对吗? 请说明理由。

在垄断竞争行业中，价格竞争的结果可能是 Bertrand 均衡。

10. 考虑一个垄断竞争市场，其中有 101 家企业。每家企业所面临的市场需求与各自的成本函数都是相同的

$$p_k = 150 - q_k - 0.02 \sum_{\substack{i=1 \\ i \neq k}}^{101} q_j, \quad C_k = 0.5q_k^3 - 20q_k^2 + 270q_k (k = 1, 2, 3, \cdots, 101)$$

请确定该市场中有代表性的企业(每一家企业的行为都是相同的)的最大利润，相应的价格与产量水平(假定行业中的企业个数不发生变化)。

11. 某一市场需求函数如下

$$p = 100 - 0.5(q_1 + q_2)$$

在该市场上只有两家企业，它们各自的成本函数为

$$c_1 = 5q_1, \quad c_2 = 0.5q_2^2$$

(1) 在斯塔克博格模型中，谁会成为领导者? 谁会成为追随者?

(2) 该市场最后的结局是什么? 为什么?

12. 设一市场上只有两个生产者，产品稍有差别，但仍可以相互替代。寡头 1 所面临的市场逆需求函数为

$$p = 100 - 2q_1 - q_2$$

其成本函数为

$$c_1 = 2.5q_1^2$$

假定寡头 2 只想维持 1/3 的市场份额。

　　求:q_1, q_2, p_1 与 π_1。

　　13. 考虑一个两期的垄断者问题。在第 1 期与第 2 期,市场需求函数都是 $q = 1 - p$。在时期 1 中,单位成本为 c;在时期 2 中,单位成本为:$c - q_1\lambda$。时期之间的贴现因子为 1,记 q_1 为时期 1 的产量。

　　求证:$q_1 = \dfrac{1 - c}{2 - \lambda}$。

　　14. 测度厂商分布的一个方法是使用荷凡达尔(Herfindahl)指数,定义为

$$H = \sum \alpha_i^2$$

这里 α_i 是厂商 i 在总行业收益中的份额。证明如果行业中的所有厂商有不变规模收益的生产函数且遵循古诺产出决策,总行业利润对总收益的比等于荷凡达尔指数除以需求的价格弹性。这一结果意味着行业集中与行业盈利之间有什么样的关系?

　　15. 在克罗若克斯(Clorox)的案例中,宝洁公司推断一个潜在的进入者要进入洗涤液市场。你是否可以设计一个运用厂商的成本曲线与厂商所面对的需求曲线的方法,用来区别真正的进入者、潜在的进入者与没有进入者时的情况? 运用你的分析说明在这一反托拉斯的案例中,法庭应该寻找什么?

　　16. 在一个中等城市中电话的需求为

$$Q = 1000 - 50p$$

这里 Q 是家庭安装电话的数量(单位:千门),p 是使用电话的每月租金(单位:美元)。电话系统的成本由下式给出

$$TC = 500\ln(0.1Q - 20) \qquad 对于 \ Q > 200$$

　　(1) 本城市的电信业务是否是一个自然垄断的行业?

　　(2) 在这种情况下,什么样的产出水平将产生一个无管制的垄断? 消费者要支付的价格是多少? 垄断利润是多少?

　　(3) 如果允许活跃的竞争,价格会有什么变化?

　　17. 假定平板玻璃市场有 j 个厂商,它们的成本函数都是 cy_j,其中 y_j 代表第 j 个厂商的产量,c 为正的常数。市场的反需求函数 $p(y)$ 是递减函数。

　　(1) 如果这个市场是完全竞争的,那么市场价格、每个企业的销售量和利润额将是多少?

　　(2) 这个行业里的厂商认为低价"倾销"使它们的利润受损失,于是成立行业协会规定最低限价,那么将由什么原则决定各自的产量定额和自律价标准? 它们各自的利润较前有多大变化?

　　(3) 这种合谋定价,如果没有政府支持,可能长久吗? 为什么? (用数学公式表达)

　　(4) 从社会经济效率的角度看,政府是否应该帮助此行业实行价格"自律"? 为什么? (用图形或数学公式表达)

　　18. 判断对错并简要说明理由:

　　(1) 当达到古诺均衡时,市场供求不一定相等。

（2）Bertrand 均衡时，价格等于边际成本。所以在现实的寡头市场中不应该看到超额利润。

（3）无论在竞争市场、垄断市场还是垄断竞争市场，厂商选择的原则都是边际收益等于边际成本。

（4）因为垄断竞争产量低于完全竞争产量，所以在长期厂商仍可获得超额利润。

第十讲 策略性博弈与纳什均衡

我们在第九讲里已经运用博弈论的方法来分析寡头市场上企业间的产量博弈与价格博弈了。现在开始对博弈论本身进行介绍与讲解。

博弈论通常被认为是从诺依曼与摩根斯坦(Von Neumann 与 Morgenstern)1944 年发表的《博弈论与经济行为》一书开始的。尽管那部著作与现今的博弈论关系已不密切了,然而,那本书毕竟是引入了这样的思想,即人们之间的冲突是可以进行数学分析的,并且,诺依曼与摩根斯坦是为进行这种分析贡献了若干术语的。后来,塔克(Tucker)贡献了著名的"囚犯的困境",纳什(Nash)在 1950 年与 1951 年给出了博弈均衡的定义(这是有别于市场均衡定义的定义),并给出了博弈均衡存在性的证明,从而奠定了现代非协同博弈论的基础。与此同时,协同博弈理论由纳什在 1950 年的另一篇论文与夏皮莱(Shapley)1953 年关于谈判的论文中得到了发展,吉尔斯(Gilles)在 1953 年的一篇论文中把协同博弈引入一般均衡理论,导致了核(core)理论的诞生。

现在经济学常用的博弈理论工具早在 50 年代中期之前就已锻造出来了,只不过在 70 年代中期之前,博弈论只停留在自己的领域内而很少与主流经济学相联系。60 年代,以迪布鲁(Debreu)与斯卡夫(Scarf)为代表的一些经济学家曾讨论过博弈中的核与经济中的一般均衡之间的关系。

进入 70 年代以来,经济学分析的重心由一般均衡转向对市场上理性的但拥有有限信息的个人行为的分析。这时,经济学家发现,个人之间采取行动的时间顺序是不协同的。对这种不协同的,受有限信息制约的个人行为的分析,使经济学家们打开了 60 年代博弈论的工具箱,其中有泽尔腾(Selten)1965 年关于"完全性"的论文,有哈萨尼(Harsanyi)1967 年与 1968 年关于不完全信息的论文,有泽尔腾(1975 年)与克虏帕斯(Kreps)与威尔逊(Wilson)(1982 年)关于序列均衡的论文,有克虏帕斯、缪尔格拉姆(Milgrom)、罗伯茨(Roberts)与威尔逊 1982 年关于重复博弈的论文。我们关于博弈论的三讲,主要是介绍 1975 年以后的内容。

第一节　基本概念

在一个博弈里,基本要素为:游戏者(players)、行动(actions)、信息(informations)、策略(strategies)、收益(payoffs)、结果(outcomes)与均衡(equilibrium)。我们来一一加以介绍。

一、游戏者

【定义】　**游戏者**:博弈里的游戏者是作决策的个人。每个游戏者的目标是通过选择行动使自己的效用极大化。

我们以石油输出国组织 OPEC 为例。沙特阿拉伯知道科威特的石油产量是以科威特对沙特的石油产量的预测为基础,这两国的产量共同决定石油的世界价格。这里,沙特与科威特都扮演了游戏者的角色。被动的个人,像中国百姓在油价变化之后对石油需求做出的反应并不能改变任何人的行为,这就不能称为是游戏者,只能作为博弈的参数。有时,在博弈中需明确定义"非游戏者",非游戏者是指其行动是按纯机械方式而采取的。"宇宙"是一个"非游戏者",因在博弈里,宇宙在某一特定的点上按特定的概率"采取"随机的"行动",使某一结果发生。

在 OPEC 模型里,对于石油的世界性需求,被记为 D,可以采取"强"或"弱"两个参数值,而假定这两个参数值是由宇宙选择(不究其发生原因):其发生的概率分别为 70% 与 30%。即使游戏者们一直采取相同的行动,宇宙这类随机决定也会影响博弈格局的实现。这即是说,宇宙的随机变动是会决定博弈的实现的。

二、定义(行动或步骤)

一个游戏者 i 所采取的行动(action)或步骤(move),记为 a_i,是该游戏者可以做出的选择。

【定义】　**行动集**:游戏者 i 的行动集(action set),记为 $A_i = \{a_i\}$,是该游戏者可能采取的全部行动之集合。

【定义】　**行动组合**:一个行动组合是一个有序集 $a = \{a_i\}$($i = 1, 2, \cdots, n$),是由一个博弈中 n 个游戏者各取一个行动而组合成的。

注意,行动组合实际上是博弈中的某一个解。即 n 个参与者在某一时刻碰面时各出一张牌而构成的一个格局。

三、定义（游戏的顺序（order of play））

游戏的顺序是指在什么时候该谁下棋？游戏的次序可分为"同时"（simultaneously）与"序列"（sequential）。"同时"是指游戏者同时决定自己的行动，"序列"顺序得明确规定谁先行，谁后走。

四、定义（信息集（information set））

信息集是游戏者在博弈的某一特定时点上关于不同变量的取值的全部知识之和。如果游戏者在该时点上考虑的是若干个变量，则游戏者认为可能出现的每个变量的若干种可能值都属于信息集的要素。

五、定义（游戏者的策略（player's strategy））

游戏者的策略是指在博弈的每一环上，游戏者的行事规则，即按什么规则到行动集中去选择行动。

注意，策略不等同于行动。策略是指，如果出现了什么情况，如果对手采取了什么行动，那么，我该采取什么行动。

【定义】 游戏者的策略集或策略空间（player's strategy set or strategy space）：$s_i = \{s_i\}$ 是游戏者 i 所有策略的集合。

【定义】 策略组合（strategy combination）：记为 $s = (s_1, s_2, \cdots, s_n)$，这是指，如果有 n 个游戏者参与了一个博弈，那么，每个游戏者只取一个策略，n 个策略的拼盘就构成一个特定的策略组合。

例如，在石油输出国组织里，沙特（s）在 1998 年的石油产量 $Q_{s,8}$，取决于世界市场对石油的需求（D），又取决于自己上一年的石油产量 $Q_{s,7}$，还取决于当年的竞争对手（others）的石油产量 $Q_{o,8}$。这样，沙特在石油产量的博弈里的行动，是"产量高"（H），与"产量低"（L），但其策略集为

$$\begin{cases} Q_{s,7}(D) = \begin{cases} L & \text{如果 } D = \text{弱} \\ H & \text{如果 } D = \text{强} \end{cases} \\ Q_{s,8}(DQ_{s,7}, Q_{o,8}) = \begin{cases} L & \text{如果 } D = \text{弱}, Q_{s,7} = \text{低}, Q_{o,8} = \text{低} \\ H & \text{其他情况} \end{cases} \end{cases}$$

我们必须再次强调一下，行动与策略是有区别的：（1）行动是你可以采取的某种行动方式，只要可能，你都可以采取；策略是一种有条件的应对行动方案，即如形势那样，对手采取什么行动，我会采取什么行动。（2）行动是一种客观可能性，是可以观察到的；如下棋走到某一步时，你可发现对方只有几种下法，即有几个可能的行动，这是可观察到的。而策略是一种主观

的、心理上的应变对策,你不可能观察到对手心中的策略,并不能见到他心中会设计好的应对的行动方案。

六、定义(游戏者的收益(player's payoff))

(1) payoff 是指游戏者在所有别的游戏者选择了策略之后,并在老天(自然)选择了以后,进行了博弈之后,带给游戏者的效用。

(2) 或者是由游戏者与别的游戏者选择的策略的函数带给游戏者的预期效用。

收益(payoff)只是博弈带给游戏者的效用。收益不等于"结果"(outcome),博弈的结果包括了 payoff,但还包括了别的要素。

七、定义(结果(outcome))

博弈的结果是指构模者在博弈进行了以后从行动、收益与别的变量的数值中取到的一组感兴趣的要素的集合。

例 1: 在下列"囚犯的困境"(prisoner's dilemma)的博弈中,警察逮到两个嫌疑犯(这两人事实上是一起作案犯罪的),但是缺乏定罪的证据。于是,警察把这两个嫌疑犯分别关在不同的房子里,并分别对他俩指出:

你应该揭发你的同伴。如果你们之间谁也不愿揭发对方,则都会被监禁很久。如果你不揭发,而你的同伴揭发了你,则他会很快获释,而你会被重判。如果你揭发了他,而他没有揭发你,则你很快会获释,而他会被重判。如果你们双双坦白,虽会被判刑,但考虑到你们的坦白态度,我们会对你们都从轻发落。

下列的标准型就写出了上述博弈,见表 10.1:

表 10.1　囚犯的困境

囚犯 B

		不揭发	揭发同伴
囚犯 A	不揭发	5,　5	-1,　6
	揭发同伴	6,　-1	0,　0

上述矩阵又称"收益矩阵",该收益矩阵中的数字表达的是对应每一个策略组合,囚犯 A 与囚犯 B 各自会获得的效用。注意,这些数字不代表监禁的年数,而只表示博弈结果带给 A 或 B 的效用。在每一格里,左边的数字代表 A 所获的效用,右边的数字代表 B 的效用。所谓博弈的结果,这里

有四个:

第一个结果是:A 选择不揭发,B 亦选择不揭发,警察无法定罪,两个嫌疑犯在监狱中呆了一些日子后就出狱了,这带给双方的效用各为 5。

第二个结果是:A 选择揭发,B 则不揭发;payoff 分别为: A 得 6,B 得 −1。

第三个结果是:A 不揭发,B 揭发 A;A 的效用是 −1,B 则获 6。

第四个结果是:俩人都揭发对方,谁也没有获好处,payoff 是每人都得零。

所以,"结果"代表的是博弈可能发生的结局。

要注意的是,"结果"不等于"策略组合"。有时,同一结果可以由不同的策略组合造成。

八、下定义(均衡(equilibrium))

博弈中的均衡,记为 $s^* = (s_1^*, s_2^*, \cdots, s_n^*)$,是博弈中 n 个游戏者各自都采取了其最优策略而产生的一个策略组合。

这就是说,均衡是在策略集 $\{s_1, s_2, \cdots, s_n\}$ 上定义的,但不是随便取的一个策略组合,而是由每个游戏者的最优策略组成的一个组合。由均衡所产生的结果叫均衡结果。

第二节 策略博弈与占优

一、策略博弈的定义

策略博弈又称标准型博弈(normal form game),该博弈由三个要素构成:

(1) 参与博弈的游戏者名单(a list of players, $I = \{1, 2, \cdots, i, i+1, \cdots, I\}$);

(2) 每一个游戏者的策略单(a list of strategies for i, $S_i = \{s_i\}$, $i = 1, 2, \cdots, I$);

(3) 每一个策略组合所对应的收益单(a list of payoff),收益单上列出该策略组合带给每一个游戏者的收益。

例 2:这是我们每一个人在孩童时玩过的游戏:石头、剪刀与布。如只有两人参与博弈,一人伸出拳头表示"石头",另一个人伸出两个指头表示"剪刀",则"石头顶破剪刀"。我们记获胜者的收益为 1,输者的收益为 −1。如果两人出示的手势相同,则为平局,各得零分。类似地,我们可以得 3×3

收益矩阵。

表 10.2 石头、布、剪刀的博弈

孩子 B

		石头	布	剪刀
	石头	0, 0	−1, 1	1, −1
孩子 A	布	1, −1	0, 0	−1, 1
	剪刀	−1, 1	1, −1	0, 0

如果我们用式子写出上述博弈,则可写为

$S_1 = S_2 = \{石头, 布, 剪刀\}$

$U_1(石头, 石头) = U_1(布, 布) = U_1(剪刀, 剪刀) = 0$

$U_1(石头, 布) = -1, U_1(石头, 剪刀) = 1$

$U_1(布, 石头) = 1, U_1(布, 剪刀) = -1$

$U_1(剪刀, 石头) = -1, U_1(剪刀, 布) = 1$

$U_2(s_1, s_2) = -U_1(s_1, s_2)$ 对于所有的 $(s_1, s_2) \in S_1 \times S_2$

$I = \{孩子 A, 孩子 B\}$

这个例子里有两个特点值得注意:第一,因为这是两人博弈,所以,这可以用二维表来加以描述;第二,在每一个策略组合所对应的收益要素(payoff element)中,两人的收益之和总是零,由于这一点,上述博弈可称为"零和博弈"。

这个博弈有"均衡"吗? 均衡的定义告诉我们,它必须是每一个游戏者都选了最优的策略才出现的结果。但上述博弈里找不出每一个人都最优的策略组合。比如,如 A 选择了"石头",则对 B 来说,最优的策略是"布";但是一旦 B 选了"布",则"石头"就不是 A 的最优策略。对于 A 来说,如 B 选了"布",则其最优策略应是"剪刀"。→B 又应改变其策略…,如此反复下去,我们找不出让两人都最最满意的结果。均衡是指,在该策略组合上,没有一个游戏者会改变其策略。而在例 2,两人无法达到这种境界。这当然只是从纯粹策略的意义上讲的,如果把策略选择过程随机化,从混合策略的意义上来分析,仍能发现均衡,这我们会在第四节中分析。

我们再看另一个例子:

例 3:有三个游戏者:A, B, C。每一个人可以报 1, 2, 3(这即是三种策略)。每个人的收益为三人所报的数中最小那个数的 4 倍减去该人所报的那个数。我们让游戏者 A 与 B 列在收益矩阵的边上,让游戏者 C 在上、中、下三个盒子中选一个。则相应的策略博弈可以描绘成表10.3：

表10.3　三人"报利润"的策略型博弈

如果 C 选择报1，则：

游戏者 B

		1	2	3
游戏者 A	1	3, 3, 3	3, 2, 3	3, 1, 3
	2	2, 3, 3	2, 2, 3	2, 1, 3
	3	1, 3, 3	1, 2, 3	1, 1, 3

如果 C 选择报2，则：

游戏者 B

		1	2	3
游戏者 A	1	3, 3, 2	3, 2, 2	3, 1, 2
	2	2, 3, 2	6, 6, 6	6, 5, 6
	3	1, 3, 2	5, 6, 6	5, 5, 6

如果 C 选择报3，则：

游戏者 B

		1	2	3
游戏者 A	1	3, 3, 1	3, 2, 1	3, 1, 1
	2	2, 3, 1	6, 6, 5	6, 5, 5
	3	1, 3, 1	5, 6, 5	9, 9, 9

　　这个博弈有四个特点：第一，这是一个三人博弈，而每个人都有三个策略选择，所以，可能的结果有 $3×3×3＝27$ 个。第二，这不是一个零和博弈，并且收益和不为常数。第三，这个博弈里，当另外两个人中只要有一个人或一人以上没有报3，如剩下的一个人报3，则会得的比别人少；而少报则会得的比多报的人多。第四，该博弈中是存在均衡的。比如，$(1,1,1)$ 即每人报1，就是一个均衡；每人报2，亦是均衡；每人报3，亦是均衡。

　　该博弈与我们见到的国有企业经理利润报告情况有一些联系。在同一行业中，如别的企业没有多报，一个企业如多报，则有可能因多报而上缴更多的费与别的摊派。但如各企业都多报了，则你这个企业多报不仅会增进你的利益，还可以增进别的企业利益。如别的企业都报自己完成或超额完成了8%的增长率，而你这个企业则少报，很可能是拉全行业的后腿。在例

3 里,博弈的规则是鼓励全体个体都多报,但在个体之间的分配关系上却鼓励个别单位少报,在每一个博弈结果里,多报者的收益总是少于少报者。这里的根本原因是报酬的基数在多报与少报者之间是一样的,但多报者要为多报而付出额外的代价。

另一种解释是,把策略 $S_i = \{1, 2, 3\}$ 解释成实际完成的产量,把 $U_i(s_1, s_2, s_3) = 4[\min\{s_1, s_2, s_3\}] - s_i$ 看成为毛收益(当然,这不大恰切,因分配的总量不应高于产量),则 s_i 可以看作是个别单位为实现 s_i 所付出的成本。但结论是一样的:在该博弈里,同行之间是少干的人比多干的人得的多;但最好的办法是与别人干得一样多;枪打出头鸟。这里有一个动力问题:谁愿多干?

二、占优(dominance)

在给出策略型博弈的模型之后,下一步是分析这个模型,并且预测什么必然会发生,什么不会发生? 在非协同博弈里,有两种解的技术:一种是占优解,另一种是均衡解。均衡解又称纳什均衡(Nash equilibrium),我们在第三节里会分析它。这里先分析占优解。

例 4: 考虑由表 10.4 所给出的策略型博弈。我们有理由假定 A 不会选择策略 x,原因是,无论 B 会选择 u 还是 v,对于 A 来说,选择 y 总比选择 x 好。我们称 x 被 y 占优了,而 y 是占优于 x 的。

表 10.4 占优解

		游戏者 B	
		u	v
游戏者 A	x	3, 6	7, 1
	y	5, 1	8, 0
	z	6, 0	6, 2

(左)

		游戏者 B	
		u	v
游戏者 A	x	3, 6	7, 1
	y	5, 1	8, 2
	z	6, 0	6, 2

(右)

但是,在表 10.4(左)中,我们的分析到此为止,不能再前进了。我们仍然无法预测博弈最后会达到什么结果。请看表 10.4(右),这里,游戏者 A 的收益与左表并无区别,但游戏者 B 的收益有了变化。这种变化可以使我们的分析获得进展。由于 A 的收益并无变化,所以我们仍可假定 y 占优于 x,A 不会选择 x 这一策略。如果游戏者 B 看到 A 不会选择 x,则博弈便成为 A 的 $\{(y, z)\}$ 与 B 的 $\{(u, v)\}$ 之间的博弈,对于 B 来说,在 A 略去了 x

之后，u 明显地被 v 占优，因此，B 不会选择 u。于是，一旦我们认定 A 不会选择策略 x，B 就不会选择策略 u。最后，A 看到 u 会从 B 的策略选择过程中被略去，于是 A 只会选择 y。最后，我们看到，博弈的结果是 (y, v)，与之对应的收益是 $(8, 2)$。

在上述推理中，我们不仅假定 A 不会选择策略 x，即假定 A 不会选择无论 B 选择什么都会给 A 带来差收益的策略，而且假定：(1) B 也会像 A 那样做；(2) B 对 A 的占优策略是知道的，A 对 B 的占优策略也是知道的。正因为有上述假定，才会有最终的博弈均衡 (y, v)。

我们把 A 排除 x 的过程叫做"简单占优"，即只排除一次。一旦在第一个游戏者排除了一个策略之后，一个或几个策略会在此基础上相继被排除掉，则称占优过程为"相继占优"（successive dominance）或"重叠占优"（iterated dominance）。上例中，(y, v) 便是由重叠占优得到的。而在表 10.4（左）中，只有"简单占优"，我们无法预测博弈的最终结果。

第三节   最优反应与纳什均衡

在某些场合，比如表 10.4（右）中，如果我们运用占优技术，是可以预测游戏者们最终会得到什么结果。但这种情况并不多见。在博弈中，占优只给我们带来极少的分析结果。在博弈理论的文献里，最典型的方法是纳什（Nash）均衡分析。

一、最优反应（best response）

为了定义纳什（Nash）均衡，我们得引进"最优反应"的概念。在古诺均衡与斯塔克博格均衡里，我们谈过"反应函数"。这里，我们用博弈论的术语来重新表达反应与最优反应。

1. "所有别的游戏者的策略"的表述

对于某一个策略组合 $s = (s_1, s_2, \cdots, s_i, s_{i+1}, \cdots, s_n)$，我们记

$$s_{-i} = (s_1, s_2, \cdots, s_{i-1}, s_{i+1}, s_{i+2}, \cdots, s_n) \qquad (10.1)$$

为所有别的游戏者的策略。即一个策略组合中去掉第 i 个游戏者的所选策略。这 s_{-i} 是第 i 个游戏者在选取 s_i 时所面对的所有别的对手的策略的集合。

2. 最优反应的定义

给定所有别的游戏者所选的策略 s_{-i}，游戏者 i 的最优反应，记为 s_i^*，是指能给他带来最大收益的策略，这便是

$$U_i(s_i^*, s_{-i}) \geqslant U_i(s_i', s_{-i}) \qquad \forall\, s_i' \neq s_i^* \qquad (10.2)$$

如(10.2)式中的不等式变为严格不等式,则"最优反应"就是严格的最优反应。

二、纳什均衡

有了最优反应的概念,我们就可以定义纳什均衡。

1. 纳什均衡的定义

一个策略组合 $s^* = (s_1^*, s_2^*, \cdots, s_n^*)$ 被称为纳什均衡,如果别的游戏者不背离这一组合,就没有人会背离他自己的最优反应 s_i^*,换言之,对于所有的 i

$$U_i(s_i^*, s_{-i}^*) \geqslant U_i(s_i', s_{-i}^*) \qquad \forall\, s_i' \in S_i \qquad (10.3)$$

这就是说,当参与博弈的每一个游戏者都选择了自己的最优反应策略时,并且这些最优反应形成一个组合,便形成了纳什均衡。由此看来,古诺均衡是一个纳什均衡,因为两个生产者都选择了自己的最优反应,并且这两条反应线相交,形成了一个策略组合。

2. 纳什均衡的另一种表达式

如果我们记 $B_i(s_{-i})$ 为给定 s_{-i} 时游戏者 i 的最优反应集,即

$$
\begin{aligned}
B_i(s_{-i}) = \{ s_i^* \in S_i : &\ U_i(s_i^*, s_{-i}) \geqslant U_i(s_i', s_{-i}) \\
&\text{对于所有的 } s_i' \in S_i \\
&\text{且 } s_i^* \neq s_i' \}
\end{aligned}
\qquad (10.4)
$$

我们有时称集值函数 B_i 为游戏者 i 的最优反应函数。显然,Nash 均衡是一个策略组合 $s^* = (s_1^*, s_2^*, \cdots, s_n^*)$,使得

$$s_i^* \in B_i(s_{-i}^*) \qquad \text{对于所有的游戏者 } i \in I \qquad (10.5)$$

式(10.5)实质上启示我们如何去找纳什均衡:第一步,对于所有的游戏者,找出其最优反应策略 $s_i^* \in B_i(s_{-i})$;然后,把所有的 s_i^* 集中对应起来,找出 $s_i^* = (s_i^*, s_i^*, \cdots, s_n^*)$。

3. 举例

我们回头再分析例1(囚犯的困境)。见表10.1。

如果 A 选择"不揭发",则对 B 而言,"最优反应"是选择"揭发",因为 $6 > 5$。但是,如果 B 选择"揭发",对 A 而言,"最优反应"则是选择"揭发",因 $0 > -1$。当 A 选择"揭发"时,B 的"最优反应"应是选择"揭发"。所以,只有(揭发,揭发)才是最优反应的组合,才是纳什均衡。

在例2里,给定 B 与 C 都选择1,A 的最优反应必定是选择1,因 $3 > 2$

>1。给定 A 与 B 都选定 1,则对 C 而言,最优反应便是 1,因在表 10.3 的三个盒子的第 1 格中,第 1 个盒子图中的第 1 格对 C 而言收益最高。同理,给定 A 与 C 都选择 1,B 的最优反应是"1",所以,$(1,1,1)$ 是一个纳什均衡。同理,$(2,2,2)$ 也是一个纳什均衡,$(3,3,3)$ 也是一个纳什均衡。例 2 说明,在一个博弈里,可能有多个纳什均衡。纳什均衡有可能不惟一。

4．纳什均衡的不惟一的例证

纳什均衡可能不惟一。我们可以举出"性别冲突"(battle of the sexes)为例。这是一个常用的例子,被用来说明两个在如何协调上存在冲突但毕竟合作比分裂对各方都好的情形。

例 5：见表 10.5：

表 10.5   性别的冲突

丈夫

		看拳击	看芭蕾
妻子	看拳击	4, 5	0, 0
	看芭蕾	1, 1	5, 4

丈夫与妻子选择晚上闲暇的消遣方式,他们如分别去看各自偏好的节目,则每人的效用都很低;如共同去看一种节目,则比分离好得多。但是,丈夫更偏好于拳击,而太太更偏好于芭蕾。这里有两个纳什均衡:(拳击,拳击),(芭蕾,芭蕾)。

这种例子在实际生活中指什么呢？是指两种互补的活动应配合,尽管配合的方式可能有多种。比如,两家工厂生产的产品可能是互补的,一家为另一家提供零配件。这里有一个标准的选择问题,由于种种原因,很可能在产品标准的选择上,生产主产品的厂家与生产零配件的厂家之间会有冲突。这就需要相互妥协,但妥协的结果有两种可能,或者是生产零配件的厂家适应生产成品的厂家,或者是生产成品的厂家适应于生产零配件的厂家。

第四节   混合策略与最大最小(max min)策略

一、混合策略

我们在第二节里看到,"石头、布、剪刀"博弈中,在收益矩阵中我们找不到一格是代表均衡结果的。但如果我们从随机的角度来看策略选择,仍能发现均衡。

例 6：请考虑下列博弈(见表 10.6)。如果每一个游戏者完全清楚地知道对手将会采取什么样的策略,则不会出现均衡。A 如知道 B 会选择 F,则会选择 C;B 如知道 A 会选择 C,则会选择 C;A 若知道 B 会选择 C,则会选择 $F\cdots$,如此反复,以至无穷,仍不会有最终的均衡结果。

表 10.6 斗争(F)与妥协(C)

游戏者 B

		F	C
游戏者 A	F	$-1,\quad 1$	$1,\quad -1$
	C	$1,\quad -1$	$-1,\quad 1$

但是,如果把策略的选择随机化,则我们会得到 Nash 均衡。如果 B 在策略 F 与策略 C 之间进行选择的概率密度各为 $\frac{1}{2}$,则如 A 选择 F,A 的效用就为 $\frac{1}{2}(-1)+\frac{1}{2}(1)=0$;如 A 选择 C,A 的效用仍为 $\frac{1}{2}(1)+\frac{1}{2}(-1)=0$。可见,当游戏者 B 选择 F 与 C 的概率各为 $\frac{1}{2}$ 时,游戏者 A 选择 F 与 C 的效用是相同的,这说明 A 在这种条件下的最大效用为零,并且对 F 与 C 无差异。给定游戏者 A 对策略 F 与 C 无差别,说明 A 会以概率 $\frac{1}{2}$ 去选择策略 F 与 C。但是,如果 A 以概率 $\frac{1}{2}$ 去选择策略 F 与 C,则游戏者 B 在 F 与 C 之间也是无差异的,而且也达到了效用极大化($=0$)。这就说明,如果游戏者 A 与 B 都以 $\left(\frac{1}{2},\frac{1}{2}\right)$ 的概率来选择 F 与 C,则他们各自都达到效用极大化。

我们定义混合策略如下:

对于游戏者 i,其一个混合策略是一个概率密度函数 $\sigma_i:S_i\to R$,使得,对于所有的 $s_i\in S_i$,都有

$$\sigma_i(s_i)\geqslant 0,\text{并且}\sum_{s_i\in S_i}\sigma_i(s_i)=1 \qquad (10.6)$$

这就是说,游戏者 i 的混合策略是 m 个密度函数(如果游戏者 i 有 m 个可能的策略选择的话)。如第 i 个游戏者只有两个可能的策略选择,则其混合策略就只是 p 与 $(1-p)$ 两个概率。

对于 i 来说,所有的 σ_i 的集合记为 $M_i=\{\sigma_i\}$。

【定义】 **混合策略纳什均衡**:如果对于博弈中所有的游戏者 i,对于所有的 $\sigma_i\in M_i$,都有 $u_i(\sigma^*)\geqslant u_i(\sigma_i,\sigma_{-i}^*)$,则称 σ^* 为一个混合策略的纳什

均衡。

【定理】 如果 σ^* 是一个混合策略的纳什均衡,则对于具有 σ_i 给定的正概率的每一个策略 $s_i \in S_i$,都有 $u_i(\sigma^*) = u_i(s_i, \sigma^*_{-i})$。(证明从略)

这个定理告诉我们:如果存在混合策略的纳什均衡,则当 s_i 具有发生的正概率(由 i 的混合策略给定)时,游戏者对于其可能选择的每一个纯粹策略 s_i 都是无差异的。根据这一定理,我们就很容易找出混合策略均衡。

例 7:考虑下列博弈:

表 10.7

游戏者 B

		L	R
游戏者 A	U	2, 1	0, 0
	D	0, 0	1, 2

这个博弈有两个纯粹策略的纳什均衡:(U, L) 与 (D, R)。但是还有一个混合策略的纳什均衡。由前述定理,可知,如游戏者 B 选策略 L 的概率为 q,选策略 R 的概率为 $1 - q$;则 A 的收益应满足

$$2q + 0 \cdot (1 - q) = 0 \cdot q + (1 - q) \cdot 1 \qquad (10.7)$$

如果游戏者 A 选策略 U 的概率为 p,选策略 D 的概率为 $1 - p$,则 B 的收益应满足

$$1 \cdot p + 0 \cdot (1 - p) = 0 \cdot p + (1 - p)2 \qquad (10.8)$$

从式(10.7),可知 $q = \dfrac{1}{3}$。

从式(10.8),可知 $p = \dfrac{2}{3}$。

因此,$\sigma_A = (\dfrac{2}{3}, \dfrac{1}{3})$ 与 $\sigma_B = (\dfrac{1}{3}, \dfrac{2}{3})$ 便是一个混合策略的纳什均衡。

对于混合策略的纳什均衡,通常有两种解释。一种是,游戏者选择策略时本来就不是确定无疑的,而是具有一定的随机性。所以,在不同的策略之间的选择就带有概率。第二,混合策略是游戏者对于对手的策略选择的猜测,这种猜测的命中率当然带有偶然性。当双方对对方的策略选择都猜中时,双方也就各自达到了自身利益的极大化,这便是纳什均衡的含义。

二、最大最小化策略(max min stratesy)

这是一种保守的策略,又是风险比较小的策略。当游戏者想回避风险

时,他会采取该策略。请看下列博弈:

表 10.8　最大最小策略

B

		左	右
A	上	1,　0	1,　1
	下	−1000,　0	2,　1

两个游戏者 A 与 B,如果 B 是理性的,就肯定会选择"右",因"右"是占优于"左"的。如果 A 相信 B 是理性的,则 A 必定会选"下",最后达到使 A 与 B 都收益极大化的结果$(2,1)$。

但是, A 这样决策时会有风险:如果 B 是以损害 A 为目标,则 B 知道 A 会选择"下"时会故意选择"左",尽管 B 这样做自己并没有什么好处,反而比选"右"少得一单位利益,但 B 达到了损害 A 最厉害的目标。 A 如果估计到这一可能性,则还是保守一点为妙,具体做法是"两害之间取其轻",即"最大最小策略"

$$A \text{ 首先考虑,如选"上"}, \min\{1,1\} = 1$$
$$\text{如选"下"}, \min\{-1000,2\} = -1000$$

A 的决策是从两个坏结果中挑一个相对好一些的结果。

$$\max\{\min\{1,1\}, \min\{-1000,2\}\}$$
$$= \max\{1, -1000\} = 1$$

所以, A 会选择"上"。

如果 B 仍想以损害 A 为目标,这时便不可能得逞,只好选择"右"。结果会是(上,右)。

要注意的是, A 如选择 max min 策略,结果就不是"收益极大化",但却确保了"风险极小化",这一目标得以实现。从这一意义上,max min 策略又称为是保守策略。

还应指出,表 10.8 所示的并不是一个零和博弈,所以纳什均衡与"最大最小策略均衡"不同。在高级的博弈论课程里,会证明,若一个博弈是零和博弈,若存在"最大最小策略均衡",则该均衡必等同于纳什均衡。

参考阅读文献

1. Fudenberg, D. 与 T. Tirole(1991 年): *Game Theory* (第 1 章). Cambridge, Mass: MIT Press.

2. Friedman, J. W. (1977 年): *Oligopoly and the Theory of Games*. Amsterdam: North-Holland Publishing Co..

3. Gibbons, R. (1992 年): *Game Theory for Applied Economists*. New Jersey: Princeton University Press.

4. Harsanyi, J. (1982 年): *Papers in Game Theory*. D. Reidei Publishing Co..

5. Ichiishi, T. (1983 年): *Game Theory for Economic Analysis*. Academic Press.

6. Nash, J. (1950 年): "Equilibrium Points in n-person Games". *Proceedings of the National Academy of Science* (36): 48—49.

7. Tirole, J. (1988 年): *The Theory of Industrial Organization* (第 11 章). Cambridge, Mass: MIT Press.

8. Von Neumann 与 O. Morgenstein (1944 年): *Theory of Games and Economic Behavior*. N. J.: Princeton University Press.

习　题

1. 假设厂商 A 与厂商 B 的平均与边际成本都是常数，$MC_A = 10$, $MC_B = 8$，对厂商产出的需求函数是

$$Q_D = 500 - 20p$$

(1) 如果厂商进行 Bertrand 竞争，在纳什均衡下的市场价格是多少？

(2) 每个厂商的利润分别为多少？

(3) 这个均衡是帕累托有效吗？

2. （单项选择）在下面的支付矩阵中，第一个数表示 A 的支付水平，第二个数表示 B 的支付水平，a, b, c, d 是正的常数。如果 A 选择"下"而 B 选择"右"，那么：

		B 左	B 右
A 上	上	1, a	c, 1
	下	1, b	d, 1

(1) $b > 1$ 且 $d < 1$

(2) $c < 1$ 且 $b < 1$

(3) $b < 1$ 且 $c < d$

(4) $b < c$ 且 $d < 1$

(5) $a < 1$ 且 $b < d$

3. 斯密与约翰玩数字匹配游戏。每一个人选择 1、2 或者 3。如果数字相同，约翰支付给斯密 3 美元。如果数字不同，斯密支付给约翰 1 美元。

(1) 描述这个对策的报酬矩阵，并且证明没有纳什均衡策略组。

(2) 如果每一个局中人以 $\frac{1}{3}$ 的概率选择每一个数字，证明这个对策的混合策略确实有一纳什均衡。这个对策的值是什么？

4. 假定世界上氦的整个供给由 20 个人控制,每一个人拥有这种强有力的矿物 10000 克。世界对氦的需求是

$$Q = 1000 - 1000p$$

其中 p 是每克的价格。

(1) 如果所有拥有者合谋控制氦的价格,他们设置的价格是多少? 他们能够卖出的量是多少?

(2) 为什么(1)中计算的价格是不稳定的?

(3) 通过改变要求保持市场价格的产出,在没有厂商能够获利的意义下存在一个稳定的均衡时,氦的价格是多少?

5. 在下表所示的策略型博弈中,找出占优均衡。

	L	M	R
U	4, 3	5, 1	6, 2
M	2, 1	8, 4	3, 6
D	3, 0	9, 6	2, 8

6. 模型化下述划拳博弈:两个老朋友在一起划拳喝酒,每个人有四个纯战略:杆子,老虎,鸡和虫子。输赢规则是:杆子降老虎,老虎降鸡,鸡降虫子,虫子降杆子。两个人同时出令。如果一个打败另一个,赢者的效用为1,输者的效用为 -1;否则,效用均为0。写出这个博弈的收益矩阵。这个博弈有纯策略纳什均衡吗? 计算出混合策略纳什均衡。

7. 巧克力市场上有两个厂商,各自都可以选择去市场的高端(高质量),还是去低端(低质量)。相应的利润由如下得益矩阵给出:

厂商 2

		低	高
厂商 1	低	-20, -30	900, 600
	高	100, 800	50, 50

(1) 如果有的话,哪些结果是纳什均衡?

(2) 如果各企业的经营者都是保守的,并都采用最大最小化策略,结果如何?

(3) 合作的结果是什么?

(4) 哪个厂商从合作的结果中得好处最多? 那个厂商要说服另一个厂商需要给另一个厂商多少好处?

8. 考虑在 c, f, g, 三个主要汽车生产商之间的博弈。每一个厂商可以生产要么大型车,要么小型车,但不可同时生产两种型号的车。即,对于每一个厂商 $i, i = c, f, g$, 他的行动集合为 $A^I = \{SM, LG\}$。用 a^i 代表 i 所选择的行动,$a^i \in A^I, \Pi^I(a^c, a^f, a^g)$ 代

表厂商 i 的利润。假设，每个厂商的利润函数定义如下：

$\pi^i \equiv \gamma$，如果 $a^j = LG$，$j = c, f, g$；

　　　γ，如果 $a^j = SM$，$j = c, f, g$；

　　　α，如果 $a^i = LG$，且 $a^j = SM$，$j \neq i$；

　　　α，如果 $a^i = SM$，且 $a^j = LG$，$j \neq i$；

　　　β，如果 $a^i = a^j = LG$，且 $a^k = SM$，$j \neq k \neq i$；

　　　β，如果 $a^i = a^j = SM$，且 $a^k = LG$，$j \neq k \neq i$。

(1) 当 $\alpha > \beta > \gamma > 0$ 时，是否存在纳什均衡？请证明。

(2) 当 $\alpha > \gamma > \beta > 0$ 时，是否存在纳什均衡？请证明。

9. 考虑下列策略型博弈：

$\underline{B}$

		L	M	R
A	U	1, −2	−2, 1	0, 0
	M	−2, 1	1, −2	0, 0
	D	0, 0	0, 0	1, 1

请问，该博弈里有几个均衡？为什么？

10. 考虑下列策略型博弈：

	2				2	
	L	R			L	R
1 U	0, 0, 10	−5, −5, 0		1 U	−2, −2, 0	−5, −5, 0
D	−5, −5, 0	1, 1, −5		D	−5, −5, 0	−1, −1, 5
	A				B	

每一格左边的数字是游戏者 1 的得益，中间的数字为游戏者 2 的得益，右边的数字为游戏者 3 的得益。游戏者 3 的策略是选 A 矩阵或选 B 矩阵。

(1) 上述博弈中有几个纯策略纳什均衡？为什么？

(2) 如果三个游戏者中可以有两个人结盟共同对付另一个人，会出现什么结果？在哪一个均衡结果中没有人会有"结盟"动机？为什么？

11. 在下列策略型博弈里，什么是占优解？什么是纯策略纳什(Nash)均衡解？

游戏者 II

		L	M	R
游戏者 I	T	2,　0	1,　1	4,　2
	M	3,　4	1,　2	2,　3
	D	1,　3	0,　2	3,　0

12．判断对错，并简要说明理由。

(1) 如果每个人的策略都是优超策略，那么必将构成一个纳什均衡。

(2) 在囚徒困境中，如果每一个囚犯都相信另一个囚犯会抵赖，那么两个人都会抵赖。

(3) 一个将军有两个纯战略，要么把所有的部队从陆地运输，要么把所有的部队从海洋上运输。那么把 1/4 的部队从陆地运输，把其余 3/4 的部队从海洋运输构成一个混合策略。

13．一个小镇中，有 N 个人，每人有 100 元钱，如果每人都向一个集资箱中捐一笔钱(可以为零)而共收集到 F 元，那么从一个基金中拿出相同数量的钱放入集资箱，最后当集资被分配时，每人获得 $2F/N$ 元，求解这一博弈的均衡。

14．Frank 和 Nancy 约定下一周的某一天在小镇的咖啡厅见面，但他们如此兴奋以至于忘记了在哪一个咖啡厅约会，所幸的是小镇上只有两个咖啡厅，"夕阳"和"海湾"，并且他们知道彼此的偏好。事实上，如果二人都去了"夕阳"，Frank 的效用是 3 而 Nancy 的效用是 2，如果二人都去了"海湾"，Frank 的效用是 2 而 Nancy 的效用是 3，如果二人去的地方不同，则效用水平都是 0。

(1) 这一博弈存在纯策略纳什均衡吗？存在混合均衡吗？

(2) 这一博弈存在占优策略均衡吗？

第十一讲　广延型博弈与反向归纳策略

除了策略型博弈形式之外,还有一种常见的博弈形式,即广延型(extensive form)博弈。广延型博弈适合于分析动态博弈过程,其强调的重点在行动的时序性,以及游戏者决定策略时所拥有的信息集。广延型博弈可分为信息充分与信息不充分两种。在这一讲,我们只分析信息充分的广延型博弈;在下一讲,再引入信息不充分的广延型博弈。若每一个决策点上的信息集可能完美,也可能不完美,在这样的条件下讨论博弈,属于子博弈完美性(subgame perfection)。

第一节　广延型博弈的定义与形式

一、广延型博弈的定义

广延型博弈是对游戏者所遇到的决策问题的序列结构的一种详细描述。在这一讲,我们只限于分析信息完美的广延型博弈。所谓信息完美(perfect information),是指每一个游戏者在其作决策时,对于以前所发生的事件具有完全的信息。

【定义】　**广延型博弈**:广延型博弈由下列要素构成:

(1) 决策点与决策分枝的结构,在初始决策点与最终结局点之间不存在任何闭环(closed loops);

(2) 清楚地指明什么决策点属于哪一个游戏者;

(3) 在宇宙(自然)决策点上选择的概率;

(4) 游戏者作决策时所依据的信息集;信息集把游戏者在某一时刻的所有决策点分成若干类;

(5) 在博弈的终极点上每一个游戏者的收益(payoffs)。

二、广延型博弈的形式

通常,广延型博弈是以"决策树"或"博弈树"("tree of the game")的形式来表达的。

例1:

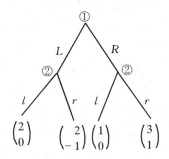

图 11.1　广延型博弈的形式(信息完美)

在时间 1,只有游戏者 1 作决策,他面临两个选择:左(L)与右(R)。在时间 2,轮到游戏者 2 作决策,他亦可以在左(l)与右(r)之间进行选择。这里,游戏者 2 是充分了解游戏者 1 在时间 1 做了什么决策的。这两个游戏者的效用(收益)是由博弈的终极点决定的,上面数字表示的是游戏者 1 的收益,下一个数字表示的是游戏者 2 的收益。比如,如果$(a_1, a_2) = (L, l)$,这里 a_1 表示游戏者 1 的行动,a_2 表示游戏者 2 的行动,则游戏者 1 的效用为 2,而游戏者 2 的效用为 0。

再看例 2:

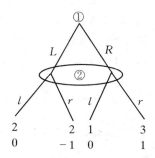

图 11.2　信息不完备的广延型博弈

这个例子与例 1 只有一点不同:游戏者 2 的信息集。图 11.2 中的椭圆表示游戏者 2 对于游戏者 1 究竟是采取了 L 还是 R 吃不准,他只是对游戏者 1 采取 L 与 R 的可能性具有相同的信息。而这便是第二个游戏者在作决策时所拥有的信息,我们称该两点的集合为游戏者 2 的信息集。

我们称例 2 中的博弈为"静态博弈"(static game),而称例 1 中的博弈为"动态博弈"(dynamic game)。其理由是:游戏者 2 在作决策时并不知道游戏者1究竟是选了L还是R，这好比游戏者2与游戏者1在同时进行决策，在博弈过程中看不出谁决策在先，谁决策在后。但是，例1就不同，游戏者2在作决策时是清楚地知道游戏者1选择了什么决策的，因此，是游戏者1决策在先，游戏者2决策在后，这就有了动态的性质。在静态博弈(例2)里，游戏者2不能区分他究竟处于什么决策点上，因此，本来他可以采取不同的对策(如1选择了L，他就会选择l；如1选择了R，他会选择r。)，但他无法在l与r之间做出抉择，只能说l与r是同样可能的。

可见，在广延型博弈中，信息集是十分重要的。每人作决策时所拥有的信息集实质上是其决策的依据。如果某人在某决策时刻的信息集包含两个或两个以上的决策点，则博弈的信息就是不完美的；如果所有的信息集都只包含一个决策点，则称博弈就是信息完美的。

有时，广延型博弈也可以按下例的样子画出：

例3：见图11.3。这是由三个游戏者A,B,C进行的博弈。在最初的空心点，由A作决策。A面临三个选择，x,y,z。每一个箭头都表示A可能做出的决策的结果。如果A选择了y，则下一个决策点就属于B，B可以选择X或Y，B的每一个选择都对应着一个向量(由三个数构成的向量)。当博弈达到某一个向量时，就说明博弈达到了某一个终极点。终极点上那三个数字表示的是每一个游戏者的收益。如果A从初始决策点出发，选择了x，则就结束了博弈，使A得3，B与C各得0；如果A在初始决策点上选择了y，然后由B决策，而B选择了X，则最终A,B,C三人的收益分别为4，2，4。如果A在初始决策点上选择了z，然后由C选择w，再由A选x'，B选Y'，则博弈最终以A得2，B得3，C得1收场。

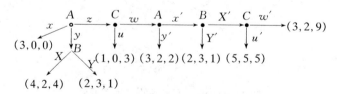

图11.3   蜈蚣型广延博弈

三、广延型博弈的规则

在用图描述广延型博弈时，有两个规则是不能违反的：

第一，每一个决策点至少有一个箭头指向它(表示至少有一个游戏者的行动会产生该结果)，同时至多也只有一条箭头指向它。更具体一些说，对初始点没有一条箭头指向它；对其他所有箭头，都只有一条箭头指向它。这个规则可以保证"反向归纳"顺利进行。即,如果我们从除初始点以外的任何一点出发向初始点返回,那么,只有一条途径可以返回原点。

第二,如果我们从某一点向初始点返回,我们就不可能再通过迂回的途径回这一点,我们只能按反向逐次返回原点。

这两条规则保证了广延型博弈形式像决策树,树枝可以从某一点生出来,但决不会有两个树枝共同交于一个决策点的情形,也决不会发生某一个树枝重新长回到其本身的情形。从数学上来说,广延型的博弈的结果结构像树枝状(arborescence)。

第二节 广延型博弈与策略型博弈

关于这两种博弈型之间的关系,我们可以断言:

【定理】 对于每一个广延型博弈,都存在着一个对应的策略型博弈,我们可以把此策略型博弈视为是游戏者同时(simultaneously)选择策略的结果。但是,给出一个策略型博弈,一般地,总存在着若干个与此相对应的广延型博弈。(证明从略)

一、从广延型博弈到策略型博弈

我们从下列广延型博弈出发。

例4(讲真话博弈):假定自然在硬币的正面(H)与背面(T)之间做出了选择,这个选择结果只有游戏者 S 知道。由于对于 S 来说,自然选择的结果的信息是完美的,因此,从 N(自然)到 S 的两个决策点,我们用实线表示。已知自然选择 H 的概率为 0.8,自然选择 T 的概率为 0.2。但是,S 对 R 可以讲真话,也可以讲假话。如果自然选了 H,S 又对 R 报了"H"(讲了真话),然后轮到游戏者 R 去选择"h"与"t"。若 R 选了"h",则 S 得 30,R 得 10(左上方的上项);如 R 选了"t",则 S 得 10,R 得 0。但是,由于 S 在自然选了 T 之后,可以对 R 报"H",然后由 R 选择,R 如选"h",则结果是(20,0);R 若选"t",则结果是(0,10)(即 R 挫败了 S 的谎言,R 得的多,S 得的少。)。由于 R 在面临 S 报"H"时,不能确定这个"H"是真还是假,所以,连结 R 的两个决策点的是一条虚线,这里,虚线代表 R 的信息集。同样道理,看上图右侧,R 在面临 S 报"T"时,同样无法断定 S 究竟是讲了真话还是讲了假话,所以,连结 R 的两个决策点的线仍是虚线。

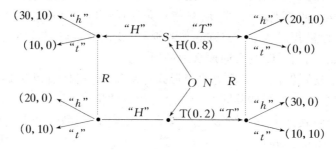

图 11.4 讲真话博弈

这是一个"讲真话"的博弈。S 可以代表国有企业经理，R 可以指国有企业的所有者——政府，政府看不见实际利润的水平是高还是低。"H"可以看成是"利润水平高"，若企业真实利润水平真的是高，经理报了"高"；政府按利润高的前提定奖金，则结果是经理可以多得(30)，政府也可以有收益(10)；如企业将"低"利润"高"报了，政府给了其奖励，但财政税收却收不上来，这样(T, "H", "h")的结果是(20,0)。如(T, "H", "t")，说明政府认为经理多报了，给了经理惩罚，结果为(0,10)。如果(T, "T", "t")，即利润的实际情况是低的，经理老实报了"低"，政府也按利润低来处理，结果政府与经理各得 10。

如何把上述广延型博弈转化为策略型博弈呢？关键是把 S 与 R 的对策写出来。S 的策略是在自然选择的结果昭然之后，选择报的变量。由于自然有 2 个选择的结果 T 与 H，对每一个结果，S 可以报真与假，所以，S 实际上有 4 个对策：

S_1：如自然选择 H，报"H"；如自然选择 T，报"H"；

S_2：如自然选择 H，报"H"；如自然选择 T，报"T"；

S_3：如自然选择 H，报"T"；如自然选择 T，报"H"；

S_4：如自然选择 H，报"T"；如自然选择 T，报"T"。

以上是 S 的全部可能的策略，它表明了 S 在各种场合可能采取的行动。

那么 R 的策略集是什么呢？他是对应于 S 报的结果所采取的对策。由于 S 可能会报"H"与"T"，而对应于 S 所报的每一个结果，R 可以采取两种不同的策略，所以，R 实际上也有 4 个对策：

r_1：如 S 报"H"，实行"h"；如 S 报"T"，实行"h"；

r_2：如 S 报"H"，实行"h"；如 S 报"T"，实行"t"；

r_3：如 S 报"H"，实行"t"；如 S 报"T"，实行"h"；

r_4：如 S 报"H"，实行"t"；如 S 报"T"，实行"t"。

现在，我们把 S 与 R 的对策集都写了出来，就可以把它们写成策略型博弈了。假定 S 与 R 都是头，又很忙，他们都要外出，都委托自己的代理人去从各自的策略集中选择对策。这类似于，政府(R)不能亲自去对企业一一过问，只好任命稽查员去核查、处理企业事务；而企业经理自己也不一定出面，当稽查员来时临时叫一位代理人去报告利润状况。

根据图 11.4，我们可以算出每一组 S_i 与 r_j($i=1,2,\cdots,4$；$j=1,2,\cdots,4$)所对应的收益。比如，如 S 选择 S_2，R 选择了 r_3，由于自然选择 H 的概率为 0.8，所以，S 的收益为 0.8(10) + 0.2(30) = 14；而 R 的收益为 0.8(0) + (0.2)(0) = 0。类似地，我们可以写出收益矩阵里的每一个结果。

表 11.1　讲真话博弈的策略型

<u>R</u>

		r_1	r_2	r_3	r_4
	S_1	28,　8	28,　8	8,　2	8,　2
<u>S</u>	S_2	30,　8	26,　10	14,　0	10,　2
	S_3	20,　8	4,　0	16,　10	0,　2
	S_4	22,　8	2,　2	22,　8	2,2

图 11.4 中的博弈与表 11.1 中的博弈是同一的吗？这是一个很难回答的问题，对此是有争议的。至少，我们可以说，它们是同一博弈的不同表达式。

二、从策略型博弈到广延性博弈

从策略型博弈到广延型博弈的转化则不是那么单一，而是可以有多种形式。策略型博弈是同时博弈，因此，在转化成广延型博弈时要注意的是信息集，要把一个游戏者对另一个游戏者所采取的策略的不确切性用虚线或用椭圆形表达出来。

例 5：考虑"囚犯的困境"：

表 11.2 囚犯的困境

B

		L	R
A	U	5，5	−1，6
	D	6， −1	0，0

如何把它转化为广延型博弈呢？

有两种转化方式：

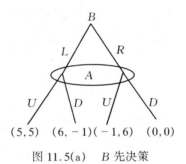

图 11.5(a) B 先决策

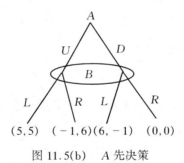

图 11.5(b) A 先决策

在图 11.5(a)中，让游戏者 B 在其两种策略中取一种，再让 A 同时进行选择；在 11.5(b)中，则让 A 在其策略集中选一种策略，再让 B 同时进行选择。

如果我们相信博弈的所有贴切的信息都被其策略型形式包含进去了，则实质上我们隐含了这样的结论：即由其转化而来的两种广延型形式 11.5(a)与11.5(b)在本质上是同一的。

第三节　反向归纳——信息完美条件下广延型博弈解的方式

如果广延型博弈是信息完美的,则博弈的每一个决策点都是一个信息集。如果博弈具有这样好的性质,则解的方法也很方便,那是"反向归纳"(backward induction)。

一、反向归纳方法与举例

【定义】　反向归纳:反向归纳(backward induction)是指从博弈的最终结局出发,游戏者总是选择对自己最有利的结果;一旦知道博弈的最终结果是什么,然后转向次结局的那个决策点,以同样方法找出该点上的决策者会选择什么决策;然后回到次次结局的那个点→⋯⋯→如此反复,直到博弈的初始点,在初始点上决策的那个游戏者决定博弈的最终结果。

例5:图11.3的反向归纳解。在图11.3里,次最终结果的决策点有两个,一个属于B决策,他可以选择X或Y;另一个属于C决策,他可以采取策略u'或w'。如果让C最终决策,C必然会选w',这样A得3,B只得2,但C会得9。然后回到B决策的点,B看到自己如选X',会只得2,不如选Y',B可以拿3;于是,回到A决策点,A会看到,如选x',会只得2,不如选y',A可以得3;再回到C决策点,C拿u与w的结果比较,实质上是拿3与2比较,C当然会选u;然后A知道了如选z,自己只会得1。如A选y呢,B会选Y,这样A只有收益2;A不如选x,可以使自己得3。所以,最终,A是在x,y与z之间选,如选x,A得3;如选y,A得2;如选z,A只能得1。显然,A只会在初始点上选x,这样一步就结束了博弈。

通常,反向归纳的解法是采用递退的方法的。

例6(递退法):请看下图:

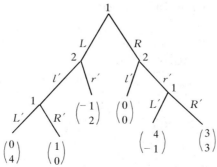

图11.6(a)　初始博弈

运用"反向归纳"法,当决策者"1"最终决策时,其只会选 R' 或 L''。于是,回到"2"决策这一点,博弈的广延型就递退为 11.6(b):

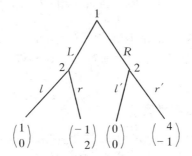

图 11.6(b) 最终决策后的博弈

决策者"2"当然只选 r 或 l'。回到初始点,即由决策者"1"来"夺定","1"实质上是在 L 与 R 之间选一个最好的策略:

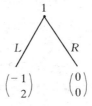

图 11.6(c) 两次递退后的博弈

显然,A 只会选择"R",最终结果为两人收益都为零。

按"反向归纳",在每一个信息完美的广延型博弈里,一定可以得到一个策略组合,这个策略组合就称"反向归纳策略组合"("backward induction strategies")。在上例中,反向归纳策略组合便是(R, l')。

二、不可信的威胁(incredible threat)

我们可以用贝恩(Bain)于 1956 年提出的经典故事为例来说明,在动态博弈里,有些威胁实际上是不足信的。

贝恩在 1956 年出版的《对于新的竞争的障碍》(*Barriers to New Competition*)(Harvard University Press, 1956 年)一书中,提出了这样一种范例:某个行业开始只有一个垄断者,她面临一条向下倾斜的需求线

$$p = 13 - x (x \text{ 为产量}) \tag{11.1}$$

垄断者的生产成本函数是 $x + 6.25$,其 6.25 是固定成本,"x"表示生产一

单位产量,垄断企业要承担与生产量一样多的成本。

于是,垄断者的利润是

$$\pi = (13 - x)x - x - 6.25 = 12x - x^2 - 6.25 \qquad (11.2)$$

使 π 对 x 求一阶导,得出最大利润的产量为 $x^* = 6, \pi^* = 29.75$。

但是, $\pi^* = 29.75$ 引起了新企业的进入。如果垄断者目前是生产 6 单位产出,而且假定潜在的进入者相信在其进入之后,垄断者会仍然生产 $x = 6$。这实质上是假定,潜在的进入者会相信其进入后的市场需求会是

$$p = 13 - 6 - y \qquad (11.3)$$

y 是潜在的进入者的计划产量。这样一来,潜在的进入者的利润(假定其成本与垄断者一样)为

$$\pi = (13 - 6 - y)y - y - 6.25 \qquad (11.4)$$

从(11.4)可解得最优产量 $y^* = 3$,进入者的利润为 2.75。由于进入者会有正的超额利润,所以,潜在的进入者会选择"进入"。

如果垄断者真的继续生产 $x = 6$,结果,其利润就会变为 11.75。比原来的 29.75 小许多。

贝恩推论道,如果垄断者不是选择产量为 6,而是 $x^0 = 7$,则可以把潜在的竞争者唬住,让其选择"不进入"。他具体的论证过程如下:如 $x^0 = 7$,则潜在进入者的利润为

$$\pi = (13 - 7 - y)y - y - 6.25 \qquad (11.5)$$

可以解出 $y^0 = 2.5, \pi = 0$。这样,进入不会有正的利润,竞争者就不会进来了。

这里引出了一个潜在的竞争者的"威胁"问题。

如果潜在的进入者对垄断者威胁道:"如果你的产量(x)不等于 2,那么,我会决定生产 $y = 13 - x$,这样一来会使价格为零并使你蒙受损失。如果你选择 $x = 2$,则我会选择 $y = 5$。"

这个威胁可信吗?

如垄断者相信此威胁,选择 $x = 2, p = 13 - 2 - 5 = 6$,垄断者的利润会 $6 \times 2 - 2 - 6.25 = 3.75 > 0$;如 $x \neq 2$,潜在的进入者报复,垄断者是会蒙受损失。

但是,上述威胁可信吗?如果垄断者选择 $x = 7$,潜在的进入者会选 $y = 13 - x = 13 - 7 = 6$ 吗?如果进入者这样做,进入者本身会蒙受损失。因此,潜在的进入者说如"$x \neq 2$,我会选 $y = 13 - x$"是不足信的威胁。

不足信的威胁在动态博弈里是常常发生的。理性的博弈者会善于识别它们。其实,在上例中垄断者选择 $x^0 = 7$,企图堵住潜在竞争者的进入,这种威胁本身也可能是不足信的,因为,假如一旦进入者打入,如新的竞争是古诺式的博弈,由于市场需求线是 $p = 13 - x - y$,这里"x"为在位者的产

量,"y"为进入者的产量。

则利润方程是:原有企业

$$\pi(x) = (13 - x - y)x - x - 6.25 \qquad (11.6)$$

进入者

$$\pi(y) = (13 - x - y)y - y - 6.25 \qquad (11.7)$$

最优的产量解 x 肯定不是7,而是 $x^* = y^* = 4$。如果原有的垄断者利用"先走一步"的优势,把进入者的反应函数 $y = (6 - \dfrac{x}{2})$ 代入自己的利润函数,则自己最优产量解仍是 $x^{**} = 6$。这样,潜在的进入者仍会选择进入。

只有当垄断者硬着头皮选择 $x^0 = 7$,而且不惜损失,暂时吃点亏,才可能堵住进入者。在垄断者资本实力比较雄厚时是可以这样做的。这才会遏制住进入者。这方面的进一步讨论,是80年代关于限价理论的最新进展,我们不详细展开了。

参考阅读文献

1. Bain, J.S. (1956 年): *Barriers to New Competition*. Cambridge, Mass: Harvard University Press.

2. Kreps, D.M. (1990 年): *Game Theory and Economic Modelling*. Oxford: Clarendon Press.

3. Kuhn, H.W. (1953 年): "Extensive Games and the Problem of Information". 收入由 H.W. Kuhn 与 A.W. Tucker 编的 *Contributions to the Theory of Games*. N.J: Princeton University Press, pp.193—216.

4. Varian, H.R.(1999 年): *Intermediate Microeconomics*(第 27 章). New York: Norton.

5. Waterson, M. (1984 年): *Economic Theory of the Industry*. Cambridge: Cambridge University Press.

习　题

1. 考虑右图所示的房地产开发博弈的广延型表述:
(1) 写出这个博弈的策略式表述。
(2) 求出纯策略纳什均衡。
(3) 求出子博弈完美纳什均衡。

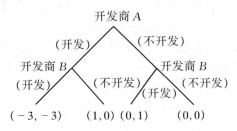

2. 你是一个相同产品的双寡头厂商之一, 你和你的竞争者生产的边际成本都是零。而市场的需求函数是

$$p = 30 - Q$$

(1) 设你们只有一次博弈, 而且必须同时宣布产量, 你会选择生产多少? 你期望的利润为多少? 为什么?

(2) 若你必须先宣布你的产量, 你会生产多少? 你认为你的竞争者会生产多少? 你预计你的利润是多少? 先宣布是一种优势还是劣势? 为了得到先宣布或后宣布的选择权, 你愿意付出多少?

(3) 现在假设你正和同一个对手进行十次系列博弈中的第一次, 每次都同时宣布产量, 你想要你十次利润的总和(不考虑贴现)最大化, 在第一次你将生产多少? 你期望第十次生产多少? 第九次呢? 为什么?

3. 考虑下列三个广延型博弈, 哪一个博弈有多重反向归纳策略?

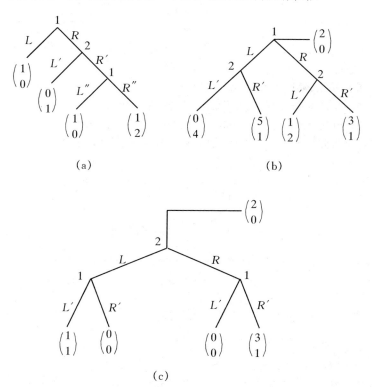

(a) (b)

(c)

4. 请将下列广延型博弈转化为策略型博弈, 并求纳什均衡。

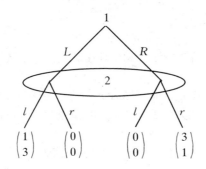

5. 两家电视台竞争周末黄金时段晚 8 点到 10 点的收视率,可选择把较好的节目放在前面还是后面。他们决策的不同组合导致收视率如下:

电视台 1

		前面	后面
电视台 2	前面	18, 18	23, 20
	后面	4, 23	16, 16

(1) 如果两家是同时决策,有纳什均衡吗?

(2) 如果双方采用规避风险的策略,均衡的结果是什么?

(3) 如果电视台 1 先选择,结果有什么?若电视台 2 先选择呢?

(4) 如果两家谈判合作,电视台 1 许诺将好节目放在前面,这许诺可信吗?结果可能是什么?

6. 两个厂商(A 与 B)考虑健康雪茄的竞争品牌。厂商报酬如表所示(A 的利润首先给定):

厂商 B

		生产	不生产
	生产	3, 3	5, 4
厂商 A			
	不生产	4, 5	2, 2

(1) 这个对策有纳什均衡吗?

(2) 这个对策对于厂商 A 或者厂商 B 有先动优势吗?

(3) 厂商 B 发现欺骗厂商 A,能把它赶出市场吗?

7. WET 公司垄断了震动充水床垫的生产。这种床垫的生产是相对缺乏弹性的——当价格为每床 1000 美元时,销售 25000 床;当价格为每床 600 美元,销售 30000 床。生产充水床垫的惟一成本是最初的建厂成本。WET 公司已经投资建设生产能力达到 25000 床的工厂,滞留成本与定价决策无关。

(1) 假设进入这个行业能够保证得到一半市场,但是要投资 10000000 美元建厂。构造 WET 策略($p=1000$ 或者 $p=600$)反对进入策略(进入或者不进入)的报酬矩阵。这个对策有纳什均衡吗?

(2) 假设 WET 公司投资 5000000 美元将现有工厂的生产能力扩大到生产 40000 床充水床垫。阻止竞争对手的进入是有利可图的策略吗?

8. 解下列广延型博弈:

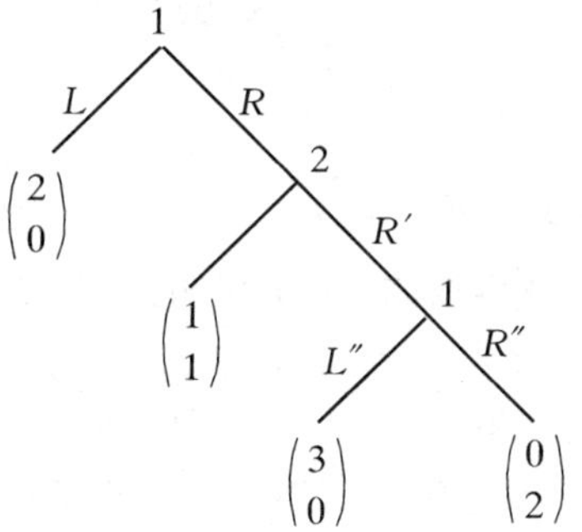

9. 讨论本讲中的"蜈蚣博弈"(见图 11.3),若三方都采取"向前看"的态度,有没有"妥协"并使三方都获利的可能?这对讨论中国的"债转股"问题有什么启发?

10. 考虑下列广延型博弈:

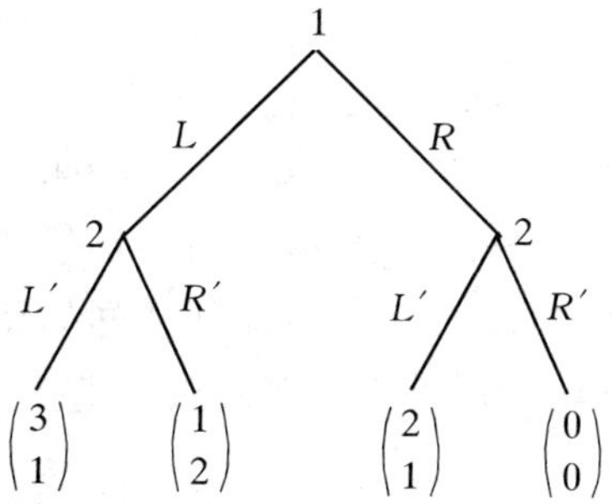

(1) 写出该博弈的策略型博弈形式。

(2) 该策略型博弈中有纳什均衡吗?

第十二讲 子博弈与完美性

我们在前一讲里假定博弈过程中的信息是充分的,即广延型博弈中的每一个点(节)的历史是清晰的,单个决策点就是一个信息集。在这种前提下,反向归纳法就是寻求纳什均衡解的办法。

如果博弈的信息是不充分的,那情况是如何的呢? 在这一讲,我们引入子博弈与完美性这两个概念,来讨论信息可能不完全时博弈的均衡状态。需要指出的是,子博弈与完美性的概念也适用于分析信息完全的博弈,这在我们讨论无穷次重复博弈与无名氏定理(folk theorem)时会详细地分析到。在一个信息完全的"囚犯的困境"的博弈格局里,无穷次重复博弈会使囚犯的困境获得"合作"的解,而这合作解便是子博弈完美均衡(subgame perfect equilibrium)。

本讲的安排是:第一节讨论子博弈与完美性的概念,第二节研究重复博弈并介绍无名氏定理,第三节介绍一个例子——产品质量问题,以便让大家认识无名氏定理的应用。第十三讲与第十四讲仍然是博弈论的内容,只是侧重于应用。第十三讲是研究所有者与经理之间的博弈,那是用反向归纳法来解的;而第十四讲则讨论市场上买方与卖方之间的博弈,即产品质量问题,是本讲第三节的进一步展开。

第一节 子博弈与完美性的概念

一、一个例子

例1:我们来讨论一个"合作"博弈。有两个游戏者 A 与B,他们分别代表两家企业,生产不同的部件,但生产的部件在型号选择上有"大""小"之分,若一家选择的型号为"大"号,另一家选择"小"号,则会发生不匹配的问题。只有当两家企业选择的型号匹配时,才会有均衡。表 12.1 给出了这一合作博弈的形式:

表 12.1　合作博弈(同时博弈)

	B	
	大	小
A 大	2,　2	−1,　−1
A 小	−1,　−1	1,　1

表 12.1 只是一个标准型,假定双方是同时决策。然而,要是 A 先走一步,但是轮到 B 走时 B 并不只有一个选择,而是有四种选择。具体排列如下:

1. 如果 A 选择"大",B 也选择"大";如果 A 选择"小",B 仍然选择"大";

2. 如果 A 选择"大",B 也选择"大";如果 A 选择"小",B 也选择"小";

3. 如果 A 选择"大",B 却选择"小";如果 A 选择"小",B 却选择"大";

4. 如果 A 选择"大",B 选择"小";如果 A 选择"小",B 仍选择"小"。

即 B 的策略是

$$\begin{cases} (大,\ 大) \\ (大,\ 小) \\ (小,\ 大) \\ (小,\ 小) \end{cases}$$

这样,我们就会得到一个 2×4 标准型博弈,这是表 12.2 所列出的:

表 12.2　B 跟随 A

	B			
	(大,大)	(大,小)	(小,大)	(小,小)
A 大	2, 2 (X)	2, 2 (Y)	−1, −1	−1, −1
A 小	−1, −1	1, 1	−1, −1	1, 1(Z)

表 12.2 中,B 的每一列策略里,前一个策略与 A 的"上"相结合,后一个策略与 A 的"下"相结合。比如,B 的"大"与 A 的"大"相组合,便有(2,2)这一结果;B 的"大"与 A 的"小"相组合,就会产生(−1,−1)的结果。等等。

这里有三个均衡:一是 A 取"大",而 B 的策略是:"不管 A 选什么,我都选大"。这样,{大,(大,大)}就是一个均衡,即两者都选择大。这是由"X"所表示的。二是,A 选了"小",B 的方针是:"不管 A 选什么,我都选小"。这样,⌊小,(小,小)⌋会形成另一个均衡,即两者都选择小,这也是一种合作。表中由 Z 表示。三是当 A 选"大"时 B 也选"大",当 A 选"小"时 B 也选"小",结果是两者仍选"大",这是"合作"均衡,表中用"Y"表示。

X,Y 与 Z 都是"纳什均衡"。为什么它们都是纳什均衡呢? 先看 X。当 A 选大时,B 必定选"大";而由于 B 必然选"大",所以 A 选"大"是自己的最优反应。反过来说,A 选"大"时,B 选了"大",这同样是 B 的最优反应。再看"Z",A 选了"小",而 B 则必定选"小",这里与"X"一样,(小,小)是两者的最优反应的组合,所以是纳什均衡。

需要讨论的是:为什么第二行与第二列的组合不是纳什均衡? 理由是,当 A 选择"大"时,"大"是 B 的最优选择;当 B 选择的策略与 A 的策略相同时,A 只有选择"大"才是自己的最优反应。因此,⌊小,小⌋这一组合被 A 主动地回避掉了。

如果将上述讨论写成广延型博弈,则会如图 12.1:

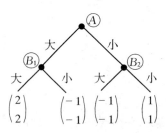

图 12.1 合作博弈的广延型

尽管有 X,Y,Z 三个纳什均衡,但如进一步讨论,我们会发现⌊大,(大,大)⌋与⌊小,(小,小)⌋是会被排除掉的。理由是,尽管 B 的(大,大)在 A 选"大"时是最优的,但万一 A 选了"小"呢,不就会出现(-1,-1)的结果吗? 同理,尽管 B 的(小,小)在 A 选"小"时是与 A 的策略相匹配的,但若 A 选了"大"呢? 不也会出现(-1,-1)的结果吗? 所以,最后只有"Y"的组合最优。而这个分析过程,需要引进"子博弈"与"完美性"这两个概念。

二、子博弈(subgame)

【定义】 子博弈:一个子博弈是由三个要素组成的:(1) 一个决策点(节),该点代表某一个游戏者的某一个信息集;(2) 该点(节)以后的所有的决策点(节);以及(3)在终极点上的收益(payoffs)。

在图 12.1 里,整个博弈可以看作是一个子博弈。但除此以外,还有两个子博弈:一是以 B₁ 点为始点的子博弈;另一个是以 B₂ 点为始点的子博弈。

子博弈的定义在掌握上应注意:如果点 x 是某一个子博弈的初始点(节),如果 y 是在 x 之后的后继决策点(节),又如果 z 与 y 属于同一个信息集,那么,z 必定也是 x 的后继点(节)。下面两个例子中,图 12.2(a)里的

x 定义了一个子博弈,但图 12.2(b)里 x 则没有定义一个子博弈。

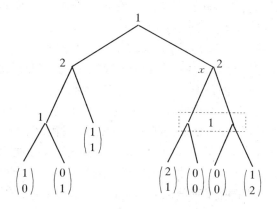

图 12.2(a)　点 x 定义了一个子博弈

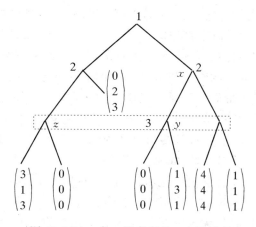

图 12.2(b)　点 x 没有定义一个子博弈

　　为什么图 12.2(b)里的点 x 并没有定义一个子博弈呢?原因是 z 与 y 同属于游戏者 3 的信息集,点 y 属于点 x 的后继点,但点 z 不是点 x 的后继点。这就违反了子博弈的定义。

三、子博弈完美纳什均衡

　　【定义】　**子博弈完美纳什均衡**:一个策略组合是子博弈完美纳什均衡,如果它满足:

　　(1) 对于整个博弈来说,它是一个纳什均衡;

　　(2) 对于任一个子博弈来说,它都是一个纳什均衡。

子博弈完美纳什均衡的要求比纳什均衡的要求要严多了。它是指在每一个由单个决策点所组成的信息集上，策略组合都是无懈可击的，是周密的。如果那样，当然是十全十美(perfect)的了。

在我们讨论的"合作"博弈例子里(见图 12.1)，策略组合 $X = \{$大，(大，大)$\}$不是子博弈完美均衡。原因是：尽管 X 是整个博弈的纳什均衡，也是以 B_1 为始点的子博弈的纳什均衡，但是，X 是不以 B_2 为始点的子博弈的纳什均衡。策略组合 $Z = \{$小，(小，小)$\}$也不是子博弈完美均衡。理由是：Z 是整个博弈以及以 B_2 为始点的子博弈的纳什均衡，但不是以 B_1 点为始点的子博弈的纳什均衡，只有 $Y = \{$大，(大，小)$\}$属于子博弈的纳什均衡，理由是，组合 Y 在上述三个子博弈中，都是纳什均衡。

为什么要引入"子博弈完美性"(subgame perfection)这一概念呢？理由有二：第一，它可以帮助我们认识到，某些纳什均衡的策略组合中可能包含了一些偏离均衡的行为，比如 B 方选择"不管 A 选什么，我都选'大'"，便包括了在 A 偏离"大"时 B 仍会选"大"的这种不合理性的行为。而"子博弈完备性"便把这种可能排除掉了。第二，"子博弈完备性"可以帮助我们排除掉一些"弱"的纳什均衡，即帮助我们在若干个或一群纳什均衡中精选一个纳什均衡。我们在第十讲里说过，纳什均衡可能存在但不惟一。在若干个纳什均衡中哪个最好？这要借助于"子博弈完备性"的概念。"子博弈完备性"要求在每一个由单独的决策节组成的信息集上，决策必须最优。在我们所讨论的"合作"博弈里，只要当 A 肯定不选"大"时，B 是采取"如果 A 选'大'，我选'小'"，还是采取"如果 A 选'大'，我也选'大'"，这都是无所谓的，因这个"如果"并没有发生。这时，我们看不出 B 的这两个对策哪个优一些，哪个劣一些。但是，如果客观上 A 确有可能选"大"呢？如果是那样，则 B 采取后一种策略就优越得多了。Selten(1965 年，1975 年)就指出，即使 A 本来是想选"小"的，但由于行动时手哆嗦了一下，结果这只"颤抖的手"(trembling hand)选了"大"，那么，B 若选"如果 A 选'大'，我选'小'"方针，就会倒霉。所以，$Y > Z$。同理，$Y > X$。

第二节　无穷次重复博弈与无名氏定理

一、无穷次重复博弈框架里的"囚犯的困境"

例 2：考虑下面一个"价格战或价格串通卡特尔"的博弈，这是一个"囚犯的困境"式的范例。

表 12.3 价格战或价格串通

		B	
		高价	低价
A	高价	5, 5	− 5, 10
	低价	10, − 5	0, 0

如果这个博弈只进行一次,则惟一的纳什均衡是(低价,低价)。但是,非常显然地,当 A 与 B 两方都选择"高价"时,结果会对双方都有好处。我们之所以要讨论重复博弈,原因就在于,如果博弈的双方都意识到损人利己虽会给自己带来一时的好处,但会终止相互合作的好处,从而失去比暂时的利益大得多的长远利益,则合作便会出现。

如果存在下列三个条件,则"价格勾结"(高价,高价)便会出现:

第一, 博弈重复无穷次。

第二, 双方都采取"冷酷的战略"(grim strategy),即:

(1) 从选择"合作"(高价)开始;

(2) 只要对方一直选择"合作"(高价),便一直"高价"下去;直到有一天发现对方偷偷实行了"不合作"(低价),便由此而采取"不合作"(低价)至永远。

第三, 贴现因子 $\delta = \dfrac{1}{1+r}$(这里 r 代表利率水平)足够的大。这个条件是说,将来的收益经贴现之后还比较值钱。即人们对于时间比较有耐心,而不是只图眼前享受。

在这三个条件下,如果双方中有一方在某一期 t 偷偷削了价,占领了整个市场,得到了 10,而让对方得到 − 5(对方不仅没有出卖掉任何产品,而且还要支付固定成本 5)。但从 $t+1$ 开始,对方不管自己利益如何,一直实施"冷酷战略"到永远,则首先实施"不合作"的一方的得益是

$$10 + 0 + 0 + \cdots = 10 \tag{E.1}$$

而其损失是

$$5 + \delta 5 + \delta^2 5 + \cdots = 5(1 + \delta + \delta^2 + \cdots)$$
$$= \frac{5}{1-\delta} \tag{E.2}$$

这里第一个"5"是指背弃的一方在 t 期本可以通过"合作"而得的收益,$\delta 5$ 是经贴现后的 $t+1$ 期的收益……

显然,当且仅当

$$\frac{5}{1-\delta} > 10 \qquad\qquad (\text{E}.3)$$

就没有人会选择"不合作"(削价)。即 $\delta \geqslant \frac{1}{2}$，是保证(高价，高价)无穷次纳什均衡的充分必要条件。

这里，"重复无穷次"是非常重要的。如果重复的次数是有限的，在 $T < \infty$，博弈结束。那么，在 T 期，双方必定为争夺市场而出现 Bertrand 均衡，这就是一次性"囚犯的困境"。由于 $T-1$ 期的策略组合不影响双方在 T 期的策略选择，所以，在 $T-1$ 期又会展开价格竞争，出现(低价、低价)；…直到 $t=0$ 期，(低价，低价)都是纳什均衡。这里的问题是：在 T 期由于没有未来，是世界末日，因此人心变坏，未来利益对于现今人们行为的制约不复存在，便有不合作的结果。在 $(T-1)$ 期，由于 T 期的不合作已是定局，人们看不到未来利益的希望，当然不存在未来利益对现今行为的制约……

还应指出，条件之二是要求博弈双方都实施"冷酷策略"。这也是需要的，如若不然，采取"以牙还牙"(tit-for-tat)的策略，则可能不会有"合作"的均衡结果。

【定义】 以牙还牙策略：称下列策略为"以牙还牙"策略，如果：

(1) 从一开始便选择"合作"；

(2) 在时期 t 选对方在时期 $t-1$ 期所采用的策略，即如对方在 $t-1$ 期不合作，则我在 t 期不合作。

我们来证明，如双方实行"以牙还牙"策略，就可能不会有"合作"结果。我们要构造的是这种可能性。

假设 A 并没有在一开始($t=0$)就选"不合作"(低价)的动力，而 B 选了"不合作"(低价)，则到 $t=1$ 期，A 会取"不合作"，B 会选"合作"；到 $t=2$ 期，双方又会反过来…，这样，一直会是(合作，不合作)与(不合作，合作)交替出现，而不会有(合作，合作)的均衡结果。

注意，在上述关于"价格勾结"的三个条件中，第一个条件可以放松。即可以证明在有限次重复博弈里，仍会有合作的子博弈完美均衡。

二、无名氏定理(the folk theorem)

【定理】 无名氏定理：在无穷次重复的由 n 个游戏者参与的博弈里，如果在每一次重复中博弈的行动集是有限的，则在满足下列三个条件时，在任何有限次重复中所观察到的任何行动组合都是某个子博弈完美均衡的惟一结果：

条件1：贴现因子接近于1；

条件2：在每一次重复中，博弈结束的概率或等于0，或为非常小的一个正值；

条件3：严格占优于一次性博弈中的最小最大(minmax)收益组合的那个收益组合集是 n 维的。

因为这一定理的思想是显而易见的，在20世纪50年代谁也不知道是谁证明了上述定理，便通用了这一定理。于是，人们称之谓"无名氏定理"。

我们对此定理作以下说明：

条件1保证了未来利益会制约人们当前的行为；

条件2其实是说，不要有确定的终极点。只要在任何次重复中，博弈结束的概率很小，则不管以前发生了什么事，未来的博弈次数的期望值仍然很大。用经理的任命期为例，不应让在职的经理感到在位的职务是最后一期，办法是：或者任期可续，或者是解除职位后仍应检查，使离职不等于博弈结束。

条件3中的 n 维是对应于博弈中有 n 个参与者。最小最大(minmax)收益的定义可表述如下：

【定义】　**最小最大(minmax)得益**：在某一博弈中，游戏者 i 的最小最大(minmax)收益，记为 V_i，是指由于 i 的对手采取了措施使 i 得到的最低的收益

$$V_i = \min_{a_{-i} \in A_{-i}} \{\max_{a_i \in A_i} u_i(a_{-i}, a_i)\} \tag{12.1}$$

这一定义是说，对应于游戏者 i 可能获得的最高效用 $u_i(a_{-i}, a_i)$，其对手设法($a_{-i} \in A_{-i}$)使之达到最低点。在我们上面的讨论中，对手采用"冷酷策略"使不合作者的收益为

$$10 + 0 + 0 + \cdots$$

便是一个最小最大(minmax)收益。

条件3是说让重复出现的 n 维收益组合严格占优于最小最大(minmax)收益，这才不会出现"背叛"行为。

无名氏定理的弱点是，它会导出无穷多个子博弈完美均衡。比如，在无穷次重复的"囚犯的困境"一例，如果勾结的结果组合在(0,0)与(5,5)之间，比如(2,2)，(3,3)，都同样是子博弈完美均衡。而均衡太多了，我们同样会无所适从。

第三节 无穷次重复博弈中的产品质量问题

作为无名氏定理的一个应用,我们来讨论无穷次重复博弈框架中的产品质量问题。

考虑一个市场(产业)由 n 家相同企业组成,生产同一种产品。企业可以选择优质,也可能选择劣质。如果企业选择优质,则会承受边际成本(=单位成本)c;如果企业选择劣质,则不用承受该成本(即设边际成本为零)。但任何企业都必须承受固定成本 F。

消费者可以选择买或不买,但他只有购买后才会知道产品质量。如他发现厂商的产品是优质品,则会继续购买;如发现某厂产品是劣质品,则从此以后不再购买。

我们要讨论三个问题:

一、驱使厂商提供优质品的条件是什么?

这个条件又称"激励相容"条件(incentive compatibility)。为什么这样称呼? 理由是,要保证使厂商在提供优质品时不低于提供劣质品的收益。只有这样,才能使厂商利益与社会需要优质品的目标相容。

厂商 i 如果提供劣质品,其占到的便宜是在一时期内省下边际成本 c;但其的损失则是永远失去消费者的信任,从而从此不能再出卖商品。由于劣质品在出卖时未被人发现,仍能按正常价格 p(与优质品一样的价格)出售,因此厂商的一次性利得是 pq_i;但其本来如生产优质品,会获利$(p-c)q_i$,而且从下一期开始,还有

$$(p - c)q_i(\delta + \delta^2 + \delta^3 + \cdots) \tag{12.2}$$

因此,只要

$$q_i p \leqslant q_i(p - c)(1 + \delta + \delta^2 + \delta^3 + \cdots) \tag{12.3}$$

厂商 i 就无动力去提供劣质品。公式(12.3)中右端保留当前项 $q_i(p-c)$,是由于左端是含当前项的。

(12.3 式)即

$$\frac{q_i p}{1 + r} \leqslant \frac{q_i(p - c)}{r} \tag{12.4}$$

是厂商无动力提供劣质品的充要条件,而这便是

$$p \geqslant (1 + r)c \tag{12.5}$$

条件(12.5)说明,只有价格 p 足够的高,厂商才无动力去生产假冒伪

劣;但反过来也证明:如 $p < (1 + r)c$,则一定有次品,即"便宜没好货"。

二、竞争性条件

竞争性条件是指在长期中任一企业的利润为零,即(12.4)式的右端只能补偿固定成本

$$\frac{q_i(p - c)}{r} = F \tag{12.6}$$

(12.6)是指利润 $q_i(p - c)$ 正好等于固定资本的折旧 $F \cdot r$。所以利润为零。

由于 $p = (1 + r)c$ 是保证企业不冒假的起码条件,所以

$$\frac{q_i(p - c)}{r} = \frac{q_i(rc)}{r} = F \tag{12.7}$$

所以
$$q_i = \frac{F}{c} \tag{12.7'}$$

公式(12.5)定出了价格,(12.7')定出了产量。

三、市场除清条件

这便是供求相等。供给为 nq_i,需求为 $q(p)$。所以,市场除清条件是

$$nq_i = q(p) \tag{12.8}$$

把(12.5),(12.7')代入(12.8),有

$$n = \frac{q(p)}{q_i} = \frac{cq(c + rc)}{F} \tag{12.9}$$

式(12.9)便给出了市场均衡时企业的个数。

参考阅读文献

1. Allen, F. (1984 年): "Reputation and Product Quality". *Rand Journal of Economics* (15):311—327.

2. Fudenberg, D., D. Levine 与 E. Maskin (1986 年): *The Folk Theorem in Discounted Repeated Games with Imperfect Public Information*. Mimeo. MIT.

3. Kreps, D. 与 R. Wilson (1982 年): "Reputation and Imperfect Information". *Journal of Economic Theory* (27):253—279.

4. Kreps, D., P. Milgrom, J. Roberts 与 R. Wilson (1982 年): "Rational Cooperation in the Finitely Repeated Prisoner's Dilemma". *Journal of Economic Theory* (27):245—252.

5. Rogerson, W. (1987 年): "Advertising as a Signal when Prices Guarantee Quality". Discussion Paper 704. CMSEMS, Northwestern University.

6. Selten, R. (1975 年)："Re-examination of the Perfectness Concept for Equilibrium Points in Extensive Games". *International Journal of Game Theory* (4):25—55.

7. Tirole, J. (1988 年)：*The Theory of Industrial Organization*（第 2 章,第 6 章）. Cambridge, Mass：MIT Press.

习　题

1. 在 Bertrand 价格博弈中,假定有 n 个生产企业,需求函数为 $p(Q)=a-Q$,其中 p 是市场价格,Q 是 n 个生产企业的总供给量。假定博弈重复无穷多次,每次的价格都立即被观测到,企业使用"触发策略"（一旦某个企业选择垄断价格,则执行"冷酷策略"）。求使垄断价格可以作为完美均衡结果出现的最低贴现因子 σ？解释 σ 与 n 的关系。

2. 下表给出了一个俩人的同时博弈,若这个同时博弈进行两次,第二次博弈是在知道第一次博弈的前提下进行的,并且不存在贴现因子。收益(4,4)能够在纯策略的子博弈完备的纳什均衡中作为第一次博弈的结果吗？如果它能够,给出策略组合;如果不能够,请说明为什么不能？

	L	C	R
T	3, 1	0, 0	5, 0
M	2, 1	1, 2	3, 1
B	1, 2	0, 1	4, 4

3. 什么是重复博弈中的策略？什么是一个重复博弈中的子博弈？什么是一个子博弈完美纳什均衡？

4. 在一个由 n 个企业组成的古诺寡头经济中,市场需求的反函数为 $p(Q)=a-Q$,这里 $Q=q_1+\cdots+q_n$。考虑以此为基础的一个无穷期重复博弈。为了在一个子博弈完美纳什均衡中运用"触发策略"（一旦某企业违背了产量卡特尔定下的额度,则另外全体企业都会执行冷酷战略,实行古诺模式中的个别企业的最优产量）,贴现因子 δ 最低应等于多少？当 n 变化时,δ 的最低值要求会有什么变化？

5. 考虑下列三阶段的谈判博弈（分 1 美元）：

(1)① 在第一阶段开端,游戏者 1 拿走了 1 美元中 s_1 部分,留给游戏者 2 为 $(1-s_1)$;

② 游戏者 2 或接受 $(1-s_1)$（如这样,则博弈结束）或拒绝接受 $(1-s_1)$（若这样,则博弈继续下去）。

(2)① 在第二阶段开始,游戏者 2 提出,游戏者 1 得 s_2,游戏者 2 得 $(1-s_2)$。

② 游戏者 1 或接受这个 s_2（若这样,则博弈结束）或拒绝接受 s_2（若这样,则博弈进入第三阶段）。

(3) 在第三阶段开始,游戏者 1 获 s,留给游戏者 2 的是 $(1-s)$。这里 $0<s<1$。

在每隔 1 时, 贴现因子为 δ, 这里 $0 < \delta < 1$。

请你按"反向归纳"法, 解出 s_1^*。

6. 将题 5 中的谈判博弈重复无穷次。令 $s^* = \dfrac{1}{1+\delta}$。游戏者 1 一直会提出 $(s^*,$ $1-s^*)$ 这一方案, 只有当 $s \geqslant \delta s^*$ 时才接受 $(s, 1-s)$。游戏者 2 一直会提出 $(1-s^*,$ $s^*)$ 的方案, 只有当 $(1-s) \geqslant \delta s^*$ 时才会接受 $(s, 1-s)$。

证明: 上述俩人的策略是一个纳什均衡; 并且这个纳什均衡是子博弈完美的。

第十三讲　委托—代理理论初步

直到目前为止，我们一直视企业是一只"黑箱"，即假定它只是把要素吸收进去，将产品生产出来的生产单位。而且假定企业行为是追求利润极大化的。现在我们来打开企业这只"黑箱"。一旦我们稍微仔细地观察一下企业行为，就会发现企业行为在相当程度上是决定于作日常决策的经理，而经理的目标又会不同于利润极大化，他们往往是追求经理这个岗位所能达到的私利的极大化。中国不少的国有企业破产了或亏损了，但有几个国有企业的经理随企业亏损而变得穷困呢？在这一讲，我们分析的中心是所有者与经理的利益、动力以及契约关系。我们将会看到，正如市场上不同的交易者之间进行交易活动的背后是由利益驱动一样，在企业内部"等级制"的垂直关系里，人们之间的相互关系也是由利益驱动的。我们称企业的所有者为委托人（principal），称企业经理人员为代理人（agent）。委托—代理（principal-agent）理论框架旨在寻找处理所有者与管理者之间关系的若干可能的解；或者证明，当最优解不存在时，会有什么样的次优解？但最近三十年来经济学家在这方面的努力实际上并没有给出处理所有者与经理关系的灵丹妙药。理论工作者倒是发现了，在企业的激励机制与风险机制之间是有替代关系的；对企业经理的监督很难说该严到什么程度。太严了，经理惟命是从，会失去市场机会，这也就失去了经理存在的价值，因经理这一岗位出现的先决前提便是需要有相当的自由支配权。但是，如果监督太宽太松，又会造成败德行为的泛滥。

在这一讲，我们首先介绍委托—代理理论的基本框架（第一节），然后讨论在代理人对风险中立的前提下线性契约解的若干性质（第二节）；最后讨论在代理人对风险规避的前提下激励与保险之间的替代以及最优契约的若干性质（第三节）。

第一节　委托—代理模型的基本要素

一、代理问题（agent problem）

在现代企业组织理论里，代理问题很早就被经济学家们提出来了。贝利（Berle）与米因斯（Means）在 1932 年就指出，企业的股票持有者与企业的经理的角色是很不同的。后者是经营(run)企业并做出决策;而前者则是在下列意义上拥有(own)企业,即对企业具有残差的拥有权("residual claimant"),而这种残差的拥有权会产生"残差的控制权"("residual control")。Berle 与 Means 明确地定义道,"residual clainmant"实质上指,当契约签订并生效后,所有者所拥有的"最终的控制权"。一言以蔽之,"residual claimment"是一种可以后发制人的机动权。这种解释与"剩余所有权"的说法有些出入。

现代企业制度是建立在股票所有者与经理之间的相对分离的基础之上的。由于经理的行为可能偏离"利润极大化"目标,由于经理与所有者之间的信息不对称使所有者不能完全观察经理人员的行为,这就产生了所谓"道德风险"("moral hazard")问题。moral hazard 问题实质上便是代理问题。

严格说来,"道德风险"(moral hazard)是一种特殊的博弈。这是一种由决策者们之间选择某种行动、某种策略的博弈,而这些行动与策略又会影响事件的结果。1944 年,诺依曼(Neumann)与摩根斯坦(Morgenstern)实际上在其《博弈论与经济行为》一书中分析了这类道德风险,并称其为"力量与技巧的博弈"(games of strength and skill)。"moral hazard"这一术语来自于关于保险的经济学文献,这一术语专指下列情形,即保险政策本身会改变人们的激励机制,从而改变保险公司业务所对应的某种事件发生的概率。这里,"moral hazard"的微妙之处在于,某事件发生的概率并不是完全独立于人的主观努力之外的,而是受人的良心、努力程度的影响的,而政策的选择又会影响人的努力程度与良心(moral)状态。于是,一种好的政策会通过影响人的主观行动而间接地改变关于人的活动结果的概率,改进经济状态,增进所有者的利益。阿罗(Arrow)在 1965 年的《风险承受理论的若干方面》(*Aspects of the Theory of Risk-Bearing*)一书中就指出,如果对于失火的保险政策提供了过头的保险金额,就会鼓励投保人去纵火,至少会纵恿人玩忽责守。

德拉兹(Dréze)在 1958 年以 moral hazard 为内容,在维克雷(W. Vickrey)的指导下写出了博士论文。在 70 年代,罗兹(Ross,1973 年),米尔利斯(Mirrless,1975 年,1976 年),赫姆斯特姆(Holmstrom,1979 年,1980 年)与谢维尔(Shavell,1979 年)等人都给出了有关"道德风险"的理论模型。我们这里只是对以"道德风险"为内容的委托—代理理论作一简要的介绍。

二、委托—代理的基本模型

我们分四步来介绍:

1. 生产技术

与第六讲中的生产函数不同,我们这里所强调的是生产过程中管理人员的作用。这里,生产过程被抽象为三个变量的关系:(1) 代理人(即管理人员)对于企业价值的贡献。所谓"企业价值",可以用企业在证券市场上股票价格的变化来衡量,也可以用企业的产量、产值或利润来衡量。我们定义这种贡献为代理人的产出,记为 y。(2) 代理人在生产过程中的行动,记为 a;(3) 生产过程中代理人(管理人员)无法控制的外来事件影响,即不以人的主观意志为转移的客观事件,称为"杂音"(noise),记这种"杂音"为 ε。

(1) 代理人对企业价值的贡献 y,这随生产过程不同而不同。在土地所有者与代耕农之间,代理人即为代耕农,代理人的贡献便是收成。在现代市场经济里,代理人的贡献便是企业在股票市场上的股票价格的上升。但若要在企业内部再细分委托与代理之间的关系,比如说,在厂内实行层层承包,则可能车间主任会成为委托人,而班组长会成为代理人;甚至班组长会成为委托人,普通工人会成为代理人。工人如成为代理人,其对企业的贡献就是产出量了。

(2) 代理人在生产过程中采取的行动,a,通常是指管理人员在生产过程中的努力程度。这里的"努力"程度,可以被解释为是劳动态度,亦可被解释为经理人员对所有者利益的关注程度——比如,经理人员是否采取了必要的措施以提高企业股票在股市上的价值?经理是否实施了必要的措施以提高企业的效益?等等。

(3) 代理人无法控制的影响生产结果的事件,ε,这又由于生产过程不同而不同。比如,在农业中,超越代理人控制的外界因素便是天气条件。在股票市场上,有所谓"兽性(animal spirit)",比如,我们俗称的"牛市"、"熊市"等。而这种股市上无法说清的"兽性"显然是超出了代理人的控制范围的。

上述三个变量以下列顺序发生作用:

首先,委托人与代理人签订一个合约,该合约明确委托人给代理人的报酬;

其次,代理人选择自己的行动,a(action),但委托人不能观察代理人的这种行动选择;

第三,某些超越于代理人控制的客观事件(ε)出现了;

第四,代理人的行动 a 与客观事件 ε 共同决定了代理人的产出 y;

第五,委托人能够观察到产出结果 y;

第六,代理人依据第一步所签下的契约,作为已经实现的产出 y 的一个函数,兑现委托人给自己的补偿性报酬。

为了使分析简单,我们做出以下两个假定:

假定 1:生产函数为

$$y = a + \varepsilon \tag{13.1}$$

假定 2:杂音 ε 的概率分布是正态的,并且

$$E(\varepsilon) = 0, \quad V(\varepsilon) = \sigma^2 \tag{13.2}$$

如果方差 σ^2 值高,则说明生产过程里的干扰大。

2. 契约

现在我们来讨论委托人与代理人之间的契约。我们分析的焦点集中于线性契约上,即代理人的报酬是产出的线性函数。如记报酬为 $w(y)$,则

$$w(y) = s + b \cdot y \tag{13.3}$$

在(13.3)式里,s 是固定工资或薪水,b 则是奖金率或利润留成比率,企业的总留成为 $b \cdot y$。$w(y)$ 可以看作是管理人员一个人的报酬;有时也可以看作是一个企业的职工的总报酬,如那样,则 s 为工资基金,$b \cdot y$ 就为奖励的留利总额。

上述这种线性契约既简单又常见,它产生的是一种统一的激励(uniform incentive)。即这种契约提供的刺激处处相等。是否非线性的激励机制会比线性契约提供更强的激励呢? 不一定。请看下例:

80 年代中后期,中国国有工业企业曾实行过利润承包责任制。如果企业达到或超过承包合同所规定的利润水平,则会得到一个较高的留利水平;如企业实现的利润水平低于合同所规定的目标利润,则会只能享受一个较低的留利水平,甚至没有留利。即使我们忽略掉这种非线性的契约对于投资的效应,光考虑其对生产的效应,也是会有一定问题的。比如,如果到年底了,企业实现的利润是远远低于目标利润的,无论怎样努力也不可能达到该目标了。这时,管理人员就有可能放弃努力。

3. 得益(payoffs)

企业的所有者当然会占有 y,但必须支付给代理人以报酬 w,所以,委托人的得益为

$$\pi = y - w \tag{13.4}$$

为分析的简单起见,我们假定委托人对风险是持中立态度的(risk neutral)。风险中立意味着 $E(u(x)) = u(E(x))$,这里变量 x 代表随机的收入变量或报酬变量。这是我们在第五讲里讲过的。现在,委托人既然是风险中立者,那么,如果他要使其期望效用极大化,就可以通过实现其预期得益极大化来达到。而委托人的得益预期为

$$E(y - w) = E(y) - E(w) \tag{13.5}$$

(13.5)式为委托人的得益。

什么是代理人的得益呢?

代理人根据合约可以获得报酬(工资)w,但他必须付出努力,而这种努力的行动是有代价的,记该代价为 $C(a)$。如果代理人贪懒,不采取任何行动,则 $a = 0$。但是,当 $a = 0$ 时,会有 $C(0) = 0$,也会有 $E(y) = E(0 + \varepsilon) = E(\varepsilon) = 0$,即 $E(y) = 0$。

所以,代理人的利益为

$$w - C(a) \tag{13.6}$$

如果我们假定代理人也是风险中立者(我们会在第三节讨论代理人是风险规避者的情形),则代理人也应会去实现 $(w - C(a))$ 的期望值的极大化,即努力使 $[E(w) - C(a)]$ 极大化。为什么 $C(a)$ 不用取期望值呢?因代理人的努力成本并无不确定性,你努力多大程度,便会确定地增加你的成本。为什么 w 要取期望值 $E(w)$ 呢?因 $w = s + b \cdot y$,这是取决于 y 的;而 $y = a + \varepsilon$,是取决于不确定的 ε 的。

代理人的努力成本 $C(a)$ 具有下列性质:(1) $C'(a) > 0$;(2) $C''(a) > 0$。即越努力,付出的代价便越高;而且,努力越大,则代价递增。如图 13.1 所示:

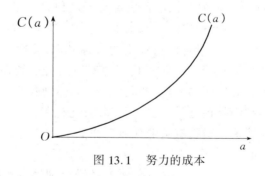

图 13.1 努力的成本

4. 最优行动

什么是代理人的最优行动呢? 这里,"最优"的标准有三条:第一,使委托人的得益尽可能的高(在满足代理人最低限度的报酬水平的前提下);第二,使代理人的得益尽可能的高(在保证委托人的最低限度的福利水平的前提下);第三,使委托人与代理人的得益之和尽可能的高。以上三个标准实际上都包含了要让代理人采取行动(当然第一个标准与第二个标准涉及到委托人支付给代理人的报酬(工资),而第三个标准则独立于代理人的报酬),而且,在委托人与代理人都是风险中立的条件下,只要求代理人采取同一个行动。

为什么三个标准实质上是要求代理人采取同一个行动呢?

先看标准3,因委托人的得益为 $y - w$,而代理人的得益为 $w - C(a)$,所以,两者之和是 $y - C(a) = a + \varepsilon - C(a)$。由于我们假定委托人与代理人都是风险中立者,因此他们都是为了达到得益极大化,即让下式极大化

$$E(a + \varepsilon - C(a)) = a - C(a) \tag{13.7}$$

从(13.7)式里,显然地,如果 a 是根据第三个标准的最优,则会有

$$1 = C'(a^*) \tag{13.8}$$

a^* 是最优行动(first-best action),所以,可以写成

$$1 = C'(a_{FB}) \tag{13.9}$$

如图 13.2:

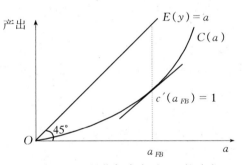

图 13.2　最优努力水平 a_{FB} 的确定

图 13.2 告诉我们,让委托人与代理人的得益之和极大,实质上就是让 $E(y)$ 与 $C(a)$ 线之间的距离最大,由 $E(y) = a$,所以,当 $C'(a) = 1$ 处,两条线之间的距离最远。$C'(a) = 1$ 表明代理人行动的边际成本等于该行动对总产出 y 的期望值的边际产量时,行动便达到了最优。

于是,我们有下列定义:

【定义】　**最优行动**:最优行动,记为 a_{FB},是指使产出的期望值与代理人的行动的成本之间的差距最大的行动,记为 a_{FB},即 a_{FB}　解了下列问题

$$\max_a(a - C(a)) \tag{13.10}$$

或者说,$C'(a_{FB}) = 1$。

如果我们从标准 1 出发,是否会要求这同一个最佳行动呢? 答案是肯定的。假定代理人必须满足一个最低水准的福利水平,不妨设该福利水平为 v。这意味着,如果 $E(w) - C(a) < v$,则代理人会辞职不干。所以,为

使代理人不辞职,应有 $W - C(a) \geqslant v$。但是,标准 1 是说让委托人的得益尽可能的高,所以,必有 $E(w) - C(a) = v$。但这意味着

$$E(w) = v + C(a) \tag{13.11}$$

由于委托人的得益为 $[E(y) - E(w)]$,所以,如把(13.11)式代入,有

$$E(y) - E(w) = E(y) - v - C(a) = a - C(a) - v \tag{13.12}$$

从(13.12)出发,如要让该式极大,则 a_{FB} 必须满足:$1 = C'(a_{FB})$。这与标准 3 所要求的一样。

最后,我们看标准 2。设委托人有一个最低的得益要求 $\bar{y}$,即 $y - w \geqslant \bar{y}$。按标准 2,让代理人的得益在满足委托人的最低得益 $\bar{y}$ 的前提下尽可能的高,则必有 $y - w = \bar{y}$。即 $E(w) = E(y) - \bar{y}$。这样,代理人的得益期望为

$$E(w) - C(a) = E(y) - \bar{y} - C(a) = a - C(a) - \bar{y} \tag{13.13}$$

从(13.13)式出发,a 最优的必要条件也是 $1 = C'(a_{FB})$。

因此,我们有下列定理:

【定理 1】 **代理人最优行动**:如果委托人与代理人都是风险中立者,如果杂音 ε 的分布为正态分布 $N(0, \sigma^2)$,存在代理人的最优行动,存在的必要条件是

$$1 = C'(a_{FB})$$

并且这一条件在满足有约束的委托人得益最大值、满足有约束的代理人得益最大值,或满足委托人与代理人得益之和最大值这三个标准下是等价的。

这一定理的思想是 Shavell 在其 1979 年的论文中证明的。定理也叫一方固定得益条件下的最优解。上述定理实质上告诉我们,如果委托与代理人对风险都采取中立态度,则求有约束的国家利益极大化(在保证企业生存的前提下),或求有约束的企业利益极大化(上缴国家一个足够的量后),还是求国家利益与企业利益之和的极大化,其结果都是一样的。即国家与企业之间的利益分配不会影响最优行动解 a_{FB} 的确定。如果代理人与委托人是风险中立,则国家出售特许垄断权,或对农民实施"交足国家的,剩下都是自己的"的政策,是会达到最优解的。但是,我们明显地发现,在现实生活里,收益在所有者与管理经营者之间的分配是会大大地改变最优行动解的存在性与值的。这是什么原因呢?难道上述定理错了吗?不。是由于代理人对风险的态度并不是中立的。这种态度会导致最优行动解甚至不存在。现在,我们来进一步讨论"风险中立"这一点的重要性。

第二节　风险中立的代理人对于线性契约的反应

代理人最优行动定理只是讨论在委托人与代理人之间固定某一方的得益或者只考虑两方得益之和这两类情况，而没有讨论线性契约。在线性契约条件下，该定理的结论还成立吗？答案是：基本成立，只须稍加修改。

考虑线性契约 $w = s + b \cdot y$，这里 $y = a + \varepsilon$。如果代理人对于风险采取中立态度，则他会追求其得益期望值的极大化，即 $\max_{a}\{E[w - C(a)]\}$。这实质上是

$$\max_{\{a\}}\{E[s + b(a + \varepsilon) - C(a)]\} \tag{13.14}$$

取期望值之后，有

$$\max_{\{a\}}[s + b \cdot a - C(a)] \tag{13.15}$$

从式(13.15)出发，显然地，最优行动解 a^* 存在的必要条件是

$$C'[a^*(b)] = b \tag{13.16}$$

式(13.16)告诉我们，在斜率为 b 的线性契约(即激励力度为 b)条件下，是存在代理人的最优行动解 a^* 的，且在最优解处，努力的成本函数的斜率恰好等于激励力度 b。(13.16)式的经济含义便是，在代理问题的最优解处，代理人由于努力而付出的边际成本正好等于努力的边际利益 b。用图来表示，就是图13.3：

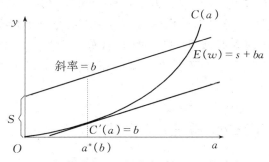

图 13.3　线性契约下最优努力 $a^*(b)$ 的确定

显然，如 $b = 1$，则与前一节的结果相同。s 在线性契约中对最优行动的选择不发生作用，因为 s 代表的是一次性的财富转移，它不影响激励机制。

b 值的高低则代表激励强度。由于随着代理人行动 a 值的上升，$C'(a)$ 也会上升，而 $C'(a)$ 上升意味着 b 应当上升，因此 b 的上升与最优行

动值 a^* 的上升应该是同方向的。这说明,b 值越高,期望报酬线($s + ba$)越陡峭,对 a 的刺激便越强。

上述结论在直观上是不难理解的:在实行利润承包制时,利润留成达 50% 的企业一般应比利润留成只达 5% 的企业有更大的积极性。但是这里有一个问题:b 的值能达到 1 吗?

"$b=1$"代表什么?这意味着代理人是百分之百地为自己努力了。当然,这会使最优行动解的条件 $C'(a^*(b)) = b$ 回到 $C'(a) = 1$,即我们达到了上一节所讨论过的最好的解(first-best)。"最好"的意思不外乎,代理人为自己努力完全等价于为委托人努力,两者毫无冲突。但若 $b < 1$ 呢?就说明委托人要设法从代理人努力的结果中扣掉一部分,这当然会影响 a 的解的性质的,使代理人的优化的 a 解达不到第一节所讨论过的"最优"(first-best)的境界。

有没有办法在线性契约条件下使 $b=1$,即让代理人全部拥有努力的成果呢?应该说,这是可能的。但也不应让委托人(所有者)赔钱。若 $E(w) = s + ba$,又让 $b=1$,则 s 就不应是正的。若 $s > 0, b=1$,则代理人所得实际上超过了其对所有者的贡献,会使委托人赔钱。因此,如要实行 $b=1$,就应使 $s < 0$,"$s < 0$"是表示经理或管理人员要为承包企业而付费。这在实际生活里也是常见的:利润全额包干与固定上缴费相结合。利润全额包干,实质就是 $b=1$;固定上缴费,实质就是 $s < 0$。在这种体制下,激励机制的力度达到最大,但经理(代理人)一方所承受的风险也会达到最大。如果代理人是风险中立者,百分之百地承受风险当然不会影响其行动值 $a^*(b)$ 的选择。但是,如代理人是规避风险的,则百分之百地承受风险必定会影响 $a^*(b)$ 值的决定。我们在下一节中就分析风险态度对于代理人行动 a 值的影响。

第三节　规避风险的代理人与线性契约

我们得应用第五讲里讲过的规避风险的态度的定义以及"确定性等值"(CE)的概念。

一、确定性等值的两个例子

例 1:考虑一个当事人,其效用函数为 $u(x) = \sqrt{x}$。如果 x 值有两种可能性:$x = 0$ 或 $x = 100$,并且发生这两个事件的概率都为 50%,则 $EU = \frac{1}{2}$

$$u(0) + \frac{1}{2}u(100) = \frac{1}{2} \cdot 0 + \frac{1}{2}\sqrt{100} = 0 + 5 = 5。$$

因为"确定性等值"("CE")满足 $u(\text{CE}) = \text{EU}$，所以

$$\sqrt{\text{CE}} = \text{EU} = 5$$

可解出　CE = 25。

再考虑一个例子：

例 2：一个人的效用函数是 $u(x) = -e^{-rx}$。这个函数有一个很好的性质，就是可以用 r 值来衡量当事人对风险的规避程度。由于绝对风险规避程度可以由 $-\dfrac{u''(x)}{u'(x)}$ 来定义，而这里

$$u'(x) = re^{-rx} \tag{E.1}$$

$$u''(x) = -e^{-rx} \cdot (r^2) \tag{E.2}$$

因此

$$\frac{-u''(x)}{u'(x)} = r \tag{E.3}$$

即 r 值代表当事人对风险的规避程度。如 $r=0$，则说明当事人不规避风险，但也不喜欢风险，是风险中立者。$r > 0$ 则代表其是讨厌并规避风险的。$r < 0$ 代表其是喜欢冒险的。

如果 x 的分布服从正态分布，且其均值为 m，方差为 v，则可以证明

$$\text{EU} = \int_{-\infty}^{\infty} -e^{-rx} \cdot \frac{1}{\sqrt{2\pi v}} \cdot e^{-\frac{(x-m)^2}{2v}} \cdot dx \tag{E.4}$$

$$= -e^{-r\left[m - \frac{rv}{2}\right]}$$

运用"CE"的定义

$$\text{EU} = u(\text{CE})$$

我们会得到

$$-e^{-r(\text{CE})} = -e^{-r\left[m - \frac{rv}{2}\right]} \tag{E.5}$$

即

$$\text{CE} = m - \frac{rv}{2} \tag{13.17}$$

式(13.17)是具有非常明确的经济含义的：即如一个当事人的效用函数为 $u(x) = -e^{-rx}$，$r > 0$，则即使某项投资的期望收益为 m，他仍会认为该投资的完全确定的值 $\left(m - \dfrac{1}{2}rv\right)$ 是小于期望收益 m 的。这也就是说，$\dfrac{1}{2}rv$ 是风险升水。请注意，绝对风险规避系数 $r > 0$ 会使期望收入 m 再打折扣。

二、规避风险的代理人在线性契约下的行动值 a 的最优选择

1. 规避风险的代理人

考虑一个代理人,其效用函数为 $u(x)$,而其得益为 $w - C(a) = s + b \cdot y - C(a)$,这是线性契约下代理人的得益。如存在最优行动值 $a^*(b)$,则 $a^*(b)$ 应满足

$$w - C(a^*(b)) = s + b[a^*(b) + \varepsilon] - C[a^*(b)] \quad (13.18)$$

由于 ε 是正态分布,$\varepsilon \sim N(0, \sigma^2)$,所以

$$E[w - C(a^*(b))] = s + ba^*(b) - C[a^*(b)] \quad (13.19)$$

$$\mathrm{Var}[w - C(a^*(b))] = b^2\sigma^2 \quad (13.20)$$

现在假定代理人是一位风险规避者,其效用函数为 $u(x) = -e^{-rx}$,运用公式 $(13.17)\left(\mathrm{CE} = m - \dfrac{1}{2}rv\right)$,我们把 x 看作是 $[w - C(a^*(b))]$,又由于 $E(x) = m$,$\mathrm{Var}(x) = v = b^2\sigma^2$,从而有 $E[w - C(a^*(b))] = m$,$\mathrm{Var}(w - C(a^*(b))) = v$,则我们得到(由公式(3.17))

$$\mathrm{CE}(s, b) = \underbrace{s + ba^*(b) - C[a^*}_{E(x) = m(\text{公式}(13.19))}(b)] \underbrace{- \frac{1}{2}rb^2\sigma^2}_{-rv/2(\text{``}v\text{''}\text{用公式}(13.20))}) \quad (13.21)$$

在这种情形下,如何确定最优线性契约呢? 委托人的目标是使 $\mathrm{EU}(y - w)$ 极大,而代理人的目标是使 $\mathrm{EU}[w - C(a)]$ 极大,并且代理人还要求不能使 $\mathrm{EU}[w - C(a)]$ 低于某一个确定性等值CE,否则,代理人会辞职不干。这里的CE是经理市场上别的单位有可能付给经理的酬金的确定性等价。

2. 风险中立的委托人

如果委托人仍是风险中立者,则对委托人来说,$\max\limits_{s,b} \mathrm{EU}(y - w)$ 其实便是 $\max\limits_{s,b} E(y - w)$,即让其利润的期望值极大化。但 $y - w = y - (s + by) = (1 - b)y - s$,所以,委托人的预期利润 $E(\pi)$ 为

$$E\pi(s, b) = (1 - b)a^*(b) - s \quad (13.22)$$

3. 代理人回避风险时委托—代理问题的结构

委托人在整个博弈中具有“先走一步”的优势,因他可以审时度势来决定是否与代理人签订合约,并且决定该签订什么样的合约(s 值该多高? b 值该多高?)? 但是委托人在追求其自身的期望利润极大化时,会受到两种制约:一种是代理人的个人理性制约(individual rationality);另一种是对代理人的激励相容(incentive-compatibility)制约。这样,“委托—代理”理论结

构就可以表达为

$$\max_{\{s,b\}}\left[(1-b)a^*(b)-s\right] \tag{13.23}$$

$$s.t. \quad \max_a\left[s+ba(b)-C[a(b)]-\frac{1}{2}rb^2\sigma^2\right] \tag{13.24}$$

$$s+ba(b)-C(a(b))-\frac{1}{2}rb^2\sigma^2\geqslant \underline{CE} \tag{13.25}$$

其中,式(13.24)是"激励相容"约束,即让代理人自己去选行动值 a,使其期望的边际效用值达到最大,这里式(13.24),代理人的 EU 已经用其 CE 代替了,这样会简化求解过程。

式(13.25)是"个人理性"约束,即委托人得保证让代理人不跳槽,安于经理岗位,这便要求使 CE $\geqslant$ CE。个人理性约束又称"参与约束"。

由上述形式给出的问题结构可以用"反向归纳"法来求解,即让代理人选一个最优的 $a^*(b)$ 满足(13.24)式,然后委托人在满足(13.25)式的前提下解(13.23)式的问题。

如果 $C(a)=\frac{1}{2}a^2$,即

$$C'(a)=a \tag{13.26}$$

则从(13.24)式,可得

$$C'(a)=a=b \tag{13.27}$$

注意,在代理人求最优 a 时,b 是给定的值。所以,$C(a(b))$ 只对 a 求导。

取与(13.25)式相联的拉氏乘子为1,再令 CE $=0$,考虑到式(13.21),则整个"委托—代理"问题转化为

$$\max_{\{b\}}\left[V=(1-b)a^*(b)-s+CE(s,b)\right] \tag{13.28}$$

$\Longleftrightarrow$

$$\max_{\{b\}}\left[a^*(b)-C[a^*(b)]-\frac{1}{2}(rb^2\sigma^2)\right] \tag{13.29}$$

这里,$a^*(b)$ 表示,在(13.27)式的前提下,$C'(a)=a=b$ 是式(13.24)得以实现的一个必要条件。

显然,让式(13.29)对 b 求一阶导条件,可以确定对委托人来说最优的激励系数 b^*

$$b^* = \frac{1}{1 + \sigma^2 r} \tag{13.30}$$

式(13.30)是对委托人来说最优的激励系数。这里可以引出三个结论：

第一，如 $b = 0$，$\Rightarrow r \to \infty$，则意味着代理人连一点点承受风险的能力也没有，企业应完全由所有者自己经营，或由国家完全保下来，但激励机制系数 b 也应为零。

第二，如 $b = 1$，则 $r = 0$。这说明，如企业家(代理人)对风险是中立的，激励系数 b 可以达到 $b = 1$，即达到最最好(first best)的状态。

第三，如 $r > 0$，即如果代理人是规避风险的，则随着规避风险的系数 r 上升，委托人对其激励的系数 b 应相应调低。这实质上等于说，在激励机制中应包括代理人承受风险的责任；你若想依赖所有者，不愿承担风险，则 b 值要下调，通过 b 下调来强迫你分担 $r > 0$ 所代表的风险责任；你若愿承受风险($r = 0$ 或 r 接近于 0)则 b^* 可以接近于 1。从这个意义上说，公式(13.30)是激励与风险分担相结合的一种机制的表达式。

以上的讨论仅仅是在"线性契约"的前提下进行的。讨论的结论说明，如果 $r > 0$(代理人规避风险)，则最优线性契约中的激励系数 b 就要因 r 上升而调低。这就是许多"委托—代理"文献中所强调的风险规避程度(r)与激励(b)之间的"得失权衡"(trade-off)问题。在代理人的行为(a)看不见的条件下，委托人通过提高"b"的值，试图让代理人多努力一些；但是，由于代理人害怕风险，他对投资(付出"a"这一努力水平)的评价远低于努力的期望报酬水平，这"低于"的距离为 $\left(\frac{1}{2} rb^2 \sigma^2 \right)$。若 $r = 0$，代理人对风险中立，上述差距就完全消失，则委托人设定 b 越靠近 1，对努力(a)的激励会越大。但如 $r > 0$，则代理人的风险规避程度会抵消"b"的激励作用。不但如此，在 $r > 0$ 的前提下，b 越高，风险升水 $\left(等于 \frac{1}{2} rb^2 \sigma^2 \right)$ 的作用会越大，代理人会越是对投资失去动力。这就是"风险规避"这一因素对最优契约问题所产生的损失。

从而，道德风险(moral hazard)的问题之所以会带来效益损失，其原因主要有两方面：第一，对代理人行为(a)看不见；第二，代理人对风险规避。若只有第一方面的问题，可以通过设 $b = 1$ 来解决问题；若只有第二方面的问题，可以设 $b = 0$ 又附之以加强对代理人的监督来解决问题。问题正在于，现实生活中的代理问题是上述两方面原因共同存在，从而，我们就难以找到一个两全其美的办法。

还应指出，"线性契约"形式本身是有效率损失的。但仔细分析非线性的契约形式,已超出了本课程的范围。

参考阅读文献

1. Arrow, K.J. (1965 年): *Aspects of the Theory of Risk Bearing*. Helsinki: Yrjö Jahnssonin Säätiö.

2. Arrow, K.J. (1974 年): "Optimal Insurance and Generalized Deductibles". *Scandinavian Actuarial Journal* (1):1—42.

3. Dréze, J.H. (1958 年): "Individual Decision Making Under Partially Controllable Uncertainty". 未出版的博士论文, Columbia University.

4. Dréze, J.H. (1987 年): *Essays on Economic Decisions Under Uncertainty*. Cambridge: Cambridge University Press.

5. Grossman, S. 与 O. Hart(1983 年): "An Analysis of the Principal-Agent Problem". *Econometrica* (51):7—45.

6. Holmstrom, B. (1979 年): "Moral Hazard and Observability". *Bell Journal of Economics* (10):74—91.

7. Mirrless, J.A. (1975 年): "The Theory of Moral Hazard and Unobservable Behaviour: Part I". 公开发表于 *Review of Economic Studies* (1999 年) (66):3—61.

8. Mirrless, J.A. (1976 年): "The Optimal Structure of Incentives and Authority within an Organization". *Bell Journal of Economics* (7):105—131.

9. Ross, S. (1973 年): "The Economic Theory of Agency: The Principal's Problem". *American Economic Review* (63):134—139.

10. Shavell, S. (1979 年): "Risk Sharing and Incentives in the Principal and Agent Relationship". *Bell Journal of Economics* (10):55—73.

习　　题

1. 一家厂商的短期收益由 $R = 10e - e^2 x$ 给出,其中 e 为一个典型工人(所有工人都假设为是完全一样的)的努力水平。工人选择他减去努力以后的净工资 $w - e$(努力的边际成本假设为1)最大化的努力水平。根据下列每种工资安排,确定努力水平和利润水平(收入减去支付的工资)。解释为什么这些不同的委托—代理关系产生不同的结果。

(1) 对于 $e >= 1, w = 2$;否则 $w = 0$。

(2) $w = R/2$。

(3) $w = R - 12.5$。

2. 假定有几位企业家,每位企业家都有一个投资项目。每个项目的回报,R,是服从于 $[a, b]$ 上的均匀分布的,这里 $a = 100, b = 150$。每个项目的成本为100,而所有的企业家都没有自有资金。若银行向企业家贷款,银行是委托人,企业家则成了代理人。银行为了观察与监督企业家对资金的使用情况,则要在每一项目上花费5(观察的成本)。

问:

(1) 项目的期望毛回报 $E(R)$ 为多少?

(2) 如果银行需要以 25% 为利率去吸引存款,上述项目能从银行贷到资金吗? 请说明你的理由。

(3) 如银行以 10% 的利率去吸引存货,又要监管所有项目,则银行从项目的回报 R 中要分多高的百分比才能使银行收支相抵?

(4) (3)问中的分享合约在有监督成本的条件下能产生纳什均衡吗? 为什么?

3. 考虑一个道德风险模型。在这里,所有者是风险中立的,而代理人的偏好是被定义于其收入 w 的均值与方差以及其付出的努力 e 之上的,代理人的期望效用为

$$E(u) = E(w) - \phi \text{Var}(w) - g(e)$$

这里,$g(e)$ 代表代理人的努力成本,且 $g'(0) = 0$;$g'(e), g''(e), g'''(e) \gg 0$ 当 $e > 0$ 时;并且 $\lim_{e \to \infty} g'(e) = \infty$。$e$ 的可能值为 $e \in \mathbf{R}_+$。利润 π 是取决于 e 的,并且 π 服从正态分布,其均值为 e,方差为 σ^2。

(1) 考虑线性契约:$w(\pi) = \alpha + \beta\pi$,证明:当 $w(\pi), e$ 与 σ^2 给定时,代理人的期望效用为

$$\alpha + \beta e - \phi\beta^2\sigma^2 - g(e)$$

(2) 推导:当 e 可观察时的最优契约。

(3) 当 e 是不可观察时,请导出最优线性契约。

4. 考虑下列"道德风险"模型:代理人的行为有三种可能:$E = \{e_1, e_2, e_3\}$;而利润 π 的结果只有两种:$\pi_L = 0$ 与 $\pi_H = 10$。高水平的 π_H 是取决于努力水平 e 的,具体的条件概率为

$$f(\pi_H \mid e_1) = \frac{2}{3}$$

$$f(\pi_H \mid e_2) = \frac{1}{2}$$

$$f(\pi_H \mid e_3) = \frac{1}{3}$$

代理人的努力成本函数是

$$g(e_1) = \frac{5}{3}$$

$$g(e_2) = \frac{8}{5}$$

$$g(e_3) = \frac{4}{3}$$

代理人的效用函数为 $v(w) = \sqrt{w}$,并且代理人的保留效用为 $\underline{u} = 0$。

求解:

(1) 当 e 是可观察时,什么是最优契约?

(2) 证明:若 e 不可观察,则 e_2 是不会被代理人付诸实施的。$g(e_2)$ 要等于多少才

能使 e_2 被代理人付诸实施?（提示：应关注在 e_2 时,什么是代理人的效用水平,而不要只看其工资水平。）

（3）假定 $g(e_1)=\sqrt{8}$,且 $f(\pi_H|e_1)=x\in(0,1)$,如果 e 是可观察的,什么是当 $x\to 1$ 时的最优契约?

5. 考虑下列基本的代理人模型

$$y = k \cdot a + \varepsilon \qquad (\varepsilon \sim N(0,\sigma^2))$$

这里,y 为代理人对委托人的贡献,a 是代理人的努力程度,$k>0$ 为参数(k 可代表委托人为代理人所创造的工作环境与技术装备,k 越高,则给定 a 会产生更大的贡献。）。

又假定,委托人与代理人都是风险中立的。代理人的努力成本函数为 $C(a)$。

求解：

（1）假定委托人与代理人之间签订一个线性合约： $\qquad w = s + by$

代理人会采取什么行动?

代理人的行动"a"会如何随 b 而发生变化?

代理人的行动会如何随 k 而发生变动?

（2）现在假定代理人的效用函数形式为

$$u(x) = -e^{-rx}$$

又假定代理人的努力的成本函数为 $C(a) = \frac{1}{2}a^2$。

证明：最优线性契约中的激励系数 b^* 必满足

$$b^* = \frac{k^2}{k^2 + r\sigma^2}$$

6. 与第 5 题的情况类似,代理人对委托人的贡献为

$$y = a + \varepsilon \qquad (\varepsilon \sim N(0,\sigma^2))$$

委托人与代理人都对风险中立。只是代理人的努力成本函数为

$$C(a) = ma^2 \qquad (m>0)$$

问：

（1）若委托人与代理人签订一个线性合约 $w = s + by$。代理人会采取什么样的"a"? "a"会怎样随 b 而发生变动? "a"会如何随 m 而变动?

（2）现在假定,代理人是风险规避型的,其效用函数为 $u(x) = -e^{-rx}$。

证明：在最优线性契约中,激励系数 b^* 必满足

$$b^* = \frac{1}{1 + 2mr\sigma^2}$$

第十四讲　信息不对称、逆向选择与信号博弈

第十三讲我们所分析的问题是"隐蔽的行动"(hidden action)，在这一讲，我们将来分析另一类问题，叫"隐蔽的信息"(hidden information)。隐蔽的信息又称私人信息。这与"道德风险"有所区别。"道德风险"(moral hazard)是指代理人在生产过程之中可以做手脚，对他的行动委托人难以了解。隐蔽的信息是指，生产过程之外在市场上交易双方由于对所交易的对象的信息不对称而会发生的效率损失问题。

这是常见的情形：在商品市场或劳务市场上，交易的双方往往对于交易的对象具有不对称的信息。一方对于交易对象具有信息优势（又称之为有信息的一方），而另一方则在信息上处于劣势（又称之为无信息的一方）。比如，在就业市场上，一个寻找工作的人对于他自己的能力总会比雇主具有更多的信息。人才市场上之所以要讲究文凭、强调面试，就是为了降低信息不对称所引起的低效率问题发生的可能性。在产品市场上，一般地说，卖方会比买方对商品具有较多的信息。而往下我们会看到，这种信息的不对称会导致严重的后果。

这一讲分为五节。第一节给出阿克莱夫（Akerlof）模型，从次品提出"逆向选择"(adverse selection)问题。第二节到第五节，我们再分别介绍四个不同的模型，这些模型都是为了解决"逆向选择"问题，实际上是对人类在与"假冒伪劣"作斗争过程中的若干经验所进行的理论总结。

第一节　模型 1：次品(lemons)问题与逆向选择

我们从二手车市场说起。如果你买了一辆新车，才驾驶一二英里，就想卖掉它，你就不得不降很大幅度的价，才能将新车倒出手。明明是新车，为什么二手车的价要比车行中新车的价低那么大的幅度？对此有许多种解释。在这里，我们集中于 1970 年阿克莱夫（Akerlof，1970 年）的一种解释。阿克莱夫认为，一辆新车一旦从新车行中驶出，进入二手车市场，之所以会跌价，其中一个根本的原因是信息不对称：即二手车的车主对车的质量拥有比潜在的买主更多的信息；出手的这辆二手车，哪怕是刚从新车行开出的新车，也可能是次品，用美国的俚语说，是"柠檬"(lemon)。这里，关于车的质

量的信息,是私人信息,而私人信息是逆向选择问题的根源。

这一节分五个问题来分析:一、买主的决策;二、卖主的决策;三、逆向选择是如何发生的? 四、信息不对称下的市场萎缩;五、若干评论。

一、买主的决策

假定市场上有两群人,一群人是卖主,称为集团 1,集团 1 中每人都拥有一辆二手车;而另一群人为潜在的买主,称为集团 2。集团 2 中每一个潜在买主的效用函数为

$$u_2 = M + \left(\frac{3}{2}\right) q \cdot n \qquad (14.1)$$

这里 u_2 的下标“2”表示集团 2 的成员, q 表示质量(quality), n 表示购买旧车的数量。但为简单起见,我们设 n 是一个零一变量:或者买, $n = 1$;或者不买, $n = 0$。 M 表示旧车以外的消费。

每一个潜在的买者又面临以下预算约束

$$y_2 = M + p \cdot n \qquad (14.2)$$

或

$$M = y_2 - p \cdot n \qquad (14.3)$$

这里, y_2 表示集团 2 中单个成员的收入, p 表示二手车的价格。(14.2)式很清楚,潜在的买主的全部收入 y_2 不是用于买二手车,就是用于购买别的消费品;式(14.3)告诉我们,他用于二手车以外的其他消费 M 是随二手车的消费而反方向变化的。这里假定,“其他商品”的价格为 1。

请注意二手车价格 p。这里, p 是单一价格。二手车明明有不同的质量 q,为什么二手车的价格 p 是单一的呢? 这是信息不对称的结果。买主并不知道想买的二手车的质量,在买下以前,买主并不能在不同的二手车中区分出不同的质量,从而给出不同的价格。所以,二手车中鱼龙混杂,质优的车与质次的车卖一样的价。这才会产生“逆向选择”问题。

由于买主事先并不知道所买的二手车的质量,他的购买决策就具有不确定性。因此,他的决策要依赖于期望效用函数。由于(14.1)式是线性函数,这表示买主是“风险中立”的,于是,期望效用函数水平与 $u(E(g))$ 是一样的,我们可得

$$E(u_2) = M + \left(\frac{3}{2}\right) E(q) \cdot n = M + \left(\frac{3}{2}\right) \mu \cdot n \qquad (14.4)$$

在式(14.4)里, $\mu = E(q) = $ 二手车的质量均值。我们假定,买主从统计与其他信息渠道已知道二手车市场上的平均质量是 μ。

将(14.3)式代入(14.4)式,可得

$$E(u_2) = y_2 + \left[\left(\frac{3}{2}\right)\mu - p\right]n \tag{14.5}$$

买主就根据(14.5)来做决策,他决策的内容是:$n = 0$ 或 $n = 1$。即:是不买二手车,还是买下二手车?

显然,由(14.5)式,当且仅当

$$\left(\frac{3}{2}\right)\mu \geqslant p \tag{14.6}$$

潜在的购买者才会买下二手车。

二、卖主的决策

二手车的卖主也要作决策:出手不出手二手车? 他也要从自己的效用函数出发作决策。设他的效用函数为

$$u_1 = M + q \cdot n \tag{14.7}$$

其预算约束为

$$y_1 = M + p \cdot n \tag{14.8}$$

或

$$M = y_1 - p \cdot n \tag{14.9}$$

这里,式(14.7)中的 u_1 下标"1"表示卖主属于第 1 集团。但请注意,在(14.7)式中,卖主对二手车的质量评价系数为 1,而在(14.1)式里,买主对二手车的质量评价系数为 $\left(\frac{3}{2}\right)$,这说明,买主对二手车的需求更为迫切。本来,如果 q 的信息是公开的,则若 p 在 $1 < p < \frac{3}{2}$ 之间,二手车的交易会让买主与卖主"双赢"的。问题正在于,q 的信息是隐蔽的、私人的,不对称的,这才会阻碍正常交易的进行,妨碍了有效率的资源配置的实现。

我们来看卖主的决策。从式(14.7)出发,由于 q 对于他来说是确定的,所以无须取期望效用函数,(14.7)式便是他决策的基础。将式(14.9)代入(14.7),便有

$$u_1 = y_1 + (q - p)n \tag{14.10}$$

显然,当且仅当

$$q > p \tag{14.11}$$

卖主应当不卖($n = 1$),这才会增加自己的效用。这也就是说,当且仅当

$$q \leqslant p \tag{14.12}$$

时,才有 $n = 0$,即"出手"二手车。

式(14.12)是卖主出卖二手车的充分必要条件。

三、逆向选择是如何发生的?

从公式(14.6)与公式(14.12),我们可以明显地看到买主与卖主在二手车的交易过程中之所以有问题,是由于 μ 不等于 q。μ 是质量的均值,q 是真实的质量。现在,我们来分析一下,由于 μ 与 q 之间的不相等,会怎样引发逆向选择?

这要对 q 的概率分布作一个假设。在阿克莱夫 1970 年那篇论文中,假定 q 是服从均匀分布的。这里,均匀分布的经济含义是,买主在二手车市场上,挑到坏车的概率密度与挑到好车的概率密度是一样大的。设 q 在 $[0,2]$ 上服从于均匀分布,则 $q=0$(极端的坏车)与 $q=2$(质量最好的车)的概率密度就都为 $\frac{1}{2}$。

先看买者能出多高的价?

遵从公式(14.6),当买者知道 q 在 $[0,2]$ 上服从均匀分布,马上就知道 $\mu=1$,因此,其最高的买入价为 $p=\frac{3}{2}$(请读者按均匀分布,求出 $\mu=1$)。[①]

一旦买主给出了二手车的最高买入价 $p=\frac{3}{2}$,卖主会怎么反应呢? 按公式(14.12),只有当质量 $q \leqslant \frac{3}{2}$ 时,卖主才会出手自己的车。于是,二手车的质量的分布立即会从

$$q \sim U[0,2] \tag{14.13}$$

退化为

$$q \sim U\left[0, \frac{3}{2}\right] \tag{14.14}$$

这里,U 表示均匀分布。

从(14.13)式到(14.14)式的转换,就叫"逆向选择"。本来,二手车的概率分布是均匀地分布在 $[0,2]$ 之间,这是质量的原始分布。但一旦买主由于信息不完全只能根据 $\mu=1$ 来决定买入价 p,$p=\frac{3}{2}$,那么,质量 q 大于 $\frac{3}{2}$ 的卖主就会退出市场,拥车不卖。于是,剩下的二手车的概率分布只能均匀地落在 $\left[0, \frac{3}{2}\right]$ 之间了。这是第一次逆向选择。

---

① $\mu = \int_0^2 \frac{1}{2} dq = \frac{1}{2}(2-0) = 1$。按公式(14.6),$\frac{3}{2} \mu \geqslant p$,可知最高的买入价为 $\frac{3}{2}$。

问题更在于,还有第二次、第三次…第 n 次逆向选择。我们看第二次逆向选择的发生过程:

在第二个交易回合中,买主根据质量 q 在 $\left[0, \dfrac{3}{2}\right]$ 上均匀分布的知识,马上推知 $\mu^{(2)} = 0.75$(这里 $\mu^{(2)}$ 中上标"(2)"表示第 2 个交易回合),仍由公式(14.6),可知

$$p^{(2)} = \frac{3}{2} \cdot (0.75) < \frac{3}{2}$$

而一旦买主给出了价格为 $\left[\dfrac{3}{2}(0.75)\right]$,根据公式(14.11),则二车手质量 $q > \left[\dfrac{3}{2}(0.75)\right]$ 的卖主又会退出市场,则 q 的分布会进一步退化为

$$q \sim U\left[0, \frac{3}{2}(0.75)\right] \tag{14.15}$$

如此反复,好车会逐渐走光,二手车的平均质量会日益降低。这就是逆向选择。

四、逆向选择背景下的市场均衡

上述逆向选择过程有止境吗? 在我们举的这个例子中,是有止境的。这个止境若存在,便可称为是逆向选择下的市场均衡。

我们从上述讨论中不难推知,一方面,买者是根据公式(14.6)来决定买入价的

$$\left(\frac{3}{2}\right)\mu \geqslant p \tag{14.6}$$

而另一方面,二手车市场上的车质量 q 的平均质量 μ 是卖主根据买主出价 p 而供车的行为来决定的,这就是说,p 的给出实质上参与了 μ 的决定过程。由于($q > p$)的好车会退出市场,所以,在每一次交易中,二手车的质量均值 μ 必然等于

$$\mu = \left(\frac{1}{2}\right) \cdot p \tag{14.16}$$

但是,把(14.16)式代入(14.6),去解 p,则 p 没有正值解,只有 $p = 0$ 才是均衡解。但 $p = 0$,意味着 $q = 0$(按公式(14.12)),$\mu = 0$。这也就是说,逆向选择的过程是:在价格 p 给定后,好车逐渐退出市场→买主出价越来越低→次好车又进一步退出市场→买主出价更低→二手车平均质量更低→…→$p = 0$,$q = 0$。

这个均衡结果的含义很明白:最后没有交易,市场彻底萎缩。

如果关于质量 q 的信息是公开的,买主对 q 一目了然,就不会发生 μ 与 p 之间的恶性循环。对于任何一辆二手车 i,由于买主的购买的充要条件是

$$\left(\frac{3}{2}\right) q_i \geqslant p_i \tag{14.17}$$

而卖主出手的充要条件是

$$q_i \leqslant p_i \tag{14.12'}$$

因此,只要 p_i 满足

$$q_i < p_i < \left(\frac{3}{2}\right) q_i \tag{14.18}$$

则买卖双方都会有净的收益,是双赢。但信息不对称,就断送了这种增进双方利益的机会。

五、若干评论

我们在前面给出了阿克莱夫模型的主要框架与基本发现。这是信息经济学中里程碑式的贡献。这里应注意:

(1) 逆向选择的后果是整个市场萎缩。其原因是信息不完全、信息是私人变量(不公开),结果是市场失去了互利互惠的机会。这里,我们不妨想一下这样一个问题:如果信息不对称造成的假冒伪劣市场,按阿克莱夫的论证,一定会造成市场萎缩,那么,像中国假冒伪劣市场近十年来不仅不萎缩,反而日益猖獗的现象,就决不仅是信息不对称可以说明与解释得了的。如果信息不对称产生的逆向选择会使市场萎缩,那么,假货市场早该闭门才是,为什么如今还如此盛行? 阿克莱夫是假定在完全竞争的市场结构下,没有一方具有市场权势。而中国呢? 假货背后难道没有权势保护?

(2) 这一节最后给出的在逆向选择条件下市场彻底萎缩($p=0$, $q=\mu$ $=0$)的均衡结果是带特殊性的,其特殊性是由特定的效用函数 u_2 与 u_1 的形式决定的。若 $u_2 = M + 3qn$(u_1 仍等于(14.7)式),则有"当且仅当($3\mu \geqslant p$),买者才买二手车"的结果;与卖主供车的平均质量 μ 的公式 $\mu = \left(\frac{1}{2}\right) p$ 相结合,则会得出正值的 p 的均衡值,从而会有正值的交易额。

均衡的最后结果也与 q 的分布区间有关。若 $q \sim U[t, 2]$,这里 $t > 0$ 是一个参数,则不难证明,当 $u_2 = M + \left(\frac{3}{2}\right) q \cdot n$ 时,市场均衡的最后仍会有正值的交易,市场不会完全萎缩(见本讲习题中的第1题)。

(3) 在这一节的讨论中,信息不对称是指供货者知道物品的质量 q,并

且他是按买者出的价 p 来供给低于 p 的次质商品。这与我们在日常生活中商店供货应有所区别。在日常生活中,如果百货商店的管理人员本身并不知道所进的货的质量,便不会发生这一节讲的逆向选择问题。二手车市场上的逆向选择之所以会发生,是由于"双向的"逆向选择:一旦买者给出了价格 p,卖方就只供 $q \leqslant p$ 的劣质产品;然后买方再降低价格…。这里的关键是卖方对所供货的质量 q 可以选择,使 q 的选取发生有偏取样过程($q \leqslant p$)。读者可以证明,若供货的商家对 q 并不知道,或并不比买者具有更多的信息,则在公式(14.2)—(14.9)的假定下,最后市场均衡的结果不会是 $p=0$,$q=\mu=0$(见本讲习题第 2 题)。

(4) 阿克莱夫模型的一个结论是,二次车的价格比新车价格低,这是有理由的,理由之一便是,这可以阻止有车族"套利"。设想一下,如果一辆新车开了几天以后仍可按原价出售,那么,新车的所有者一旦发现该车有问题就以原价在二手车市场上转手,再买进一辆新车。对第二辆新车,如无问题,他会保持不转手,如有问题,还可以按原价再转手,…这样下去,这位新车族成员就可以一直通过类似"套利"的办法来换车,从而逐渐使自己的车的质量升级,而这显然是不正常的。二手车调低价,就可以从价格上阻截这种套利行为,你换车应该付出代价。

(5) 也许有人会说,二手车市场上有不同种的二手车,买主给出的也不只是一个价,对不同的车型,对同型但驾驶里程不等的二手车,价钱并不同。这是对的,阿克莱夫模型只是针对同一种车型且假定里程、外表差不多的二手车的,把它看作是一个市场,市场中产品之间的差别仅在于隐蔽的质量 q。实质上,阿克莱夫的模型的贡献之一正在于,把人们以为难以量化的质量 q 模型化,这为分析品牌、声誉的经济效应提供了理论框架。

(6) 在阿克莱夫模型里,市场失灵的根源在于价格充当了双重功能:一方面,价格决定了供货者的产品的平均质量;另一方面,价格又决定了二手车质量在供求之间的均衡。一旦需求方给出的价格会使质量优于该价格条件的产品(商品)退出市场,则市场均衡时(即无人进入也无人退出)的平均质量必然已让价格这一门槛截低了许多。

(7) 阿克莱夫模型实质上给出了解决"武大郎开店"式的逆向选择问题的处方:买方给出的价格是与市场产品的平均质量正相关的,即 $\mu = \frac{1}{2} p$。你需求者给出多大的 p,则供货者提供的平均质量在均匀分布条件下就在价格的中位点上。若想打破逆向选择,需求方的出价应该适当提高。当然,这里所谓的出价不一定指金钱。

（8）当然,还有另外的解决逆向选择的办法。在阿克莱夫模型中,买方是由于不知道自己想买的二手车的真实质量,才只好以二手车市上的平均质量 μ 乘上自己的偏好强度 $\left(\dfrac{3}{2}\right)$ 来定价。这当然会排斥质优的产品。个中的原由是买者对供货者的质量不信任。若通过合约与别的法律形式对质量做出保证或承诺,或者,如通过仔细鉴别对供货的质量仔细挑选,这便会大大降低质量的不确定性,从而使价格与 $\left(\dfrac{3}{2}q\right)$ 之间的距离越来越小,这才能提高效率。可见,"按质论价",这虽然被我们讲了几十年,但在质量不确定的条件下,是谈不上按质论价的。实际生活中往往只能是买方"猜质给价",卖方"按价供质"。人心隔肚皮,买卖双方猫腻越多,则质量会越来越次。开诚相见是上策。但要做到开诚相见,需要合理的机制。

第二节　模型2：价格作为质量的信号

该模型由萨洛普(Salop, 1977 年)("The Noisy Monopolist". *Review of Economic Studies* (44)：pp.393—406)以及萨洛普与斯蒂格茨(Stiglitz, 1977 年)("Bargains and Ripoffs：A Model of Monopolisticablly Competitive Price Dispersion". *Review of Economic Studies* (44)：pp.493—510)。这是一个一时期的模型。一般说来,如果时期只有一期,则供货者会打一枪换一个地方,最无动力去改进质量。但萨洛普与斯蒂格茨发现,即使在一期内,也有可能存在改进质量的机制。这个机制便是：在同一时期内,消费者对于同一商品的信息不均匀,有的人知道了商品质量,另外的人尚无该商品的信息,通过有信息的人对无信息的人发出的正的外在性,可以迫使垄断者去改进质量。

设在一时期内,已有 α 部分的消费者完全获知了商品的信息,α 为外生。假定消费者的偏好为

$$u = \theta s - p \qquad (14.19)$$

这里,$s=1$ 或 $s=0$,如 $s=1$,表示质优,则生产成本 $c_1>0$;如 $s=0$ 表示质次,则生产成本 $c_0\in(0,1)$。假定 $\theta>c_1$,表示优质品是社会需要的。

对于 α 这一部分消费者来说,当他们发现 $s=1$(质优)时,就愿意付 $p=\theta$ 去购买;当他们发现 $s=0$,就不会买,另外 $(1-\alpha)$ 部分的消费者只有当他们购买了商品之后才能知道 商品的质量。因此,有信息的群体只有当他们知道 $s=1$ 时才购买。假定垄断者的索价 $p\in[0,\theta]$,如果有信息的人群 α 买了,那一定表示该物是优质品,所以成本 $c=c_1$,垄断者从 α 群体上获

取的利润为 $\alpha(p_1 - c_1)$。

再考虑没有信息的那部分 $(1-\alpha)$ 消费者的行为,看看他们会不会买?

首先设他们不会买。于是,垄断者所面临的需求只从 α 这一部分消费者来,垄断者的最优选择当然是提供高质品 $(s=1)$,只要 $p \geqslant c_1$;否则无人会买,垄断者的利润会等于零。但既然垄断者必定提供 $s=1$,那么没有信息的消费者应该是期望质量为优才符合逻辑 $\Rightarrow$ 他们 $((1-\alpha)$ 的群体$)$应该购买才对。$\Rightarrow$ 矛盾。

因此,我们应假设 $(1-\alpha)$ 这一部分消费者也是购买的。这样,垄断者的利润为

$$\alpha(p - c_1) + (1-\alpha)(p - c_1) = p - c_1 \quad (\text{如果他提供了优质})$$
$$(14.20)$$

或者,利润为

$$(1-\alpha)(p - c_0) \quad (\text{如果他提供了次质品}) \quad (14.21)$$

显然,当且仅当

$$p - c_1 \geqslant (1-\alpha)(p - c_0) \quad (14.22)$$

就是说

$$\alpha p \geqslant c_1 - (1-\alpha)c_0 \quad (14.23)$$

时,垄断者才改进质量,使 $s=1$。

从 "$\alpha p \geqslant c_1 - (1-\alpha)c_0$" 中可以得出两个重要的结论:

(1) 只有当价格 p 足够高时,垄断者才有动力去改进质量。因为当价格高时,垄断者如提供质次品 $(s=0)$,那么,他就会担心失去市场所造成的损失。于是,高价这一事实会使提供质次品的做法降低吸引力。正是在这个意义上,我们可以说,当社会存在着 α 的有信息者时,对于无信息的消费者来说,价格高是一个质优的信号。

在均衡点,垄断者可以索价达 $p=\theta$ 这个上确界,把此代入(14.23)式,就可知,如果

$$\alpha\theta \geqslant c_1 - (1-\alpha)c_0 \quad (14.24)$$

垄断者会提供优质品。

"$\alpha\theta \geqslant c_1 - (1-\alpha)c_0$" 的含义与 "$\alpha p \geqslant c_1 - (1-\alpha)c_0$" 有一点不同:"$\alpha\theta \geqslant c_1 - (1-\alpha)c_0$" 表示,如果消费者的偏好强($\theta$ 高),且有信息的人的比重高(α 高),那么,垄断者就一无动力去骗,二是不敢去骗。因此,我们有第二个结论:

(2) 如果 α 越高,则垄断者越有可能去提供优质品 $(s=1)$。这说明,提

高消费者对于商品信息的普及率,可以有效地防止假冒伪劣。这也是为什么要鼓励出版"消费者报告"之类读物的原因。因为提高 α 的比重,不光有利于 α 这一部分群体,而且它抑制了垄断生产者制造次质品的企图,造福了全体消费者。这便是 α 的正的外在性。

第三节　模型 3：文凭的信号模型

这个模型是斯宾塞(Spence)在 1974 年提出来的(见其著作: *Market Signalling*. 哈佛大学出版社 1974 年版)。模型指出了一个人接受教育的程度在劳动就业市场上的作用。该模型的一个基本假定是：一个人如果能干的话,则意味着其在升学、毕业的竞争过程中也可轻而易举;反过来,如果一个人在升学与毕业的竞争过程中遭到淘汰,则说明这个人的能力有问题。因此,一个具有较高生产率的人会选择攻读高学位作为其信号,向雇主显示自己具有较高的生产能力,使雇主对其支付较高的工资。如果这种较高等级的文凭确实代表较高的生产能力,那当然不错。但是,即使高文凭并不一定会带来较高的生产能力,即使高的教育程度对生产并没有实际的作用,文凭本身也具有分离劳动力的作用,会改变劳动市场的配置。

一、受教育的成本

假定劳动力的生产能力可分为高(H)与低(L)两类。又设如果是高能力的劳动者,其为企业的贡献为 $y=2$;而低能力的劳动者对企业的贡献只为 $y=1$。如果企业是了解劳动者的生产能力的,如果别的企业也是如此了解劳动者的,那么,通过劳动力市场上企业之间的竞争,工资标准可以达到：对高能力的劳动者,企业支付工资 $w=2$;对低能力的劳动者,企业则支付工资 $w=1$。问题在于,企业在雇工人时,并不能观察到劳动者的生产能力(这个假定是比较符合客观事实的),因此,企业必须借助于一些可信的信号来识别劳动者的能力。而文凭就是这样一类比较可信的信号。

为什么文凭这一信号比较可信呢？

假定所有的劳动者都在参加 MBA 课程项目的训练,但是,人与人之间仍会有差别。有人会报考入学要求高一些的名牌大学,有人会报考入学考试比较容易的学校;有人会力求门门功课都获优秀,有人则只求通过考试。这里的差别就是教育上的差别,我们假定教育上的差别可以用"教育成本"来表示。

什么是教育成本呢？这里仅指一个人为了完成某一个 MBA 项目,获得毕业证书所付出的努力成本,而不包括学费。

我们假定,对于能力较低的人来说,获得某一毕业证书,或者,为获得某一门功课成绩 A 的成本为 $C(e)=e$;但是,对于能力较高的人来说,为获得上述同样的成果,只需成本 $C(e)=ke,(k<1)$。即能力强的人的教育成本较能力弱的人的教育成本低。对于这一点,我们可以作两种解释:(1) 能力强的人能轻轻松松地拿下学位,所以其付出的努力不多。(2) 能力强的人不用全身心投在学业上,他可以边工作边上学,工作学习两不误,因此,其学习的机会成本较低。反过来,能力弱的人或者要投入相当于别人几倍的精力,或者必须全脱产全身心投入学习,因此牺牲了工资收入。这样,能力低一些的人的学习成本会相对地比较高。

二、教育的门槛水平

劳动者如获得工作,得到工资 w,则其得益为工资减教育成本,记为 $w-C(e)$;企业若雇了一位职工,职工的贡献为 y,这样,企业的得益为 $y-w$。

企业的难题是找出一个教育的门槛水平 e^*,使得企业自己能凭这个 e^* 去识别谁是能力低的,谁是能力高的。企业希望 e^* 具有下列功能,即,如劳动者的受教育程度 $e<e^*$,则该人应该是能力低的,从而付其工资为 $w=1$;如 $e \geqslant e^*$,则劳动者的能力是高的,应该付其工资 $w=2$。

如何找出这个门槛水平 e^* 呢?

企业的工资政策是只设两档工资,如果 $e<e^*$,则 $w=1$;如果 $e \geqslant e^*$,则 $w=2$。从这种工资政策出发,劳动者对教育的选择实际上也只有两种:要么是选择 $e=0$,反正工资是 1;要么是选择 $e=e^*$,这时会得工资 $w=2$。如果选择 $e>e^*$,那会白费精力,因工资仍只有 2。

为让企业的信念得到证实,我们期望能力高的劳动者(H)会偏好于 $e=e^*$,而不是偏好于 $e=0$;能力低的劳动者(L)会偏好于 $e=0$,而不是偏好于 $e=e^*$。这也就是说,能力高的人选择 $e=e^*$ 的得益应该大于其选择 $e=0$ 的得益,能力低的选择 $e=0$ 的得益应该大于其选择 $e=e^*$ 时的得益。这组激励—相容约束条件可以写成

$$\begin{cases} 2-ke^*>1-k \cdot 0 & \text{对于劳动者 } H \qquad (14.25) \\ 1-0>2-e^* & \text{对于劳动者 } L \qquad (14.26) \end{cases}$$

上两式意味着

$$\begin{cases} 1>ke^* & (14.27) \\ e^*>1 & (14.28) \end{cases}$$

所以,教育的门槛水平 e^* 应该满足

$$1 < e^* < \frac{1}{k} \qquad (14.29)$$

当这一条件满足时,企业的愿望与信念会得到实现:所有选择 $e \geqslant e^*$ 的人的的确确会是能力高的人(H);所有选择 $e < e^*$ 的人确实会是能力低的人(L)。

图 14.1 给出了努力 e,工资 w,与教育成本 $C(e)$ 三者之间的关系。从图里可以看出,能力低的人的教育成本 $C(e) = e$ 是高于能力高的人的教育成本 $C(e) = ke$ 的。工资线 $w = 2$ 只是对应于 $e \geqslant e^*$ 的状态,由于 $e = e^*$ 时,线 $w = 2$ 与 $C(e) = ke$ 的距离最长,所以,劳动者(H)只会选择 e^*。而工资线 $w = 1$ 是对应于 $e < e^*$ 的状态,能力高的人(H)固然也可以选择 $e < e^*$,但若那样,其得益是 $(1 - ke)$,会低于 $2 - ke^*$。所以,他们不会干这样的傻事。反过来,能力低的人(L)固然也可以选择 $e = e^*$,但这样一来其得益会是 $2 - e^*$,会远不如选择 $e = 0$ 时获工资 $w = 1$ 来得合算。

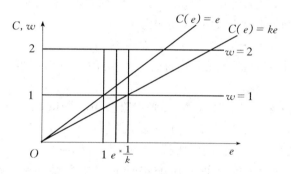

图 14.1　文凭的信号功能: $1 < e^* < \frac{1}{k}$

第四节　模型 4:保险政策的筛选模型

这一节的思想是源于罗森查德(Rothschild)与斯蒂格茨(Stiglitz)发表于 1976 年的论文——《竞争性保险市场的均衡:关于不完美信息的经济学的一篇论文》("Equilibrium in Competitive Insurance Markets: An Essay on the Economics of Imperfect Information" 载 *Quarterly Journal of Economics* (90):629—650)。其目的是为保险公司设计出一种让投保人自我选择(self select)的机制。

一、保险公司与投保人的得益(payoffs)

1. 两类投保人

假定有两类投保人,一类是风险比较高的,另一类是风险比较低的。前一类人做事比较莽撞,闯祸的概率比较高,设这类人出事故的概率为 q;而后一类人则办事比较谨慎,出事故的概率比较低,设这一类人出事故的概率为 r。这里,$0 < r < q < 1$。

设所有的投保人都有财产 w。一旦发生事故,会损失 L。因此,如果不买保险,消费者的最终财产或者为 w,或者为 $w - L$。一旦买了保险,其必然要付出保险费,记为 P。同时,保险公司还规定有一部分损失应由投保人自负,这自负部分的损失叫可减损失,记为 D(deductible)。所以,如买了保险,消费者的最终财产或者是 $(w - P)$(如事故没有发生的话),或者是 $(w - P - D)$(如事故发生)。

2. 保险公司的得益

保险公司的期望利润是取决于购买保险的顾客的类别的。如果顾客是低风险的人,则保险公司的期望利润为

$$E\pi(P, D, r) = P - r \cdot (L - D) \tag{14.30}$$

这里,$r \cdot (L - D)$ 是说,出现事故的概率为 r,而一旦出现事故,保险公司要保赔 $(L - D)$ 的金额。

同理,如投保人是高风险的人,则保险公司的期望利润为

$$E\pi(P, D, q) = P - q \cdot (L - D) \tag{14.31}$$

我们这里介绍两个保险学术语:

【定义】 统计上的公平(actuarially fair):如果某种保险政策产生了零的利润期望值,则称该保险政策为保险统计上公平的政策。

【定义】 完全保险(full insurance):如果 $D = 0$,即所有损失都由保险公司赔偿,则称该保险政策为完全保险政策。

显然,在完全保险政策下,统计公平的保险价格 P 应满足

$$P = rL \qquad \text{对于低风险的顾客} \tag{14.32}$$

$$P = qL \qquad \text{对于高风险的顾客} \tag{14.33}$$

以上是关于保险公司的得益分析。

3. 投保人的利益

假定低风险的顾客与高风险的顾客具有同样的效用函数,$u(x)$,这个效用函数呈凹性,因为在这里,消费者(顾客)是规避风险的。风险低的顾客的期望效用取决于自负部分 D,保险价格 P 与出事故的概率 r

$$EU(D, P; r) = ru(w - P - D) + (1 - r)u(w - P) \quad (14.34)$$

同理,风险高的顾客的期望效用为

$$EU(D, P; q) = qu(w - P - D) + (1 - q)u(w - P) \quad (14.35)$$

上述两类消费者由于办事的行为方式不同,气质禀赋不同,对于保险价格 P 与自负部分 D 的态度就大有差别。而这在客观上就为保险公司提供了极好的契机去筛选不同的消费者。

二、两类不同的消费者对待 P 与 D 的偏好

保险公司本不知道前来购买保险的人属于什么气质,但它可以通过设定不同的 P 与 D 的组合来筛选不同的消费者,让顾客自我选择。这里的理论依据是,由于出事故的概率不同,顾客对于 D 与 P 的偏好是不同的:谨慎的人由于自己出事故的概率小,会选择高的自负部分 D 与低的保险价格 P,因反正对他来说,出事故的可能性较低。反之,冒失的人由于出事故的概率较高,所以会喜欢选择低的 D 与高的 P 的那类组合,即宁可付较高的保险费去换得较低的自负部分风险。

这两类顾客对于 D 与 P 的偏好被描绘在图 14.2 里:

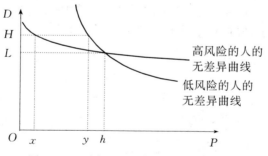

图 14.2　两类不同投保人的无差异曲线

在图 14.2 里,我们看到高风险的顾客的无差异曲线比较平坦,而低风险的顾客的无差异曲线比较陡峭。为什么会是这样?

我们从 EU 出发。

让 $EU(D, P; r)$ 对 D 求一阶导数,再让 $EU(D, P; q)$ 对 P 求一阶导数,可得

$$\frac{dD}{dP} = -\frac{(EU)_P}{(EU)_D}$$

$$= -\frac{-ru'(W-P-D)-(1-r)u'(W-P)}{-ru'(W-P-D)} \tag{14.36}$$

同理,对风险高的顾客的 $EU(D,P;q)$,我们会得

$$\frac{dD}{dP} = -\frac{-qu'(W-P-D)-(1-q)u'(W-P)}{-qu'(W-P-D)} \tag{14.37}$$

比较式(14.36)与式(14.37),可以发现式(14.37)大于式(14.36)。这就表明,尽管两类投保人的无差异曲线的斜率都为负,但风险大的顾客的无差异曲线的斜率负得少一些,因而曲线会更加平坦一些。

举例来说,我们从 (h,L) 出发,当自负率从 L 上升为 H 时,低风险的人认为这没有什么大不了的事,只要求保险价从 h 降为 y 即可。但是,对于风险大的顾客来说,一旦自负率从 L 上升为 H,则意味着风险大大上升,这时,只有保险价格从 h 下降为 x 才能抵消由于 D 上升的损失。

三、保险政策的筛选功能

基于上述讨论,我们来分析保险政策的筛选功能。保险公司对 D 与 P 可以有各种搭配,但基本原则是让自负率 D 与保险价格 P 之间存在替代关系。请看图 14.3。

图 14.3 画出了四条无差异曲线,对每一种类型的消费者都各画出两条。注意,由于 D 与 P 对于投保者都意味着损失,所以,无差异曲线越接近于原点,则越是代表高的效用水平。

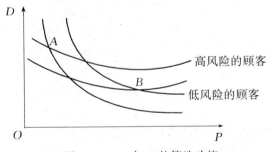

图 14.3　D 与 P 的筛选功能

考虑两个组合:A 与 B。在 A 点,保险价格比较低,但自负率比较高,这种组合往往为低风险的顾客所接受。为什么?原因在于,尽管低风险的人也可以买由 B 点所代表的保险政策组合,但对他来说,B 点处于效用水平较低的那条无差异曲线上,而 A 点则在效用水平较高的那条无差异曲线上。所以,低风险的人会选择 A。

同理，B 点会受高风险的顾客的欢迎。对他来说，A 点也可以购买，但如与 B 点相比，则 A 点代表较低效用水平。所以，风险大的顾客会放弃 A 而选择 B。

第五节 模型 5：旧车市场的均衡解

我们现在来讨论如何解阿克莱夫在 1970 年提出的旧车市场的逆向选择问题。我们的目的是想说明，如果买主对于市场上卖者的性质有一个准确的估计的话，则问题是有可能得到解决的。

一、产品质量的期望值

考虑下列例子。假定你有兴趣买一辆旧丰田车，这辆旧车已有 15 万英哩的里程。在买下这辆旧车之前，你也试了车，并没有发现它有什么毛病。我们进一步假定，这辆旧车的真实价值，记为 v，是均匀地分布于零与 10000 元之间的。你所面临的问题是：如何给出这辆旧车的价格？而这取决于你对该旧车的质量的期望值。

在决定该旧车的质量的期望值时，你应该考虑的是旧车卖主的背景。假定有 q 比例的旧车卖主是由于出国或其他原因不得不卖掉旧车，而旧车质量确实还是好的；而另有 $(1-q)$ 比例的旧车卖主则只是由于为了占价格的便宜才卖旧车的，即对这一类卖主来说，$v \leqslant p$。这里，p 表示旧车的价格。

如果你买旧车，并出价为 p，那么你可以买到该辆车的概率为

$$q + (1-q)Prob\{v \leqslant p\} = q + (1-q)\frac{p}{10000} = Q(p) \qquad (14.38)$$

在上式里，q 是指卖主中有 q 比例的人是非卖掉车不可，因此无论你出什么样的 p，他都会将车卖给你。而另有 $(1-q)$ 比例的卖主只有当你的出价 p 大于等于旧车的真实价值 v 时才会将车卖给你。因 v 服从于均匀分布，v 的定义域是 $[0,10000]$，所以 $Prob\{v \leqslant p\} = \frac{p}{10000}$。这样，从后一类旧车主手中买到车的概率为 $(1-q) \cdot Prob\{v \leqslant p\}$。

有 (14.38) 式，我们便可以估计旧车真实价值（即旧车质量）的期望值了。

首先，对于 q 比例的卖主来说，其旧车价值 v 是均匀分布于 $[0,10000]$ 之间的，因此旧车价值的期望值为 $\frac{10000}{2} = 5000$。

其次,如果出卖旧车的人是为了获得价格上的便宜,则旧车的价值必然是小于等于 p 的。由于旧车的价值 v 是服从于均匀发布的,所以,对于这一部分卖主所卖出的车来说,旧车价值的期望值为

$$E(v \mid v \leqslant p) = \frac{p}{2} \tag{14.39}$$

这样,在你可以买到旧车的全部可能性 $Q(p)$ 里,从不得不想卖掉旧车的人手中买到旧车的可能性为 $\dfrac{q}{Q(p)}$,从想占价格便宜的人的手中买到旧车的可能性为 $\dfrac{(1-q)\dfrac{p}{10000}}{Q(p)}$。从而,如果你对旧车出价为 p,则该旧车真实价值的期望值为

$$\frac{q}{Q(p)} \cdot 5000 + \frac{(1-q)\left(\dfrac{p}{10000}\right)}{Q(p)} \cdot \frac{p}{2} = Ev(p) \tag{14.39}$$

公式(14.39)便是旧车价值(或旧车质量)的期望值公式。

举例来说,你如果出价为零,即 $p = 0$,则 $Q(0) = q$,则 $Ev(0) = 5000$。这便是说,如果你出价为零,只有不得不想卖掉车的人才会将车卖给你,而那些想赚价格便宜的人早就远远走开了。这时,车的平均质量便是车的 v 的平均值5000元。你在这个场合如果买下了车,则有剩余:$Ev(0) - 0 = 5000 - 0 = 5000(元)$。

反之,如果你出价10000元,那么 $Q(10000) = 1$。这样 $Ev(10000) = q \cdot 5000 + (1-q)\dfrac{10000}{10000} \cdot \dfrac{10000}{2} = 5000(元)$。但你出价为 1 万元,所以,你会亏 5000 元。原因是,这时你的剩余为 $Ev(10000) - 10000 = 5000 - 10000 = -5000(元)$。

二、均衡价格公式

你该出什么样的价格 p 呢?

从理论上说,你的出价 p 应该满足

$$p = Ev(p) \tag{14.40}$$

为什么应满足(14.40)式? 因为,$p > Ev(p)$,你会吃亏;如果 $p < Ev(p)$,则车主会将车卖给别的买车者。

但在我们的例子里,(14.40)式意味着

$$\frac{q}{Q(p)} \cdot 5000 + \frac{(1-q)\dfrac{p}{10000}}{Q(p)} \cdot \frac{p}{2} = p \tag{14.41}$$

该式经过整理,变为

$$\frac{(1-q)p^2}{10000} + 2pq - 10000q = 0 \tag{14.42}$$

解上式,可得

$$p^* = 10000 \left[\frac{-q + \sqrt{q}}{1-q} \right] \tag{14.43}$$

公式(14.43)给出了你买旧车时应出的最优价的条件,即 p^* 取决于你对旧车市场上不得不卖掉车的人的比例的判断。如果 $q=0$,即旧车市场上所有的卖主都是为了获得价格上的便宜,则 $p^*=0$。这时,市场就会完全萎缩,与阿克莱夫所指出过的逆向选择的情形相同。

但是,如果你判断 $q=1$,即所有卖旧车的人都是由于出国或某种不得已的原因而卖旧车,则式(14.43)会变为一个不定式 $\frac{0}{0}$。这时,便要运用罗比塔法则。最后可得

$$p^* = 5000(\text{元}) \tag{14.44}$$

即 p^* 为旧车市场在正常条件下的平均真实价值。

参考阅读文献

1. Akerlof, G. (1970 年):"The Market for 'Lemons':Qualitative Uncertainty and the Market Mechanism". *Quarterly Journal of Economics* (84):488—500.

2. Hillier, B. (1997 年): *The Economics of Asymmetric Information*. New York:St. Martin's Press.

3. MolHo, I. (1997 年): *The Economics of Information*. Mass:Blackwell Publishers.

4. Rothschild, M. 与 J. Stiglitz (1976 年):"Equilibrium in Competitive Insurance Markets:An Essay on the Economics of Imperfect Information". *Quarterly Journal of Economics* (90):629—650.

5. Salop, S. (1977 年):"The Noisy Monopolist". *Review of Economic Studies* (44):393—400.

6. Salop, S. 与 J. Stiglitz (1977 年):"Bargains and Ripoffs:A Model of Monopolistically Competitive Price Dispersion". *Review of Economic Studies* (44):493—510.

7. Spence, M. (1973 年):"Job Market Signaling". *Quarterly Journal of Economics* (87):355—374.

8. Spence, M. (1974 年): *Market Signaling*. Cambridge, Mass:Harvard University Press.

9. Stadler, I. M. 与 J. D. Pérez-Castrillo (1997 年): *An Introduction to the*

Economics of Information . Oxford University Press.

习　题

1. 假定二手车的质量 q 是服从于下列均匀分布的

$$q \sim u[t, z] \qquad (t > 0)$$

证明:在本讲给出的 u_1 与 u_2 形式下(见公式(14.1)—(14.9)),

(1) 当市场价格为 p 时,平均质量必为

$$\mu = \left(\frac{1}{2} t + \frac{1}{2} p \right) \qquad (p \geqslant t)$$

(2) 市场不会彻底萎缩。

(3) 与信息完全相对照,关于 q 的信息不对称使交易缩小了多少? 使买卖双方的利益损失了多少?

2. 假定二手车市场上的质量仍服从在 $[0, 2]$ 上的均匀分布,但卖主与买主一样不知道产品质量。其他情况与本讲第一节完全一样。

证明:在以上条件下,市场均衡时会有 $p > 0, q > 0$。并且不存在逆向选择。

3. 在本讲第二节所描述的萨洛普与斯蒂格茨一时期的质量模型中,如果

$$\alpha p < c_1 - (1 - \alpha) c_0$$

证明:

在均衡时,只有无信息的那部分消费者才会购买;而垄断的供货者则在高质量与低质量之间随机选择。

4. 工人或者具有高能力(H),或者具有低能力(L)。一项高质量的教育(e)能够提高工人们的生产率(y):高能力的人受了此项教育之后的生产率为:$y = H + de$;低能力的人受了此项教育之后的生产率为:$y = L + de$。假定学费与教育质量无关,所以我们抽象掉学费。为了获得这项教育,低能力(L)的人要承受的非货币的成本为 $C(e) = e$;而对高能力(H)的人来说,该成本为 $C(e) = ke, 0 < d < k < 1$。对工人的报酬是 $W - C(e)$;而企业则获得:$y - W$。

如果企业不知道工人们的生产率。只有工人知道自己的生产率,企业则只有把受教育当作信号来辨别 H 或 L。

假定企业相信,只有 H 型的工人才会选择 $e \geqslant e^*$ 的教育,而 L 型的工人则只会选择 $e < e^*$ 的教育。那么,e^* 值应等于多少才合适?

5. 目前我国商品房交易中普遍存在着对商品房质量的信息不对称现象,即房地产开发商对商品房质量的了解程度远比购房的居民多。

(1) 假定买卖双方对商品房质量都有充分的了解,试作图说明高质量房和低质量房的市场供求状况。

(2) 在信息不对称条件下,试作图分析高质量房和低质量房的市场供求变动情况。

(3) 根据经济学原理,试简要讨论如何解决我国商品房交易中由于信息不对称造成的问题。

6. 一个消费者的初始收入为 I,如果发生事故,他会损失 L,设出现事故的概率为

θ;不发生事故的概率为 $1-\theta$。消费者在不发生事故时不会有损失。消费者是严格讨厌风险的。保险公司是风险中立者。他要求消费者在投保时付费为 p,但保证在发生事故时赔偿 s。

(1) 写出投保人的 EU;写出保险公司的期望利润。

(2) 如果保险公司要选择 s 与 p,来确保

$$\max_{s,p}(p-s\theta)$$

应该满足投保人什么样的"约束"?

(3) 解由(2)列出的数学规划,证明最优赔偿金 s 应满足: $s=L$。

7. 福格小姐计划花 10000 美元去旅行。她的效用函数形式为 $u(Y)=\ln Y$。她在旅行中丢失 1000 美元的可能性为 25%。福格小姐相当愿意为了防止在她的环球旅行中有 25% 的概率把 1000 美元现金丢失而去买保险。假如买了这种保险的人在管理现金方面都趋向于变得更粗心,那么,他们丢失 1000 美元的概率就会上升到 30%。在这种情况下,实际的公平保险费率是多少? 福格小姐现在会买保险吗? (请注意:本问题与下一个问题都涉及道德风险)

8. 我们在本讲第 4 节研究了费用分担的健康保险政策,并且表明风险厌恶者会愿意购买全额保险。然而,假定买了费用分担保险的人会更好地照顾他们自己的健康,这样,他们在生病时所遭受的损失就由 10000 美元下降到 7000 美元。现在,费用分担保险的公平价格实际上会是多少? 与全额保险相比,一些人会偏爱费用分担保险,这是可能的吗? 什么会决定个人是否会有这种偏好? (对于本题,只用图形来说明就可以了。)

9. 蓝眼睛的人会比棕眼睛的人更容易丢失他们的贵重手表。具体地说,蓝眼睛的人在一年之内就会丢失他们 100 美元的手表的概率为 80%,而棕眼睛的人同样的概率却只有 20%。蓝眼睛的人和棕眼睛的人在人口中有同样的代表性。

(1) 如果保险公司假定蓝眼睛的人和棕眼睛的人具有同样的可能去买手表丢失保险,实际上公平的保险费率会是多少?

(2) 如果蓝眼睛与棕眼睛的人有对数效用—财富函数,并且每个人当前的财富都是 10000 美元,那么,这些人会不会以(1)中的保险费率购买手表保险?

(3) 给定(2)的结果,能否正确计算保险费率? 它应该等于什么? 每一类型的人的效用会怎样?

(4) 假定保险公司对蓝眼睛的人和棕眼睛的人要收不同的保险费率。这些人的最大化效用与(2)与(3)中所计算的效用相比会怎样? (该问题是保险业中的逆向选择的例子。)

10. 假定有两类工人:高能力的工人和低能力的工人。工人的工资由他的能力决定——高能力的工人赚 50000 元,低能力的赚 30000 元。厂商不能测度工人的能力,但是它却可以了解到工人是否有高中文凭。工人的效用由他们在工资上与为获得文凭所支付的费用上的差异所决定。

(1) 如果高能力工人与低能力工人在获取高中文凭中的花费是一样的,那么,在这种情况下,是否可以存在一种高能力工人拿高工资、低能力工人拿低工资的分离的均

衡？

(2) 高能力工人为了获得高中文凭所愿意支付的费用最大数量是多少？如果有一种文凭可以让雇主去识别高能力工人的话，为什么对于低能力的工人来说，这种文凭一定要使其花费更多？

第十五讲　工资、寻找工作与劳动市场中的匹配

　　劳动市场是一个特殊的市场。人们往往把工资看作是劳动力的价格，在标准的微观经济学理论里，工资被视为劳动这种要素的价格。劳动市场作为市场，当然具有市场机制的一些特点。但是，劳动、就业市场又是一个相当特殊的市场。其特殊性在于人与人是不一样的，你很难给出一个统一的价格来度量劳动的边际贡献，越是具有特殊才能的人，其工资水平越是难用竞争性的价格机制来说明。阿克莱夫(G. A. Akerlof)曾经把就业市场比作一个水坝，水坝里蓄着的水是有用的，水坝也在发着电，但同时仍有相当数量的闸门没有打开，水坝并不是满荷工作着的，在就业市场上，只具有低技能的工人即使不拿工资仍会找不着工作。这并不是由于这些技能水平低的工人的边际生产率为负，不，他们的劳动边际生产率仍是正的，但由于岗位本身的运转是需要成本的，当维持一个工作岗位的运行成本超过该岗位上现有工人的边际劳动贡献时，就是不支付工资，工厂仍会愿让在岗工人下岗，以便关闭岗位。这类似于水坝关闭若干闸门。(以上理论阐述，见 G. A. Akerlof: "Jobs as Dam Sites". *The Review of Economico Studies* (48): January 1981. pp. 37—49)。

　　就业市场的另一个特点是，该市场是信息严重不对称与不完全的。信息经济学的大师如阿克莱夫、斯宾塞(Spence)(见本书第十四讲)与斯蒂格茨(J. Stiglitz)等都运用信息经济学的原理对劳动就业市场做过分析，这些分析又反过来丰富与发展了信息经济学理论。因此，本讲的讨论是前两讲的继续与发展。

　　本讲的安排如下：第一节介绍经典的劳动要素市场理论；第二节引入"匹配"理论的某些基本范畴，来分析工作岗位与寻找工作的人之间的匹配关系；第三节专门讨论"效率工资"理论及其应用；在第四节，分析就业市场上的搜寻与匹配的若干理论模型；最后，在第五节，给出一个简单的搜寻工作岗位的例子。

第一节　经典的劳动要素市场理论

这里讲的经典的劳动要素市场理论,是指新古典经济学的劳动要素市场理论。我们分两个问题对此加以介绍。

一、竞争性劳动要素市场

竞争性劳动要素市场是有大量劳动要素出售者(即劳动力)与购买者(厂商)的市场。这里,无论是劳动的供应者(工人),还是劳动要素的需求者,在劳动市场上,都只是价格接受者,工资率完全取决于供求关系的均衡。但是,由于购买劳动要素的厂商在其产品市场上可能是竞争性厂商,也可能是垄断厂商,因此,对劳动的需求曲线就会不同。

1. 对劳动要素的需求曲线

我们已在第六讲与第七讲说过厂商对要素(包括劳动与资本)的需求函数。对于劳动的需求是一种引致需求——它是由厂商的生产函数与要素价格导出的需求。例如,微软公司对电脑编程人员是一种引致需求,它不仅取决于当前编程人员的工资,而且取决于微软期望销售多少软件。

我们假设厂商已经拥有了资本(即安装好了它的厂房与设备,并且具备了必需的原材料),要问的是,该厂商要雇佣多少劳动?

这取决于劳动的边际收入产出(marginal revenue product, MRP_L)与工资水平的比较。按厂商理论,我们知道,在最优点,劳动的边际生产率 MP_L 必须与实际工资率 $\left(\dfrac{w}{p}\right)$ 相等。与该点相对应的就业水平,就是厂商雇佣工人的人数或劳动需求量。但这里我们用 MRP_L,而不是 MP_L。

如何衡量 MRP_L? 它是一单位额外劳动带来的额外产出(MP_L),再乘以从一单位额外产出所得到的额外收益(MR)。

其逻辑是这样的:增加一单位劳动后,厂商会获得 $MP_L = dQ/dL$;但增加一单位产出后,厂商又会有边际收益 $MR = dR/dQ$。因此,增加一单位劳动对厂商的边际贡献是

$$MRP_L = (MP_L) \cdot (MR) \tag{15.1}$$

公式(15.1)可以有两种表示法,这取决于厂商在产品市场上(注意,不是在劳动市场上)是否是竞争性厂商。若厂商在产品市场上是竞争性厂商,那么 $MR = p$(这里"p"是指价格),于是,公式(15.1)就可写为

$$MRP_L = (MP_L) \cdot p \tag{15.2}$$

公式(15.2)的右端就是我们在第六讲与第七讲里看到的劳动边际产量的价值。

若厂商在产品市场上是非竞争性厂商,则 $p>$ MR,于是,公式(15.1)就不同于公式(15.2)。

用图形来表示,如 $p>$ MR,则产品市场上的垄断性厂商对于劳动的需求线会低于产品市场上的竞争性厂商对劳动的需求线。请看图15.1。

我们把图15.1中的 MRP_L 线称为厂商对劳动的需求曲线。这条曲线是向右下方倾斜的,原因在于劳动的边际产量(MP_L)是递减的。而且,由于 MR 也是递减的,所以,$MP_L \cdot$ MR 线会递减得更厉害,这就决定了 $MP_L \cdot$ MR 线会比 $MP_L \cdot p$ 线低,而且相差的距离会越来越大。

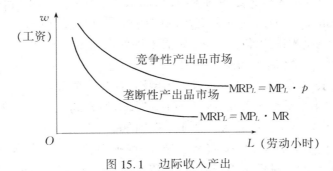

图15.1　边际收入产出

为什么称 MRP_L 为厂商对劳动的需求曲线呢?原因是,该线上的每一点的纵坐标给出了给定劳动就业水平上再增加一单位劳动所增加的价值,这实质上决定了厂商所能给出的对于该新增劳动的最高工资水平。另一方面,若给定工资水平 $\overline{w}$,从纵轴上按 $\overline{w}$ 引一水平线与 MRP_L 线相交,交点与横轴上的对应点就规定了工资水平为 $\overline{w}$ 时厂商所能雇佣的最大工人人数或工作时数。

2.劳动的供给

劳动供给的决策是由个人或家庭做出的。这种决策的关键因素是工人的效用函数与工资率水平。劳动的市场供给曲线可以是向上倾斜的,也可能像图15.2那样,是向后弯曲的,即较高的工资率可能导致较少的劳动供给。

为什么较高的工资率反而会导致较低的劳动的市场供给?这是由于工资变化所产生的收入效应可能超过替代效应。

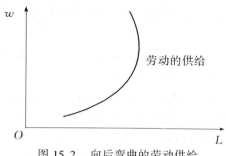

图 15.2　向后弯曲的劳动供给

　　工资提高后的收入效应是指,较高的工资率提高了工人的购买力,购买力提高会导致工人购买更多的闲暇,从而减少工作时间。工资提高后的替代效应是指,较高的工资率会提高闲暇的机会成本,从而诱使工人放弃闲暇,从事更多时间的工作。但是,如前一种效应大于后一种效应,则会产生向后弯曲的劳动供给曲线。

　　如图 15.3 所示,横轴显示每天的闲暇时间,一个人如不工作,每天的闲暇时间共 24 小时。所以从 24 小时往左移动的距离代表这个人的劳动时间。纵轴代表该工人的收入。图 15.3 中的每一条线都刻画出当该工人的劳动时间从零增加到 24 小时(从右至左)时所对应的不同的收入水平。因此,线的斜率的绝对值是工资率(= 工资收入/工作小时)。PQ 线的斜率的绝对值为 10 元/小时,RQ 线斜率的绝对值为 20 元/小时。我们称 PQ 线与 RQ 线为预算线。

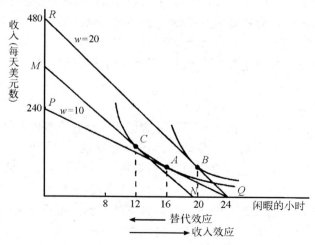

图 15.3　工资上升的替代效应和收入效应

工人对闲暇与收入之间的偏好关系由无差异曲线来表示。工资率实际上代表了闲暇的机会成本。如工资率为 10 元/小时,则你多休息一小时就等于放弃了 10 元钱。

预算线与无差异曲线的相切点决定了工人对工作时间与闲暇之间的选择。我们在图 15.3 里看到,当工资率从 10 元/小时上升到 20 元/小时时,工人的选择点从 A 移到了 B。即工资率上升反而增加了 4 小时闲暇,相应地减少了 4 小时工作时间。

这是工资率上升引起的收入效应与替代效应共同作用的结果。

先看替代效应:当工资率提高后,由于闲暇的机会成本上升,工人会放弃部分闲暇时间(4 小时),而多工作 4 小时。从图 15.3 上看,就是从 A 点向 C 点的移动。这是同一条无差异曲线上不同点之间的移动。

再看收入效应:由于工资率上升,使工人的实际收入上升,该收入变化相当于从预算线 MN 向外平移至 RQ 线,从而与更高水平的无差异曲线相切于 B 点。从图 15.3 中不难看出,收入效应为闲暇增加 8 小时(即工作减少 8 小时)。

从而,收入效应超过了替代效应,从总和看,工资率提高反而使劳动时间减少了 4 小时。工资率上升引起劳动供给减少的写照就是图 15.2 中那条往后弯曲的劳动供给线。

3. 劳动市场的均衡

当劳动市场上对劳动的需求线与劳动的供给线相交时,劳动市场就出现了均衡。图 15.4 是对劳动市场均衡的一般描述。

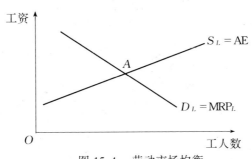

图 15.4　劳动市场均衡

要注意的是为什么称劳动供给线 S_L 为 AE? AE 代表平均支出(average expenditure)。这里假定劳动供给线没有发生"向后弯曲"的情形,从厂商雇佣工人要支出钱的角度说,用各个不同的工资总支出水平去除以所对应的工人人数,就是雇佣工人的平均支出。因此,S_L 等于 AE。

还应指出,由于厂商在产出品市场上可能是垄断者,也可能是竞争性厂商,因此 MRP_L 会有不同的水平。如前所述,$MRP_L = MP_L \cdot p$(如产出品市场是竞争性的);$MRP_L = MP_L \cdot MR$(如产出品市场是垄断性的)。与此相应,劳动市场上就会出现不同的均衡点。在图 15.5 里,A 点的含义与图 15.4 中 A 点完全相同。现在由于厂商是产品市场上的垄断者,对工人的需求线下移了,从而劳动市场上出现新的均衡点 B。在 B 点,工人被雇佣的人数显然下降了,工资也下降至 w_M。但是,工人在 L_M 点劳动的边际社会价值是 $V_M = MP_L \cdot p$,因为社会价值仍是按劳动的边际产量与价格的乘积计算,$MP_L \cdot MR$ 只是从企业的角度而计算的(因垄断企业此时只看 MR,而不看价格绝对水平)。图 15.5 表示,当厂商为产出品的垄断者时,工人的边际社会价值 V_M 大于工资 w_M,因此从社会效率的角度说,雇佣的工人是不足的。

4. 经济租

经济租是为生产要素所支付的金额与为得到使用该要素所必须支付的最小金额之间的差额。举例来说,给定劳动供给线 $S_L = AE$,当劳动供应量逐步上升时,工人要求补偿的(要求支付的工资率)是逐步上升的。在市场均衡点 A,所有的工人都会获得 w^* 的工资率,而实际上,有些工人本来是愿意以低于 w^* 的工资率工作的。这样就出现了图 15.6 中的三角形 $w^* BA$ 的剩余,我们将此剩余称为经济租。

经济租是与供给刚性相联系的。如某种资源供给完全具有弹性,则不可能存在经济租。另一方面,一种资源(如土地)如完全无弹性,则全部收入都是租。

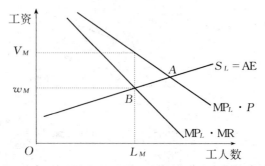

图 15.5　产出市场为垄断性市场时劳动市场的均衡

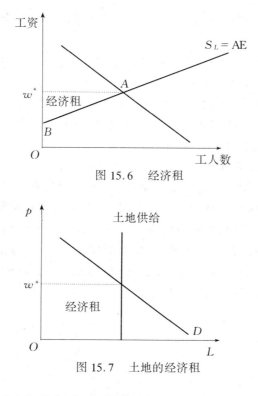

图 15.6　经济租

图 15.7　土地的经济租

为什么在劳动市场分析中要强调经济租？原因在于,有一批具有特殊才能的人(如歌星,球星,卓越的经理等),其供给弹性等于零。你就是出巨资招聘,天才的球星也只是凤毛麟角。这样,他们的收入实质上属于经济租。

二、买方垄断的劳动市场

在要素市场上,存在买方垄断。买方垄断又称"独买"。独买的自然结果是,买方可以压低收购价格。这在中国实际上比比皆是。一种资源只要是独家采购,而供货方是相互竞争的,最终结果当然是供方吃亏,买方获利。产品市场上独家采购与政府统购的政策后果不属于本章分析范围,我们仅就劳动市场来作一点分析。基本结论是,不管是资本主义社会,还是社会主义社会,只要劳动市场存在,只要劳动的需求方是独买,不管这里的独买方是企业还是政府,那么,最终都可能将工人的工资压低。

1. 平均支出与边际支出

劳动供给线 S_L 的斜率是工资率,这实质上代表平均支出。只要平均支出是随劳动供给而上升的,则对劳动的边际支出一定是高于平均支出的,否则,平均支出不可能上升。其道理,与平均成本上升必定意味着边际成本大于平均成本是一样的。

举例来说,当一家工厂雇 10 个小时时若平均工资为 100 元,当它雇第 11 个小时时,工人会要求其平均工资上升到 105 元,那么,第 11 小时的边际支出实质上是(1155 元 – 1000 元 = 155 元),这 155 元的边际支出当然既高于原来的平均工资 100 元,也高于增加后的平均工资 105 元。我们记平均支出为 AE,记边际支出为 ME。

图 15.8 给出了 AE 线与 ME 线的位置。当劳动的买方是独家垄断者时,为了多购买劳动,只能给工人加工资。这种状况在劳动市场上有多个买主时是可以避免的。为什么? 因为如果买方市场上有无数个买者,则每一买家都无法影响劳动价格,因此每一买者可以按同一市场价雇到自己想要的劳动者。但当买方只有一家时,你多雇佣工人,会明显地影响市场供求,工人就会与你要价,这样,劳动供给线 AE 必定是上升的,而只要 AE 向右上方上升,则 ME 线必在 AE 线之上。

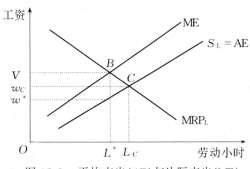

图 15.8 平均支出(AE)与边际支出(ME)

2. 劳动市场上独买者的决策

从雇主的决策角度说,他的最优用工点应满足 $MRP_L = ME$。因为多雇一个人,对工厂来说,其边际收益是 MRP_L,而其边际支出是 ME,不是 AE。

于是,在独买的劳动市场上,最后劳动就业量是 L^*,这是小于 L_C 的;并且,工人在就业点 L^* 所获得的平均工资率是 w^*,而不是 w_C。这就说明,独买的结果是减少了所雇佣的工人人数,也降低了工人的平均工资。

这里有一个问题:为什么在竞争性的劳动市场上(既不存在独买,也不存在独卖),劳动供给线 S_L 与 ME 线不分开呢? AE 线与 ME 也不分开呢? 而那里的 $S_L = AE$ 线也是上升的。这里的奥秘在于,当不存在独买时,每一家厂商多雇一个工人是不必额外再支付费用的,只需支付市场上工人的平均工资即可。这样，尽管 AE 线是上升的，但 AE 线是市场上的劳动供给线，而不是企业所面临的劳动供给线。对单个企业而言，劳动供给线是水平的，其水平线的高度取决于市场上劳动供给线与劳动需求线的交点的高度。而在独买的劳动市场上，AE 线既代表劳动的市场供给，也代表独买者实际面对的劳动供给，这样，独买者不得不为多雇佣劳动支付更高的工资，这就会引起 AE 上升，而 AE 上升的额外开支就表现为边际支出高出平均支出，即 ME＞AE。

打破"独买"的途径很多，允许工人有选择工作的自由，开辟多种就业门路，在劳动市场上为职工择业提供多方信息，等等，都会有利于降低就业市场上的"独买"对就业与工资水平的不利影响。有一点倒是该注意的，那就是，在市场转型过程中，劳动市场上的政府独买有时是必要的。

第二节　匹配理论的若干基本概念

一、问题的提出

在劳动就业市场上，就业岗位与寻找工作的劳动者之间的匹配是一个常见的问题。匹配过程发生于婚姻、大学录取过程与择业过程等社会生活里。这里我们先介绍美国医生就业市场上的一段历史，以便让大家对匹配模型有一个直观的感觉。

从本世纪初开始，美国的医学院学生与医院之间在招聘实习医生的实践中就发生了不协调的现象。医院希望能招到好的医学院毕业生作实习医生，因为对实习医生的工资支付比较低；而医学院的毕业生也希望能获得临床的医疗经验，因此实习医生的工作机会是极其珍贵的。问题在于，从什么时候开始招聘？

由于医院之间会争夺优秀的医学院的毕业生，所以，医院与医学院学生之间往往会较早地签订契约，给一些学生提供就业机会。这种医院之间的人才争夺战一直达到这样的地步，即离学生毕业还有两年，用人单位与学生之间已经签下了工作合同。这对医学院正常的教育秩序造成了不小的冲击，因用人单位会要求医学院过早地提供学生的信息，而由于离毕业还有两年时间，学生往往还没有充分发挥自己的能力，功课的学分也不满，等等。这些问题引起了美国医学院协会(the Association of American Medical Colleges, AAMC)的注意，它在 1944 年做出决定，对于凡将在 1946 年毕业的医学院学生，学校直到毕业前夕一律不准寄出成绩单与推荐信。

这一措施就使得医院与医学院学生的就业择业过程大大缩短。比如，在 1945 年,美国医学院协会规定,在医院给出职业岗位的录用通知后,学生只有 10 天时间考虑接受与否。在 1949 年,AAMC 甚至规定,当医院将录用通知用电报告诉申请工作的学生之后,学生只有 12 小时的考虑时间。

在这么短的时间完成就业与择业的过程,容易发生两方面的问题,一是一些学生在接受了某些医院的录用之后,往往会发现更好的就业机会;另一方面,医院也会在正式录用了某个实习医生之后发现更优秀的人选。这类问题当然是在任何单位都会出现的(只要是在市场经济中),可是,有没有办法使上述不匹配的问题少发生一些呢? 美国是实行了"全国实习医生匹配项目"(National Intern Matching Program, NIMP),来解决不匹配的问题。其规则是,让每一个申请工作的人对自己所申请的医院分等级(rank),又让每一家招聘实习医生的医院对于录用标准分等级,然后要求所有医院与所有求职者把含有偏好序信息的单子一律送给 NIMP,由 NIMP 来统一调配。但是,与我国大学招生过程不一样的地方是,该程序允许参加者在该程序之外自行匹配,所以,NIMP 的匹配不具有强制性,只是一种自愿的匹配。

匹配的一些办法实际上也适用于我们的职业介绍所与国家劳动就业指导机构的工作。因此,我们应对匹配的基本概念进行介绍。

二、匹配的基本概念

1. 偏好表达方式

考虑两个有限的离散集 $M = \{m_1, m_2, \cdots, m_n\}$ 与 $W = \{w_1, w_2, \cdots, w_p\}$,$M$ 表示男士集,W 表示女士集。我们把每个男士 m 的偏好表达成一组有序的偏好单(ordered list of preference),记为 $P(m)$。比如,男士 m 的偏好可以表达为

$$P(m) = w_1, w_2, m, w_3, \cdots, w_p \qquad (15.3)$$

这表示,对于 m 来说,如果让他结婚,他首先会选择 w_1,其次 w_2,再其次是独身,即 m 自己,m 在 w_3 之前表示对 m 而言,选择与 w_3 与别的从 w_4 到 w_p 的女士中的任一位结婚,不如独身。

通常,$P(m)$是被定义于并集 $W \cup \{m\}$ 之上的,表示 m 的匹配可能是 m 与 w 中的某一位或 m 本人组成。

请看 m' 的下列偏好

$$P(m') = w_2, [w_1, w_7], m', w_3, \cdots, w_p \qquad (15.4)$$

这表示,对于 m' 来说,首先是女士 2 即 w_2,其次是 w_1 与 w_7 中任一位,他对 w_1 与 w_7 偏好是无差异的,同时,对于别的女士,他宁可选择独身。

同样道理,我们可以在并集 $A \cup \{w\}$ 上来表达 w 的偏好。

一般地,我们记偏好集(set of preference)为

$$P = \{P(m_2), P(m_2), \cdots, P(m_n), P(w_1), P(w_2), \cdots, P(w_p)\} \quad (15.5)$$

并且,记某个婚姻介绍所的信息状态为 $\{M, W; P\}$。

我们记 $w \underset{m}{>} w'$ 表示对 m 而言,他对 w 的偏好超过对 w' 的偏好;以 $w \underset{m}{\gtrsim} w'$ 表示 m 对 w 的喜欢至少与对 w' 一样好。

偏好集应当满足"完备性"与"传递性"两个公理。

下面引入三个概念:

2. 匹配(matching)

【定义】 匹配:一种匹配,记为 μ,是从并集 $M \cup M$ 到它本身的一种一对一的二阶对应关系(即,$\mu^2(x) = x$),使得,如果 $\mu(m) \neq m$,则 $\mu(m) \in w$;如果 $\mu(w) \neq w$,则 $\mu(w) \in M$。我们称 $\mu(x)$ 为 x 的配偶(mate)。

请注意,在上述定义里,$\mu^2(x) = x$,是指如果 $\mu(m) = w$,则 $\mu^2(m) = \mu(w) = m$,即 w 若是配偶,则 m 必也是 w 配偶,即一个人配偶的配偶仍是他自己。一个人与某种工作很般配,反过来,那种工作岗位也会与这个人很般配。

举例如下:

例1:若有下列匹配

$$\mu = \begin{matrix} w_4 & w_1 & w_2 & w_3 & (m_5) \\ m_1 & m_2 & m_3 & m_4 & m_5 \end{matrix}$$

这表示 m_1 与 w_4 结婚,但 m_5 采取了独身方式。

3. 个人理性的匹配

考虑一种特定的匹配 (m, w),如果它不是互相接受的,即至少有一方宁可选择独身,即宁可采取不与人匹配,也会觉得比 (m, w) 这种匹配幸福。如果 μ 是这样,则称 μ 会不幸被那一方所阻止(blocked)。

所谓个人理性的匹配,就是指匹配过程是每人自愿的,无人由于被迫而进入不幸的匹配。

【定义】 个人理性匹配:如果每一个人对他(或她)的配偶是可以接受的,则称该匹配为个人理性的匹配。这也就是说,如果一个匹配没有被一个人阻止,则称该匹配是满足个人理性的。

注意,个人理性匹配并不是说每个人在匹配中已达到最佳状态,而只是说,对每一个人来说,参与匹配过程比不参与匹配要好。用就业的语言说,个人理性匹配是说,没有发生有人觉得工作不如呆在家里失业的事情。

由于个人理性匹配只满足一些起码的要求,还没有达到使人获得高度满足的状态,因此,我们需要定义更强一点的匹配标准。

4. 稳定匹配

如果有一个男士 m 与一位女士 w 并没有在一个匹配过程 μ 中成为配偶,但他们希望结合在一起,即 $w >_m \mu(m)$,并且 $m >_w \mu(w)$,说明 w 对 m 来说,比 m 在 μ 中的配偶要更适合一些,而 m 对 w 来说,比 w 在 μ 中的配偶要更适合一些,则 (m, w) 就会共同反对匹配关系 μ。这样一来,μ(家庭婚姻)就会不稳定。

因此,所谓稳定的匹配,是指不存在上述阻止的可能性。

【定义】 **稳定匹配**:如果一个匹配不会被任何个人或任何一对人所联合阻止,则称该匹配是稳定匹配。

例 2:如果存在三个男士,三位女士,其偏好如下

$$P(m_1) = w_2, w_1, w_3 \qquad P(w_1) = m_1, m_3, m_2$$
$$P(m_2) = w_1, w_3, w_2 \qquad P(w_2) = m_3, m_1, m_2$$
$$P(m_3) = w_1, w_2, w_3 \qquad P(w_3) = m_1, m_3, m_2$$

请列出个人理性匹配,找出一个不稳定匹配,找出一个稳定匹配。

解:所有可能的匹配都是满足个人理性要求的。理由是,没有人将独身列入其偏好。

下列匹配是不稳定匹配

$$\mu = \begin{matrix} w_1 & w_2 & w_3 \\ m_1 & m_2 & m_3 \end{matrix}$$

为什么? 因为对 (m_1, w_2) 来说,m_1 更喜欢与 w_2 结合(而在现存的匹配 μ 里,m_1 是与 w_1 结合的),w_2 是更喜欢与 m_1 结合(而在现存的匹配 μ 中,w_2 是与 m_2 相结合的)。这样,m_1 与 w_2 便会联合起来阻止 μ,因此 μ 是不稳定的。

下列匹配是一个稳定的匹配

$$\mu' = \begin{matrix} w_1 & w_2 & w_3 \\ m_1 & m_3 & m_2 \end{matrix}$$

为什么? 看 (w_1, m_1),w_1 找到 m_1 是最佳的,尽管 m_1 还有一些不如意,但 m_1 想要匹配的如意配偶 w_2 是不会愿意的。再看 (w_2, m_3),w_2 是最如意的,尽管 m_3 最想与 w_1 匹配,但 w_1 把他排在偏好序的最后。所以 (m_2, w_1) 不会联合反对 μ'。再看 (w_3, m_2),他俩都很不幸,但 w_3 如找 m_1, m_1 不会同意(因 m_1 目前的配偶是 w_1,且 w_1 排在 w_3 前面);如 w_3

找 m_3, m_3 也不会赞同。同理，如 m_2 找 w_1, w_1 不会愿意与 m_2 匹配。结论是，没有一对人会联合起来反对现存的婚姻关系。因此，现存的匹配是稳定的。

有了"稳定性"这一概念之后，我们便可以定义"协同博弈"理论里一个非常重要的概念："核"（core）。

通俗地讲，协同博弈中的"核"便是上述婚姻例子中的稳定匹配的集。严格的"核"定义要借助于匹配中的"占优"。

5. 匹配中的占优

【定义】　匹配中的占优：在婚姻关系中，当且仅当，在并集 $M \cup W$ 中存在着一个联盟（coalition）A，并且，对于联盟 A 中的所有男士 m 与女士 w，都有

$$\mu'(m) \in A$$
$$\mu'(w) \in A$$
$$\mu'(m) >_m \mu(m)$$
$$\mu'(w) >_w \mu(w)$$

则称匹配 μ' 占优于匹配 μ。

这就是说，由于 A 中的人都认为按 μ' 匹配比按 μ 匹配好，博弈的规则便会允许联盟 A 会按 μ' 而不是按 μ 来进行匹配。

6. "博弈的核"（the core of a game）

【定义】　博弈的核：匹配中所有非占优于别的结果的结果的集合，称为博弈的核。这即是说，核中没有任何联盟。

三、匹配与寻找工作

"尝试—派遣—与最新修正"（tentative-assignment-and-update）是美国医学院协会为配置毕业生而采取的匹配程序。办法是：让各家招人的医院排列出自己对应聘学生的学业标准偏好序，又要求所有应聘学生列出自己对医院的偏好序。然后按用人单位提供的空位的额度进行配置。

第一步，称之为 1:1 阶段：如果医院 i，记为 H_i，有 q_i 个空缺岗位，那么，从把 H_i 列入第一志愿的学生中按学业从高到低录用学生。如果这一匹配过程没有出现，则到

第二步，称之为 2:1 阶段：即从将 H_i 列为第二志愿的学生中按学业从高到低录用学生。

……

如果相应的匹配不出现，一直可以进行到第 K 步，叫 $K:1$ 阶段。在这

一阶段,受选的学生是在第 K 次选择中将 H_i 列为首选。

什么叫"最新修正"(update)? 这是指,如当前是第 K 次选择,只考虑将医院列为 K 档志愿的学生,如果考生在该档竞争中未被录用,则下一档只考虑将招人医院列为 $K+1$ 档志愿的学生,……依次类推。这会改变匹配结果。请看下例:

例 3: 考虑有两家医院 H_1 与 H_2,三个医学院毕业生 S_1, S_2, S_3,其各自偏好如下

$$P(H_1) = S_1, S_2, S_3; \qquad P(H_2) = S_1, S_2, S_3$$
$$P(S_1) = H_1, H_2; \qquad P(S_2) = H_1; \qquad P(S_3) = H_1, H_2$$

如果实行"最新修正"规则,则会有一个惟一的稳定结果

$$\mu = \begin{array}{ccc} H_1 & H_2 & (S_2) \\ S_1 & S_3 & S_2 \end{array}$$

如果在第二轮择业过程中不排除掉 S_2,即名单不进行修正,会有下列结果

$$\mu' = \begin{array}{cccc} H_1 & H_2 & (S_2) & (S_3) \\ S_1 & (H_2) & S_2 & S_3 \end{array}$$

这是由于 H_2 想要 S_2,但 S_2 并没有将 H_2 列入自己的志愿。而在 H_2 人才录用过程中 S_2 又占在 S_3 之前,所以阻止了匹配过程的继续。

但是,μ' 显然是一个不稳定的结果。所以,实行"最新修正"规则,会有利于改进匹配的结果,减少不稳定的匹配结果。

第三节　效率工资理论

与失业相关的另一类问题是劳动市场的微观结构问题。传统的理论假定劳动的需求与劳动的供给都是有弹性的,因此只要工资可调整,市场上不会有非自愿失业。但现实生活中我们看到的事实是,工资调整并不灵活,工资有刚性,因此,当对劳动的需求方面出现大的震荡时,平均工资水平并不会有大的变化,但失业率会有大的变化。尽管用"工资刚性"可以对这类问题作一些说明,但随着信息经济学的发展,经济学家对这类问题做了更深层次的理论探讨。归纳起来,有以下三种新理论:

这三种新理论实际上是对下面这个问题的不同回答:

有一位工人失业了,他在寻找工作。来到一家企业,对企业经理说,我愿以比你现在支付给在岗职工的工资稍低一些的工资来就业,请你录用我。这家企业的经理经过考虑,可至少对他作三种回答:

第一，经理可以回答，我们不愿意降低工资。尽管降低工资对企业来说有一些好处，但降工资也会有成本。这种回答实质上属于效率工资理论。所谓效率工资，是指较高的工资会提高企业的效率，或者说，会提高职工劳动的效率。

第二，经理可以回答，我是愿意以更低的工资雇你呀，但我与在岗的工人有约在先，这种契约关系无论是显性还是隐性的，我们都应履行下去。这种回答，在理论上称为劳动市场的契约理论。在劳动市场不完全时，契约也往往是不完全的。

第三，经理会回答说，企业与企业不一样，工人与工人也不一样，我们企业的职工与我们生产的岗位是匹配的，而对你是否适合于我们的岗位，我们并不知道。这种回答，属于劳动市场上的搜寻理论与匹配模型。

我们在这里只介绍第一种理论。第三种理论，会放在本章第四节里分析。

一、效率工资的潜在理由

对这个理论，1986 年凯茨（L. Katz, 1986）做过一个理论综述。其中心假定是，企业对工人支付较高的工资，尽管有成本，但也会带来利益。高工资至少存在以下四个方面的好处：

（1）高的工资会提高职工的食品消费，从而有更强健的体魄与更充沛的精力投入工作。

（2）在企业管理人员难以完全监督工人工作过程时，高工资会诱使工人更努力地工作。其理由是这样的：如果劳动市场是完全的，工人对于丢掉工作岗位会不在乎，因他今天在这里丢掉饭碗，明天可在另一家企业找到新的工作。企业对偷懒的工人所能做出的最严厉惩罚只是开除，但开除在上述条件下并不会成为使工人增加努力工作的动力。但是，如果企业支付工资比劳动市场上供求相等的均衡工资要高，它提供的工作岗位对工人来说就有了价值。工人出于珍惜这份工作的动机，会更加努力地工作。

（3）企业支付较高的工资可以带来劳动力质量的良性提高。这也是信息经济学的思想。因为，能力较高的工人往往会"待价而沽"，会持较高的"保留工资"（reservation wage），当企业提供高薪时，这些有能力的人就去应聘，这样，申请工人的人材库的平均水平就会上升，录用的人的平均素质当然也会跟着上升，最后提高企业的效率。

（4）高薪会培养起职工对企业的忠诚，从而激发出工人的积极性；反之，低工资与差待遇是产生工人抱怨、怠工甚至罢工的根源。

二、基本模型

1. 假定

我们现在来阐述效率工资的基本模型。经济中假定有 N 家企业,企业之间是相同的,企业都是竞争性企业。每一家企业都追求利润极大化。利润公式为

$$\pi = Y - wL \tag{15.6}$$

这里, Y 是企业产出量, w 是实际工资率(以实物衡量), L 是就业人数。

企业的产出 Y 由下列生产函数决定

$$Y = F(eL) \quad F'(\cdot) > 0 \tag{15.7}$$
$$F''(\cdot) < 0$$

这里, e 代表单位职工的努力程度。公式(15.7)省略掉了决定产出 Y 的其他生产要素,并假定努力程度 e 与劳动力人数的乘积决定产量。

再假定,工资是决定工人努力程度 e 的惟一变量。即

$$e = e(w), \ e'(\cdot) > 0 \tag{15.8}$$

最后,假定社会上可供的劳动力人数是固定的,为 $\overline{L}$,劳动供应完全无弹性。

2. 模型的分析

代表性企业所面临的问题是

$$\max_{L, w} \{ F(e(w)L) - wL \} \tag{15.9}$$

如果劳动市场上存在失业,则企业完全可以用公式(15.9)来决定工资,解(15.9)式所概括的极大化问题就无约束条件;反之,若劳动市场上无失业或出现劳力短缺,则企业在解(15.9)式时会面临约束条件,即其工资不得低于别的企业所支付的工资。

当企业不面临约束条件时,由(15.9),关于 L 与 w 的一阶条件分别为

$$F'(e(w)L)e(w) - w = 0 \tag{15.10}$$
$$F'(e(w)L)Le'(w) - L = 0 \tag{15.11}$$

从(15.10)式中得到

$$F'(e(w)L) = \frac{w}{e(w)} \tag{15.12}$$

把(15.12)式代入(15.11)式,并除以 L ,可得

$$\frac{we'(w)}{e(w)} = 1 \tag{15.13}$$

(15.13)式说明,当企业在最优时,工人努力程度对工资的弹性等于1。

(15.13)式的经济含义值得分析。什么叫企业最优? 最优意味着为了获得一单位工人的努力水平,企业支付的工资最低,即 $\frac{e(w)}{w}$ 会最高。弹性为1,说明每单位工资在边际上所获得的平均努力程度正好等于工资带来的边际努力程度 $e'(w)$,因此,增加工资所造成的边际效果不会影响工资产生的平均努力程度,这意味着工资产生的平均努力程度既不会上升,又不会下降。反过来说,这就是指努力所要求的工资成本最低。所以,企业达到最优。

用图来表达公式(15.13),就是下图:

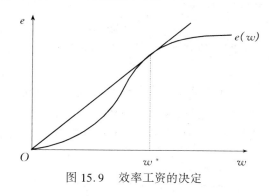

图 15.9　效率工资的决定

在图15.9中,当工资带来的边际努力水平 $e'(w)$ 等于工资产生的平均努力水平时,效率工资,记为 w^*,就定了下来。

以上是关于效率工资的最简单理论说明。但就是这样简单的模型,也告诉我们以下几点结论:

第一,该模型说明了失业是可以出现的。为什么? 因 w^* 是完全由企业自身决定的(在存在失业的条件下),而且企业并无动力去进一步减低工资增加就业。事实上,如我们假定 (w^*, L^*) 为满足(15.13)式的工资与单位企业就业量,那整个社会就业量就是 NL^*,如 $\overline{L} > NL^*$,社会存在 $(\overline{L} - NL^*)$ 的失业。

第二,该模型既然说明企业在面临失业时其最优工资水平 w^* 是不反映失业压力的,这也就说明了为什么在对劳动需求下降时,工资水平并不会有大的变化,但失业率会有较大幅度的上升。从这个意义上说,"效率工资"给出了"工资刚性"的微观经济理论基础。

三、更一般的模型

上述模型是最简单的模型。在现实生活里,工人努力程度不但与本企业的工资有关,而且与别的企业的工资有关,如果别的企业工资比本企业的工资高,他工作就不安心,e 也会随之下降;此外,工人努力程度与劳动市场上的失业形势有关,如果劳动市场上存在较高的失业率,工人会珍惜目前的岗位,工作会更努力。因此,一个更一般的模型更概括了这些因素对 e 的作用。

1. 模型的形式

更一般的模型是对(15.8)式的推广

$$e = e(w, w_a, u) \tag{15.14}$$

这里,w_a 是其他企业的工资水平,u 指失业率。

模型的假设是

$$e_1(\cdot) > 0, \quad e_2(\cdot) < 0, \quad e_3(\cdot) > 0 \tag{15.15}$$

这里 $e_i(\cdot)$ 表示 e 对第 i 个变量求一阶导数。

因为简单模型式(15.8—15.9)中的其他假定不变,所以,一般模型的一阶条件可以写为

$$F'(e(w, w_a, u)L) = \frac{w}{e(w, w_a, u)} \tag{15.16}$$

$$\frac{we_1(w, w_a, u)}{e(w, w_a, u)} = 1 \tag{15.17}$$

2. 一个例子

我们这里介绍萨莫斯(L. Summers, 1988)的一篇论文(见 Lawrence H. Summers(1988):"Relative Wages, Efficiency Wages, and Keynesian Unemployment". *American Economic Review* 78:383—388)。该文给出了关于效率工资的一般模型的一个具体例子。

假定努力程度是由下式给出

$$e = \begin{cases} \left(\dfrac{w - x}{x}\right)^{\beta} & \text{如 } w > x \\ 0 & \text{其他情况} \end{cases} \tag{15.18}$$

这里
$$x = (1 - bu)w_a \tag{15.19}$$

这里,$0 < \beta < 1$,但 $b > 0$。x 表示对劳动市场条件的测度。其含义是:如果 $b = 1$,x 就等于别的企业付的工资乘上就业概率,即 x 代表你辞掉现有企业的工作之后可以获得的工资待遇;如果 $b < 1$,则说明工人并不大在乎失

业,这隐含着工人会有失业保险或失业救济,这时工人对辞掉现有岗位后可能会获得的工资待遇看得比较高;如 $b>1$,说明工人害怕失业,x 值会对别的企业付的工资 w_a 打较大的折扣。所以,x 值实质是工人在现有企业中就业的机会成本。x 高,说明劳动市场条件好;x 低,说明劳动市场条件差。

从式(15.18),可以求出努力程度 e 对于本企业工资 w 的弹性,当该弹性为 1 时就有

$$\beta \cdot \frac{w}{[(w-x)/x]^\beta} \cdot \left(\frac{w-x}{x}\right)^{\beta-1} \frac{1}{x} = 1 \qquad (15.20)$$

从(15.20)式可以解出

$$w = \frac{x}{1-\beta}$$

$$= \frac{(1-bu)}{1-\beta} w_a \qquad (15.21)$$

由于当 β 值很小时,$\frac{1}{1-\beta}=1+\beta$。这说明,当 β 值很小时,企业有动力给与在职职工某一个高于现存劳动市场上工作待遇的工资升水。

但市场完全均衡时,应该有 $w=w_a$,从而,由式(15.21)可知

$$(1-\beta)w = (1-bu)w_a \qquad (15.22)$$

即

$$u = \frac{\beta}{b} \qquad (15.23)$$

$$\equiv U_{EQ}$$

(15.23)式是均衡失业率公式。

对(15.23)式应作经济分析。我们从(15.23)式可以看出,如果 $u < U_{EQ}$,则 $\frac{1-bu}{1-\beta}>1$,说明企业在失业率小于均衡失业率时会对在职工人提高一点待遇,使 $w>w_a$;反之,如果 $u>U_{EQ}$,则 $\frac{1-bu}{1-\beta}<1$,说明企业在失业率大于均衡失业率时会对在职职工压低工资,使 $w<w_a$。

那么,当 $u=U_{EQ}$,$w=w_a$ 时,均衡的努力程度为多高呢? 把式(15.23)与 $w=w_a$ 代入式(15.18),意味着均衡的努力水平 e_{EQ} 为

$$e_{EQ} = \left[\frac{w_a-(1-bu_{EQ})w_a}{(1-bu_{EQ})w_a}\right]^\beta = \left[\frac{1-(1-\beta)}{1-\beta}\right]^\beta$$

$$= \left(\frac{\beta}{1-\beta}\right) \qquad (15.24)$$

从上述分析,我们至少可获两个结论:

第一，式(15.23)告诉我们，均衡失业率只取决于努力程度函数的两个参数，生产函数与均衡失业率的决定过程无关。

第二，式(15.18)中 β 表示努力对于增加工资(加薪)的弹性，而式(15.23)告诉我们 β 上升可以引起均衡失业率的上升。例如，在 $\beta = 0.01$，$b = 1$ 时，均衡失业率就是 6% 。所以，从微观的角度看，失业可能与在岗工人加薪后的效应有关。

第四节　搜寻与匹配模型

传统的劳动市场理论把企业与劳动力都视为匀质的。如果企业与劳动力真的是匀质的，那么，企业对失去职工这类现象就不会在乎，因在同一工资水平，企业可以无成本地招到同样的工人；同样，工人也不会在乎失去工作，因他马上可以找到另一家企业并去那里上班。

但是，实际上劳动市场是相当异质的。企业与工人之间的匹配很可能是一对一的，工人为了找到与自己对口的工作，企业为了找到自己满意的职工，往往是需要经历非常复杂的搜寻过程的，其中就有一个匹配问题。

要详细地分析异质条件下的劳动力与就业岗位之间的匹配过程，需要复杂的数学工具。这里，只给出一个简单的模型(以 Pissarides 1985 年的论文为基础)。

一、模型的描述

我们假定，经济中只存在工人与工作岗位。工人分为就业工人与失业工人两类，以 E 表示就业，以 U 表示失业。工作岗位也可分为有人占着的与虚位以待的两类，分别记为 F 与 V。劳动力总供给固定为 $\overline{L}$，于是 $\overline{L} = E + U$。在这一节，我们只考虑稳定状态。

就业岗位总量是内生的，企业可以创造就业岗位，也可以取消就业岗位。但是，企业提供一个岗位，不管该岗位是否有人占着，岗位本身是有维持成本的，记维持成本为 C，C 代表与岗位相配的物质资本装备成本，等等。

这个模型是一个连续时间模型，这样设是为了使分析简单方便。设 A 为一单位劳动在单位时间内仍提供的产品量，设 w 为工资率，如一个岗位有人占着，则其在单位时间内的可提供利润为 $A - w - C$；如岗位上无人，则利润为 $-C$，即赔钱。工人如就业，则其在单位时间内的效用为 w；如失业，则效用为零。

模型假定正的失业与空位可以并存。同时，失业与空位并存就会产生新的工作机会流，设在单位时间内的新岗位流为

$$M = M(U, V)$$
$$= KU^{\beta}V^{\gamma} \quad 0 \leqslant \beta \leqslant 1, \ 0 \leqslant \gamma \leqslant 1 \tag{15.25}$$

公式(15.25)称为是"匹配函数"。它是对企业招聘过程的近似描述。这里，K 为常数，由于是企业与失业工人双方都在找，以 V 代表有空位的企业，U 代表失业工人，于是搜寻结果是双方努力的乘积的某种数学转换。如 $\beta + \gamma > 1$，说明如增加搜寻努力，报酬(即找到新的工作岗位)会递增，我们称这为"市场活跃效应"(thick-market effects)；如 $\beta + \gamma < 1$，说明搜寻工作的努力报酬递减，我们称之为"市场拥挤效应"(crowding effects)。

除了空位与失业工人之间的新匹配之外，还有一个与现存职工交班(如退休顶替等)的过程。设单位时间内有 b 比率的工人会退出就业市场，那么，就业工人人数 E 的动态变化 $\dot{E}$ 就为：$\dot{E} = M(U, V) - bE$。由于我们只考虑稳定的就业市场，所以，$\dot{E} = 0$，即

$$M(U, V) = bE \tag{15.26}$$

令 a 表示失业工人在单位时间内找到工作的速率，则

$$a = \frac{M(U, V)}{U} \tag{15.27}$$

又令 α 为单位时间内工作空位聘用到人的速率，则

$$\alpha = \frac{M(U, V)}{V} \tag{15.28}$$

下面，我们引入四个概念：就业的"收益"(return)、失业的"收益"、"岗位填满"的"收益"，与"岗位闲置"的"收益"。为什么要讨论这四种收益？因为人与岗位无论处于什么状态，都会有一个相应的终身收入流，把这些终身收入流折合为现值，就相当于该状态的资本。按这个思想，我们令 V_E 为工人就业状态的现值，V_U 为工人失业状态的现值，V_F 为岗位填满状态的现值，V_V 为岗位闲置状态的现值。对各个现值，各乘上利率(因均衡时，各种资产方式的投资收益应相当于资本平均收益)，就得到各种状态的"收益"。

现考虑工人就业状态的收益，它应等于这种"状态资本"的"红利"(即工资 w)再减去可能由于正常下岗(退休或被正常解雇)的概率所带来的状态资本损失(即减去 $b(V_E - V_U)$)。于是

$$rV_E = w - b(V_E - V_U) \tag{15.29}$$

同理，失业状态的收益应为

$$rV_U = a(V_E - V_U) \tag{15.30}$$

(15.30)式是说,失业状态的收益应等于重新找到工作所带来的收益。

相应地,rV_F 与 rV_V 可以写为

$$rV_F = (A - w - C) - b(V_F - V_V) \tag{15.31}$$

$$rV_V = -C + \alpha(V_F - V_V) \tag{15.32}$$

　　除此以外,还应加上两个条件:首先,假定工人与企业平分就业带来的好处。这是"纳什讨价还价"在就业理论中的应用。这个条件的背景是,当工人找到就业机会时,要与企业就工资 w 水平的确定进行谈判。工资必须足够的高,才能吸引工人接受这个岗位;但另一方面,工资又必须足够的低,使企业这一方有利可图。我们假定工人与企业在关于工资的谈判中势均力敌,因此双方均分就业带来的利益。把这个条件写成数学式子,就是

$$V_E - V_U = V_F - V_V \tag{15.33}$$

　　第二个条件是,假定企业创造或取消工作岗位是无成本。这样就意味着空位的价值必须为零,即 $V_V = 0$。

　　我们给出了劳动力与岗位之间匹配关系的基本表达。下面就可以解这个匹配模型。

二、模型的解

　　匹配模型的关键前提是承认劳动市场的不完全性,并且在此前提下考察,就业量 E 如何决定? 空位的价值 V_V 如何决定?

　　我们分两步来讨论:第一步,考虑在 a 与 α 给定条件下的工资 w 与空位价值 V_V 的决定;第二步讨论当 a 与 α 是内生时,求出就业水平 E 与空位价值 V_V。

　　当 a 与 α 给定时,用式(15.30)去减式(15.29),得到

$$r(V_E - V_U) = w - (b + a)(V_E - V_U)$$

即

$$(V_E - V_U) = \frac{w}{a + b + r} \tag{15.34}$$

同样

从式(15.27)与式(15.28),可知

$$r(V_F - V_V) = A - w - (b + d)(V_F - V_U) \tag{15.35}$$

即

$$V_F - V_V = \frac{A - w}{\alpha + b + r} \tag{15.36}$$

然后,运用条件(15.29)式,可得

$$\frac{w}{a + b + r} = \frac{A - w}{\alpha + b + r} \tag{15.37}$$

从(15.37)式中可解出工资率 w

$$w = \frac{(a + b + r)A}{a + \alpha + 2b + 2r}$$ (15.38)

式(15.38)有其单独的经济含义。它说明,当 $a = \alpha$ 时, $w = \dfrac{A}{2}$,即工人与企业均分劳动所创造的财富。当 $a > \alpha$ 时,说明失业工人找到新岗位的速率快于有闲置岗位的企业找到工人的速率,因此工人会在生产过程后的分配中处于有利地位,从而工人所获会大于 $\dfrac{A}{2}$;反之,若 $a < \alpha$,说明企业与工人相比处于有利位置,结果工人所获会小于 $\dfrac{A}{2}$ 。要注意的是,这里关于 w 的决定,全是在 $V_E - V_U = V_F - V_V$ 的前提下发生的,说明即使当工人与企业在谈判中势均力敌,但由于匹配过程中工人与企业在信息上处于不同地位($\alpha \neq a$),匹配过程中的不对称性仍会影响工人实际工资率的决定。

再看空位的价值。由 $rV_V = -C + \alpha(V_F - V_V)$ 与 $V_E - V_U = V_F - V_V$,可知, $rV_V = -C + \alpha(V_E - V_U)$ 。因为式(15.34)已给出了 $(V_E - V_U)$ 的表达式,式(15.38)又给出了 w 的表达式,所以

$$V_E - V_U = \frac{A}{a + \alpha + 2h + 2r}$$ (15.39)

从而

$$rV_V = -C + \frac{\alpha A}{a + \alpha + 2b + 2r}$$ (15.40)

从式(15.40),除以 r ,显然可知空位的价值。

以上是第一步。

下面把 a 与 α 内生化。然后再讨论 V_V 与 E 的水平。

我们从 $a = \dfrac{M(U, V)}{U}$ (式(15.27)),与 $M = bE$ (式(15.26))与 $E + U = \overline{L}$ 出发,可得

$$a = \frac{bE}{LE}$$ (15.41)

同样,式(15.28)意味着

$$\alpha = \frac{M(U, V)}{V}$$

$$= \frac{bE}{\{bE/[K(\overline{L} - E)^{\beta}]\}^{1/r}}$$

$$= K^{\frac{1}{r}}(bE)^{\frac{r-1}{r}}(\overline{L} - E)^{\beta/r}$$ (15.42)

式(15.42)的第二个等式中的分母项来自于匹配函数(式(15.25))。

从(15.41)与(15.42)式可以看出，a 对 E 递增，但 α 对 E 递减。但从式(15.40)中我们知道 V_V 对 a 递减。把这两种关系结合起来，显然有，V_V 对 E 递减。这说明随着就业人数上升，$E \to \overline{L}$，企业闲置的岗位也会不那么吃香；只有当失业率很高时，有闲置岗位的企业才那么吃香，空闲的岗位会很紧俏，从而 V_V 会很高。从数学上看，当 $E \to \overline{L}$ 时，$U \to 0$，从而 $a \to \infty$，$\alpha \to 0$(从式(15.42)可以看出)，这时 $rV_V \to -C$，即 $V_C \to -C/r$。意思是闲置的空位在充分就业时只会让企业浪费钱财；但是反过来，当 $E \to 0$，失业人数 $U \to \overline{L}$ 时，a 会趋向于零，$\alpha \to \infty$(仍从式(15.42)看出)，这时 $V_V \to \dfrac{A-C}{r}$。说明当工人全部失业时，闲置的岗位才会充分得到利用，而且由于 $w \to 0$(从式(15.31)看出)，企业可以几乎不付工资(工资低得近乎是零)，这时空位可以攫取几乎全部的 $(A-C)$。

由此可见，匹配模型所讨论的正是就业与空位之间这种此消彼长的关系。与传统理论相比较，这种讨论给出了企业虚位以待的价值。而且这种虚位的价值是决定于失业状况(U)，与匹配过程中的 a 与 α 的。虚位以待的价值可正，这正反映了劳动市场的不完全性。

什么是 E(就业)的均衡水平呢？当虚位的价值为零时，说明企业不会减少虚位，也不会增加虚位。这时的就业 E 就处于均衡水平。所以，令 $V_V = 0$，从式(15.40)—(15.42)，我们可以得到一个关于 E 的一个表达式

$$\frac{k^{\frac{1}{r}}(bE)^{r-1}(\overline{L}-E)^{\beta/r}A}{[bE/(\overline{L}-E)] + k^{\frac{1}{r}}(bE)^{(r-1)/r}(\overline{L}-E)^{\beta/r} + 2b + 2r} = C \qquad (15.43)$$

式(15.43)隐蔽地决定了 E 的均衡水平。

这样，我们就完成了模型的解。

匹配模型的贡献是什么呢？

第一，匹配模型讨论了工资的决定，并得出工资水平与匹配过程中工人与企业各自搜寻成功的概率(a 与 α)有关系，这是对工资理论的贡献；

第二，匹配模型给出了企业虚位以待这种行为的经济分析，并指出了虚位的价值与就业形势之间的相反关系的数量表达；

第三，匹配模型给出了分析均衡就业水平的决定过程的数学关系。这对以后继续讨论就业问题会有启发。

第五节　寻找工作的决策

我们在第三节与第四节都假定工作岗位与劳动力是异质的,而且,搜寻工作岗位是有成本的。在这一节,我们给出一个简单的例子,来说明,当搜寻岗位是有成本时,工人对搜寻与否该如何决策?

例 4:假定就业市场上的工资率均匀地分布于 500 元与 2500 元之间。你现在的工资率是 1500 元。若你去面试,面试成本是 200 元。你是风险中立者。你还会继续去寻找工作吗?

解:这里,由于工资率是服从[500 元,2500 元]之间的均匀分布,因此均值是 1500 元。你目前的工资率正好处在工资均值的位置上。你若继续去寻找工作,你的工资均值仍会是 1500 元。看上去,这并不是一件值得干的事。

但是,上述推理是有误区的。为什么? 原因在于你目前的工资率 1500 元可以让你拒绝接受任何工资率低于 1500 元的就业机会,因此,你尽管面临工资率在[500 元,1500]之间的可能,但你不会去接受这种机会,你可以避免这种风险的损失。你所失去的,只有面试成本 200 元。

因而,问题的实质就在于,你愿不愿意化 200 元面试成本去试一试运气。而这样一来,问题就变为:

投入 200 元面试成本,概率是 1(不管结果如何,你必投 200 元)。

获得工资率在[1500 元,2500 元]之间的机会,这个概率是 $\frac{1}{2}$。

由于工资率是服从均匀分布的,所以工资率在[1500 元,2500 元]之间的均值是 2000 元,比你目前的工资高出 500 元。由于这样的可能性有 50%,所以,你继续搜寻工作的净所得(减去 200 元面试成本)是

$$(0.5) \times (500 \text{ 元}) - 200 \text{ 元} = 50 \text{ 元}$$

这说明,"继续搜寻"可以提高你的期望收入水平。而由于假定这位工人是风险中立的,所以,期望收入大体相当于其期望效用。他按期望效用函数决策,会愿意去继续找工作的。

参考阅读文献

1. Akerlof, G. A. (1981 年): "Jobs as Dam Sites". *The Review of Economic Studies* (48):37—49.

2. Becker, G. S. (1965 年): "A Theory of the Allocation of Time". *Economic Journal* (75):493—517.

3. Heckman, J.J., R.Lalonde 与 R.Smith（1999 年）："The Economics and Econometrics of Active Labor Market Programs". 见 Orley、Ashenfelter 与 Card 编的 *Handbook of Labor Economics*. Vol.3, North-Holland, Amsterdam（1999 年版第 31 章）.

4. Heckman, J.J.（2001 年）："Econometrics and Empirical Economics". *Journal of Econometrics*（100）:3—5.

5. Katz, L.F.（1986 年）："Efficiency Wage Theories: A Partial Evaluation". *NBER Macroeconomics Annual* 1:235—276.

6. Killingsworth, M.R.（1983 年）: *Labor Supply*. Cambridge: Cambridge University Press.

7. Mortensen, D.T. 与 Pissarides, C.A.（1994 年）："Job Creation and Job Destruction in the Theory of Unemployment". *Review of Economic Studies*（61）:397—415.

8. Pissarides, C.A.（1985 年）："Short-Run Dynamics of Unemployment, Vacancies, and Real Wages". *American Economic Review*（75）:676—690.

9. Pissarides, C.A.（1994 年）："Search Unemployment with On-the-job Search". *Review of Economic Studies*（61）:457—475.

10. Summers, L.H.（1988 年）："Relative Wages, Efficiency Wages, and Keynesian Unemployment". *American Economic Review*（78）:383—388.

习　　题

1. 偏远小镇上,独一公司是惟一的雇主。该公司对劳动力的需求为 $w = 12 - 2L$, 其中 w 是工资率。劳动供应函数为 $w = 2L$。

（1）独一公司作为垄断买方,它的边际劳动成本是什么?

（2）独一公司将雇佣多少工人? 工资率是多少?

（3）如果当地的最低工资率是 7 元,独一公司将雇佣多少工人?

（4）假设劳动市场不是买方垄断的而是完全竞争的,（2）、（3）两问题的答案又是什么?

2. 一个人由每天的收入（Y）得到的效用为

$$u(Y) = 100Y - (1/2)Y^2$$

收入的惟一来源是劳动所得。因此, $Y = wL$, 这里 w 是每小时的工资, L 是每天工作的小时数。这个人知道有一个职位,一天固定工作 8 小时,每小时工资 5 美元。对于另一个职位,每天工作时间是随机的,平均值为 8 小时,标准差为 6 小时,必须提供多高的工资才能使这个人接受这项更"冒险"的工作?

提示: 这个问题可以运用统计恒等式

$$E(X^2) = VarX + E(X)^2$$

这里 E 表示"期望值"。

3. 一个有两个成年人的家庭试图将如下形式的效用函数最大化

$$u(C, H_1, H_2)$$

这里 C 是家庭消费，H_1 与 H_2 是每个家庭成员享受的闲暇时间。选择的约束条件为

$$C = w_1(24 - H_1) + w_2(24 - H_2) + N$$

这里 w_1 与 w_2 是每一家庭成员的工资，而 N 是非劳动所得。

（1）不作数学推导，只运用替代与收入效应的概念讨论交叉替代效应 $\partial H_1/\partial w_2$ 与 $\partial H_2/\partial w_1$ 可能的符号。

（2）假定有一个家庭成员（比如说，个人 1）可以在家里劳动，从而可按如下函数将闲暇时间转换为消费

$$C_1 = f(H_1)$$

此处 $f' > 0$，$f'' < 0$。这一额外选择方式会如何影响工作在家庭成员之间的最优分配？

4. 卡尔在一个孤岛上拥有一个大服装厂，对大多数岛上居民来说，卡尔的工厂是惟一的就业途径，因此卡尔的行为如同买方独家垄断者。制衣工人的供给方程是

$$L = 80w$$

L 是劳动数量，w 是每小时的工资率，假定卡尔的劳动需求（边际收益）曲线方程是

$$L = 400 - 40MRP_L$$

（1）为使利润最大化，卡尔会雇佣多少工人，付多少工资？

（2）假如政府实行最低工资制。当最低工资定在每小时 4 美元时，卡尔会雇多少工人，又有多少人会失业？

（3）图示你的结果。

（4）在买方独家垄断的情况下实行最低工资制与在完全竞争的情况下实行最低工资制（假设最低工资高于市场决定的工资额），结果有什么不同？

5. 假定一个人知道某一种彩色电视机的价格服从在 300 美元与 400 美元之间的均匀分布。此人打算通过电话来获得价格的多少。

（1）如果此人打了 n 次电话询问价格数量的话，请计算出所要支付的预期最小价格。

（2）请表示所要支付的预期价格以一种递减的比率随 n 下降。

（3）假定根据时间与努力，打一次电话要花 2 美元。为了通过搜索得到最大化，这个人应该打多少次电话？

6. 设某就业市场上工资率是均匀地分布于 1000 元与 2000 元之间的。你目前的工资率是 1500 元。若你要找新工作，每一次面试会使你花费 50 元。你认为在就业市场再找一次新工作合算吗？为什么？

7. 在萨莫斯（L. Summers）1988 年的论文（见本讲"参考阅读文献"）中，他指出："在一种效率工资的环境里，那些不得不对工人支付工资升水的企业只遭受二阶损失。几乎在所有的看似合理的谈判框架里，这都会使工人容易从企业那里获得让步。"这个题目是让你去研究萨莫斯的上述论断。

考虑一个企业，其利润由下式决定

$$\pi = \frac{(eL)^\alpha}{\alpha} - wL \qquad 0 < \alpha < 1$$

工会有一个目标函数

$$u = w - x$$

这里，x 是工人们的外在工作机会。假定企业与工会之间就工资进行谈判，在 w 给定时由企业选择 L（就业量）。

(1) 假定 $e \equiv 1$，从而不存在效率工资的考虑。

① 当 w 给定时，企业会选择多大的 L？什么是相应的利润水平？

② 假定企业与工会共同选择 w 去使 $u^\gamma \pi^{1-\gamma}$ 极大化，这里 $0 < \gamma < \alpha$，γ 表示工会在谈判中的力量。他们会选择多高的 w？

③ 当 $\gamma = 0$ 时，$\frac{\alpha(\ln w)}{\alpha \gamma}$ 是多少？其经济含义是什么？

(2) 假定 $e = \left[\frac{(w-x)}{x} \right]^\beta$（见本讲公式(15.18)），这里 $0 < \beta < 1$。

① 当 w 给定时，企业会选择多大的 L？相应的利润水平是多少？

② 假定企业与工会共同选择 w 去使 $u^\gamma \pi^{1-\gamma}$ 极大化，这里 $0 < \gamma < \alpha$。他们会选择多高的 w？（提示：令 $\beta = 0$ 就是(1)部分的第②问中的状况。若你先解(2)部分这② 问，会简化你在(1)部分②问的解，只要令 $\beta = 0$ 即可）

③ 当 $\gamma = 0$ 时，什么是 $\frac{\alpha(\ln w)}{\alpha \gamma}$ 的值？效率工资提高了这个弹性值（如萨莫斯所说）了吗？是否如萨莫斯所隐喻的那样，由于效率工资的存在，工会关于工资的谈判对于工资决定产生了数学上不同的效果？

8. 假定存在着大量企业（共有 N 家），每家企业的利润由下式决定

$$\pi = F(eL) - wL \qquad f'(\cdot) > 0, \ f''(\cdot) < 0$$

L 是企业雇佣的工人数，w 是工资，e 为工人的努力。努力由下式给出

$$e = \min \left\{ \frac{w}{w^*}, \ 1 \right\}$$

这里，w^* 是"公平工资"（即，如果企业所付的工资低于公平工资，则工人的努力付出就按工资低于 w^* 的比例而下降。），假定存在 $\overline{L}$ 的职工，他们愿意为任何大于零的工资而工作。

(1) 如果企业可以以任何工资率雇工人，什么样的工资值（或区间）会使企业获得最高利润？若 w 的解是一个区间，假定企业会付该区间中的最高工资。

(2) 假定公平工资 w^* 由下式决定

$$w^* = \overline{w} + a - bu \qquad b > 0$$

这里，u 为失业率，$\overline{w}$ 是该经济中的平均工资。

① 如果企业可以自由选择工资 w（当 $\overline{w}$ 与 u 给定时），有代表性的企业会如何决定 w？

② 在什么条件下，劳动市场均衡会包含一个正值的失业率 u，并且该均衡不会对企业选择 w 造成制约？（提示：在这种状态下，均衡时有代表性的企业把 $\overline{w}$ 看作给定的，

并希望对工人支付 $\overline{w}$)这时失业率为多大?

9. 改革开放以来大批农民进城打工,增加了城市劳动力的供给。假定在一个实行开放政策的城市,职工有较大的可流动性,劳动的边际产品价值曲线是一条斜率为负的直线。

(1)试作图分析农民进城打工对该城市职工工资水平和职工工资总额的影响。

(2)根据所作的图分析农民进城打工对该城市雇用劳动力的厂商的收入的影响。

(3)根据您对本题前两问的回答,分析农民进城打工对该城市的综合影响。

第十六讲　一般均衡与福利经济学
的两个基本定理

　　迄今为止,我们的讨论只限于一种产品的市场。从这一讲开始,我们来研究全社会各种产品的市场之间的联系,这就是一般均衡问题。一般均衡理论所考察的问题是,在社会上各种产品的交易市场是相互联系、相互影响的背景下,最后各种自发的经济活动是否趋于供求均衡?

　　这个问题是极其深刻的。其深刻性在于:第一,它会使我们的视角扩大到人类全部的经济活动,从空间上讲,这实质上要求我们放眼全球。我们常用"地球村"这一名词来形容全球各种活动是相互影响的。随着信息技术的飞速发展,世界上任一活动已不再是孤立的了。纽约交易所的股市变化在一瞬间会影响东京、香港的股市,而香港的股市又会波及中国的经济,真可谓是"牵一发而动全身"。在这种错综复杂的交互作用中,经济本身是否存在一种自发的和谐机制使各种活动趋于均衡? 如果存在这样一种机制,那么,它是什么? 第二,回答上述问题,从本质上涉及到我们对于市场机制的信心问题。大家知道,近二十年来,中国经济改革的取向是社会主义市场经济。市场经济是否最终会趋于一种稳定的均衡? 这在相当程度上决定了我们对以市场经济为导向的改革可以走得多远。

　　因此,这一讲涉及的根本问题是对市场经济的力量与局限如何进行评估。即市场机制的力量在哪里? 它有什么局限? 我们在下一讲,会进一步分析市场机制的局限。但实际上,如果我们能科学地揭示市场机制的力量,即在一定条件下指出市场机制的均衡存在的可能性,这种有条件的肯定本身就是指出市场机制的局限性。

　　对于市场机制的力量与局限性的评估,在近代市场机制全面发展的时代一开始就被思想家提出来了。二百多年前,亚当·斯密在其名著《国富论》中提出"看不见的手"这一命题,认为在市场体系中仿佛存在着一只看不见的手,在引导着各种追求私利的人们最终达到经济和谐。一百多年前,法国经济学家瓦尔拉斯(L. Walras)正式提出了一般均衡学说(见 L. Walras:"Elements of Pure Economics". 1874 年)。瓦尔拉斯本人的数学水平不高,是依靠别人的帮助,试图用数学来证明一般均衡的存在性。他所用的方法是建立联立方程组,把一般均衡存在性的问题递归为一个包含市场供给方程与市场需求方程的方程组是否有解的问题。瓦尔拉斯的尝试是可贵的,但其证明是错误的。因为,他的证明所依据的假定是,只要方程的个数等于未知数的个数,则必定有解。而这个假定是不正确的。1936 年,沃德(Abraham Wald)在其论文《数理经济学的若干方程组》("Some Systems of Equations of Mathematical Economics". *Econometrica* 1936. pp.368—403.)中只举出一个反例,就推翻了瓦尔拉斯的证明。该反例是

$$\begin{cases} x^2 + y^2 = 0 & (16.1) \\ x^2 - y^2 = 1 & (16.2) \end{cases}$$

显然,该方程组有两个未知数 x 与 y,有两个方程,但无解。

在理论上为瓦尔拉斯一般均衡给出正确的证明的经济学家是 Mckenzie(1954 年)(见其论文:"On Equilibrium in Graham's Model of World Trade and other Competitive System". *Econometrica* 22:pp.147—161)与阿罗与迪布鲁(1954 年)(见他们的论文:"Existence of Equilibrium for a Competitive Econnomy". *Econometrica* 22:pp.265—290)。

一般均衡理论在 20 世纪下半期曾有过两次伟大的应用。第一次是在 60 年代,经济学家试图将部门之间、生产活动之间相互联系的思想运用到计划过程之中,这便是各种各样的"投入—产出"模型的由来。这次应用的结果是改进了计划的编制,但问题是信息不可能完全,因此在进入 70 年代后它就停滞不前了。第二次应用是从 70 年代末以来,经济学家把一般均衡的思想运用到对金融活动的分析中,这导致了现代金融理论的发展。在前一次应用中,一般均衡理论还只限于在生产活动或交易对象的维数有限(finite)的前提下进行讨论;而在后一次应用中,经济活动无论是从空间上还是从时间上都被假定为无限远或无穷维(infinite),这是金融交易本身的特点所决定的。目前,理论本身还在深入。要想研究现代金融,不可不学一般均衡理论。

本讲的安排如下:第一节先介绍帕累托(Pareto)有效的若干概念,以便为整讲的讨论提供基本的范畴;第二节则详细介绍阿罗—迪布鲁关于一般均衡的存在性证明;第三节正式讨论福利经济学的两个基本定理。

第一节 埃奇沃斯盒式图与帕累托有效

我们的讨论只限于交易经济(exchange economy)。交易经济是指,东西已经被生产出来,就在当事人手头,经济问题只是如何在不同的人之间进行交易。所以,交易经济不包含生产过程。

这种抽象掉生产过程的讨论之所以必要,是由于:第一,它使我们的讨

论大大简化,以便更集中于问题的本质:如何找出一般均衡的条件? 第二,这种讨论本身也是反映实际的,我们在生活中可以发现大量的交易活动便是不涉及生产过程的,比如,同学之间相互交换书,你有几本中文书,我有若干本英文书,有时会发生交易;再比如,金融、期货市场上许多交易活动便只是对物品的交易,而不涉及物品的生产过程。

包括生产过程的一般均衡理论不在本教程范围之内。

一、交易经济与埃奇沃斯盒式图

交易经济中的当事人只是消费者,每个消费者都具有若干禀赋(endowments),这种禀赋就是一定数量的有限种消费品。每个消费者对于可能达到的消费品组合是具有偏好的,每个人只关心自己的福利。从已拥有的消费品出发,每个人可以选择自己消费这些消费品,也可以选择与别人作适当的物物交易,但交易必须出于各人自愿。因此,自愿交易是对物品的初始分配状态进行再分配的惟一途径。我们要分析的中心问题是,假定抽象掉货币,或假定没有货币,在一把斧子换 3 尺麻布的以货易货的经济中,在什么条件下,这种物物交易会静止下来? 经济学上称这种静止点为均衡点。

最简单的交易经济是假定只有两个消费者 1 与 2,经济中只存在两类物品 x_1 与 x_2。我们记消费者 1 所拥有的禀赋为 $e^1 \equiv (e_1^1, e_2^1)$,$e_1^1$ 表示消费者 1 所拥有的 x_1 的数量,e_2^1 表示消费者 1 所拥有的 x_2 的数量。同理,记消费者 2 所拥有的禀赋为 $e^2 \equiv (e_1^2, e_2^2)$。这样,整个社会的全部可供的消费品为 $e^1 + e^2 = (e_1^1 + e_1^2, e_2^1 + e_2^2)$。(请注意,在这一讲里,下脚标代表物品的种类,上标代表消费者的代号。)

这种经济的最基本的方面可由下列埃奇沃斯盒式图(Edgeworth box)表示出来。在图16.1里,物品 x_1 的单位由横轴表示,物品 x_2 的单位由纵轴表示。这是经济学家 Edgeworth 的一个天才构想。请注意,这图上有两个原点。一个在左下角上,O^1,是代表消费者 1 的原点,从 O^1 往右,是度量消费者 1 对 x_1 的消费量(x_1^1)或拥有量(e_1^1);从 O^1 往上,是度量消费者 1 对 x_2 的拥有量(e_2^1)或消费量(x_2^1)。另一个原点在右上角上,O^2,是代表消费者 2 的原点,从 O^2 往左,是度量消费者 2 对 x_1 的拥有量(e_1^2)或消费量(x_1^2),从 O^2 往下,是度量消费者 2 对 x_2 的消费量(x_2^2)或拥有量(e_2^2)。

还应十分小心的是,该图中的每一个点都有四个坐标,而不是只有两个坐标。举例来说,如 e 点,e 点是物品在两个消费者之间最初的分割状态,它包括 e^1 与 e^2,但 e^1 包括消费者 1 所拥有的 e_1^1 与 e_2^1,e^2 包括消费者 2 所

拥有的 e_1^2 与 e_2^2，横轴的长度等于 $e_1^1 + e_1^2$，纵轴的长度等于 $e_2^1 + e_2^2$。

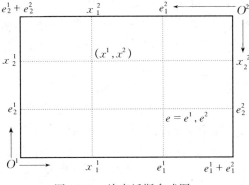

图 16.1　埃奇沃斯盒式图

(x^1, x^2) 点则代表消费者 1 与消费者 2 经过物物交易以后可能达到的一种消费状态，x^1 代表消费者 1 的一个最终消费组合，x^1 由 x_1^1 与 x_2^1 组成；x^2 代表消费者 2 的一个最终消费组合，x^2 由 x_1^2 与 x_2^2 组成。

显然，这个图的构思之精妙在于，不管 x^1 与 x^2 如何在两个人之间进行再分配，最后 $(x_1^1 + x_1^2)$ 必须等于 $(e_1^1 + e_1^2)$，$(x_2^1 + x_2^2)$ 必须等于 $(e_2^1 + e_2^2)$，即消费者对每种物品的最终消费必须等于社会关于该物品的可供量。

二、帕累托改进与帕累托有效

如何从社会的初始禀赋状态 e 转化为 (x^1, x^2) 点呢？这就要通过自愿交易。但自愿交易是如何发生的呢？这就需要引入偏好。而消费者偏好我们通常是用凸向原点的无差异曲线图来表达的。由于这里有两位消费者 1 与 2，于是，就有两簇无差异曲线。见图 16.2：

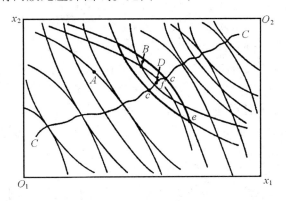

图 16.2　两人经济中的均衡

图 16.2 表达了三个重要概念,我们来一一加以说明:

1. 契约线(contract curve)

契约线就是图中的 CC 线。它是如何形成的呢?是由消费者 1 的无差异曲线与消费者 2 的无差异曲线两两相切之后,由所有的互切点连起来的曲线。

为什么称 CC 线为契约线呢?

我们知道,从 O^1 点出发,无差异曲线位置越往右上方(东北方向)移,则消费者 1 的效用水平越高;但若从 O^2 点出发,无差异曲线越往左下方(西南方向)移,则消费者 2 的效用水平越高。如果离开 CC 线上的点,你取任何另外一点,比如 A 点,则可在保持一位消费者(这里是消费者 2)的效用水平不变(因仍在同一条无差异曲线上)的前提下使另一位消费者的效用水平提高,办法是找出与过 A 点的消费者 2 的那条无差异曲线相切的一条消费者 1 的无差异曲线。在互切点上,消费者 2 的效用水平与 A 点无差异,而消费者 1 的效用水平比在 A 点要高。因此,如果两人做买卖,最终的契约不可能发生在无差异曲线两两相切点的集合之外,而只可能发生于该集合之内。所以,称 CC 线为契约线。

2. 帕累托改进(Pareto improvement)

是否 CC 线上所有的点都会使两人达成最终契约,使经济达到均衡呢?也不是。这取决于消费者各自的禀赋,即 e 点的位置。在图 16.2 里,由 e 点的位置,决定了双方的买卖只能发生于小写的 cc 线这一线段内。为什么?因为过 e 点的消费者 1 的无差异曲线是向 O^1 点凸的,如果他的无差异曲线再向西南方向移,则消费者 1 不会干;同时,过 e 点的消费者 2 的无差异曲线是凸向 O^2 点,如果他的无差异曲线再向东北方向移,则消费者 2 不会接受。因此,交易的方向只能在 cc 线段内互进。

当消费者 1 的无差异曲线从 c 往右上方移,消费者 2 的无差异曲线从 c 往左下方移时,它们可能交于 B 点。B 点是在由过 e 点所围的消费者双方可以接受的交易范围内。但是,B 点是在 CC 线之外的。我们可以从由过 B 点所围的交易范围,再继续寻找使交易双方互利的交易范围。

【定义】 **帕累托改进**:如果存在一种可行的贸易,使交易双方能够互利(mutual gain),或者在不损害一方利益的前提下使另一方获利,则称这种贸易为帕累托改进。

我们从图 16.2 里的 e 点出发,从 e 点到 B 点的变化,是一种帕累托改进。原因是,B 点较之 e 点,使消费者 1 与消费者 2 的效用水平都严格上升了。从 B 点到 D 点的变动,也是一种帕累托改进。从 B 点到 f 点的变动,仍属于帕累托改进,尽管消费者 2 的效用不变,但消费者 1 的效用提高了。

我们来分析 D 点。毫无疑问,从 e 点到 D 点的变动,是帕累托改进,因交易的双方都得利了。但是,一旦达到 D 点,便再也没有一种交易可以使双方互利了。如果从 D 点沿 cc 线往右上方移,固然会增进消费者 1 的利益,但会损害消费者 2 的利益;反之,从 D 点往左下方移,会在增进消费者 2 的同时损害消费者 1 的利益。所以,D 点是一个均衡点。实质上,小写的 cc 点之间的线段上任何一点都是均衡点。

3. **帕累托有效**(Pareto efficiency)

D 点就是一个帕累托有效点。什么叫帕累托有效呢? 我们首先引入三个概念:

【定义】 **交易经济**:考虑有许多个消费者

$$I = \{1, 2, \cdots, I\} \tag{16.3}$$

这里 I 代表有 I 个消费者。并且有 n 种消费品。每一个消费者 $i \in I$ 都有个人偏好关系,$\succsim^i$,并且每人的禀赋是一个关于 n 种物品的非负向量,$e^i = (e_1^i, e_2^i, \cdots, e_n^i)$。我们定义交易经济为

$$\varepsilon = (\succsim^i, e^i), \quad i \in I \tag{16.4}$$

【定义】 **配置**(allocation):记

$$e \equiv (e^1, e^2, \cdots, e^I) \tag{16.5}$$

为一个经济的禀赋向量,我们定义一种配置为一个向量

$$x \equiv (x^1, x^2, \cdots, x^I) \tag{16.6}$$

请注意,这里,$e^i (i = 1, 2, \cdots, I)$ 又为一个 n 维向量,即 $e^i = (e_1^i, e_2^i, \cdots, e_n^i)$,即是个人 i 所拥有的 n 种物品的数量。并且,$x^i = (x_1^i, x_2^i, \cdots, x_n^i)$。

【定义】 **可行的配置**(feasible allocation)集:一个经济的可行的配置集便是定义于禀赋向量 e 上的关于配置向量的可行集,记为

$$F(e) \equiv \left\{ X \mid \sum_{i \in I} X^i = \sum_{i \in I} e^i \right\} \tag{16.7}$$

式(16.7)里,$\sum_{i \in I} X^i = \left(\sum_{i=1}^{I} x_1^i, \sum_{i=1}^{I} x_2^i, \cdots, \sum_{i=1}^{I} x_n^i \right)$,同样,$\sum_{i \in I} e^i = \left(\sum_{i=1}^{I} e_1^i, \sum_{i=1}^{I} e_2^i, \cdots, \sum_{i=1}^{I} e_n^i \right)$。

式(16.7)的意思是,不管物品最终如何分配,每一种物品在全部消费者手中的消费量之和 $\sum_{i=1}^{I} x_j^i (j = 1, 2, \cdots, n)$ 应该等于该类物品的全部可供量 $\sum_{i=1}^{I} e_j^i (j = 1, 2, \cdots, n)$,即 $\sum_{i=1}^{I} x_j^i = \sum_{i=1}^{I} e_j^i$。这样的经济配置才称得上是可行

的配置。

有了上述三个概念,我们便可以定义帕累托有效。

【定义】　帕累托有效:如果一种可行的配置不可能在不严格损害某些人利益的前提下使另一些人严格获益,则该配置便是一种帕累托有效配置。

换言之,帕累托有效就是当经济不存在帕累托改进时所达到的状态。

注意,帕累托有效的前提是配置必须是一种可行的配置。

在图 16.2 里,D 点就是一种帕累托有效的配置。实际上,大写的 CC 线上的所有点都满足帕累托有效的定义。

三、抵制联盟(blocking coalitions)与交易经济的核(core)

我们在第十五讲已涉及联盟的概念。现在由于引进了埃奇沃斯盒式图与帕累托有效的概念,就可以进一步理解联盟与核的概念。

1. 抵制

我们先讲抵制。抵制发生于两类情形:

第一种情形是,在过 e 点的消费者 1 与消费者 2 的两条无差异曲线所围的范围之外,又不落在 CC 线上的所有点,都会被某一个消费者所抵制。在图16.2里,点 A 是会被消费者 1 抵制的("blocked")。为什么? 这是由于,在交易经济里,交易活动是出于双方自愿。如果初始的资源禀赋是 e 点,如果提议产品的再分配是从 e 点转化到 A 点,消费者 2 固然会大大受益,因其无差异曲线会相应地从过 e 点的那一条曲线平移至过 A 点的那一条无差异曲线,然而,消费者 1 出于私利的考虑,必然会抵制这一再分配,因在 A 点,消费者 1 的相应的无差异曲线会从过 e 点那一条向自己的原点后退平移,这意味着消费者 1 会大大受损。

第二种抵制情形是,在小写的 cc 线段以外的 CC 线上的所有点,总会遭到某个消费者的反对或抵制。原因在于,如所建议的交易落在小写的 cc 线段之外,则总有一方消费者会不如他不参加交易而只享受在 e 点所拥有的物品时的利益。

读者可以自己证实,大写的 CC 线上的所有点都满足"帕累托有效"的定义。但并不是所有的帕累托有效的点都会被交易双方所接受,只有在小写的 cc 线段内的点,才会被双方接受,才没有"抵制"。没有"抵制"的点称为"均衡"点。

由此可见,并不是所有的帕累托有效点都是均衡点。只有落在小写的 cc 线段上的帕累托有效点,才不会有抵制,才称为均衡点。抵制发生与否,与 e 相比较而定。

抵制的情形可以在社会只有两个消费者、两种产品的场合发生,而"抵制联盟"这一现象只有在社会上存在两个以上的消费者的场合才会出现。

2. 抵制联盟

当社会上存在的消费者个数超过两个时,一部分消费者可能为抵制某一种交易活动而结成抵制联盟。我们将抵制联盟定义如下:

【定义】　**抵制联盟**:记 $S \subset I$ 为某消费者联盟。我们称 S 为抵制配置 $x \in F(e)$,如果存在另一配置 y 满足

$$(1) \quad \sum_{i \in S} y^i = \sum_{i \in S} e^i \tag{16.8}$$

(2) $y^i \gtrsim x^i$ 对于所有的 $i \in S$ 成立,并且至少有一人严格偏好于 y。

$$\tag{16.9}$$

这里,S 是所有消费者中的一部分人。上述定义是说,与配置 x 相比较而言,若配置 y 不会使 S 中的所有人受损,并且至少使 S 中的一人比 x 配置下要来得好。这样,x 就被 y 抵制住了。

换言之,若一种配置没有被抵制("unblocked"),那是指该配置下不存在一种联盟去抵制它。如果一种配置没有受到抵制,那么,该配置便是一种均衡。

【定义】　**均衡**:一种配置 $x \in F(e)$ 被称为是具有初始禀赋 e 的交易经济里的一种均衡,如果 x 没有受到任何消费者联盟的抵制。

3. 交易经济里的"核"(core)

交易经济里的核就是没有受到抵制的均衡点的集合。我们正式地定义如下:

【定义】　**交易经济里的核**:在以 e 为初始禀赋的交易经济里,"核"就是所有没有受到抵制的可行配置的集合,记为 $C(e)$。

定义了核的概念之后,我们就明白了,所谓核就是交易经济里的均衡点的集合。接下来,我们便进入本讲的要害问题:在任一个交易经济里,是否至少存在一个均衡点,该配置状态既是可行的,又不会受到抵制? 这便是所谓一般均衡的存在性问题。

第二节　竞争性市场体系里一般均衡的存在性

我们关于一般均衡存在性的证明,是依据阿罗与迪布鲁 1954 年的著名论文(见:Arrow 与 Debreu:"Existence of Equilibrium for a Competitive Economy". *Econometrica* 22:265—290)。

首先,应该说明,"竞争性"市场实质上就是前面所定义过的完全竞争市场。在这种市场上,消费者的行为是完全由其自身利益所引导的,无论是买者还是卖者,都无法对市场上通行的价格施加任何影响力。但是,与第八讲介绍的完全竞争市场不同的是,这里我们所分析的是社会上各个市场同时达到均衡的情形。即在通行的价格下,各个市场都分别达到了均衡,结果是,所有买者的决策与所有卖者的决策在通行的价格下都相容,供与求全部匹配。

我们分三步来介绍一般均衡存在性的证明:第一步,介绍需求函数的性质;第二步,引入瓦尔拉斯定律(Walras' law);第三步,介绍一般均衡存在性的证明。

一、需求函数与超额需求函数的性质

1. 需求函数的性质

由于我们只讨论交易经济,不涉及生产活动,因此,讨论一般均衡的存在性只需要依据需求函数的性质。

需求函数是从解下列规划而来的

$$\max_{x^i \in \mathbf{R}_+^n} u^i(x^i) \qquad s.t. \quad p \cdot x^i \leqslant p \cdot e^i \qquad (16.10)$$

上述形式里,i 代表第 i 个消费者,$p \cdot x^i = \sum_{j=1}^{n} x_j^i p_j (j = 1, 2, 3, \cdots, n)$, $p \cdot e^i$ $= \sum_{j=1}^{n} e_j^i p_j (j = 1, 2, 3, \cdots, n)$。$p \cdot x^i \leqslant p \cdot e^i$ 的意思是,消费者的收入只依赖于其资源禀赋 e^i,在通行的市场价格下,他全部出卖其禀赋所得到的钱是 $p \cdot e^i$,其消费支出 $p \cdot x^i$ 不得超过其收入。这便是消费者 i 所面临的预算约束。

解规划(16.10)是我们在第一讲里已讲过的问题。但是,这里补充引入效用函数 $u^i(x)$ 的性质:

假定 A: 效用函数 $u^i(x)$ 在定义域 $\mathbf{R}_+^n$ 上是连续的,严格递增并且严格拟凹的。

关于效用函数连续、严格递增,这是大家熟知的,有这两个假定,才有边际效用为正的结果。新的东西只是严格拟凹。什么是严格拟凹?

【定义】 **严格拟凹函数**:$f: D \to R$ 是严格拟凹函数,当且仅当,对于所有的 $x^1, x^2 \in D$,都有

$$f(tx^1 + (1-t)x^2) > \min\{f(x^1), f(x^2)\} \qquad (16.11)$$
$$\text{对于所有的 } t \in [0,1]$$

严格拟凹函数是说,从定义域内取任两点作一凸组合,则函数在该凸组合的值大于 $f(x^1)$ 与 $f(x^2)$ 中小的那个函数值。

效用函数严格拟凹的假定是指,若有 $u(x^1)$ 与 $u(x^2)$,则 $u(tx^1 + (1-t)x^2) > \min\{u(x^1), u(x^2)\}$。即两个消费计划的线性组合所对应的效用水平会优于原来较低水平的那个效用水平,其经济含义是取两个消费计划的某一组合,会使消费者的效用水平至少比原来较差的消费计划有若干提高。

接下来,我们引入一个定理:

【定理】　**需求函数的基本性质**:如果效用函数 u^i 满足假定 A,则,当价格向量 $p \gg 0$ 时,消费者的问题(即式(16.2))便存在一个惟一解 $x^i(p, p \cdot e^i)$。同时,$x^i(p, p \cdot e^i)$ 对于 p 在定义域 $\boldsymbol{R}^n_{++}$ 上是连续的。

该定理中 $x^i(p, p \cdot e^i)$ 其实就是马歇尔需求函数 $x^i(p, y)$,只不过 $y = p \cdot e^i$。该解的存在性来自于 $p \gg 0$,因此预算集是有界的。惟一性来自于 u^i 的严格拟凹。$x(p, p \cdot e^i)$ 的连续性来自于极大化定理。我们在此不证明了。要注意的是,需求函数 $x(p, p \cdot e^i)$ 对于 p 连续的性质要求 $p \gg 0$,价格向量中的每一维价格必须是大于零的,即在定义域 $\boldsymbol{R}^n_{++}$ 上。为什么? 如其中有一种价格等于零,那么可能对某商品的需求量会无限大,这会破坏需求函数的连续性。

在瓦尔拉斯 1874 年关于一般均衡存在性的证明过程中,他运用的是建立需求函数与供给函数的联立方程式。今天,这种证明通常是用更为方便的超额需求函数形式。因此,我们引入超额需求函数的定义。

2. 超额需求函数的性质

【定义】　**超额需求(excess demand)函数**:对于市场 k 来说,其超额需求函数是一个实函数

$$Z_k(p) \equiv \sum_{i \in I} x^i_k(p, p \cdot e^i) - \sum_{i \in I} e^i_k \qquad (16.12)$$

整个社会的总超额需求为一个实值函数

$$Z(p) \equiv (Z_1(p), Z_2(p), \cdots, Z_n(p)) \qquad (16.13)$$

换言之,对于第 k 种物品的市场来说,超额需求就是所需量超过社会可供量的差额。

超额需求函数具有下列性质:

【定理】　**超额需求函数的性质**:如果对每一个消费者 i 来说,u^i 满足假定 A,则对于所有的价格向量 $p \gg 0$,都有:

(1) 连续性:$Z(\cdot)$ 对 p 是连续的;

(2) 零次齐次性：$Z(\lambda p) = Z(p)$，对于所有 $\lambda > 0$；

(3) 瓦尔拉斯定律：$p \cdot Z(p) = 0$。

证明：

连续性来自于需求函数 $x^i(p, p \cdot e^i)$ 的连续性。

零次齐次性的证明来自于公式 (16.10)，由于 $\lambda p \cdot x^i \leqslant \lambda p \cdot e^i$ 等价于 $p \cdot x^i \leqslant p \cdot e^i$，因此，$x^i(\lambda p, \lambda p \cdot e^i)$ 等价于 $x^i(p, p \cdot e^i)$，所以 $Z_k(\lambda p)$ 等价于 $Z_k(p)$。（你想一想，当全部物品的价格按同一比例上升时，你所拥有的物品的价格与你想买的商品按同一比例涨价，则你所拥有的收入与你将付出的支出的相对关系不变，你的需求肯定不变。这就是零次齐次性。）

瓦尔拉斯定律的证明如下：

从 (16.10) 式出发，将预算约束取等式，便有

$$\sum_{k=1}^{n} p_k x_k^i - p_k e_k^i = 0 \tag{16.14}$$

即

$$\sum_{k=1}^{n} p_k (x_k^i(p, p \cdot e^i) - e_k^i) = 0 \tag{16.15}$$

将上式对消费者人数求和，有

$$\sum_{i \in I} \sum_{k=1}^{n} p_k (x_k^i(p, p \cdot e^i) - e_k^i) = 0 \tag{16.16}$$

由于求和的次序可以互换，有

$$\sum_{k=1}^{n} \sum_{i \in I} p_k (x_k^i(p, p \cdot e^i) - e_k^i) = 0 \tag{16.17}$$

这等价于

$$\sum_{k=1}^{n} p_k \Big(\sum_{i \in I} x_k^i(p, p \cdot e^i) - \sum_{i \in I} e_k^i \Big) = 0 \tag{16.18}$$

运用超额需求函数 $Z_k(p)$ 的定义，就有

$$\sum_{k=1}^{n} p_k Z_k(p) = 0 \tag{16.19}$$

即

$$p \cdot Z(p) = 0 \tag{16.20}$$

于是，定理得证。

瓦尔拉斯定律是说，超额需求的市场价值必然为零。比如，如果经济里只有两种物品，则必有

$$p_1 Z_1(p) = - p_2 Z_2(p) \tag{16.21}$$

即,如果一种物品存在超额需求,$Z_1(p)>0$,那么另一种物品必定存在超额供给,$Z_2(p)<0$。同理,若一种物品在 p 处于均衡,即 $Z_1(p)=0$,那么,另一种物品必也处于均衡,$Z_2(p)=0$。一般地,若社会上存在 n 种物品,如果 $n-1$ 种物品的市场已处于均衡,那么,由瓦尔拉斯定律,可以推知,第 n 种物品的市场必也处于均衡。

值得注意的是,瓦尔拉斯定律不等于瓦尔拉斯均衡。瓦尔拉斯定律是说,只要效用函数满足假定 A,则必有全社会超额需求的价值之和为零。这是一种比较宽的要求。而瓦尔拉斯均衡则严得多,它是指超额需求函数本身为零。

【定义】　瓦尔拉斯均衡(Walrasian equilibrium):一个价格向量 $p^* \in R^n_{++}$,若满足 $Z(p^*)=0$,则称该价格向量 p^* 为一个瓦尔拉斯均衡。

注意,(1)瓦尔拉斯均衡的内容是一个价格向量 $p^* \in R^n_{++}$。在此价格下,各个市场的供求都相等;(2)瓦尔拉斯均衡不是在超额需求在各个市场之间求和的基础上讲均衡。前面在讲瓦尔拉斯定律时是对超额需求的价值在各个市场之间求和,价值可以求和,但实物不能在各个市场之间求和,因为不同的物品无法比较。因此,$Z(p^*)=0$ 是指($Z_1(p^*)=0, Z_2(p^*)=0,\cdots,Z_n(p^*)=0$),即每一个市场都不存在超额需求,分别地达到供求均衡。

所以,讨论瓦尔拉斯均衡的存在性,便是讨论,是否存在这样一个价格向量 $p^* \in R^n_{++}$,使每一个市场各自达到供求恰好相等? 我们来讨论这一核心问题。

三、一般均衡存在性的证明

1. 一般均衡存在性定理

证明一般均衡的存在性并不只是出于数学上的好奇,固然,数学上的好奇是证明的一个动因,然而,证明竞争性的交易经济里存在着一般均衡,对于我们认识市场经济的性质是具有重大意义的。试想,若竞争性的经济不可能达成各个市场的均衡,那么各种各样的追求均衡的努力就该早早放弃。如果竞争性的交易经济里是存在着一般均衡的,那么,人类追求均衡的努力就是有意义的,从而,寻找均衡存在的各种条件,以及随之而来的以各种政策措施去促成这些条件的实现的工作,也会具有合理的意义。

从最抽象的层次上分析,竞争性经济里一般均衡的存在性只依赖于三个条件。我们把这一结论以定理形式概括如下:

【定理】　如果超额需求函数 $Z(p)$ 满足下列三个条件:

（1）$Z(\cdot)$在定义域$\boldsymbol{R}^n_{++}$上是连续的；

（2）对于所有的价格向量$p \gg 0$，都有$p \cdot Z(p) = 0$；

（3）如果定义在$\boldsymbol{R}^n_{++}$上的价格向量序列$\{p^m\}$收敛于$\overline{p} \neq 0$，并且对于某些物品k，一旦$\overline{p}_k = 0$，那么，对于具有$\overline{p}_{k'} = 0$的物品k'，在该市场上其相应的超额需求的序列，$\{Z_{k'}(p^m)\}$，是没有上界的。

则市场必然存在一个价格向量$p^{**} \gg 0$，使得超额需求$Z(p^*) = 0$。

在证明上述定理之前，让我们对该定理中的三个条件作适当的说明。显然，第一个条件我们在前一节里已说明过了。第二个条件是瓦尔拉斯定律，也已证明过了。第三个条件看上去有些古怪，但其经济含义也不难理解，它是说，如果某一些物品(而不是全部物品)的价格离零非常接近，那么在这些价格接近于零的物品中至少有一种物品的超额需求会非常之高。这也是非常自然的事，如果社会上有一些物品是不要钱的，且不说对于这些物品全部种类，至少对其中一种物品，社会会有无限高的超额需求。这个假定并不苛刻。试想一下，若存在某些物品不要钱，社会上连对一种物品都没有出现无限高的超额需求，则对一些物品定价为零就不会引起任何不良后果，这不是太不正常了么？因此，条件3只是说，若对若干种商品不收钱，总会或多或少引起不良后果。

下面，我们来证明上述定理。

证明：

对于每一种物品，k，当所有的价格向量$p \gg 0$时，设$\overline{Z}_k(p) = \min\{Z_k(p), 1\}$，并且设$\overline{Z}(p) = (\overline{Z}_1(p), \overline{Z}_2(p), \cdots, \overline{Z}_n(p))$。这样，我们确认$\overline{Z}_k(p)$最高为1。并且，注意到，对于所有的$p \gg 0$，有

$$p \cdot \overline{Z}(p) \leqslant p \cdot Z(p) = 0 \qquad (16.22)$$

这里，不等式来自于我们对于Z的定义，后面那个等式来自于瓦尔拉斯定律。

现在，固定住$\varepsilon \in (0, 1)$，令

$$S_\varepsilon = \left\{ p \ \middle| \ \sum_{k=1}^n p_k = 1, \text{并且 } p_k \geqslant \frac{\varepsilon}{1 + 2n}, \forall K \right\} \qquad (16.23)$$

S_ε是我们为寻找一般均衡而构造出来的。我们试图在S_ε里找出满足$Z(p^*) = 0$的p^*。图16.3是对S_ε在只有两类物品时的一种图示。请注意，所有在负象限内或接近于负象限的价格都被排除在S_ε之外，并且，当$\varepsilon \to 0$时，S_ε会包含越来越多的价格点。因此，让我们允许$\varepsilon \to 0$时，我们寻找均衡价格$p^*(p_1^*, p_2^*)$的视野会越来越开阔。

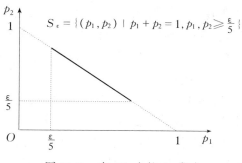

图 16.3　在 $\boldsymbol{R}^n_{++}$ 上的 S_ε 集合

　　集合 S_ε 具有紧（compact），凸（convex）与非空（nonempty）三个性质。"紧"来自于下列两个原因：第一，S_ε 是闭的，当 $\varepsilon \to 0$ 时，极限点仍在 S_ε 内；第二，S_ε 是有界的，因 $\sum_{k=1}^n p_k = 1$。凸性亦可以得证，设 p^1 与 p^2 为 S_ε 内两个价格向量，则看 $\lambda p^1 + (1-\lambda) p^2 (\lambda \in (0,1))$，第一，$\sum_{k=1}^n (\lambda p^1_k + (1-\lambda) p^2_k) = \lambda \sum_{k=1}^n p^1_k + (1-\lambda) \sum_{k=1}^n p^2_k = \lambda \cdot 1 + (1-\lambda) \cdot 1 = 1$；第二，$\lambda p^1_k + (1-\lambda) p^2_k \geq \dfrac{\lambda \varepsilon}{1+2n} + (1-\lambda) \cdot \dfrac{\lambda \varepsilon}{1+2n} = \dfrac{\varepsilon}{1+2n}, \forall k$。所以，凸性也是满足的。非空性也可以证实，我们找出一个价格向量，令每一维价格都为 $p_k = \left(2 + \dfrac{1}{n}\right) / (1+2n)$，则 $\sum_{k=1}^n \dfrac{\left(2 + \dfrac{1}{n}\right)}{1+2n} = 1$，并且 $\left(2 + \dfrac{1}{n}\right) / (1+2n) \geq \dfrac{\varepsilon}{1+2n}$，因 $\varepsilon < 1$。这说明 S_ε 是非空的。

　　以上的工作是确定 p 的定义域，该定义域的集 S_ε 是紧、凸以及非空的。然后在该定义域的集合 S_ε 上定义一个函数 $f_k(p)$，让 $f_k(p)$ 满足某些性质，就可以找出不动点。我们设

$$f_k(p) = \frac{\varepsilon + p_k + \max(0, \overline{Z}_k(p))}{n\varepsilon + 1 + \sum_{m=1}^n \max(0, \overline{Z}_m(p))} \tag{16.24}$$

并且令 $f(p) = (f_1(p), f_2(p), \cdots, f_n(p))$。于是，有 $\sum_{k=1}^n f_k(p) = 1$，且 $f_k(p) \geq \dfrac{\varepsilon}{n\varepsilon + 1 + n \cdot 1}$，因为对每个 $m, \overline{Z}_m(p) \leq 1$。从而 $f_k(p) \geq \dfrac{\varepsilon}{1+2n}$，因 $\varepsilon < 1$。这样，函数 $f(p)$ 的值域也是 S_ε。然而，由上面的讨论知，$f(p)$ 的定义域即 p 的取值范围也是 S_ε。即 $f : S_\varepsilon \to S_\varepsilon$。

接下来分析函数 $f_k(p)$ 的性质：$f_k(p)$ 在 S_ε 上是连续的。为什么？根据定理中的条件 1，$Z_k(p)$ 是连续的，当然，$\overline{Z}_k(p)$ 也是连续的。因此，定义 f_k 中的分子分母都在 S_ε 上连续。而且，分母总大于零，原因是，分母至少等于 1。这样，$f_k(p)$ 是连续的。

综上所述，我们运用 Brouwer 的不动点定理已经万事俱备。Brouwer 不动点定理是说，如果一个连续函数在非空、紧、凸的集上射影到该集本身，则该函数必定有一个不动点。在我们这里，这即是说，必定存在一个向量 $p^\varepsilon \in S_\varepsilon$，使得 $f(p^\varepsilon) = p^\varepsilon$，或者，等价地，对于所有的 $k = 1, 2, \cdots, n$，有 $f_k(p^\varepsilon) = p_k^\varepsilon$。

但是，这就是说

$$f_k(p^\varepsilon) = \frac{\varepsilon + p_k + \max(0, \overline{Z}_k(p))}{n\varepsilon + 1 + \sum_{m=1}^{n} \max(0, \overline{Z}_m(p))} = p_k^\varepsilon \qquad (16.25)$$

即

$$p_k^\varepsilon \Big[n\varepsilon + \sum_{m=1}^{n} \max(0, \overline{Z}_m(p^\varepsilon)) \Big] = \varepsilon + \max(0, \overline{Z}_k(p)) \qquad (16.26)$$

到此为止，实质上我们已经证明，对任一 $\varepsilon \in (0, 1)$，在 S_ε 里存在一个价格向量满足式 (16.26)。

现在，令 $\varepsilon \to 0$，考虑相应的满足 (16.26) 的价格向量序列 $\{p^\varepsilon\}$。首先，这一序列是有界的。其原因是，$p^\varepsilon \in S_\varepsilon$ 意味着每一市场上的价格都处于零与 1 之间。其次，由实变函数论知道，实数域紧集上任一有界序列必定收敛，因此，$\{p^\varepsilon\}$ 必定收敛。令 $\{p^\varepsilon\}$ 收敛的极限点为 p^*。

p^* 必然满足 $p^* \neq 0$ 这一性质，因为 $\sum_{k=1}^{n} p_k^* = 1$。我们要论证 $p^* \gg 0$。而这需要运用定理中设的条件 3。

我们运用反证法来证明 $p^* \gg 0$。设 p^* 不满足 $p^* \gg 0$，则对某几种物品，$\overline{k}$，$p_k^* = 0$。但条件 3 说，这时必然会存在 $k' \in \overline{k}$，使得超额需求 $Z_{k'}(p^\varepsilon)$ 在 $\varepsilon \to 0$ 时没有上限。

请注意，因为 $p^\varepsilon \to p^*$，所以，$p_k^* = 0$ 实质上意味着 $p_k^\varepsilon \to p_k^* = 0$。于是，(16.26) 的左端当 $k = k'$ 时必然趋于零，原因在于，左端方括号内的式子是有界的。但是，(16.26) 的右端则不会趋于零，其原因是，$Z_{k'}(p^\varepsilon)$ 是没有上限的，由 $\overline{Z}_{k'}(p^\varepsilon)$ 的定义知，$\overline{Z}_{k'}(p^\varepsilon)$ 必然会无穷次地重复 1，无穷次重复是由 $\varepsilon \to 0$ 时价格点的无穷序列产生的。显然，(16.26) 的左端与右端便会不相等。这是矛盾的。我们从而得出结论：$p^{**} \gg 0$。

到此为止,我们已经证明:

第一,当 $\varepsilon \to 0$ 时, $p^{\varepsilon} \to p^{*}$,并且 $p^{**} \gg 0$;

第二,当 $\varepsilon \to 0$ 时,(16.26)成立,即

$$p_k^* \sum_{k=1}^n \max(0, \overline{Z}_m(p^*)) = \max(0, \overline{Z}_k(p)) \qquad (16.27)$$

对于 $k = 1, 2, \cdots, n$ 都成立。

现在,我们从(16.27)出发,来最后证明 $Z(p^*) = 0$。

对(16.27)两端都乘以 $\overline{Z}_k(p^*)$,并且就 k 加总,产生了

$$p^* \cdot \overline{Z}(p^*) \Big[\sum_{k=1}^n \max(0, \overline{Z}_m(p^*)) \Big] = \sum_{k=1}^n \overline{Z}_k(p^*) \max(0, \overline{Z}_k(p^*))$$

$$(16.28)$$

我们从(16.22)知, $p^* \overline{Z}(p^*) \leqslant 0$,即上式的左端为非正,因括号里的式子为非负。所以,上式的右端也应非正。这样,必有 $\overline{Z}_k(p^*) \leqslant 0$,否则,上式的右端必为正。但是,这意味着 $0 \geqslant \overline{Z}_k(p^*) = \min\{Z_k(p), 1\}$,所以, $Z_k(p) \leqslant 0$,对于 $k = 1, 2, \cdots, n$,因数 1 总是正的。

由此可见, $Z(p^*) \leqslant 0$,并且 $p^* \gg 0$。但是本定理的条件 2 是说 $p^* Z(p^*) = 0$(瓦尔拉斯定律)。这样,必有 $Z(p^*) = 0$。

$Z(p^*)$ 是我们企求的。于是,定理完全得到证明。

这样,在 $\boldsymbol{R}_{++}^n$ 定义域上,只要超额需求是连续的,它又满足瓦尔拉斯定律,并且当价格趋近于零时某些物品的超额需求会无限上升,则必定存在瓦尔拉斯均衡。瓦尔拉斯均衡便是一般均衡。

2. 举例

这一节太抽象。现在我们举一个具体例子。

例 1:设只有两人的经济,设消费者 1 与消费者 2 的效用函数为

$$u^i(x_1, x_2) = x_1^\rho + x_2^\rho \qquad (i = 1, 2) \qquad (E.1)$$

这里 $0 < \rho < 1$。又假定初始的禀赋是 $e^1 = (1, 0)$, $e^2 = (0, 1)$。

问:(1) 瓦尔拉斯一般均衡存在吗?

(2) 如果它存在,请找出该一般均衡(即找出 $p^* = (p_1^*, p_2^*)$,使得 $Z_1(p^*) = 0, Z_2(p^*) = 0$。)。

解:(1) 由于初始禀赋之和是(1, 1),当 $0 < \rho < 1$ 时,效用函数在定义域 $\boldsymbol{R}_+^2$ 上是严格拟凹的,并且 u^i 是连续又严格递增的,所以超额需求必然在 $\boldsymbol{R}_{++}^2$ 上连续,瓦尔拉斯定律必然满足。并且,由于初始禀赋有限,而 u^i 是对 (x_1, x_2) 严格递增,则当 $p \to 0$ 时,会有无限高的超额需求。因此瓦尔

拉斯均衡存在的全部条件都具备。结论是,必然存在 $p^* = (p_1^*, p_2^*)$,使得 $Z_1(p^*) = 0, Z_2(p^*) = 0$。

(2) 如何找出 p_1^* 与 p_2^* 呢?

从第一讲最后的例子里,我们知道消费者 i 对于产品的需求函数为

$$x_1^i(p, y^i) = \frac{p_1^{r-1} y^i}{p_1^r + p_2^r} \qquad \left(r \equiv \frac{\rho}{\rho - 1} \right) \qquad (E.2)$$

$$x_2^i(p, y^i) = \frac{p_2^{r-1} y^i}{p_1^r + p_2^r} \qquad (E.3)$$

这里 y^i 为消费者 i 的收入。显然,$y^1 = p \cdot e^1 = p_1, y^2 = p \cdot e^2 = p_2$。

由于事实上在交易经济里只有相对价格才有意义,因此我们令 $\frac{p_2}{p_2} \equiv 1 \equiv \overline{p}_2, \overline{p}_1 = \frac{p_1}{p_2}$。由需求函数的零次齐次性性质,我们知道需求在 p 与 $\overline{p}$ 是相同的。

现在我们考虑 x_1 的市场。假定有内点解,则均衡要求 $\overline{p}^*$ 使 $Z_1(\overline{p}^*) = 0$,即使 x_1 市场上供求相等。于是

$$x_1^1(\overline{p}^*, \overline{p}^* \cdot e^1) + x_1^2(\overline{p}^*, \overline{p}^* \cdot e^2) = e_1^1 + e_1^2 \qquad (E.4)$$

代入上面(第一讲的结果)的需求函数,并且由 $y^1 = \overline{p}_1, y^2 = \overline{p}_2$,我们有

$$\frac{\overline{p}_1^{*\,r-1} \overline{p}_1^*}{\overline{p}_1^{*\,r} + 1} + \frac{\overline{p}_1^{*\,r-1}}{\overline{p}_1^{*\,r} + 1} = 1 \qquad (E.5)$$

这可以解得 $\overline{p}_1^* = 1$。由于 $\overline{p}_2^* = 1$,这就用不着再解了。$\overline{p}^* = 1$ 意味着 $\overline{p}_1^* = \overline{p}_2^*$。这就是一般均衡。为什么我们不用求第二种商品 x_2 的市场均衡呢?因为 $n = 2$,由瓦尔拉斯定理,当 x_1 市场上已达均衡时,x_2 市场上必然会供求相等。

因此,该例的一般均衡解是 $p_1^* = p_2^*$,不论 p_1^* 与 p_2^* 的绝对价格等于多少,只要它们之间相等,便会有一般均衡。

第三节　福利经济学的两个基本定理

在证明了瓦尔拉斯一般均衡存在之后,我们来讨论一下瓦尔拉斯均衡与帕累托有效之间的相互关系。这便是著名的福利经济学的两个基本定理。

一、福利经济学的第一基本定理

第一基本定理是要评估一下瓦尔拉斯一般均衡,想分析一下这种让各

个市场都达到供求平衡的价格向量所产生的资源配置状态是否合理。为此，我们先引入一个新概念：

【定义】　瓦尔拉斯均衡配置（Walrasian equilibrium allocation）：令 p^* 为某一具有初始禀赋的经济的瓦尔拉斯均衡，令

$$x(p^*) = (x^1(p^*, p^* e^1), x^2(p^*, p^* e^2), \cdots, x^I(p^*, p^* e^I)),$$

这里第 i 个分量（代表第 i 个消费者）给出当价格为 p^* 时消费者 i 所需求的并获得的 n 维的商品向量。则称 $x(p^*)$ 为一种瓦尔拉斯均衡配置，简称 WEA，并记为 $W(e)$。

注意，瓦尔拉斯均衡与瓦尔拉斯均衡配置是不同的。瓦尔拉斯均衡是一个 n 维价格向量，该价格向量使各个市场都供求相等。而瓦尔拉斯均衡配置则是一个需求矩阵，为 $n \times I$ 级，它所指的是当价格使各个市场都达到供求相等时，每个消费者对于 n 种商品所需求的并所获得的商品数量。这样，我们可以用物品（社会资源）在每一个消费者手中的拥有量来评估消费者所获得的福利。这就是为什么瓦尔拉斯均衡配置可以与福利经济学相联系的原因。下面，我们来表述并证明第一福利经济学的基本定理。

【定理】　福利经济学第一基本定理：考虑一个交易经济 $(u^i, e^i)_{i \in I}$。如果每一个消费者的效用函数，u^i，在定义域 $\mathbf{R}_+^n$ 上是连续且严格递增的，则每一种瓦尔拉斯均衡配置都是帕累托有效。

证明：

我们只要能证明，在满足该定理的条件时，每一种瓦尔拉斯均衡配置 $W(e)$ 都属于"核"$C(e)$，即

$$W(e) \subset C(e) \tag{16.29}$$

由于在第一节已讨论过的核的定义，每一种"核"必是帕累托有效，所以，瓦尔拉斯均衡必是帕累托有效。

因此，当 u^i 在 $\mathbf{R}_+^n$ 上满足连续，严格递增时，必有 $W(e) \subset C(e)$，这是一个更强的定理。我们接下来的任务便是证明这个更强的定理。

我们用反证法。

设 $x(p^*)$ 是当均衡价格为 p^* 时的一种瓦尔拉斯配置，假定 $x(p^*) \notin C(e)$。

首先，由于 $x(p^*)$ 是一种瓦尔拉斯均衡配置，是与 p^* 所对应的一种配置，又由于瓦尔拉斯均衡必定满足可行性，所以，$x(p^*)$ 是可行的。

但是，由假设 $x(p^*) \notin C(e)$，因此，我们能够发现一个联盟 S 以及另一种配置 y 使得

$$\sum_{i \in S} y^i = \sum_{i \in S} e^i \qquad\qquad (16.30)$$

并且

$$u^i(y^i) \geqslant u^i(x^i(p^*, p^* \cdot e^i)) \qquad 对所有的 i \in S \quad (16.31)$$

其中至少有一人在(16.31)里取严格不等式。从(16.30)可知

$$p^* \cdot \sum_{i \in S} y^i = p^* \cdot \sum_{i \in S} e^i \qquad\qquad (16.32)$$

而从(16.31),我们知道 $u^i(y^i) \geqslant u^i(x^i(p^*, p^* \cdot e^i))$,这会导致

$$p^* \cdot y^i \geqslant p^* \cdot x^i(p^*, p^* \cdot e^i) = p^* \cdot e^i \qquad (16.33)$$

其中至少对一个消费者,前面的不等式为严格不等式。

为什么(16.33)会成立?设想一下,假如 $p^* \cdot y^i < p^* \cdot x^i(p^*, p^* \cdot e^i)$,则我们可以在 y^i 的基础上再稍微增加消费量,使该稍稍增加的消费量 $\overline{y}^i$ 也在支出的预算约束之内。但这样一来会以 $\overline{y}^i$ 代替 y^i,由 u^i 的严格递增,就有

$$u^i(\overline{y}^i) > u^i(y^i) \geqslant u^i(x^i(p^*, p^* \cdot e^i)) \qquad (16.34)$$

并且

$$p^* \cdot \overline{y}^i < p^* \cdot x^i(p^*, p^* \cdot e^i) = p^* \cdot e^i \qquad (16.35)$$

这样,$x^i(p^*, p^* \cdot e^i)$ 就不应属于消费者 i 面临价格 p^* 且拥有禀赋 e^i 时的需求量,因 $x^i(p^*, p^* \cdot e^i)$ 违反了最优这一性质。所以(16.33)的前一个弱不等式成立。(16.33)的后一个等式来自于 $x^i(p^*, p^* \cdot e^i)$ 是"可行"配置这一事实。

从(16.33)出发,对联盟 S 内的消费者的支出求和,有

$$p^* \cdot \sum_{i \in S} y^i > p^* \cdot \sum_{i \in S} e^i \qquad\qquad (16.36)$$

但这最后一个不等式是与(16.32)相矛盾的。因此,$x(p^*) \in C(e)$。

由 $x(p^*) \in C(e)$,又由 $C(e)$ 是属于帕累托最优,我们便可以得出结论,瓦尔拉斯均衡配置必然是帕累托有效。 (证毕)

福利经济学的第一基本定理的基本思想是,如果市场是竞争的,在分权型的体制下,个人不需要知道别人的偏好,只要依据自己所面临的价格决定需求或决定供给,不需要他人或计划者的帮助,在一定的条件下会达到瓦尔拉斯均衡,而这种瓦尔拉斯一般均衡必然是一种帕累托有效的配置。

这是否说没有计划干预的完全竞争式的分散的市场机制所达到的一般均衡就必然是社会最佳的配置呢?不。帕累托有效决不能等同于社会最佳。我们上面所说的一切绝对不能混同于证明"社会最佳"。事实上,如果要讨论社会最佳,那必然会涉及到"平等"、"正义"这些命题,必然会包括再

分配这一环节。而对于这一切,帕累托有效完全回避掉了。帕累托有效只是指,不能在不损害社会上某些人利益的前提下增进另一些人的利益。但在许多场合,再分配让一部分利益受损而大大提高社会大多数人的利益,也许从社会的优化来说是必要的。福利经济学的第一基本定理回避了再分配问题,实质上是回避了市场机制的一个固有的也是要害的局限:收入不公平。对于这一点,我们应有清醒的认识。

二、福利经济学的第二基本定理

福利经济学的第二基本定理是说,帕累托有效可以通过瓦尔拉斯式的竞争性均衡来实现。其论证的关系与第一基本定理反了过来,第一基本定理是说瓦尔拉斯均衡配置必属于帕累托有效。

我们来叙述并证明这第二基本定理。

【定理】 福利经济学的第二基本定理:考虑一个交易经济$(u^i, e^i)_{i \in I}$,其总禀赋为$\sum_{i=1}^{I} e^i \gg 0$,并且每人的效用函数 u^i 在 $\boldsymbol{R}^n_+$ 上是连续、严格递增与严格拟凹的。假定 $\bar{x}$ 是该交易经济的一种帕累托有效配置,假定禀赋经过再分配,使得经过再分配的禀赋向量为 $\bar{x}$,那么,$\bar{x}$ 必定是从再分配后产生的交易经济$(u^i, \bar{x}^i)_{i \in I}$中的一种竞争性均衡配置。

证明:

我们从 $\bar{x}$ 是一种帕累托有效这一假定出发。$\bar{x}$ 既是帕累托有效,那它必定是可行的。于是,$\sum_{i=1}^{I} \bar{x}^i = \sum_{i=1}^{I} e^i \gg 0$。

由于 u^i 满足了前述瓦尔拉斯一般均衡(即竞争性均衡)存在性的一切条件,所以,我们可以依据本讲第二节的那个一般均衡存在性定理得出结论,在交易经济$(u^i, \bar{x}^i)_{i \in I}$中必定存在一种竞争性的均衡配置 $\hat{x}$。剩下的任务只在于要证明 $\hat{x} = \bar{x}$。

我们知道,在一个竞争性的均衡里,每一个消费者的需求都是在面临预算约束时对效用函数求极大化而得到的。于是,每一个消费者会需求 $\hat{x}^i$(因 $\hat{x}$ 是一般均衡配置),但其禀赋是 $\bar{x}^i$,这样,我们必然有

$$u^i(\hat{x}^i) \geqslant u^i(\bar{x}^i) \qquad \text{对所有的 } i \in I \qquad (16.37)$$

因为 $\hat{x}^i$ 是最优消费选择。

然而,由于 $\hat{x}$ 是一种均衡配置,对于交易经济$(u^i, \bar{x}^i)_{i \in I}$来说,它必定是可行的,即 $\sum_{i=1}^{I} \hat{x}^i = \sum_{i=1}^{I} \bar{x}^i = \sum_{i=1}^{I} e^i$(后一个等式来自于下列事实:$\bar{x}$ 是

对原禀赋 e 进行再分配而得到的,而再分配本身不改变原禀赋的总量。)。这样,$\hat{x}$ 对于原交易经济 $(u^i, e^i)_{i \in I}$ 来说,也是可行的。

这样,从(16.37)可知,$\hat{x}$ 对于原交易经济来说,满足两个特性:第一,$\hat{x}$ 可行;第二,$\hat{x}$ 不比原来的帕累托有效配置 $\overline{x}$ 差(我们一开始便假定 $\overline{x}$ 是帕累托有效)。但是,既然 $\overline{x}$ 是帕累托有效,则对于所有的 $i \in I$,(16.37)就不能使所有的人的效用严格变高,所以(16.37)就只是一个等式。

现在,我们逼近 $\hat{x} = \overline{x}$ 了。如果对于某些消费者来说,有 $\hat{x}^i \neq \overline{x}^i$,那么在经过再分配的新的交易经济 $(u^i, \overline{x}^i)_{i \in I}$ 里,这类消费者可以在消费计划 $\hat{x}^i$ 与 $\overline{x}^i$ 之间取一个平均数,而由 u^i 严格拟凹的性质可知,这平均后的新的消费计划所对应的效用函数 $u^i(t\hat{x}^i + (1-t)\overline{x}^i) > \min\{u^i(\hat{x}^i), u^i(\overline{x}^i)\}$,又知 $u^i(\hat{x}^i) = u^i(\overline{x}^i)$,可见,$\hat{x}^i$ 不是新交易经济里消费者在竞争性均衡时所选择的效用极大化的需求。这与前面说过的 $\hat{x}^i$ 是 i 效用极大化的需求相矛盾。因此,对于所有的消费者 i,都有 $\hat{x}^i = \overline{x}^i$,即 $\hat{x} = \overline{x}$。　　　　　(证毕)

我们对福利经济学的第二基本定理作两点说明:

第一,第二基本定理要回答的问题是:如果我们想实现某种帕累托有效的配置,如果社会将该帕累托有效作为一种目标来追求,那么,该帕累托有效是否可以通过自发的、分散决策的市场机制来实现? 第二福利经济学基本定理的回答是肯定的,即市场机制再加上适当的再分配,可以实现一种想要的帕累托有效配置。

第二,福利经济学第二基本定理中隐含了价格的功能。因为为了支持 $\overline{x}$ 作为一种瓦尔拉斯均衡配置而产生,必须有一种瓦尔拉斯均衡价格 $\overline{p}$。

福利经济学的第二基本定理是从另一个角度对市场机制的肯定,即若想实现某种帕累托有效,可以借助于市场机制。这里该清醒地注意到的地方是:(1)要加上适当的"再分配",这再分配可以通过交换来实现;(2)市场机制仅仅是实现想要的帕累托有效配置的一种途径。本节的论述没有排除实现帕累托有效配置的别的机制;(3)更为根本的是,在许许多多场合,帕累托有效并不是社会最优的标准,它回避了"公平"与"正义"这类规范问题。

参考阅读文献

1. Arrow, K. 与 G. Debreu(1954 年):"Existence of Equilibrium for a Competitive Economy". *Econometrica* (22):265—290.

2. Arrow, K. 与 F. Hahn(1971 年):*General Competitive Analysis*. San Francisco:Holden-Day.

3. Balasko, Y.(1988 年): *Foundations of the Theory of General Equilibrium*. Academic Press, INC.

4. Edgeworth, F. Y.(1881 年): *Mathematical Psychics*. London: Paul Kegan.

5. Lange, O.(1942 年): "The Foundation of Welfare Economics". *Econometrica* (10):215—228.

6. Mas-Colell, A.(1985 年): *The Theory of Economic Equilibrium from the Differential Point of View*. Cambridge University Press.

7. Mckenzie, L.(1954 年): "On Equilibrium in Graham's Model of World Trade and Other Competitive Systems". *Econometrica* (22):147—161.

8. Pareto, L.(1896 年): *Cours d'économie Politique*. Lausanne: Rouge.

9. Wald, A.(1936 年): "Some Systems of Equations of Mathematical Economics". 英文版载于 1951 年的 *Econometrica* (19):368—403.

10. Walras, L.(1874 年): *Elements of Pure Economics*. 英文版于 1954 年由 London: Allen and Unwin 出版.

习　题

1. 考虑一个两个消费者、两种物品的交易经济,消费者的效用函数与禀赋如下

$$u^1(x_1, x_2) = (x_1 x_2)^2 \qquad e^1 = (18, 4)$$
$$u^2(x_1, x_2) = \ln(x_1) + 2\ln(x_2) \qquad e^2 = (3, 6)$$

(1) 描绘出帕累托有效集的特征(写出该集的特征函数式);

(2) 发现瓦尔拉斯均衡。

2. 证明:一个有 n 种商品的经济,如果$(n-1)$个商品市场上已经实现了均衡,则第 n 个市场必定出清。

3. 有一个两个消费者、两种物品的交易经济,消费者的效用函数与禀赋如下

$$u^1(x_1, x_2) = \min\{x_1, x_2\} \qquad e^1 = (30, 0)$$
$$v^2(p, y) = \frac{y}{2\sqrt{p_1 p_2}} \qquad e^2 = (0, 20)$$

注意,第 2 个消费者的效用函数这里是间接效用函数。

(1) 发现瓦尔拉斯一般均衡。

(2) 如果禀赋状态为 $e^1 = (5, 0)$,$e^2 = (0, 2)$,重新计算一般均衡。

4. 假定在一个经济中只有三种商品(x_1, x_2, x_3),对于 x_2 与 x_3 的超额需求函数为

$$ED_2 = -3p_2/p_1 + 2p_3/p_1 - 1$$
$$ED_3 = 4p_2/p_1 - 2p_3/p_1 - 2$$

(1) 请表示这些函数在 p_1, p_2 与 p_3 上是零次齐次的。

(2) 运用瓦尔拉斯法则表示如果 $ED_2 = ED_3 = 0$,ED_1 也一定为零。你能否同样用瓦尔拉斯法则去计算 ED_1?

(3) 请解决有关均衡相对价格 p_2/p_1 与 p_3/p_1 的方程组。p_3/p_2 的均衡值是多

少?

5. 考虑一个两人、两物品的纯粹交易经济。消费者的效用函数与禀赋如下

$$u^1(x_1, x_2) = x_1 x_2 + 12x_1 + 3x_2 \qquad e^1 = (8, 30)$$

$$u^2(x_1, x_2) = x_1 x_2 + 8x_1 + 9x_2 \qquad e^2 = (10, 10)$$

求:

(1) 对两种物品的超额需求函数。

(2) 为该经济决定均衡价格比率。

6. 判断下列命题,并给出理由:

(1) 如果我们知道了契约线(CC),则我们就知道了任何交易的结果。

(2) 如果我们已达到了帕累托有效,则就无法使任何人的状况再得以改善。

7. 请证明:

在两物品、两个消费者的纯粹交易经济里,帕累托有效的一个必要条件是

$$\frac{\dfrac{\partial u^1}{\partial x_1^1}}{\dfrac{\partial u^1}{\partial x_2^1}} = \frac{\dfrac{\partial u^2}{\partial x_1^2}}{\dfrac{\partial u^2}{\partial x_2^2}}$$

这里,上标表示人,下标表示物。

8. 在一个岛上,有 200 磅粮食要在两个孤立无援的水手之间分配。第一个水手的效用函数为 utility $= \sqrt{F_1}$,其中 F_1 是由第一个水手消费的数量。对于第二个水手,其粮食消费的效用函数为 utility $= \dfrac{1}{2}\sqrt{F_2}$。

(1) 如果粮食在两个人之间平均分配,他们各自的效用是多少?

(2) 如果他们的效用相等,粮食应如何分配?

(3) 要使两个人的效用之和最大,应如何分配粮食?

(4) 假设第二个水手的能够求生的效用水平是 5,如果想要在第二个水手得到最低效用水平的前提下使效用之和最大化,应如何分配粮食?

(5) 假定两个水手都赞成的社会福利函数为 $W = u_1^{1/2} u_2^{1/2}$。那么,在两个水手之间应怎样分配粮食才能使社会福利最大化?

9. 甲有 6 瓶汽水,1 块面包;乙有 1 瓶汽水,4 块面包。两人对汽水与面包的效用函数一样,都为 $u = xy$,x 为汽水瓶数,y 为面包块数。现在相互交换汽水与面包,但只能整瓶与整块地换。甲先提议:"我要用 A 瓶汽水换你 B 块面包"。问:

(1) A 与 B 各为多少时,交换才可能成功,且对甲最有利?

(2) 如果 $u = (1/a)(\ln x + \ln y)$,A 与 B 又将是多少?

10. 设有两种产品,鱼 6 吨和肉 9 吨,分给甲、乙两人。甲分到 A 吨鱼,B 吨肉;乙分到 C 吨鱼,D 吨肉。甲、乙的效用函数分别为

$$u_甲 = A^{\frac{1}{2}} B^{\frac{1}{3}}$$

$$u_乙 = C^{\frac{1}{2}} D^{\frac{1}{4}}$$

（1）请推导：当分配方案达到帕累托最优时，A、B 所满足的关系式。（注：表示成 $A = f(B)$ 的形式。）

（2）如果有三种产品，鱼 6 吨、肉 9 吨和蛋 12 吨，分给甲、乙两人。甲分到 A 吨鱼，B 吨肉，C 吨蛋；乙分到 D 吨鱼，E 吨肉，F 吨蛋。甲乙的效用函数分别为

$$u_甲 = A^{\frac{1}{2}} B^{\frac{1}{3}} C^{\frac{1}{4}}$$

$$u_乙 = D^{\frac{1}{2}} E^{\frac{1}{4}} F^{\frac{1}{6}}$$

请推导：当分配方案达到帕累托最优时，A、B、C 所满足的关系式。（注：表示成 $A = f(B)$，$A = g(C)$ 的形式。）

第十七讲　外在性、科斯定理与公共品理论

外在性的存在与公共品的属性是市场机制难以处理的问题。我们在这一讲所讨论的，实质上是市场机制的局限。如果说在第十六讲我们主要是评估了市场机制的力量的话，那么在这一讲，我们会分析，市场机制在外在性与公共品的领域会怎样的无奈。

与在第一讲至第十六讲中所涉及的领域相比，在外在性与公共品领域，经济学家的贡献有相当的差别。在前一些领域，由于市场机制能在一定条件下(信息完全且对称、规模报酬不变、分散决策等等)有效地发挥作用，在长期的自发的交易过程中，交易的一些规则与体制实质上已经自发地演化出来了，即使对于像信息不对称条件下的保险的筛选规则，也是在交易实践第一线的人在长期的经验里总结出来的，而不是经济学家设计出来的，经济学家的贡献只在于对这些规则的产生与功能给予科学的说明，进而揭示人们行为的一般规律。然而，在外在性与公共品领域，由于市场机制在此碰了壁，一般来说，人类的交易活动并不能自发地演进出有效的规则来处理这些问题(只有科斯定理除外，科斯定理可以说是对人类自发地或以"私了"方式处理外在性问题的经验的一个理论总结。)，因此，在这一领域，经济学家的主要任务不是理论总结和说明，而是理论设计，比如：请你贡献出一个处理北京空气污染的办法，请你贡献出一个解决盗版作品的问题的办法，请你贡献出一套如何征管税收的体制构想……为什么要设计？原因是人类自发的以满足个人利益或局部利益为目标的交易活动没有演进出这类规则，就像自然界没有演进出飞机、大炮、原子弹一样，这些规则与体制有待于经济学家去设计。

正由于如此，所以，关于外在性与公共品领域的研究在 20 世纪里吸引了一批最优秀的经济学家。百年回首，我们会发现由一颗颗灿烂的明星所组成的长河：1919 年林达尔(Lindahl)贡献的均衡模型，1927 年兰姆塞(Ramsey)所揭示的最优的产品税的征收原则，1928 年庇古(Pigou)提出的解决污染等问题的赋税办法，1954 年萨缪尔逊(Samuelson)所揭示的公共品的本质以及提供公共品的最优准则，1960 年科斯(Coase)所讨论由外在性导致的社会成本问题以及以"私了"方式解决"双边型"外在性问题的科斯定理，1970 年鲍莫尔(Baumol)与布兰福特(Bradford)在重新发现兰姆塞 1927

年那篇天才论文的价值的基础上提出的"兰姆塞定价"(Ramsey pricing)模型("兰姆塞定价"实质上是政府办国有企业确定价格的理论基础,它揭示的原则是,国有企业产品定价应有别于私人企业的定价。),1971年戴尔蒙(Diamond)与米尔利斯(Mirrlees)在对兰姆塞原理的再度引申的基础上对政府公共生产部门最优生产与最优税制的准则的讨论,1973年与1975年格拉夫斯(Groves)等人所贡献的旨在解决"搭车者"隐蔽信息问题的机制设计(mechanism design),1988年拉封特(Laffont)所贡献的另一种机制设计,1994年与1995年凡礽(Varian)在新的理论框架中对庇古与科斯的设计做了统一后所构想的"补偿机制",1995年赫尔维茨(Hurwitz)在非凸的偏好集与非凸的生产集的前提下对科斯定理的两种表达式的经典分析……当然,更广一些的话,我们还应包括阿罗(Arrow)1950年对市场失灵与外在性的分析(见 E. Mansfield 编的 *Microeconomics—Selected Readings*. 1985. pp. 500—518),布坎南(Buchanan)与图洛克(Tullock)1962年对公共选择的分析,以及维克雷(Vickrey)从50年代到90年代一直对公共设施如地铁、公共汽车收费规则的始终不渝的探究,等等。

大概在经济学的诸多的领域中,再也没有别的领域像外在性与公共品领域集中了如此之多的诺贝尔奖得主了。上面所列的人中,即使没有得奖,其贡献也是斐然的。这里需要专门指出的是兰姆塞(F. Ramsey)。弗兰克·兰姆塞(1903—1930年)是英国剑桥大学的永恒的骄傲,其一生只发表了三篇经济学论文,即1926年写的关于不确定条件下效用的衡量问题的论文,1927年的《对税收理论的贡献》,与1928年写的《储蓄的数学理论》。第一篇论文的价值在40年代被冯·诺依曼与摩根斯坦发现,导致了现代博弈论的诞生。这篇论文没有公开发表,只是在诺依曼与摩根斯坦出版的《博弈理论与经济行为》一书里作为附录收了进去。第二篇论文与第三篇论文分别联结着1996年与1995年两座诺贝尔经济学奖的奖杯。萨缪尔逊在提到兰姆塞的名字时,是将他与全知全能的上帝(God)并列的(见萨缪尔逊1995年的论文:"Some Uneasiness with the Coase Theorem". *Japan and the World Economy* 7(1995):1—7)。由于 Ramsey 在20世纪经济学中的卓越地位,更由于兰姆塞原则与兰姆塞定价直接关系着中国的税制改革与中国的国有企业改革,我们在本讲专设一节,讨论兰姆塞原则与兰姆塞定价。

我们正生活在引进市场机制的过程之中,对于市场机制引进以来的利益与不良后果我们都有所体会。本讲所要分析的市场机制的局限性是为了帮助我们从理论上对市场机制保持清醒的头脑。本讲安排如下:第一节讨论外在性的定义与传统的解决外在性的办法,即庇古税;第二节讨论科斯定理;第三节专门讨论直到 2000 年为止经济学家对科斯定理的不同态度,从中可以看出,关于外在性的解决方案是多么复杂;第四节我们分析萨缪尔逊关于公共品的定义与著名的萨缪尔逊规则(Samuelson rule);第五节会详细介绍兰姆塞规则与兰姆塞定价。

第一节　外在性的定义与庇古税

一、外在性的定义

在经济学的文献里,至今仍没有一个令人完全满意的关于外在性的定义。然而,为使分析的方便,我们从下述非正式的定义出发。

【定义】　外在性(externality):当一个消费者的福利或者一家企业的生产可能性直接受到经济中的另一个当事人的行为影响时,我们说该经济里出现了外在性。

上述定义中有三点需要加以说明:

第一,"直接受到"。即个人 A 的福利"直接受到"个人 B 的行为的影响,这种影响是直接的,指不是通过市场价格机制的中介而施加的,这一点非常重要。若通过价格机制,那么任何一个人的福利总会受到市场上别的当事人的行为的影响,但那不属于外在性,因价格机制可以将这种相互影响界定清楚。如果个人 A 在市场上受了益,那 A 就应对所受的益付价格,如个人 B 的行为让个人 A 受损失,则个人 B 就应对 A 付出价格。如果是那样,则人与人之间的相互关系就可以包括在市场机制之中了,不会有外在性。"外在性"是价格机制以外的人与人之间的相互影响,这种相互影响无法通过价格机制来进行处理,社会最多只能模仿价格机制来对此加以处理,但这又生出许多麻烦。比如,夜半三更,你在睡梦中被对面楼房里的嘈杂的歌声所惊醒,在这种相互关系中就没有市场。又比如,工厂排放有毒化学品,飞机带来噪音,马路上行人乱丢杂物等等,人类社会迄今为止还难以对这一类行为对他人造成的损害进行准确度量,也难以通过市场交易的方式用价格来精确地反映社会成本。因此,外在性是市场交易机制以外的人与人的相互关系,但这种关系仍是经济关系。

第二,外在性会出现在消费领域,也会出现在生产领域。我们关于外在性的定义里明确指出他人的行为会直接影响一个消费者的福利,也会直接影响一个企业的生产可能性。如果说一个消费者 A 的福利直接受到另一个人 B 的行为的影响,则我们可以记

$$u^A = u^A(x_1, x_2, \cdots, x_n; u^B) \tag{17.1}$$

在式(17.1)里, $x_1, x_2, \cdots, x_n$ 是消费者 A 所消费的商品量, u^B 是个人 B 的效用。同理, 若一个生产 X 的企业的生产可能性受到另一家生产 Y 的企业的直接影响, 则可以记

$$X = F(L_x; Y) \tag{17.2}$$

这里, L_x 表示生产 X 的劳动投入。典型的关于生产外在性的例子是, 假定 X 为养鱼量, Y 为化工厂的产品, 而生产 Y 的厂设在生产 X(鱼)的单位的上游。如果生产 Y 的工厂在生产过程中污染了河水, 那么, X 厂商就会大受影响。

第三, 外在性可分正的外在性与负的外在性两类。上述化工厂对养鱼场的外在性是一种负的外在性, 客观上也存在正的外在性。比如, 养蜂与种植苹果之间就有正的外在性, 蜜蜂在苹果树上采蜜会促进苹果生产, 而苹果产量的上升也会导致养蜂业的发展。考上一个好大学, 住进一个集中各省状元的学生宿舍, 同学之间也会有正的外在性, 可以相互促进学习, 有时, 这比什么都重要。

外在性出现后的主要问题是会使市场机制达不到帕累托有效。

二、外在性与竞争结果的非佳性(nonoptimality)

1. 效用函数为准线性条件下的间接效用函数形式

考虑一个只存在两个消费者的经济。与第十六讲只讨论交易经济而不涉及生产过程一样, 这里我们只讨论消费过程中的外在性的后果。我们假定每一个消费者的偏好不但定义于可交易的商品集 $x = (x_1^i, x_2^i, \cdots, x_L^i)$ (这里上标表示消费者($i = 1, 2$), 下标表示商品的种类。), 而且定义于某一类行动 $h \in \mathbf{R}_+$, 这里假定 h 是消费者 1 的行动, 于是效用函数可以表示为 $u^i(x_1^i, x_2^i, \cdots, x_L^i; h)$, 并且假定 $\dfrac{\partial u^2}{\partial h}(x_1^i, x_2^i, \cdots, x_L^i; h) \neq 0$。$\dfrac{\partial u^2(\cdot)}{\partial h} \neq 0$ 的意思是, 第一个消费者的行动 h 直接影响了第二个消费者的福利。

记($x_1^i, x_2^i, \cdots, x_L^i$)为 x^i, 又设消费者的财产为 w^i, 则可以写出每个消费者的间接效用函数

$$v^i(p, w^i, x^i) = \max_{x^i \geq 0} u^i(x^i, h) \qquad s.t. \quad p \cdot x^i \leq w^i \tag{17.3}$$
$$(i = 1, 2)$$

假设消费者的效用函数 $u^i(\cdot)$ 是准线性的(quasilinear)的, 即

$$u^i(x^i, h) = g^i(x_{-1}^i, h) + x_1^i \tag{17.4}$$

式(17.4)表示消费者 i 的效用对于 x_1 是线性的, 而对于除 x_1 以外的

$L-1$ 种商品是非线性的。x^i_{-1} 表示除 x_1 以外的另外 $L-1$ 种由消费者 i 消费的物品量。

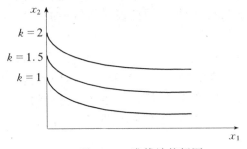

图 17.1　准线性偏好图

由于(17.4)式在证明科斯定理以及讨论科斯定理的局限性时占有重要地位,这里我们稍加详细地对此展开讨论。

通常地,如果一个人的效用函数是采取下列形式,即

$$u(x_1, x_2) = v(x_1) + x_2$$

则称该效用函数是准线性的,它对于 x_2 为线性,而对于 x_1 则(可能)为非线性。比如 $u(x_1, x_2) = \sqrt{x_1} + x_2$,或者 $u(x_1, x_2) = \ln x_1 + x_2$,等等。准线性的效用函数里,$x_2$ 的水平是取决于一个常数 k 与 $v(x_1)$ 之间的差别的,即如果 u 为一常数 k,$k = u(x_1, x_2) = v(x_1) + x_2$,则 $x_2 = k - v(x_1)$。于是该消费者的偏好会如图 17.1 所示。

准线性的效用函数有一个重要的性质,即:收入水平变化对于非线性部分的商品需求量没有影响,即收入效应在 x_1 的需求上为零。请看图 17.2,当收入水平上升,预算线向外平移时,x_1 的最优消费量是不变的。原因在于 $\dfrac{\partial u(\cdot)}{\partial x_2} = 1$,即 x_2 的边际效用不递减,这样,当消费者

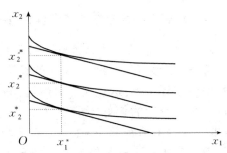

图 17.2　准效用函数里非线性部分的商品 x_1 的收入效应为零

收入上升时,会把增加的收入全部用来多买 x_2,而对 x_1 不发生任何作用。

回到(17.4)式。由于 $g^i(x^i_{-1}, h)$(可能)为非线性,所以 $x^i_{-1}(\cdot)$ 需求对于财产 w^i 独立无关,这样,间接效用函数 $v^i(\cdot)$ 可以写为

$$v^i(p, w^i, h) = g^i(x^i_{-1}(p, h), h) - p \cdot x^i_{-1}(p, h) + w^i \quad (17.5)$$

式(17.5)中的后两项之和($w^i - p \cdot x^i_{-1}(p, h)$)表示个人 i 的财产 w^i 除了购买 x^i_{-1} 以外剩下可用来购买 x_1 的全部收入。记

$$\phi^i(p, h) = g^i(x^i_{-1}(p, h), h) - p \cdot x^i_{-1}(p, h)$$

则

$$v^i(p, w^i, h) = \phi^i(p, h) + w^i \qquad (17.6)$$

式(17.6)是我们在这一讲将要运用的主要效用函数形式。记住,若一个人的效用函数为准线性,则一定可以把间接效用函数写成式(17.6)的形式。

2. 存在外在性的条件下的市场失灵

我们依旧从两个消费者($i = 1, 2$)的前提出发,看看在完全竞争的市场机制里会出现什么问题。

由于 h 是第一个消费者采取的行动,h 对于他是有益的,当该消费者所面临的价格为 p 并且其收入为 w^1 时,从 $v^1(\cdot) = \phi^1(p, h) + w^1$ 出发,他会选择一个对其自身来说最优的 h^* 量,使得

$$\frac{\partial \phi^1(h^*)}{\partial h^*} = 0 \qquad 如 \quad h^* > 0 \qquad (17.7)$$

我们称满足式(17.7)的 h 量 h^* 为均衡量。

但是,由于 h 对于第二个消费者有外在性,如果这种外在性是负的,则从社会最优化的角度说,要解的数学问题是

$$\max_{h \geqslant 0} \phi^1(h) + \phi^2(h) \qquad (17.8)$$

其最优解 h^0 必须满足

$$\frac{\partial \phi^1(h^0)}{\partial h^0} + \frac{\partial \phi^2(h^0)}{\partial h^0} = 0 \qquad 如果 \ h^0 > 0 \qquad (17.9)$$

即

$$\frac{\partial \phi^1(h^0)}{\partial h^0} = -\frac{\partial \phi^2(h^0)}{\partial h^0} \qquad (17.10)$$

由于 $\dfrac{\partial \phi^2(h^0)}{\partial h^0} < 0$(即 h 对于第二个消费者具有负的外在性),则从式(17.10)可知

$$\frac{\partial \phi^1(h^0)}{\partial h^0} > 0 \qquad (17.11)$$

比较式(17.7)与式(17.11),由函数 $\phi^1(\cdot)$ 的凹性(即第一个消费者关于 h 的边际效用为递减),我们不难推知:$h^* > h^0$。

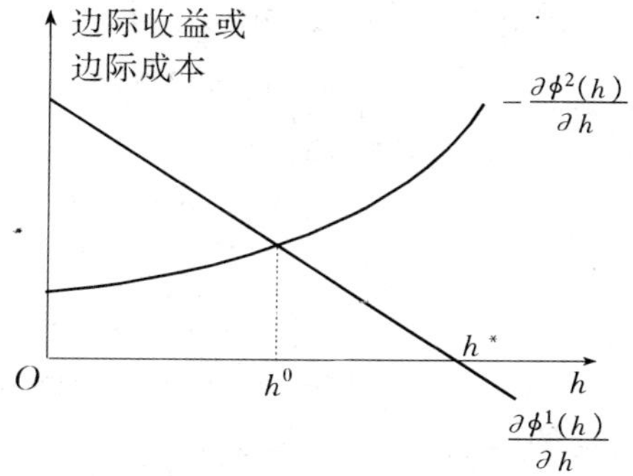

我们称 h^0 为社会最佳的 h

图 17.3　存在负的外在性时均衡的 h^* 量不再等于最优的 h^0 量

量,h^* 为均衡的 h 量。当有负的外在性时,$h^* \neq h^0$,说明均衡的竞争结果

h^* 不再是社会最优的。这一点可由图 17.3 来描述。

图 17.3 里，$\dfrac{-\partial \phi^2(h)}{\partial h}$ 表示 h 的量对于第二个消费者产生的负担，这实质上是 h 所导致的边际社会成本，这种边际成本随 h 上升是递增的。$\dfrac{\partial \phi^1(h)}{\partial h}$ 表示 h 对于第一个消费者所带来的利益，而这是 h 所产生的边际社会收益，这种边际收益随 h 上升是递减的。从消费者 1 的私人利益出发，h 应达到 h^* 的水平，使 $\dfrac{\partial \phi^1(h^*)}{\partial h^*}=0$；但从整个社会的利益出发，$h$ 应在其边际成本等于边际收益处（$h=h^0$）停住。$h^*>h^0$ 表示，如果存在负的外在性，则分散的自发的市场竞争并不能导致社会最优的配置，在经济学中，这种情形属于市场失灵。

3. 举例

例 1：假设有两家工厂，x 为第一家工厂的产量，x 的单价为 p，但如果每一单位 x 会导致一单位的污染，对于第二家工厂会产生 $e(x)$ 的损失。如果两家企业是分别经营的，则各自的利润方程为

$$\pi_1 = \max_x (px - c(x)) \tag{E.1}$$

$$\pi_2 = -e(x) \tag{E.2}$$

这里我们假定 $c(x)$ 为凸的。企业 1 会不顾 x 对企业 2 的伤害，在 $p=c'(x_q)$ 这一点决定均衡产量 x_q。显然，$c'(x_q)$ 只是企业 1 的私人边际成本，而不包括（$-e(x)$）那另一部分社会边际成本。

但是，如果让这两家企业合并为一家公司，让生产污染的工厂将其污染的社会成本兜着走，从经济学上讲这叫"使外在性内在化"（internalize the externality）。那么，公司的总利润为

$$\pi = \max_x [px - c(x) - e(x)] \tag{E.3}$$

该问题的一阶条件是

$$p = c'(x_e) + e'(x_e) \tag{E.4}$$

即

$$p - e'(x_e) = c'(x_e) \tag{E.5}$$

由于 $e'(x_e)>0$，所以，当 p 为给定时，$c'(x_e)<c'(x_q)$（因 $c'(x_q)=p$）。由 $c'(\cdot)$ 的凸性，可知 $x_e<x_q$。即外在性被"内在化"之后，可以降低负的外在性所带来的伤害。

三、庇古税（Pigovian taxes）

在出现负的外在性的场合，由于市场机制失灵，传统的办法就是由政府

进行干预。

干预的方式又可分为两种：

一种是政府明确颁布 h^0 的限量（配额）（quotas），这要求政府已具有最优的 h^0 的数量方面的信息，因而可以直接对释放负的外在性的企业与个人下令：$h \leqslant h^0$。当面临这样的约束时，个人 1 如果违反了，则要受到严厉惩罚。

第二种方法就是开征税，比如污染税或排污费。在上述两个消费者的例子中，如果政府知道了 h 会对个人 2 产生 $-\dfrac{\partial \phi^2(h)}{\partial h}$ 的边际成本，而政府又知道了 h^0 量对于社会来说是最佳的，则政府便可以设税率为 t_h，使得

$$t_h = \frac{-\partial \phi^2(h^0)}{\partial h^0} > 0 \tag{17.12}$$

这样，个人 1 的 h 会自然地在 h^0 水平上停住。请看图 17.4。满足上述性质的税叫庇古税，这是由庇古（Pigou）在 1932 年设计的（见 A. C. Pigou（1932 年）：*The Economics of Welfare*. London：Macmillan）。

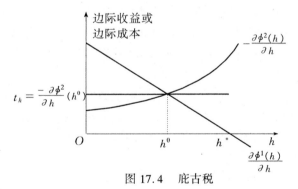

图 17.4　庇古税

对于庇古税，我们应当指出以下三点：

第一，为了使产生负的外在性的行为 h 达到社会最优水平 h^0，也可以通过实施对个人 1 补贴的办法来实现。比如，在图 17.3 里，消费者 1 本来要使 h 达到 h^*，现在假定，政府对于低于 h^* 的每一单位 h 都实施其量为 $S_h = \dfrac{-\partial \phi^2(h^0)}{\partial h^0} > 0$ 的补贴，这样一来，消费者 1 便要使下列关于 h 的函数值极大化

$$\max_h [\phi^1(h) + S_h(h^* - h)]$$
$$= \max_h [\phi^1(h) - t_h h + t_h h^*] \tag{17.13}$$

式(17.13)中的 S_h 等于 t_h。

(17.13)式的经济含义是,政府对消费者 1 排放的每单位 h 征收单位为 t_h 的税,同时又给予它相当于 $t_h h^*$ 的一次性补贴。结果是,消费者 1 从自身利益极大化的目标出发,最后会在 $\frac{\partial \phi^1(h)}{\partial h} = t_h$ 这一点停下来。这一结局是等价于庇古税的效果的。

第二,庇古税是建立在政府能对产生负外在性的行为 h 直接征税的前提之下的,即假定政府能对 h 直接征税。而在实际生活中,h 往往难以度量。比如,h 可以是个人 1 在生产过程中排放的污水或废气。这时,若政府对个人 1(或单位 1)所生产的产品量征税,一般来说是不可能使 h(污染量)回复到 h^0 的水平的。因为,个人 1(或排放污水或废气的工厂)尽管由于产量要纳庇古税而使产量有所下降,但他(她)不一定有动力去安装除污装置。只有当产量与排污量之间存在固定的单调关系时,对产量开征庇古税可以在实质上等价于对 h 开征庇古税。

第三,最根本的是,庇古税的设计是假定政府对于上述模型里的两个消费者关于外在性的边际收益与边际成本的评价拥有充分的信息。而这即使不是不可能的,也会是极端困难的,为此,政府就要投入大量成本去搜集信息。当政府在这方面缺乏准确而又充分的信息时,排污配额与庇古税是会产生不同的结果的。

在政府信息不充分时,有没有别的解决外在性问题的办法呢? 有。当外在性只涉及双边关系时,而且当消费者的偏好(效用函数)为准线性时,科斯定理就揭示了"私了"可以达到最优结果。

第二节 科斯定理(Coase theorem)

一、科斯讨论的问题

科斯(R. Coase)定理是人们对科斯的著名论文《社会成本问题》(R. Coase(1960 年):"The Problem of Social Cost". *Journal of Law and Economics* 3:1—44)的思想的一种归纳,科斯本人从未定义过所谓的科斯定理。因此,对于科斯定理的含义,经济学界有争议。一篇论文能引起如此之久的有益的争论,一方面说明,科斯所讨论的问题是十分深刻的;另一方面也说明,科斯毕竟不是数理经济学家,他用文字讨论问题,毕竟不如用数学讨论那么清晰,因此在概念与逻辑上难免留下含混之处。这一节给出的科斯定理的表达,是经过凡初(Varian)、麦斯克勒尔(A. Mas-Colell)与格林

(J. Green)这些一流的数理经济学家用数学逻辑进行推敲以后的定义,在逻辑上已滤掉了杂质。

科斯所讨论的问题如下:

在第一节所述的只存在两个消费者的经济里,消费者 1 是引起负的外在性的人,消费者 2 是直接受到负的外在性影响的人。现在考虑,能否通过明晰所有权的方式来使 h 达到最佳的 h^0? 科斯认为,这是可能的。

二、科斯定理的内容与证明

首先考虑,把"不存在负的外在性"这种权力赋予消费者 2,即消费者 2 拥有洁净环境的所有权。这样,如果没有消费者 2 的许可,消费者 1 就不能从事会导致负的外在性的行动。可以设想,消费者 2 要求,如果消费者 1 要从事会导致负的外在性的活动 h,则必须向消费者 2 支付总额为 T 的价值。如果这两位消费者的偏好都是准线性的,他们各自的间接效用函数都是 $v^i(p, h, w^i) = \phi^i(p, h) + w^i$,在 p 给定时,$\phi^i(p, h)$ 就转化为 $\phi^i(h)$,$i = 1, 2$。那么,对消费者 1 来说,当且仅当 $\phi^1(h) - T \geqslant \phi^1(0)$ 时,才会同意支付 T 同时从事 h。从而,对于消费者 2 来说,需要选择两个变量:h 与 T,使得

$$\max_{h \geqslant 0, T} (\phi^2(h) + T)$$
$$s.t. \quad \phi^1(h) - T \geqslant \phi^1(0) \tag{17.14}$$

将(17.14)式中的约束条件写成等式,可以得到 $T = \phi^1(h) - \phi^1(0)$,代入(17.14)的目标函数,就有

$$\max_{h \geqslant 0} \phi^2(h) + \phi^1(h) - \phi^1(0) \tag{17.15}$$

从式(17.15)中解最优的 h,由一阶条件,显然会有

$$\frac{\partial \phi^2(h)}{\partial h} = - \frac{\partial \phi^1(h)}{\partial h} \tag{17.16}$$

而式(17.16)恰好就是式(17.10)。这说明,用清晰产权的办法给予消费者 2 以"洁净环境"的所有权,社会是可以达到使 h 等于最优的 h^0 这一状态的。这是科斯讨论的第一个重要结论:即,以明晰产权的办法来解决外在性问题,是能够达到社会最佳的目标的。

科斯讨论的第二个结论是,为了达到使 h 等于 h^0 这一目标,产权在消费者 1 与消费者 2 之间如何配置是无关紧要的。这个结论,大大出于人们的一般预料。因此,需要证明。在两个消费者的偏好(效用函数)都为准线

性的条件下,可以证明,科斯的第二个结论也是成立的。

　　假定社会将所有权给予了消费者1,即消费者1拥有了污染环境的权力。在这种条件下,消费者1就会使 h 达到竞争性的均衡水平 h^*,而不是 h^0。为了使 h 低于 h^*,现在是消费者2必须向消费者1支付 T,因为产权现在是在消费者1手里。因为我们考虑的是消费者2的目标函数,所以,$T<0$,即支付的 T 是从消费者2的手里流出再进入消费者1的手里。这样,消费者2的目标函数是 $\max\limits_{h\geqslant 0,T}[\phi^2(h)+T)]$,但其面临的约束是 $\phi^1(h)-T\geqslant\phi^1(h^*)$(请注意 T 是负的。),即让消费者1在获得 T 之后采取 h 的净效用不低于本来采取 h^* 的净效用。现在,数学规划为

$$\max_{h\geqslant 0,T}\left[\phi^2(h)+T\right]$$
$$s.t.\qquad \phi^1(h)-T\geqslant\phi^1(h^*)\qquad\qquad(17.17)$$

将(17.17)式中的约束条件写成等式,再代入(17.17)中的目标函数,就有
$$\max_{h\geqslant 0}\left[\phi^2(h)+\phi^1(h)-\phi^1(h^*)\right]\qquad\qquad(17.18)$$
结果与式(17.15)完全一样,因 $\phi^1(0)$ 与 $\phi^1(h^*)$ 都只是常数项。不难看出,该规划的最优解是 $h=h^0$。

　　因此,无论是将所有权给予消费者2,还是将所有权给予消费者1,在产权明晰的条件下,h 都会等于 h^0。所不同的只是,在第一种场合,为了实现 $h=h^0$,要求消费者1向消费者2支付 $\phi^1(h^0)-\phi^1(0)>0$ 的款项,而在第二种场合,为了使 $h^0<h^*$,则要求消费者2向消费者1支付 $\phi^1(h^0)-\phi^1(h^*)$ 的款项。

　　由此,我们得到了科斯定理:
　　【定理】　**科斯定理**(Coase theorem):在当事人的偏好(效用函数)都为准线性的条件下,如果经济中出现了外在性,则讨价还价过程会产生一个有效的结果,而且该结果与所有权如何配置无关。

第三节　关于科斯定理的若干讨论

　　上述关于科斯定理的表述中的"在当事人的偏好(效用函数)都为准线性的条件下"这句话是我们加进去的。这个条件一加,有关科斯定理的含糊之处就得到了澄清,原因在于,该限定条件排除了收入变化对于资源配置所产生的收入效应。但是,这恰恰也是科斯定理的最薄弱之处。因为,一般说

来,资源配置过程中的收入效应是不该忽略的,所有权的不同配置当然会产生收入效应,一家国有企业卖给一个资本家与该国有企业仍让政府所有,其收入效应是截然不同的。指出科斯定理对于效用函数为准线性的依赖性,指出科斯定理只有在不存在收入效应时才正确,这是凡初(Varian)(1987年),麦斯克勒尔(Mas-Colell)与格林(Green)(1995年)与梅尔斯(G. D. Myles)(1995年)等所做出的贡献。

科斯在其论文《社会成本问题》中,其实提出了一个具有深远影响的思想,这就是:在产权的配置已经给定的前提下,如果不存在信息成本与谈判成本,则两个对手通过谈判,可以将外在性内在化。尽管科斯事实上假定政府已经将产权在对谈的双方做了配置,并且假定法庭是存在的,使谈判所形成的协定能够得以实施,但是,他所强调的是,无论产权配置的初始状态怎样,只要交易成本为零,有效的结果都可由谈判来达到。这一论点与这一文章,对于过去30年的经济政策的思考所产生的影响,是巨大的。学术界对该论文的引用率,如果不是最高的,也会是最高的之一。据1972年以来的"社会科学引用指数"(social science citation index),即使是弗里德曼或萨缪尔逊,单篇论文的被引用率,也只及科斯的《社会成本问题》的被引用率的一半。

科斯是位谦逊、谨慎的学者,他从未宣称自己上述思想为科斯定理。是乔治·斯蒂格勒(George Stigler)与许多其他经济学家称此为科斯定理,认为这是一个演绎的结论,即只要在它的应用范围内,该结论便必然是放之四海而皆准的。尽管对所谓科斯定理有种种解释,但它最基本的断言是,只有交易(谈判)成本会阻碍自愿谈判达到帕累托有效。

这个定理所包含的条件是两个:一是自愿交易与自愿谈判,二是交易成本为零。其结论也是两个:结果必是帕累托有效,而且与产权的初始配置状态无关。

这个定理的基本含义是与关于外在性的庇古解相反的。庇古解是主张动用政府的税收,对造成负外在性的当事人征税,用以补贴受负的外在性损伤的当事人,以此来改善资源配置。而科斯解是主张当事人以自愿的市场交易方式来解决外在性问题,实际上主张外在性的市场解。

一、对科斯定理的引申

近30年来,在诸如处理污染、整治环境等问题上,越来越多的国家的政府在借鉴市场交易的方式,科斯的思想的的确确产生了深远的影响。只不过,科斯的原定理是以交易成本为零与自愿谈判为前提的。然而,人们发现,按该定理的内在逻辑,还可以引申出三个结论。

(1) 尽管科斯定理以交易成本等于零为基本前提,然而,其本意是强调,如果处理外在性的自愿谈判不能使资源配置达到有效,那必然是由于交易成本太高。这样一来,科斯定理就可以转化为下述更强大的定理:经济中的理性当事人不但会从事关于私人品的交易,还会将外在性内在化,通过谈判来解决外在性争端,并且通过自愿谈判来解决公共品的提供,处理任何别的市场失灵问题,从而获得净的收获——即,只要自愿谈判所达成的交易的所得超过实现这种交易所必需的交易成本。如果为实现交易所需的交易成本高过其所获,则帕累托效率准则自然便会否决这类交易。正式地,我们会有以下一个更宽的科斯定理:

　 “理性的当事人必定会通过自愿交易或自愿谈判达到帕累托有效,无论交易成本有多高。”

这个更宽的科斯定理看上去与科斯定理的原本表达有些不同,不同之处在于,“无论交易成本有多高”,可实质上是一样的。因为,如果交易成本低,接近于零,则自愿谈判便可以化解外在性问题,那便是“有效”;如果交易成本太高,通过谈判来解决外在性问题便会得不偿失,则帕累托效率准则就要求不解决外在性问题,这同样是一种帕累托有效。于是,以交易成本为零的科斯定理与不管交易成本有多高的科斯定理是一致的。

(2) 既然交易成本的高低对于能否将外在性内在化是至关重要的,那么,交易技术也同样是至关重要的。于是,客观上就存在一种动力,去发明新的交易手段、交易工具与交易方式,去降低交易费用。这不啻是说,我们应该选择那些可以降低交易费用的成本有效的手段吗? 是的。这里,尤其应该强调的,在降低交易费用的功能上,体制创新有时比技术创新更为重要。比如,货币的发明,就立即消除了由物物交易所要求的交易双方欲望恰好匹配而产生的麻烦。于是,科斯定理就等于是说,能大大降低交易费用的体制创新应该通过某种自愿的交易过程来引发与促成。这是科斯定理在体制改革与制度变迁中的含义。

(3) 在政治宪制上的含义。这是科斯的追随者提出的。如张五常(S. Cheung, 1970 年)在其论文《合约的结构与关于非排他性资源的理论》(“The Structure of a Contract and the Theory of a Non-exclusive Resource”. *Journal of Law and Economics* 13(1):49—70)中指出,政府也是一种可以降低交易费用的机构。科斯本人在 1988 年出版的《企业、市场与法律》(*The Firm, The Market and The Law*. University of Chicago Press)一书中也认为(见该书第 27 页),尽管政府的政策通常会在实践中发生严重的缺陷,但在某些条件下政府在降低交易成本时会比私人部门做得更好。这样一来，科斯定理就被推广到了政治领域:理性的活动家们会通过政治谈判,直到取得双赢。这实质上等于说,民主政府会产生社会有效的结果。这样说,甚至并不假定这类民主政府已经存在。而是说,如果它还未出现,那么,一旦它的社会价值超过建立与实行这类民主政府的交易成本,其必定可以通过科斯式的谈判(即自愿谈判)而建立与形成。

以上三个含义,都是科斯定理的内在逻辑的引申。这样,科斯定理不仅可以用来处理外在性,还可以说明体制变迁与宪制改革。似乎成了包罗万象的了。但是,如果一个学说或一个定理真的可以说明一切,那实质上就意味着它什么也解释不了。20世纪90年代,具体说是1994年,以萨缪尔逊、凡初、赫尔维茨(Hurwicz)等为代表,就科斯定理的合理性进行过一次非常理论化的讨论,其讨论的深远意义,对市场的限度与政府的限度,对政策的选择都会发生影响。这场讨论的论文 ,由 *Japan and the World Economy* 杂志于1995年以专辑的形式予以发表。

二、科斯定理存在的问题

科斯定理在理论上存在着三个问题:

1. 自愿谈判解的有效性值得怀疑

科斯认为,只要交易成本为零,并且当事人双方进行的谈判是自愿的,则通过这种自愿谈判来解决外部性引起的争端,其结果必定是有效的。

但这里发生了两个问题:

第一,科斯这里所指的只是一种静态的、双头博弈格局,并且是一种非协同博弈。萨缪尔逊就指出(见 Samuelson,1995 年),即使是在私人品场合,这类静态的、双头非协同博弈所产生的解也是不确定的。其古诺—纳什解只是一种可能的解,而且一般说来,这种解也不是帕累托最优解。在外在性与公共品领域,即使能自愿交易,又如何能确保其有帕累托有效解呢? 萨缪尔逊指出,只有在动态博弈的框架里,双头博弈才可能趋近于帕累托有效。但是,科斯的分析并没有给出博弈论的证明,证明谈判双方在交易成本为零时,会趋于帕累托有效。

萨缪尔逊的批评实质上提出了两个疑问,一是怀疑双头自愿谈判可以有效地解决外在性与公共品提供问题,二是怀疑按博弈论(动态博弈)的框架能证明科斯定理的正确性。往下我们会看到,Dixit 与 Olson 于 2000 年发表的论文《自愿加入是否动摇了科斯定理》("Does Voluntary Participation Undermine the Coase Theorem?". *Journal of Public Economics* 76(2000):

309—335),恰恰证实,萨缪尔逊的两点疑问是有道理的。Dixit 与 Olson 用博弈论证明了,在一次性博弈中,即使是动态博弈,科斯定理的"有效性"命题并不成立;在重复的动态博弈里,双头自愿谈判也不必定会达到帕累托有效。

第二,科斯定理所设的经典状态是双头为外在性问题进行自愿谈判,如果参与事端的当事人人数增加了,结果会如何? 科斯本人认为,即使参与外部性与公共品提供的当事人不止两方,而是由一大批人构成,即使外部性问题是极端糟糕、极端混乱的,只要交易成本为零,谈判仍能达到帕累托有效(见科斯 1988 年《企业,市场与法律》第 24—25 页,170—177 页,180—182 页)。如果科斯这一论断是正确的,那么,即使是遇上 2000 年春北京沙尘暴这样大的问题,也不需要政府作任何干预,而只需要经济中的各方当事人进行理性的谈判,便会使经济实现帕累托有效。

然而,两类麻烦产生了:一是随着参与谈判的人数增加,当外部性涉及到大的群体利益时,交易成本(即便只讨论谈判成本)便会增加,这难道不会影响外在性问题的有效解决吗? 这里所涉及的,其实是科斯定理对于交易成本由于人数增加而上升的敏感性与强劲性问题。二是当人数增加时,有什么机制能协调各方力量,使人们自愿参加交易,并保证协议得以贯彻? 从 70 年代以来,经济学理论界给出了两种解法:(1) Foley(1970 年),Mas-Colell(1980 年),Cornes 与 Sandler(1986 年)是用"核"理论来讨论群体外在性环境下的协调可能解的。这即是用某种公开的协同概念来论证协调机制,其理论框架是协同博弈论;(2) Clarke(1971 年),Groves 与 Ledyard(1977 年),Cornes 与 Sandler(1986 年,第 7 章)等人提出了机制贯彻理论,这是一种非协同的协调方式。只有在一系列条件得以满足时,群体选择的外部性谈判问题与公共品提供问题才会有帕累托有效解。而这一切,都超出了科斯定理那两个前提(交易成本为零与自愿谈判)。

2. "不变性"命题所依赖的前提需要澄清

科斯定理令人惊奇的发现主要是:只要零交易成本与自愿谈判两条件满足,资源配置的最终状态与产权配置的初始状态无关,即外在性的最终均衡水平(如污染水平)与体制因素相独立。

但正如赫尔维茨(1995 年)所指出的那样,这个"不变性"的命题是依赖于一种特定的偏好类型的,即偏好是平行的,写成效用函数形式,效用函数便是准线性的。1995 年,赫尔维茨以十分严密的数学证明,揭示了准线性的效用函数(或平行的偏好关系)是"不变性"命题的充分条件与必要条件。

说平行的偏好关系是"不变性"的"必要条件",是指这个条件是不可或缺的。如果两个正在进行关于外在性(如污染)谈判的当事人中有一人的偏好不是平行的,则在埃奇沃斯盒式图中两人之间的契约线就不是一条水平线。这会对外在性的均衡水平产生什么后果呢? 回答是,最后的均衡的外在性水平便会与产权的初始配置状态有关联。

为了说明这一点,可设两个当事人之一的偏好不是平行的,又设外在性(污染)水平为 R,为了使社会最后均衡的外在性水平达到 R,那就要求另一个当事人(该人的偏好是平行的)去"匹配"这个 R,但这样一来,实质上就相当于对另一个当事人的偏好、收入与产权中的初始位置等等都附加了许多限制。但是,科斯定理原本与两个当事人的偏好关系的状态无关。因此,为了保持外在性均衡水平的"不变性",必须假定所有当事人的偏好都是平行的。

我们可以用下列图形来说明上述道理。在图 17.5 里,个人 A 与个人 B 的偏好关系都不是拟线性,收入效应是存在的。因此,在个人 A(吸烟者)与个人 B(被动吸烟者)的效用函数中,"货币"都不是线性的,随着收入的改变,这两个人对于"货币"的边际效用的评价不会恒等于1,即收入变化后引起他们在吸烟与货币(或洁净空气与货币)的边际替代率上的态度发生变化。

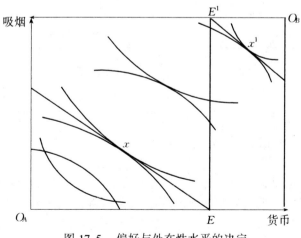

图 17.5　偏好与外在性水平的决定

在图 17.5 里,货币量是在 A 与 B 两个人之间进行配置的,一人多得必定使另一人少得。但"吸烟"量是不能在俩人之间分配的,B 所受的被动吸烟量少,必定是由于 A 少吸了烟,因此"吸烟"只有从下往上一个方向。设资源禀赋的初始状态为 E,在该点是 A 与 B 各自拥有 100 元钱,但 B 拥有"洁净空气权"(吸烟量为零)。在 B 拥有产权的前提下,最后的均衡点为 x。

但是,如 A 拥有"吸烟权",假定他在 E^1 点拥有"最大限度吸烟权",则即使双方都拥有 100 元货币,最终的均衡的外在性水平会在 x^1 点。而 x^1 点的吸烟水平会明显地高于 x 点所代表的吸烟水平。

在图 17.6 里,由于 A 与 B 两者的效用函数都是拟线性,即对于"货币"的偏好为线性,货币的边际效用恒为 1,则收入变化后个人(A 与 B)的均衡消费点变化都会只反映在"货币"这一量纲上,而不会改变"吸烟"在消费组合中的量。这样,无论最初的资源禀赋权利在 A 与 B 之间如何配置,社会只会改变"货币"在两人之间的分配格局,而不会改变"吸烟"的均衡水平。

因此,我们的结论是,如果人们的偏好关系是拟线性的,如果不存在收入效应,则科斯定理中的"不变性"命题成立;但若存在收入效应,那么,仅仅"产权清晰"这一前提是不够的,还应看到不同的产权配置会带来不同的资源配置结果。这时,"不变性"命题就是错误的。

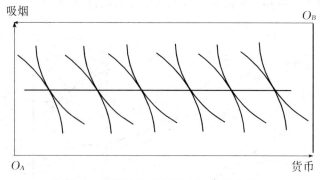

图 17.6 拟线性偏好与外在性水平的决定

"不变性"命题有可能导致误用,并且在社会改革与市场转移过程中会产生严重后果。为此,我们特别提醒大家,如果存在收入效应,那么,我们不但应当强调"产权清晰",而且应当强调产权配置对于经济资源配置的不同结果。我们在第十八讲会对此再作进一步的分析。

3. 用自愿交易的方式解决外在性,实质上隐含了产权清晰的前提,而产权清晰的过程本身又是会产生社会成本的

科斯定理的主要内容是,一旦遇上外在性问题,就应由卷入这种外在性的各方来自愿进行谈判,如果谈判的成本低于谈判的收获,最后结果就是有

效的。但是,每一方在谈判中的地位与影响力,实质上是其本来就拥有的产权的反映。外在性之所以会发生,是由于在外在性的产生过程中产权不清晰,如环境污染,在污染这个领域产权界限不清晰,若主张用自愿谈判来解决污染治理,首先就得明确当事各方的产权。而这本身就是有成本的。

这个问题是 1975 年由美国经济学家维茨曼提出来的。在 80 年代与 90 年代,哈代(O. Hart),格拉斯曼(S. Grossman),与莫尔(J. Moor)都研究了外在性问题内在化的过程中产权如何分配,如何清晰,如何使社会效益最大这一问题。这是从科斯定理中引申出来,然而科斯本人未曾加以研究的问题。

说白了,"外在性"问题是一个众人之间各不负责,相互扯皮的问题。产权越模糊,外在性问题便越多。改革从某种意义上讲,便是使产权逐渐清晰化的过程,而随着产权在某一个领域的清晰化,外在性问题会转移到产权尚未清晰的领域。在中国,农村与农业是产权明晰最早的领域,外在性问题便越来越往城市与工业转移;而随着国有企业逐渐改制,工业企业产权逐渐明晰,大批冗员就会转向社会,形成一种新的、大规模的社会负外在性;由于国有银行、财政与外汇管理、卫生、教育等部门是公有产权迄今为止保存较为完整的领域,于是,外在性问题、搭车者问题在这些领域也最为突出。私有企业、个人、家庭与其他私人单位似乎都向公有产权领域倾倒社会垃圾,转嫁社会成本,而国企部门与其他公有部门则成了盛装社会垃圾的垃圾箱,公有部门为此承担着越来越繁重的社会负担。公有经济实质上相当于居民区中的绿草地与公园,如果无人负担这种社会成本,则会陷入"公共悲剧",并且酿成危机。

产权清晰的这种成本,迄今为止,基本上都是由政府财政承担着的。这个成本显然未包括在交易成本之中。按科斯定理(那个宽口径的定理),只要是改制的交易成本小于改制所带来的收益,则这种改制便是合理的。然而,改制不但有交易成本,还会引发新的社会外在性问题(如工人从企业下岗),这是外在性的转形问题,是原来的外在性与新的外在性的交易问题,这种交易在中国的确普遍按自愿谈判的方式出现了。但如何配置这种外在性交易过程中的社会成本问题,仍是需要加以研究的。

三. 对科斯定理中"有效性"命题的再讨论

我们在前面指出,对科斯定理的两个命题(有效性与不变性),理论界都有争议。这里,集中讨论"有效性"命题,即不依靠政府,由社会成员以自愿方式进行谈判,能否有效地解决外在性问题?

前已指出,萨缪尔逊是带头对"有效性"命题提出怀疑的人,他并且指出了,以博弈论的分析框架也许无法证明科斯定理中的"有效性"命题。但萨缪尔逊本人并没有构建一个博弈论模型来完成这一工作。2000 年,普林斯顿大学著名经济学家迪克塞(A. Dixit)发表了其与已故经济学家奥尔森(M. Olson)合写的论文,以一个博弈论模型对科斯"有效性"命题给出了否定的证明。我们在这里就详细介绍这个模型。

1. "有效性"命题的要害在哪里?

Olson 是美国资深的政治经济学家,于 1998 年去世。1965 年,Olson 就在哈佛大学出版社出版了《集体行动的逻辑》一书,指出,科斯"有效性"命题面临两个难题:第一,当越来越多的人卷入将外在性内在化的过程时,科斯所谓的"自愿谈判"过程便会越来越困难,甚至根本不可能使科斯谈判获得帕累托有效解;第二,也是更为严重的是,科斯的"有效性"命题忽视了群体行动中固有的"搭车者"问题。

众所周知,"搭车者"问题是"外在性"与公共品提供理论中的普遍问题。科斯定理的本意是想通过自发的、自愿的交易来克服搭车者问题。然而,要使人们自愿加入谈判,自愿参与外在性的内在化过程,这需要激励机制。如果人们看到参与谈判对己利小于弊,或者付出大于所获,则就不会自愿加入克服外在性与提供公共品的谈判交易。而科斯定理却先验地假定,当事人必会自愿加入或参与谈判。这是一大误区。

Dixit 与 Olson 2000 年在《公共经济学杂志》上发表的论文正是抓住了这一要害,即在"自愿谈判"这一科斯定理的条件上发现了"搭便车"问题。他们问:要是人们连参与谈判的积极性都没有,而推诿别人去参与谈判,自己分享别人谈判的好处,要是每个人都这样想,最后岂不是连"自愿谈判"这一点都做不到了吗? 哪里还会有什么"有效性"的解呢?

2. "参与"—"表决"与"非协同—协同"博弈的双重分析框架

在 Dixit 与 Olson 看来,科斯的"有效性"命题,在分析手法上将一个动态的博弈过程静态化了,从而忽略掉了"自愿谈判"过程本身所会引发的无效性。

设一个由 N 个人组成的社会,又设一项公共品的提供或外在性的克服给其中 M 个社会成员($M < N$)的好处已足以抵消公共品的生产成本。但是,如何让 M 个人或比 M 更多的人有动力去参与关于公共品提供的谈判呢? 这里对每个人来说,有两步决策:第一步,他(她)是否参与进去? 如果谈判是以召集一个会议的方式进行,个人是否愿意到会? 这便是"参与"决策。在这一步上,每个人都是在孤立的条件下做出决策的,因此,这个决策

就社会成员的关系来说，是非协同的。所谓非协同(non-cooperative)，是指人们在事先并未商定，是否要去参加会。第二步，是到会者之间的决策，究竟要否克服外在性？究竟要否提供公共品？究竟如何分担提供公共品的成本？这里，由于公共品的好处是非竞争的，人人可以分享，又假定与会者会平均分担公共品的成本，于是，与会者的决策便是提供不提供公共品？在这一步决策上，由于与会者已经不包括想搭便车的人(想搭便车的人已经不到会了)，所以，决策过程是协同的，所谓协同(cooperative)，就是指大家先形成干不干的决定，然后按此办理。

因此，细分起来，"自愿谈判"的过程是一个"两阶段动态博弈"：第一步是每个个人的完全自由的"参与"决策，这个博弈是非协同博弈；第二步是公开的协同的博弈，是决定参与谈判的当事人之间谈判决定是否提供公共品。

这里，"自愿谈判"的过程是严格按科斯的"交易成本为零"的假设进行的，即一旦众人对外在性的处理与公共品的提供而形成协议，该协议的执行与贯彻就是无成本的，并且，实施是可靠的。又假定公共品的提供数量是离散的，非连续的。如果一个由 N 个人组成的社会中有 M 个成员最后到会，或者有更多的人到会参与谈判，决定提供公共品且分担，则对这些与会者来说，将外部性问题解决，提供公共品，便是最优的决策。在这一层次上，与科斯定理的"有效性"命题不相冲突。但问题不在这第二步的决策上，而在它之前的第一步决策上，即在参与不参与谈判这一环节上，社会成员中会出现"搭车者"，而正是这一环节上的问题，会最后动摇"有效性"的命题。

四、迪克塞－奥尔森一次博弈模型

现在，我们便来分析迪克塞—奥尔森(Dixit-Olson)(2000 年)模型的技术细节。这个模型的数学工具，只是二项分布的概率，同时运用了博弈论中的一些基本范畴。这里，只分析一次博弈。

1. 模型的基本描述

设由 N 个成员组成的社会。假定提供一种公共品可以对每个社会成员带来的利益为 V，而生产公共品的总成本为 c。令 M 为满足不等式 $MV > c$ 的最小正整数。M 代表什么？它代表为了使该项公共品的提供得以实现，社会所需要的最低限度的支持人数，所以，M 是公共品提供的谈判最起码的参与规模，如果参与谈判的人少于 M，则 $MV > c$ 这一关系就实现不了。于是，有关系式

$$MV > c \tag{17.19}$$

$$(M - 1)V < c \tag{17.20}$$

这里,$M < N$,即公共品给部分社会成员(M 个)所带来的好处,已足以抵消公共品的成本了,从而,从社会的角度说,提供公共品必定是符合帕累托有效这一准则的。因 $N > M$,必有 $NV > c$。这就打下一个伏笔:如果在选择"参与"与否这一阶段的博弈中,决策参与自愿谈判的社会成员数小于 M,则到会的集体就不足以有动力去提供公共品,因为 $(M-1)V < c$,全体与会者[$(M-1)$ 个]所得的好处不足以抵消公共品的成本,当然不会提供公共品。如果真的发生这样的事,那就是使本来可以实现的帕累托有效变成了无效,从而证伪了科斯定理"有效性"命题。

这种提问与思考方式,决不是无的放矢。事实上有许多公益的事情或有利于进步的社会改革,就由于参与的人太少而搞不起来。改革在中国已经二十多年,为什么要经历如此循进的改革,其中一个原因是:本来可以让全社会成员受益的改革在起初大概只让少数人认识到有益,而如果这少数人(小于 M)从改革中所获得的好处小于改革总成本,又要全部承担改革总成本,则改革就会无动力推动。从而,改革需等待,改革需积蓄力量,使参与改革的人数大于或等于 M,改革就会搞起来。

再看每个社会成员在第一阶段的决策的策略集。他有两个选择:参与(in)或不参与(out)。"参与"就是决心共同分担公共品的社会成本,而"不参与"就是做"免费搭车者":只分享人家提供的公共品的好处,而自己不出一分钱。

"参与"或"不参与"的决策的回报(payoff)是什么呢? 这取决于别人是选择"参与"还是"不参与"。

如果你选择参与,而社会上选择参与的其他人的数目为($M-1$),则加上你,就满足 $MV > c$,则公共品在第二阶段(集体讨论与谈判阶段)就可能通过被"提供"。这样,个人"参与"的回报便是 $V - \dfrac{c}{M}$,因为总成本是均匀分摊的。如果你选择参与,而社会上选择"参与"的人数 $n > M$,则你选择"参与"的回报为 $V - \dfrac{c}{n}$。如果你选择"参与",而社会上其他人选择"参与"的人数小于($M-1$),则社会会无动力去张罗与组织公共品的提供,则你选择"参与"的回报就是零,这里,选择"参与"也不亏,因为假定"交易成本为零":你去参加谈判会,但一到会场发现与会者人数太少,估计公共项目或治理北京沙尘暴这样大的公益项目肯定搞不起来,你于是就回家睡觉,开个会的成本这里忽略不计了。

如果你选择"不参与"(out),又如果社会上其他选择"参与"的人数为 M 或 M 之上,则做"搭车者"的"不参与"之举便会使你获得 V 的"回报"。

如你"不参与",而别人参与的人数不足 M,则你选"不参与"的回报为零。

所以,如从静态来看,"不参与"似乎已经占优于"参与"了,但仔细说来,"参与"与"不参与"对于对方(其他社会成员)"参与"的依赖性是不同的:"参与"这一选择的回报取决于别人参与的人数大于等于$(M-1)$,而"不参与"的回报的条件是别人参与的数目大于或等于 M。因此,在数学分析上,还很有讲究,我们不应匆忙下结论。

再看第二步决策:一旦你选择了"参与",你便无私人信息,也无能力去从事机会主义行动。这对所有人都一样:一旦参与了谈判,就要分担公共品的成本,差别只在于,当别人不参与的状况已明了时,与会者是否会坚持到底,去提供公共品?

由于这是一个两步决策的动态博弈模型,所以,从方法论上讲,要按"反向归纳"法,来解均衡。迪克塞—奥尔森(Dixit-Olson)证明,在 $MV>c>(M-1)V$ 的条件下,如果社会人数 N 远远大于 M,则免费搭车者的问题便会非常严重,以至于最后危及科斯定理中"有效性"命题的成立。

2. 模型的分析

首先应当指出,该模型有一个纯策略均衡,这就是:如果 $M\geqslant2$,则当社会中的其他成员都选择"不参与"时,剩下的那个社会成员也应选择"不参与"。因为,若你选择"参与",则你就必须单独承担提供公共品的全部成本,你的所获是 $V-c$。由于$(M-1)V<c$,这里 $M\geqslant2$,则必有 $V<c$。这就是说,你单独承担公共品的提供成本不仅会一无所获,而且会亏损。由此可见,当其他人"不参与"时,你也应当"不参与",这样,"每一个社会成员都选择'不参与'",这是一个纯策略均衡。

上述结论,已经与科斯定理相抵触了。即如果让大家"自愿谈判",未必会实现提供公共品的帕累托有效解。

但事实上,还有另外的"混合策略"均衡与科斯定理的"有效性"命题相抵触。这里假定,所有社会成员都一样,最后有一个对称的混合策略均衡。这个假定的设立,是为了使分析简便。

我们设社会最后决定提供公共品(克服外在性)的概率为 P。由混合策略均衡的定义知,在均衡时,社会最后提供公共品的概率必然小于1。既然是 $P<1$,这就从根本上否定了"自愿谈判"会达到"充分有效",因充分有效就等价于提供公共品的概率为1。但 Dixit-Olson 的模型的力量还不止于此,他们发现,在大多数场合,提供公共品的概率不仅小于1,而且接近于零,这等于是说,"自愿谈判"的均衡结果是接近于"总体无效"。这后一点对科斯定理有效性命题的否定,是更为致命的。

　　我们用概率论来仔细地分析这种"总体无效"发生的机制。

　　令 P 为每一个社会成员都选择"参与"这一事件发生的概率。现在只考察一个社会成员，看他选择"参与"或"不参与"的后果是什么？

　　首先，假设个人 A 选择"参与"。由于社会由 N 个人组成，则除他以外社会还有 $(N-1)$ 个人。如果这剩下的 $(N-1)$ 个人中有 $(M-1)$ 个人或更多的人选择了"参与"，则由于这个人的"参与"，使社会中选择"参与"的总人数 $n \geqslant M$。这样，公共品就可以得以生产。在这样的条件下，个人 A 的净利益为 $V - \left(\dfrac{c}{n}\right)$。

　　由于个人 A "参与"公共品提供是依赖于社会上愿"参与"的其他人数之总和，只要社会上其他愿参与的人数大于等于 $(M-1)$，即社会总"参与"人数 $n \geqslant M$，则个人 A 就会有净收益 $\left(V - \dfrac{c}{n}\right)$。这样的机会共有 $(N-M)$ 个。对于每一种总参与人数 $n \geqslant M$ 的机会，个人 A 获得 $\left(V - \dfrac{c}{n}\right)$ 的概率都服从二项分布，即

$$\frac{(N-1)!}{(n-1)!\,((N-1)-(n-1))!} P^{n-1}(1-P)^{(N-1)-(n-1)}\left(V - \frac{c}{n}\right) \quad (17.21)$$

　　这里，为什么要考虑 $c_{(N-1)}^{(n-1)}$？原因是只要社会上已有 $(n-1)$ 个人选择"参与"，则个人 A 再加入"参与"的行列，大事就告成功了。但由于这样的机会共有 $(N-M)$ 个，所以，个人 A 选择"参与"的预期的净收益为

$$\sum_{n=M}^{N} \frac{(N-1)!}{(n-1)!((N-1)-(n-1))!} P^{n-1}(1-P)^{(N-1)-(n-1)}\left(V - \frac{c}{n}\right)$$

$$(17.22)$$

　　下一步，我们来分析，如果个人 A 选择"不参与"，A 会有多大的期望净利益？

　　显然，只有当社会上除 A 以外的 $(N-1)$ 个成员中有 M 个或更多的人都选择了"参与"时，A 才可以获得"免费搭车者"的好外"V"。于是 A 在选择"不参与"时的期望净收益为

$$\sum_{n=M}^{N-1} \frac{(N-1)!}{n!((N-1)-n)!} P^{n}(1-P)^{(N-1)-n} V \quad (17.23)$$

　　这里要注意：(1) A 以外的社会成员最多只有 $(N-1)$ 个，因 A 本人"不参与"，所以他获得"免费搭车者"的机会只有 $[(N-1)-M]$ 个，即只有当别人愿"加入"的总人数至少达到 M 个时，A 才能坐享其成。(2) 公共品提供的概率必须是 $P^{n}(1-P)^{(N-1)-n}$，而不是 $P^{(n-1)}(1-P)^{(N-1)-(n-1)}$。为什么？因这是 A 对别人"选择参与"的依赖程度，A 本人并不参与。在公

式(17.21)与公式(17.22)里，A 只需要 $(n-1)$ 个别人参与即可，因他本人是"参与"的，合起来"参与"人数便有 n；而在公式(17.23)里，A 本人并不参与，所以必须依靠社会上尚有 n 个人"参与"，方能坐享其成。

有了(17.22)式与(17.23)式，运用"混合策略均衡"的定义，可知，在均衡时，个人 A 是"参与"还是"不参与"，在预期收益上应该是无差异的。即(17.22)式与(17.23)式应当相等。由该两式相等，便可以解出公共品提供的概率 P 的值。

但为了求解 P，有必要对(17.22)式稍作变型。在(17.22)式中的第一项，令 $V = n - 1$，则(17.22)式可以改写为

$$\sum_{V=M-1}^{N-1} \frac{(N-1)!}{V!(N-1-V)!} P^V (1-P)^{N-1-V} V$$

$$- \sum_{n=M}^{N} \frac{(N-1)!}{(n-1)!((N-1)-(n-1))!} P^{n-1} (1-P)^{(N-1)-(n-1)} \frac{c}{n}$$

$$(17.24)$$

(17.24)式的后一项与(17.22)式的后半部分一样，而其前一项由于 $V = n - 1$，即 $n = V + 1$，当 $n = M$ 时，$V = M - 1$；当 $n = N$ 时，$V = N - 1$。从而(17.24)式的前一项加和从 $V = M - 1$ 一直加到 $V = N - 1$。这样一来，(17.24)式的前一项与式(17.23)的大部分可以抵消，只有

$$\frac{(N-1)!}{(M-1)!((N-1)-(M-1))!} P^{M-1} (1-P)^{(N-1)-(M-1)} V \quad (17.25)$$

才会剩下。

由于，(17.24)式与(17.25)式应相等，所以((17.25) - (17.24))之后，就会有

$$0 = \frac{(N-1)!}{(M-1)!((N-1)-(M-1))!} P^{M-1} (1-P)^{(N-1)-(M-1)} V$$

$$- \sum_{n=M}^{N} \frac{(N-1)!}{(n-1)!((N-1)-(n-1))!} P^{n-1} (1-P)^{(N-1)-(n-1)} \frac{c}{n}$$

$$(17.26)$$

这里先对(17.26)式的经济含义作如下说明：

(17.26)式右端的第一项是在其他 $(N-1)$ 个社会成员中恰好有 $(M-1)$ 人选择了"参与"的条件下，个人 A 选择"参与"较之选择"不参与"所获得的额外收益。这里，个人 A 是一个关键人物，如他进入，公共品就可以得以生产；如他不参与，则公共品就无法得以生产。

(17.26)式右端的后一项是个人 A "参与"后所面临的成本负担，当社会上有 $(M-1)$ 个其他人或更多的其他成员选择"参与"时，个人 A 必须为

每一种可能发生的公共品提供而分担成本 $\dfrac{c}{n}$。

这里有一个问题：为什么(17.26)式的第一项不是一个加总的形式，而后一项是一种加总形式？原因在于，(17.26)式是"参与"与"不参与"对 A 造成的效益的"比较"：A 选择"参与"与"不参与"相比较，只有当其余参与的人数为 $(M-1)$ 时才会比自己"不参与"多得好处，若其他参与的人数大于 $(M-1)$，则 A 参与与否都可分享好处。因此，对 A 来说，"参与"与"不参与"的得益差只有当 A 处于关键人物时才会发生。但是成本的差别就大为不同了，A 若选"参与"，则对公共品的每一次生产可能，A 都要承担 $\dfrac{c}{n}$；若 A 选择"不参与"，则根本用不着分担任何成本。所以，对 A 来说，"参与"与"不参与"在成本上的差别是一个加总的和的形式。

由于在均衡时，"参与"与"不参与"对 A 来说一样好，所以，(17.26)式应为零。从中可以解出 P。

为了使 P 获解，我们要进一步简化(17.26)式。为此，引入一个新的定义

$$b(N, M, P) = \frac{N!}{M!((N-M)!} P^M (1-P)^{(N-M)} \qquad (17.27)$$

(17.27)式是关于 N 个社会成员中有 M 个人选择"参与"的二项分布概率表达式。

运用(17.27)式这个表达，则对(17.26)式可以作以下变形

$$
\begin{aligned}
b(N, M, P) &= \frac{N(N-1)!}{M(M-1)!((N-1)-(M-1))!} P^M (1-P)^{(N-1)-(M-1)} \\
&= \Big[\sum_{n=M}^{N} \frac{N(N-1)!}{n(n-1)!((N-1)-(n-1))!} \\
&\qquad P^n (1-P)^{(N-1)-(n-1)} \frac{\partial}{\partial} \Big] \frac{\lambda c}{MV} \\
&= \sum_{n=M}^{N} b(N, n, P) \frac{c}{MV} \qquad (17.28)
\end{aligned}
$$

所以

$$\frac{b(N, M, P)}{\sum_{n=M}^{N} b(N, n, P)} = \frac{c}{MV} \qquad (17.29)$$

(17.29)式的左端称为二项分布的"冒险比率"("harzard rate")，它是指在 N 个社会成员中有 M 个人愿"参与"的概率密度与这一点以右社会会提供公共品的累积概率之比。这个"冒险比率"有一个重要性质，即当 N 与 M

给定时,当概率 P 从 0 向 1 上升时,冒险比率会从 1 单调地降为零。

下图就是当 $M = 2, N = 6$ 时的冒险比率与累积概率的图示:

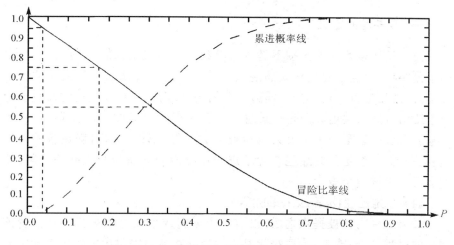

图 17.7　一次博弈中均衡的参与概率的决定

从图中可以看到,纵轴表示"冒险比率"(实线)与累积概率(虚线)。当"冒险概率"$\to 1$ 时,$P \to 0$。但由于 $(M-1)V < c < MV$,所以

$$\frac{M-1}{M} < \frac{c}{MV} < 1 \qquad (17.30)$$

当 $M \to \infty$ 时,由"夹壁定理",必有

$$\frac{c}{MV} = \frac{b(N, M, P)}{\sum\limits_{n=M}^{N} b(N, n, P)} \to 1 \qquad (17.31)$$

从而,$P \to 0$。

$P \to 0$ 表示,随着"参与者"人数趋于无穷大,个人 A 愿意"参与"的概率会趋于零,这就是说,他越有可能扮演"免费搭车者"!

以上只是一次博弈。若重复博弈,结果有一些改进,但仍不能避免"免费搭车"的难题。因此,迪克塞与奥尔森的理论工作,实质上指出了科斯定理在解决群体的外在性问题时的局限。

第四节　公共品与萨缪尔逊规则

我们在本讲的第一节里讨论了外在性,那是指生产过程或消费过程中产生的外部效应,但请注意,在那里,生产的产品或消费对象本身还是私人

品。如果一种物品本身就具有外在性,那就不是私人品了,而是公共品了。这一节我们便来讨论公共品与它的最优供应规则即萨缪尔逊规则。

一、公共品的定义

公共品与私人品的区别不是从所有权上去定义的,请不要把公共品混同于公共财产,也不要把私人品混同于私人财产。公共品与私人品的区别在于,公共品是可以让一群人同时消费的物品,而私人品在任何时候只能为一个使用者提供效用。但是,同时为一群人提供服务的物品是很多的,如看电影、上网,甚至一个在公共场所置立的广告,都可以同时满足各种人的需要。它们是否是公共品呢? 为了进一步澄清公共品与私人品的界限,我们有必要引进两个概念:

(1) 非排他性(non-excludability)

如果一种物品被提供之后,没有一个家庭或个人可以被排除在消费该物品的过程之外,或者,为要排除某人消费该物品而需付出的代价是无穷大的,则称上述物品具有非排他性。

(2) 非竞争性(non-rivalry)

非竞争性是指消费上的非竞争性,即一种产品一旦被提供,其他人消费它的额外资源成本为零。消费者 A 对某一物品 X 的消费一点儿也不会减少消费者 B 对 X 的消费或使用。

因此,"非竞争性"的含义是两点:第一,增加一个消费者,由于增加消费而发生的社会边际成本为零;第二,消费者在消费某一公品物 X 时是互不干扰的,每一个人都能享受整个 X 而不是某一部分 X 所带来的服务。

满足"非排它性"与"非竞争性"这两个属性的物品就称为纯公共品。纯公共品必须以"不拥挤"为前提,一旦拥挤,增加一个消费者就会影响别人的消费,便会影响"公共品"的性质。同时,"非排他性"也含有这样的含义,即,即使某种公共品对于某个社会成员来说是不必要的,但他也别无选择,只能消费这类服务。比如,某国建造导弹系统,有些公民便会认为增加导弹只会使军备竞争升级,从而危及国家安全,于是会反对建造导弹系统。但一旦政府决定建造该导弹系统,你就是反对,也只能接受这种消费。所以,"非排他性"也包含了"无可逃遁性"这一涵义。

但是,在实际生活里,"拥挤程度"是可以由量变积累成质变的,因此"非竞争性"的程度也是会发生变化的。这样,公共品的分类就不是纯而又纯,而事实上我们所面临的大量是非纯粹的公共品。比如,一个大图书馆,如读者少,可以对任何人开放,这时它便是公共品;但随着读者数量的增加,就会发生拥挤问题,这不利于严肃的学术研究,于是就要设置种种限制,让教授优先啦,进门要查证啦,等等。于是,我们有必要对日常生活中遇到的纯粹公共品与非纯粹的公共品进行分类。

分类仍是按"非排他性"与"非竞争性"这两个标准来进行,请看下表:

表 17.1 公共品的分类

	非竞争性	竞争性
非排他性	纯公共品,如国防、天气预报	在高峰期开车通过闹市区
排他性	上网,看电影,上公园等(未拥挤时)	私人品

在上表里,只有左上角是纯公共品,右上角与左下角都是非纯公共品,而右下角则是私人品。非排他但具有竞争性的如交通,是难以设置足够的收费亭来监控的,因这样做社会成本太高,也不利于交通畅通;但在闹市区你开车当然会影响别人行车,于是会出现阻塞。可排他但非竞争性的公共品如上网,上网要收上网费,当然可以排除某一个消费者,但网络在未饱和之前是不会由于增加一个消费者而增加成本的。对非纯公共品,有时也称为"混合品"或"准公共品"。

要指出的是,并非全部的公共品都应由公共部门来提供。比如,公共卫生,大雪天扫雪之类的工作,是可以由私人企业或家庭实行"门前三包"的办法来完成的。这是由于,职责与效益是比较便于与具体的当事人挂钩的。但在许多场合,公共品的提供是会发生问题的,若由私人提供公共品,就会发生"三个和尚没水喝"的现象。

现在,我们来分析公共品的最优提供问题。

二、萨缪尔逊规则

萨缪尔逊在 1954 年提出一个理论模型,讨论了公共品的提供的原则。这个原则要分析的问题是,在一个由 H 个单位(家庭或个人)组成的社会里,如果提供一种公共品 G 的社会成本是已知的,那么,该提供多少数量的 G,对这个社会来说才是最优的呢?

假设对家庭 h 来说,其私人品的消费组合为 x^h,这里 $h = 1, 2, 3, \cdots, H$,同时所有家庭共同消费公共品 G,社会生产可能性边界被表述为

$$F(X, G) \leqslant 0 \qquad (17.32)$$

这里

$$X = \sum_{h=1}^{H} x^h \qquad (17.33)$$

上面，生产可能性边界之所以写成这样，是由于，若 G 需要私人品生产中的部分资源作投入品，则 $G \le f(X)$，即公共品只能与私人品相替代，并且公共品的生产必有一个上限。将 $G \le f(X)$ 写成隐函数的形式，便会有 $F(X, G) \le 0$。

如何表达该社会资源的有效配置呢？若在公共品 G 与私人品 X 同时生产的经济里，则帕累托最优的要求可以表达成下列一个数学规划：即政府在全体家庭 $h = 1, 2, 3, \cdots, H$ 中任选一个家庭，并选择该家庭的私人品的消费量 X^1 与公共品的消费量 G（注意，G 对任何家庭都相同），努力使该家庭的效用极大化，但要满足两个约束：第一是让其余家庭的效用水平达到一个必需的水平 $\overline{u}^h$（这里，h 就为从 2 到 H 的其余家庭代码），第二是要服从生产可能性约束(17.32)。在服从上述两个约束条件的前提下，让家庭 2 至 H 的效用水平由于 X^h 变化而发生变化，让家庭 1 的效用水平成为与此变化相对应的效用水平，则我们就可以写出帕累托有效配置集。这一极大化问题的拉氏函数就为

$$L = u^1(x^1, G) + \sum_{n=2}^{H} \mu^h [u^h(x^h, G) - u^{-h}] - \lambda F(X, G) \qquad (17.34)$$

这里，u^{-h} 为家庭 $2, \cdots, H$ 必须达到的效用水平。假定每一家庭特定的效用水平都同时达到，则上述数学问题有极大值解的必要条件是

$$\frac{\partial L}{\partial X_i^h} \equiv \mu^h \frac{\partial u^h}{\partial X_i^h} - \lambda \frac{\partial F}{\partial X_i} = 0 \qquad (h = 1, \cdots, H) \quad (17.35)$$

显然，当 $h = 1$ 时，有 $\mu^h = 1$。(17.35)式中无非是把 $u^1(X^1, G)$ 与其他家庭的效用函数分开来写罢了。

公式(17.35)要对所有的私人品 $i = 1, \cdots, n$ 都成立。

再看公共品 G 的最优配置。最优化显然要求

$$\frac{\partial L}{\partial G} \equiv \sum_{h=1}^{H} \mu^h \frac{\partial u^h}{2G} - \lambda \frac{\partial F}{\partial G} = 0 \qquad (17.36)$$

从(17.36)式中解出 μ^h，再把它代入(17.35)式，经过整理，可得

$$\sum_{h=1}^{H} \frac{\dfrac{\partial u^h}{\partial G}}{\dfrac{\partial u^h}{\partial X_i^h}} = \frac{\dfrac{\partial F}{\partial G}}{\dfrac{\partial F}{\partial X_i}} \qquad (i = 1, \cdots, n) \qquad (17.37)$$

式(17.37)的含义是

左端的每一项 $\left[\dfrac{\dfrac{\partial u^h}{\partial G}}{\dfrac{\partial u^h}{\partial X_i^h}}\right]$ 是家庭 h 关于公共品 G 与私人品 i 之间的边

际替代率，即 $\mathrm{MRS}_{G,i}^h$。而(17.37)式的右端则是公共品与私人品 i 之间的边际转换率，所以，公式(17.37)实质是说

$$\sum_{h=1}^{H}\mathrm{MRS}_{G,i}^h = \mathrm{MRT}_{G,i} \qquad (17.38)$$

公式(17.38)就称为"萨缪尔逊规则"。

"萨缪尔逊规则"有重要的理论价值与应用意义。从理论上说，这一规则将新古典经济学的边际分析推广到了公共的领域，这就提供了关于公共品提供的有效准则。从应用上说，公式(17.38)的右端是公共品的边际成

本，它以私人品衡量 $\left(\text{因为} \dfrac{\dfrac{\partial F}{\partial G}}{\dfrac{\partial F}{\partial X_i}} = -\dfrac{\mathrm{d}X_i}{\mathrm{d}G}，\text{请验证}\right)$；而公式(17.38)的左

边则是 H 个个人关于公共品与私人品之间的边际替代率之和，而边际替代率 $\mathrm{MRS}_{G,i}^h$ 实质上是家庭 h 愿意付出的以私人品价格衡量的公共品价格(若有价格的话)，因 $\mathrm{MRS}_{G,i}^h = \dfrac{p_G}{p_i}$。当然，我们知道公共品是难以定价，但 p_G 实质上可以解释为税收与规费。于是，公式(17.38)实质上是说，公共品边际成本应等于 H 个家庭愿为公共品提供的相对价格(规费、税收)之和。这才是萨缪尔逊规则的应用价值。

例 2：假定有两个具有相同偏好的人共居一室，他们的效用来自看电视的时间 x 与所吃的小吃量(y)。特定的效用函数由下式给出

$$u_i(x,y_i) = x^{\frac{1}{3}}y_i^{\frac{2}{3}} \qquad (i=1,2) \qquad (\mathrm{E}.6)$$

又假定每个人要花 300 元，$p_x = 10$ 元，$p_y = 2$ 元，并且假定两人是一起看电视的(禁止单独收看电视)。问：这两个人该如何配置自己的收入，才符合萨缪尔逊规则？

解：由已知的效用函数，可得

$$\mathrm{MRS}_{X,Y}^i = \frac{\dfrac{\partial u_i}{\partial x}}{\dfrac{\partial u_i}{\partial y_i}} = \frac{1}{2}\frac{y_i}{x} \qquad (i=1,2) \qquad (\mathrm{E}.7)$$

这里，x 为公共品(看电视的时间)，y_i 为私人品(个人 i 的小吃数量)。

显然，按萨缪尔逊规则，应有

$$\mathrm{MRS}^1_{X,Y} + \mathrm{MRS}^2_{X,Y} = \frac{y_1}{2x} + \frac{y_2}{2x} = \frac{y_1 + y_2}{2x} = \mathrm{MRT}_{X,Y} \qquad (\mathrm{E}.8)$$

但 $\mathrm{MRT}_{X,Y}$ 在此例中已由 X 与 Y 的价格明确地表示了出来: $\mathrm{MRT}_{X,Y} = -\dfrac{\mathrm{d}Y_i}{\mathrm{d}X} = \dfrac{p_x}{p_y} = \dfrac{10}{2} = 5$。

　　由于两人的偏好相同,在最优解时, $y_1 = y_2 = y$;又由于 X (看电视)是俩人一起享受的,所以

$$\mathrm{MRS}^1_{X,Y} + \mathrm{MRS}^2_{X,Y} = \frac{2y}{2x} = \frac{y}{x} = 5 \qquad (\mathrm{E}.9)$$

即
$$y_i^* = 5x^*$$

　　但由预算约束,可知

$$p_x x^* + p_y y_i^* = 30 \qquad (i = 1,2) \qquad (\mathrm{E}.10)$$

$$10x^* + 2y_i^* = 10x^* + 10x^* = 20x^* = 30$$

所以
$$x^* = 1.5$$

从而
$$y_i^* = 7.5$$

　　答:按萨缪尔逊规则,他们应各自消费 7.5 单位的小吃,共同收看 1.5 单位(时间)的电视。

第五节　兰姆塞规则与最优税制

　　萨缪尔逊规则(公式(17.38))实质上是说,政府应按消费者(公民)的偏好与意愿来开征税收,使税收之总等于 $\sum\limits_{h=1}^{H} \mathrm{MRS}^h_{G,i}$,来补偿社会生产公共品的成本($\mathrm{MRT}_{G,i}$)。这里,就发生一个如何征税的问题。这一节,我们介绍 20 世纪税收理论中最重要的一个理论成果:兰姆塞规则。详细的税收理论与税制分析,不属于本课程范围。

　　税收问题是一个古老的话题,但是,讲究征税的优化,税制的优化,是 20 世纪经济学的一种进步。尽管从休谟(D. Hume)以来的经济学家都已认识到,一项税收,如果是针对供给无法改变的生产活动或产品而开征,便可以最大限度地降低税收的扭曲效应,然而,真正在理论上阐明税收优化的基本原理,这是由兰姆塞(Ramsey,1927 年)开始的。从 30 年代后,兰姆塞的那篇天才论文《对税收理论的一个贡献》一直被理论界忽视,只有在 20 世纪 50 年代初与 70 年代初被讨论过两回。50 年代初那次讨论是小型的,法国经济学家布尔塔克斯(M. Boiteux)与美国经济学家萨缪尔逊(P. Samuelson)

写出了重要文章。1951年,布尔塔克斯是在设计法国国有铁路的运输定价时遇到了国有企业向政府财政的上缴问题,他发现国有企业的产品价格实质上包含了税收,国有企业通过向广大消费者收取含税价格,可以为政府筹措财政岁入。问题是,含税价格会引起资源配置的扭曲。于是,布尔塔克斯发现了兰姆塞论文的价值,他研究的题目是,价格如何分摊政府的财政岁入从而使扭曲程度最低(见 Boiteux,1951年)。这实质上给出了一个关于国有企业产品定价的理论模型,直到今天对中国相当部分的国有企业定价仍有启发。萨缪尔逊是在读到布尔塔克斯那篇论文之后,向美国财政部写了一份内部报告,那也是在1951年。美国与法国不同,没有那么多的国有企业,因此,财政岁入主要靠征税。萨缪尔逊从一般均衡理论出发,解出了兰姆塞提出的问题,给出了最优税收解的一般形式,并且以此为基础,就征税向美国财政部提出了9条具体意见。这个成果在30多年后,于1986年公开发表于《公共经济学杂志》(*Journal of Public Economics*)上。

　　上世纪70年代初的那场讨论,使兰姆塞理论模型在深度与广度上都有了重要突破,正是那场讨论,使最优税收理论形成了体系。讨论的主要人物米尔利斯(J. Mirrlees)与戴尔蒙(P. Diamond),还有鲍莫尔(W. Baumol)、迪克塞(A. Dixit)等,现都是世界级经济学大师,但当时大都在三十岁上下。讨论之所以能深入,是由于经济理论家们有了新的经济学概念、体系与方法,并且在经济研究中运用了新的数学方法。这场讨论的理论成果在四分之一世纪之后(1996年)获得了诺贝尔奖。

　　税收本来是一项十分具体、操作性很强的工作,但是,要在理论上对此进行分析,则需要极强的抽象能力。这是由于,该如何征税,这属于规范经济学的内容;又要求最优税收,而最优化又是实证经济学的核心内容。这样,最优税制理论必然牵涉微观经济学的基本内容。事实上,最优税收之所以被兰姆塞加以研究,并使这种研究富有成果,也是由于微观经济学在当时已有了诸如一般均衡、斯拉茨基替代矩阵、间接效用函数、罗尔(Roy)恒等式等等新的理论范畴与发现。至于70年代那场关于最优税收的讨论,更是以不确定性、代理问题、信息经济学在60年代的初步成果为基础,并在方法论上借用了60年代最优增长理论的成果,由米尔利斯与戴尔蒙这两位原来是研究最优经济增长的理论家(他们俩在90年代又把研究兴趣转回增长)来突破的。而这场讨论所产生的委托—代理理论,信息不对称条件下的契约理论、激励理论等等,反过来对当代微观经济学产生了革命性的影响。

　　税收与税制研究已经成了我国财政学研究的一个重要方面,但"优化"这一理念还不够深入。我们往往强调以征税来加强政府宏观调控、调节收入分配等作用,而在理论与政策研究中很少见到优化税制的讨论。税收优化的实质是政府行为与规制的优化,这无疑是推进中国经济体制改革与经济发展所必需的。为此,我们应该研究最优税收理论,并联系实际,使政策与税制设计体现最优税制的基本准则。

一、什么是最优税收原则?

如果你读过米尔利斯在《数理经济学手册》(第 3 卷. North-Holland. 1986 年)上写的《最优税收理论》,会发现,最优税收理论有许多基本定理,因此,最优税收有许多原则。但是,如果从最一般的意义上讲,有两个最基本的最优税收原则,它们听起来非常简单,又几乎一目了然,然而,却具有强大的、广泛的含义。这两个原则,是米尔利斯 1994 年在欧洲经济学年会的"马歇尔讲座"的演说中加以归纳的(演讲稿发表于 *European Economic Review* 39(1995 年):pp.383—397)。

下面是米尔利斯对最优税收基本原则的表达:

【原则1】 **税收原则**:当对行为的观察是不完美时,(一般说来)就需要对交易进行征税。

原则 1 强调了信息不完全或不完美对于征税的限制,同时也指出了在这种限制下如何征税的途径。

按照信息经济学的习惯,可以把观察不完美的行为变量称为"私人变量",运用私人变量这一术语,就可以表述最优税收的第二个基本原则:

【原则2】 **非税原则**(the no-tax principle):当人们对一组商品中不同商品之间的偏好独立于私人变量时,则关于该组商品的相对价格就不应被税收扭曲。

原则 1 与原则 2 是依赖于不同的信息前提的。我们先简要地说明一下它们的含义。

原则 1 是以信息不对称为前提的。比如在典型的委托—代理框架中,纳税人是代理人,对于自己的行为具有完全信息;而政府作为委托人,对于代理人的特征的信息是不充分的,这里就发生道德风险,纳税人(代理人)可以进行私人选择,于是"私人变量"就产生作用;但即使是代理人,对于其私人选择所带来的后果也是不确知的,他们可以欺君,但要承担这种私人选择所带来的风险。既然对于私人行为的观察不完美,政府征税就只能按行为的结果——那就是可以观察的交易额——来收税。这便是对产品与劳务的交易所征收的税。如何征?我们下面再谈,这是第一原则。

第二原则是以私人变量与个人偏好相分离为前提的,即它承认私人信息、私人变量的存在,但假定它们不改变人们对不同商品的偏好。比如,在一个一般均衡模型中,这时私人变量就是个人的特征,但若考虑总体生产的有效性,就要撇开这些私人变量,专门研究税收与生产者之间的关系,按照第二原则,对生产者之间的交易就不应当征税。如果已知在纳税—征税关系中存在信息不对称,但如果个人之间对于任一组商品的偏好是相同的,那也相当于偏好独立于私人变量,这时,按第一原则,信息不完全要求对交易征税,从而,税是免不了的;但按第二原则,征税在偏好独立于私人变量时不应扭曲人们的偏好,那么,一旦征税,也应该对消费者偏好相同的不同物品或劳务开征税率相同的税。

简言之,第一原则是关于在私人变量起作用条件下如何征税的问题,那是米尔利斯—戴尔蒙在上世纪 70 年代初研究的问题。第二原则是关于私人变量不起作用的条件下或者不征(退税),或者在不得不征时如何避免扭曲效应的问题,那是兰姆塞在 1927 年研究的原始问题。

二、兰姆塞规则(Ramsey rule)

1. 问题表述

1927 年,兰姆塞在凯恩斯主编的 *Economic Journal* 上发表的那篇关于税收的论文,是向其老师庇古(Pigou)交的一份答卷。在这以前,在英国经济学界中占统治地位的税收原则是埃奇沃思(F. Y. Edgeworth)的原则。埃奇沃思的税制设计基于以下四个假定:(1) 社会福利是个人效用函数的简单加总(未加权);(2) 所有的个人效用函数是相同的;(3) 效用是收入的增函数,但收入的边际效用递减;(4)社会总收入为固定常数。按这四个假定,只有当每个人在消费上所花的最后一单位货币的边际效用都相等时,社会福利才极大。但由假定(2)与(3),要使每人边际效用相等,便要求每人可支配的收入相等。这样,通过一种累进的所得税制将富人收入转移给穷人,实现收入均等,便是满足社会福利极大的最优税收。不难看出,埃奇沃思的税收原则,在效率与公平的天平上,明显地偏向于公平。

庇古与凯恩斯对这种偏重公平、忽视效率的税收原则有异议。但是,如何按效率原则来设计税制? 他们并没有拿出理论的证明。于是就让他俩的学生兰姆塞去思考。

兰姆塞思考的出色之处在于他从现实中提炼出一个简单而又有穿透力的问题。下面是兰姆塞对问题的表述:

设一个竞争性的经济,其中有 n 种商品,但劳动的形式只有一种。劳动是惟一的投入品。又设每一生产部门只生产一种产品,且生产的规模报酬不变。又假设经济中的人口由相同的家庭构成,即家庭间偏好相同,这样,可以假定经济中只存在一个家庭。

生产的规模报酬不变的假定具有下列含义:边际成本(等于平均成本)都不变。即对于每一类产品 i 的产出,为了每一单位产出品,便需要 c^i 的劳动投入量。设工资率为 w。这样,在完全竞争条件下,由价格等于边际成本的原理,就有税前价格的决定公式

$$p_i = c^i w \qquad (i = 1, 2, \cdots, N) \qquad (17.39)$$

现在考虑政府财政开支为 R,它必须通过对商品开征商品税来实现,则消费者支付的含税价格(记为 q_i)就等于税前价格 p_i 与税额 t_i 之和,即

$$q_i = p_i + t_i \qquad (i = 1, 2, \cdots, N) \qquad (17.40)$$

设家庭(这里只有一个)对商品 i 的消费量为 x_i,则政府必须维持的财政总收入 R 对于经济来说便是一个必须遵从的约束,称为岁入约束。该岁入约束可以写成

$$R = \sum_{i=1}^{N} t_i \cdot x_i \qquad (17.41)$$

政府拿 R 去干什么呢? 兰姆塞假定政府用 R 去雇一部分劳动,从事不提供任何消费品的服务(如国防)。

由于社会中只有一个家庭,因此社会福利就由该家庭的效用函数表达。但是,值得注意的是,兰姆塞巧妙地运用了间接效用函数

$$u = v(q_1, q_2, \cdots, q_N, w, I) \qquad (17.42)$$

公式(17.42)里,间接效用 v 是税后价格($q_1, q_2, \cdots, q_N$),工资率 w,与收入 I 的函数。由于生产呈规模报酬不变,利润为零,因此家庭无利润收入。只有工资收入,它由 w 决定。但由于工资又全用于买自己生产的产品,交易发生于一家之内,最后总额的工资收入也为零。由此推出: $I = 0$。

有了上述铺垫,兰姆塞所问的问题是:为了保证政府财政收入 R 得以实现,又要使社会福利极大,那么,设计什么样的税制,即 $t_i (i = 1, 2, \cdots, n)$ 等于多少,才是最合适的?

应该说,兰姆塞所提炼的问题实质上是每一个政府都面临的。1993年,中国政府在设计税制时,就考虑过,在保证现有的财政总收入不减少的前提下,如果要将现行的建筑安装业的营业税改为增值税,则增值税的税率要定得多高才合适? 这不就是兰姆塞提的那个问题吗? R 是不能变的,是必须服从的约束,但 t_i 可以选择。因此,我们讨论最优税收,一定是在保证中央政府的财政总收入不下降的前提下进行的;但在这一前提下,如何选 t_i

使 $R = \sum\limits_{i=1}^{N} x_i t_i$，是大有文章可做的。

在兰姆塞表述问题的上述框架里，人们也许会对经济中只有一个家庭的假设提出疑问。对此，萨缪尔逊在1986年发表的那篇论文《最优税收理论》中做了解释。萨缪尔逊认为，"一个家庭"的假设在下列两种情况下是合理的：(1) 如果税收项目对于全体公民的效应方向是相同的，这时，不同的家庭实质上会相当于同一个家庭来对税收做出反应；(2) 这种"一个家庭"的假设是以现存的收入分配已达合理为前提的，即它实际上假定个人之间的公平问题在征税以前就已按某一社会准则达到了最佳。从而，不考虑税收在个人之间的公平问题。社会相当于一个联合体，即一个家庭。

从萨缪尔逊的说明中可以看出，"一个家庭"的假设事实上将"收入公平"问题从最优税制设计中排除了出去。因此，兰姆塞所讨论的最优税收原则，就只是一个效率原则。这正好是与埃奇沃思相反的另一个极端。它同样具有片面性。由此给我们的启发是，兰姆塞那篇《对税收理论的一个贡献》的论文之所以在20世纪30年代至70年代前长期被西方学界与政府忽视，一个可能的社会原因是，那个时期正是西方国家盛行福利国家的时期，公平被置于效率之上。而70年代初兰姆塞的论文之所以受到如此青睐，其中也有着深刻的社会背景：连西方也需要改革福利国家这种体制了，从而使理论的重心从公平这一头倾斜到效率的那一头。

下面，我们来看兰姆塞对上述问题的解。

2. 推导与结论

从公式(17.42)与(17.41)出发，兰姆塞问题便是下列数学规划

$$\left.\begin{array}{l} \max\limits_{\{t_1, t_2, \cdots, t_n\}} v(q_1, q_2, \cdots, q_N, w, I) \\[2mm] s.t. \quad R = \sum\limits_{i=1}^{n} t_i x_i \end{array}\right\} \qquad (17.43)$$

与(17.43)式相对应，拉格朗日函数为

$$L = v(q_1, q_2, \cdots, q_N, w, I) + \lambda \left[\sum\limits_{i=1}^{N} t_i x_i - R \right] \qquad (17.44)$$

从(17.44)式出发，如对商品 k 选择一个税率 t_k，则最优税率 t_k^* 的一阶条件为

$$\frac{\partial L}{\partial t_k} = \frac{\partial v}{\partial t_k} + \lambda \left[x_k + \sum\limits_{i=1}^{N} t_i \frac{\partial x_i}{\partial t_k} \right] = 0 \qquad (17.45)$$

这里, 由于含税价格 q_k 的变化只是由于税率 t_k 变化而引起, 所以

$$\frac{\partial v}{\partial q_k} \equiv \frac{\partial v}{\partial t_k}, \text{并且} \quad \frac{\partial x_i}{\partial q_k} \equiv \frac{\partial x_i}{\partial t_k} \tag{17.46}$$

于是, 公式(17.45)可以写为

$$\frac{\partial v}{\partial t_k} = -\lambda \left[x_k + \sum_{i=1}^{N} t_i \frac{\partial x_i}{\partial q_k} \right] \tag{17.47}$$

(17.47)式对任何一种商品征税都成立。(17.47)式的解释是, 若对所有产品中任一产品 k 开征一道税, 则其引起的效用成本是应该与其他产品分担相同比例的财政负担, 换言之, 为了多征收一单位财政岁入, 不管税对哪一种产品开征, 其要求消费者所放弃的效用都应该相同。

我们可以用 Roy 恒等式与斯拉茨基公式把上述思想表达得更清楚一些。

从 Roy 恒等式出发, 可知

$$\frac{\partial v}{\partial q_k} = -\frac{\partial v}{\partial I} x_k = -\alpha x_k \tag{17.48}$$

这里, I 为家庭的一次性总额收入, α 是收入的边际效用。I 中没有利润收入, I 只代表劳动收入与出售禀赋后的收入。将(17.48)式代入(17.47)式, 就有

$$\partial x_k = \lambda \left[x_k + \sum_{i=1}^{N} t_i \frac{\partial x_i}{\partial q_k} \right] \tag{17.49}$$

(17.49)式可以写为

$$\sum_{i=1}^{N} t_i \frac{\partial x_i}{\partial q_k} = -\left[\frac{\lambda - \alpha}{\lambda} \right] x_k \tag{17.50}$$

下面引入斯拉茨基公式

$$\frac{\partial x_i}{\partial q_k} = S_{ik} - x_k \frac{\partial x_i}{\partial I} \tag{17.51}$$

注意, $S_{ik} = \dfrac{\partial x_i^h}{\partial q_k}$ 是斯拉茨基公式中的替代效应项。(17.51)式代入(17.50)式, 就有

$$\sum_{i=1}^{N} t_i \left[S_{ik} - x_k \frac{\partial x_i}{\partial I} \right] = -\left[\frac{\lambda - \alpha}{\lambda} \right] x_k \tag{17.52}$$

或者

$$\sum_{i=1}^{N} t_i S_{ik} = -\left[\frac{\lambda - \alpha}{\lambda} \right] x_k + \sum_{i=1}^{N} t_i x_k \frac{\partial x_i}{\partial I} \tag{17.53}$$

把 x_k 从(17.53)式的右端各项中提出来, 可得

$$\sum_{i=1}^{N} t_i S_{ik} = - \left[1 - \frac{\alpha}{\lambda} + \sum_{i=1}^{N} t_i \frac{\partial x_i}{\partial I} \right] x_k \tag{17.54}$$

可以将(17.54)式写为

$$\sum_{i=1}^{N} t_i S_{ik} = - \theta x_k \tag{17.55}$$

这里

$$\theta = \left[1 - \frac{\alpha}{\lambda} + \sum_{i=1}^{N} t_i \frac{\partial x_i}{\partial I} \right]$$

公式(17.55)便是著名的兰姆塞规则。

3. 效率原则的含义

兰姆塞规则的含义是什么呢？

第一，开征商品税后最小的扭曲效应为多少？

由于斯拉茨基公式中的替代效应 $S_{ik} = \frac{\partial x_i^h}{\partial q_k} = \frac{\partial x_k^h}{\partial q_i} = S_{ki}$，即斯拉茨基替代效应是对称的，所以，公式(17.55)可以写成

$$\sum_{i=1}^{N} t_i S_{ki} = - \theta x_k \tag{17.56}$$

公式(17.56)是说，若政府对所有产品开征了税 $t_i (i = 1, 2, \cdots, n)$，这全部的征税活动对于购买消费品 x_k 的扭曲效应如加总起来(这是公式(17.56)的左端)，则相当于税前消费者对 k 的购买量减少了一个常数为 θ 的比例。由于 x_k 是任意定的，θ 对每一种商品 k 是相同的，所以，兰姆塞规则实质上是说，若政府对所有商品征了税，又假定个人的纳税损失经过了补偿(请回忆希克斯补偿需求的含义，这里的替代效应 S_{ki} 是经过收入补偿后征税所发生的替代效应)，则最优税收便要求税后使消费者的消费减少对于任一种商品 k 来说都是同比例的。

第二，兰姆塞规则并不要求税后使每一种价格同比例上升，却要求每一种商品的消费同比例下降。

这一点只要稍改一下公式(17.56)就一目了然；从公式(17.56)两边同除以 x_k，便有

$$\frac{\sum_{i=1}^{N} t_i S_{ki}}{x_k} = - \theta \tag{17.57}$$

公式(17.57)中左端的分母是一个实物量 x_k，即商品 k 的税前购买量，左端的分子也是实物量，这个分子只是度量所有的商品税 $(t_1, t_2, \cdots, t_n)$ 对于商品 k 的希克斯需求量的替代效应，也是以购买量变化来衡量的。因

此,公式(17.57)的左端只是表达征税后商品 k 的消费量所发生的相对比例变化,而决不是 k 的价格所发生的相对变化。这一点必须加以澄清,因为在经济学文献里,有人认为兰姆塞规则只要求税后价格变动相同;而且我们在实际税务工作中,也往往认为对税前价格加一个比例相同的税率会容易操作。但这不符合兰姆塞规则的原意。实质上,公式(17.57)说的只是,在最优商品税时,消费者在每一种商品 k 的消费上的比例下降应该相同,记为

$$d_k = \frac{\sum_{i=1}^{N} t_i S_{ki}}{x_k} = -\theta \qquad (17.58)$$

d_k 中的 d 表示比例"下降"。为什么用"d"? 那是由于米尔利斯(1976 年)用它来表示"沮丧指数"(index of discouragement),即征税给消费者所带的沮丧程度。因此,兰姆塞规则是说,一种税制若是最优的,则它给消费者带来的沮丧指数在每一种商品上都应当相同。

那么,θ 是否会负? 不会。为什么? 只要在公式(17.56)两边同乘上 t_k,然后再对 k 加总,便有

$$\sum_{k=1}^{N} \sum_{i=1}^{N} t_i t_k S_{ki} = -\theta \sum_{k=1}^{N} t_k x_k = -\theta R \qquad (17.59)$$

(17.59)式的左端相当于将斯拉茨基矩阵的每一项都相加,由于 $S_{ki} < 0$, $t_i > 0$(同理 $t_k > 0$),所以,等式(17.59)的左端为负,于是 $-\theta R < 0$,即 θ 与 R 同向;但已知 $R > 0$(政府财政收入必为正),所以 $\theta > 0$。

兰姆塞规则是在一个竞争性的经济中最优商品税必须具备的必要条件。它所表达的含义是,如果为了保证政府开支 R 而不得不对商品和劳务征税,那么,征税之后,消费者对每一种产品的实际消费应等比例减少,然后将这减下来的资源以财政上缴的形式供政府去使用,但消费者的消费结构从而资源配置的初始的相对结构仍保持不变。这样,便使税收的扭曲作用降到了最低限度,使经济效率的破坏程度降到了最低限度。从这个意义上说,兰姆塞规则其实就是效率准则。

4. 引伸:反弹性原则——鲍莫尔(W. Baumol)与布兰福特(D. Bradford)1970 年的工作

兰姆塞规则实际上是以一般均衡为前提的,它考虑到了对一种产品征税之后所波及到的全部相关效应。在公式(17.49)中

$$\alpha k_k = \lambda \left[x_k + \sum_{i=1}^{N} t_i \frac{\partial x_i}{\partial q_k} \right] \qquad (17.60)$$

商品 k 的含税价格变动(由 t_k 变化所导致的)会引起别的商品 i 的需求量的变动,从而有 $\sum\limits_{i=1}^{N} t_i \dfrac{\partial x_i}{\partial q_k}$ 这一加和项。这一加和项,就是对征税后的一般均衡效应的考虑。

但是,如果商品需求只对自身价格变动做出反应,而不对别的商品的价格变化做出反应,即,如果不存在商品需求之间的交叉效应,那么,就有

$$\frac{\partial x_i}{\partial q_k} = 0 \qquad 只要\ i \neq k \tag{17.61}$$

把(17.61)式代入(17.60)式,(17.60)式就递退为

$$\alpha x_k = \lambda \left[x_k + t_k \frac{\partial x_k}{\partial q_k} \right] \tag{17.62}$$

然后,把 t_k 从(17.60)式中解出来,再在这一结果的等式两边除以 $q_x (= p_k + t_k)$,就可得到

$$\frac{t_k}{p_k + t_k} = \left[\frac{\alpha - \lambda}{\lambda} \right] \frac{1}{\dfrac{q_k}{x_k} \dfrac{\partial x_k}{\partial q_k}} \tag{17.63}$$

由于 $\dfrac{q_k}{x_k} \cdot \dfrac{\partial x_k}{\partial q_k}$ 是关于商品 k 的需求价格弹性,记为 ε_k^d,所以

$$\frac{t_k}{p_k + t_k} = \left[\frac{\alpha - \lambda}{\lambda} \right] \frac{1}{\varepsilon_k^d} \tag{17.64}$$

公式(17.64)称为"反弹性原则"。它是说,若商品之间不存在交叉效应,则税收与含税价格之比就应该与需求的价格弹性成反向变动:需求的价格弹性越高,ε_k^d (绝对值)越大,则税率 $\left(\dfrac{t_k}{q_k + t_k} \right)$ 就应当越低;反之,税率越高。这个"反弹性原则"是鲍莫尔与布兰福特在 1970 年推导出来的(见 *American Economic Review* (60):265—283)。

应该说,鲍莫尔—布兰福特这一"反弹性原则"只是在极端条件下对兰姆塞规则的一个引伸,即它排除了商品需求之间、价格之间的相互影响,实质上将兰姆塞的一般均衡分析降为局部均衡分析。这种分析的好处是,将商品税税率的高度与商品本身的需求弹性的大小联系了起来,对于千百年来政府对需求弹性低的物品(如盐、烟、酒)开征高税的政策做出了理论说明。

但是,这种引伸是应该非常谨慎的,否则,我们可能会犯错误。因为,第一,商品需求之间完全互相独立这种情形是不大可能的,土地、酒、烟等物品看上去与别的商品在需求或供给上关系不大,但事实上仍是有关系的。撇

开对这种商品征税会产生的问题的交叉效应,这是片面的。第二,兰姆塞规则的本意并不在于找出税额与含税价格之间的相对比率,而只是找出征税后对实物量的相对损伤程度,并且,他强调的不是弹性,而是替代效应的作用,但鲍莫尔—布兰福特的引申就转向了税率,而且不谈替代效应只讲弹性,这在分析层次上是更为粗糙的,由此可能发生分析失真。第三,"反弹性"原则在实践上的应用会引起一国的税基过窄,即政府岁入主要依赖于几个主要的消费税,像英国 50 年代曾出现过过分倚重于烟税、酒税。对此,萨缪尔逊持批评态度。中国目前开征的消费税也只有 10 来种,税基并不宽。而按兰姆塞规则,税基应宽,只是要求税后的消费缩小应等比例。

三、效率兼顾公平

兰姆塞规则是效率原则,他完全不考虑如何在税制设计中体现公平原则这一问题。对这一缺点,米尔利斯与戴尔蒙在 70 年代初的研究中加以了改进。

1. 戴尔蒙和米尔利斯 1971 年所讨论的问题

戴尔蒙与米尔利斯合作在 1971 年的《美国经济评论》(*American Economic Review*)上连续发表了两篇论文,即《最优税收与公共生产Ⅰ:生产的有效性》("Optimal Taxation and Public Production Ⅰ: Production Efficiency")与《最优税收与公共生产Ⅱ:税收规则》("Optimal Taxation and Public Production Ⅱ: Tax Rules")。其讨论的内容便是把兰姆塞规则从"一个家庭"的情形推广到不同的家庭共存于一种经济中的情形。这种推广自然而然地把公平考虑引入了税制的决定过程。

他们是如何进行分析的? 从逻辑上讲,他们只是对兰姆塞模型(那是一个一般均衡模型)的限制做了两方面的改变:第一,生产不一定是规模报酬不变,即生产的技术条件可能是多种多样的;第二,社会不再是由一个家庭组成,而是由 H 个不同的家庭构成,每一个家庭的偏好都不同,从而有不同的效用函数。我们在这里不讲生产技术条件变化对最优税制原则的影响,因为那涉及到"退税"与生产有效性原则。这里,仅仅讨论不同家庭偏好被引入后,如何使最优税收原则发生了变形?

如果经济中存在 H 个不同的家庭,则每个家庭 h 的偏好就可用下列间接效用函数来加以刻画

$$u^h = v_h(q_1, q_2, \cdots, q_N, w, I^h) \tag{17.65}$$

公式(17.65)中,由 h 不同,所以它实际上表达了不同家庭的偏好,每个家庭的效用取决于一组含税价格($q_1, q_2, \cdots, q_N$)、工资率 w(这里仍假定对劳

动收入不征税,并且工资率对每个家庭都相等)、与该家庭的收入 I^h。如果所有家庭的偏好都相同,则用不着上标 h,于是公式(17.65)就还原为公式(17.42),即返回兰姆塞的原始模型。

记家庭 h 的消费需求为 $(x_1^h, x_2^h, \cdots, x_N^h)$,则政府岁入约束便可写成

$$R = \sum_{i=1}^{N} \sum_{h=1}^{H} t_i x_i^h \tag{17.66}$$

(17.66)式表示:政府的财政收入要就每一种商品 i 向每一个家庭 h 征收,然后再对全体商品 i 加总。

因为有 H 个家庭,社会福利函数形式就采用伯格森—萨缪尔逊(Bergson-Samuelson)形式

$$W = W(v^1(\cdot), v^2(\cdot), \cdots, v^H(\cdot)) \tag{17.67}$$

(17.67)式是说,社会总福利由 H 个家庭的间接效用函数决定。

于是,最优商品税制的设计便是下列一个数学规划

$$\left.\begin{aligned} & \max_{\{t_1, t_2, \cdots, t_N\}} W(v^1(\cdot), v^2(\cdot), \cdots, v^H(\cdot)) \\ & s.t. \quad \sum_{i=1}^{N} \sum_{h=1}^{H} t_i x_i^h = R \end{aligned}\right\} \tag{17.68}$$

运用拉格朗日乘子法,可得最优税制的一阶条件为

$$\sum_{h=1}^{H} \frac{\partial W}{\partial v^h} \cdot \frac{\partial v^h}{\partial q_k} + \lambda \left[\sum_{h=1}^{H} x_k^h + \sum_{i=1}^{N} \sum_{h=1}^{H} t_i \frac{\partial x_i^h}{\partial q_k} \right] = 0 \tag{17.69}$$

再运用罗尔恒等式 $\left(\dfrac{\partial v^h}{\partial q_k} = - \dfrac{\partial v^h}{\partial I^h} \cdot x_k^h = - \alpha^h x_k^h \right.$,这里,$\alpha^h$ 表示家庭 h 的收入的边际效用$\Big)$,则(17.69)式中的第一项便可以写为

$$\sum_{h=1}^{H} \frac{\partial W}{\partial v^h} \cdot \frac{\partial v^h}{\partial q_k} = - \sum_{h=1}^{H} \left(\frac{\partial W}{\partial v^h} \alpha^h \right) x_k^h \tag{17.70}$$

现在,我们定义

$$\beta^h = \frac{\partial W}{\partial v^h} \cdot \alpha^h \tag{17.71}$$

什么叫 β^h? β^h 表示家庭 h 的收入上升所产生的社会福利的上升。为什么?因为,β^h 是家庭 h 的收入的边际效用与 h 的效用上升对于社会福利的效应的乘积。所以,在戴尔蒙与米尔利斯1971年的论文中,就称 β^h 为家庭 h 的"收入的社会边际效用"。

有了 β^h 这一定义,公式(17.69)就可写为

$$\sum_{h=1}^{H} \beta^h x_k^h = \lambda \left[\sum_{h=1}^{H} x_k^h + \sum_{i=1}^{N} \sum_{h=1}^{H} t_i \frac{\partial x_i^h}{\partial q_k} \right] \tag{17.72}$$

运用斯拉茨基公式

$$\frac{\partial x_i^h}{\partial q_k} = S_{ik}^h - x_k^h \frac{\partial x_i^h}{\partial I_h} \tag{17.73}$$

把公式(17.73)代入(17.72)式,然后再移项,就有

$$\frac{\sum_{i=1}^{N} \sum_{h=1}^{H} t_i S_{ki}^h}{\sum_{h=1}^{H} x_k^h} = \frac{1}{\lambda} \cdot \frac{\sum_{h=1}^{H} \beta^h x_k^h}{\sum_{h=1}^{H} x_k^h} - 1 + \frac{\sum_{h=1}^{H} \left[\sum_{i=1}^{N} t_i \frac{\partial x_i^h}{\partial I^h} \right] x_k^h}{\sum_{h=1}^{H} x_k^h} \tag{17.74}$$

公式(17.74)就是戴尔蒙—米尔利斯扩展了的兰姆塞规则。

2. 含义:公平与效率的一致与矛盾

公式(17.74)具有丰富的经济含义,值得我们加以认真讨论。

首先,(17.74)式的左端的分母是全社会对商品 k 的税前消费总和,而其分子是政府对所有商品征了税后对于全体家庭在商品 k 上的消费所产生的替代效应之总和。因此,(17.74)式的左端实质是"沮丧指数"的变形,即由于政府对所有商品开征了税,对于某一种商品 k 来说,消费量会发生相对减少。请记住,S_{ki}^h 是负的。

其次,我们看(17.74)式右端的第一项。由于 β^h 是家庭 h 的收入的社会边际效用,它一般为正,所以,当 β^h 越高,右边第一项的值就越高。但由于等式右边的代数和必为负(因左边为负),所以,β^h 越高,使右边的值会负得少一些。这在经济学上有什么含义呢?因为 β^h 是家庭 h 的收入的边际效用与其边际效用变化对于社会福利的效应 $\frac{\partial W}{\partial v^h}$ 之积,而 $\frac{\partial W}{\partial v^h}$ 其实就是家庭 h 的福利在社会总福利中的相对地位(试想,$\frac{\partial W}{\partial v^h}$ 大,说明 h 的幸福在社会总福利中的边际作用大,于是 h 的社会权数就大),所以,β^h 大,说明家庭 h 的收入边际效用高,并且该家庭的福利受到社会统治当局的格外重视。什么样的家庭居于这两种情形呢?一般是低收入家庭。低收入家庭才会把钱当钱使,每月增加 50 元就会有相当大的边际效用;低收入家庭才会受社会重视,在中国,每年逢年过节,上至中央,下到地方,领导人都会访贫问苦,送一些温暖,表示 $\frac{\partial W}{\partial v^h}$ 在领导人的心目中的确很高。所以,β^h 大,引起(17.74)式的右端的负值局部抵消,这就是公平在最优税收规则中的地位。它告诉我们,对那些贫困的家庭而言,税收引起的"沮丧指数"必须有所下降。在税

收具体操作上,应该让贫困家庭消费的消费品的商品税有所下降。

应该指出,这个含义,是戴尔蒙与米尔利斯的最优税收原则的特色。它既区别于兰姆塞规则,又区别于鲍莫尔—布兰福特的"反弹性原则"。为什么? 因兰姆塞规则中根本没有公平考虑;而鲍莫尔—布兰福特又将兰姆塞规则推向极端,要求对需求价格弹性低的消费品开征高税,这不仅违反了兰姆塞规则中本来的税收中性思想,而且在分配上会明显地不利于穷苦大众,因抽烟族与饮酒族毕竟还是广大的贫苦大众,购买低价房屋的工薪阶层在购房需求上也不会有多高的弹性,烟、酒需求弹性一般都较低,如若对这类低弹性的消费开征高税,岂不是有悖于公平准则? 而戴尔蒙—米尔利斯的公式(17.74)则要求对穷人的消费品开征低税。这与在税收政策上的含义是相当不同的。这是第二点。

第三,我们看公式(17.74)右端第二项 $\left[-1 + \dfrac{\sum\limits_{h=1}^{H}\left(\sum\limits_{i=1}^{N} t_i \dfrac{\partial x_i^h}{\partial I^h}\right) x_k^h}{\sum\limits_{h=1}^{H} x_k^h} \right]$,这

表示效率在最优税收规则中的地位。为什么? 因为右端总的说来是负的,但当右端"-1"后那一分项为正时,这个负值便会小一些。在什么条件下"-1"后的那个分项的正值会大一些呢? 是当 $\left(\sum\limits_{i=1}^{N} t_i \dfrac{\partial x_i^h}{\partial I^h}\right)$ 的值较大时。

但我们知道,$\dfrac{\partial x_i^h}{\partial I^h}$ 是家庭 h 的收入变化对于商品 i 的购买量的边际效应。$\dfrac{\partial x_i^h}{\partial I^h} > 0$,商品 i 对 h 来说是正常品;$\dfrac{\partial x_i^h}{\partial I^h} > 1$,$i$ 对 h 来说是奢侈品;$\dfrac{\partial x_i^h}{\partial I^h} < 0$,则 i 对于 h 来说是劣质品。因此,(17.74)式右端第二项实质上是说,若要使税收引起的"沮丧指数"低一些,应该对劣质品实行补贴(负税,即 $t_i < 0$);对收入边际效应为正的正常品征税;在正常品当中,对奢侈品征重税。这样做,可以使税收的资源扭曲效应降低一些。这是公式(17.74)中效率的地位,但它与"反弹性原则"不同,它强调税收应集中于收入效应高的奢侈品上,这样做,有利于资源的有效配置。

第四,公平与有效的一致与矛盾。公式(17.74)既然表明 β^h 的作用,就说明注重公平,肯定 β^h 在降低"沮丧指数"中的作用,即 β^h 实质会降低税收的扭曲效应。从这个意义上说,公平本身符合效率准则,公平即效率。同时,公平这种地位本身又是从最优税收问题的一阶条件中求解出来的,由于"最优"就是"有效",所以,"有效"本身包含对"公平"的肯定,公平是有效的题中应有之义。从这个角度说,把"效率"与"公平"完全对立起来,是不正确

的,强调社会正义、社会公平,重视低收入阶层,注意对低收入阶层实行税收优惠,这不但符合公平,同时也有利于提高效率。

但这仅仅是问题的一方面。另一方面,如果(17.74)式左端的负值是一个给定的值,则其右端的第一项与第二项之间便会有替代:第一项正值小一些,第二项的负值就小些;反之,则第二项的负值就大一些。其经济含义就是,当公平的考虑多一些时,就会相应地少考虑效率作用。从数学式子看,当 $\left(\sum\limits_{h=1}^{H} \beta^h x_k^h\right)$ 大一些时, $\left(\sum\limits_{h=1}^{H} t_i \dfrac{\partial x_i^h}{\partial I^h}\right)$ 就要小一些。

公平与效率之间的得失权衡关系在最优税收规则中的地位可以通过下述数学变型看得更清楚一些:

令商品 k 的户均消费量为 $\overline{x}_k$,即

$$\overline{x}_k = \frac{\sum\limits_{h=1}^{H} x_k^h}{H} \tag{17.75}$$

这里,H 是社会中家庭个数。

现在,再定义

$$b^h = \frac{\beta^h}{\lambda} + \sum_{i=1}^{N} t_i \frac{\partial x_i^h}{\partial I^h} \tag{17.76}$$

b^h 是什么? 这是戴尔蒙 1975 年定义的概念(见 Diamond,1975 年):"A Many-Person Ramsey Tax Rule". *Journal of Public Economics* 4:227—244)。他称 b^h 为"收入的净社会边际效用"。为什么? 因为 b^h 的第一项因子 $\dfrac{\beta^h}{\lambda}$ 是收入的社会边际效用除以 λ,反映的是家庭 h 的收入增加对社会福利的边际效应,而 b^h 的第二项因子是 h 的收入增加对政府(也即是对社会)多缴纳的税款:I^h 上升后,h 多购买物品 x_i^h,再由每项购买向政府的纳税 $\left(t_i \dfrac{\partial x_i^h}{\partial I^h}\right)$ 的加和,就形成了 h 收入增加的边际纳税效应。所以,b^h 既包括了公平的考虑(因它含有 β^h),又包括了效率的考虑(因它表示对边际消费倾向高的商品多征税)。但若 b^h 是给定的一个值,则前一项因子与后一项因子之间就会有此长彼消的关系。

运用 b^h 这一新概念,又由于 $\sum\limits_{h=1}^{H} x_k^h = H \overline{x}_k$,所以,公式(17.74)可以写成

$$\frac{\sum_{i=1}^{n} \sum_{h=1}^{H} t_i S_{ki}^h}{\sum_{h=1}^{H} x_k^h} = -\left[1 - \sum_{h=1}^{H} \frac{b^h x_k^h}{H \overline{x}_k}\right] \tag{17.77}$$

公式(17.77)说明,当政府对全体商品开征税之后,其对于商品 k 的消费行为的"沮丧指数"会由于 b^h 值的上升而被相应抵消。这就是说,消费者对商品 k 的消费的税后下降会由于以下两个因素而受阻:第一,当 β^h 较高的家庭(穷人)在 k 上消费较多时,政府对 k 的征税会较低;第二,当消费者对征税品的边际消费倾向较高并且税后仍消费大量的 k 时,政府对 k 收较高的税。显然,前一项是公平的考虑,而后一项是效率的要求,两者都会降低征税的"沮丧指数",但政府可以只采取其中一项,这就会发生效率与公平之间的替代。

参考阅读文献

1. Arrow, K. (1950 年):"A Difficulty in the Concept of Social Welfare". 转载于 E. Mansfield 编: *Microeconomics—Selected Readings* (第 3 版). pp. 453—469. New York: Norton.

2. Coase, R. (1960 年):"The Problem of Social Cost". *Journal of Law and Economics*, October, 1960.

3. Baumol, W. J. 与 D. F. Bradford (1979 年):"Optimal Departures from Marginal Cost Pricing". *American Economic Review* (60): 265—283.

4. Boiteux, M. (1956 年):"Sur La Géstion des Monopoles Publics Astreints à L'équilibre Budgétaire". *Econometrica* (24):20—40.

5. Buchanan, J. 与 G. Tullock(1962 年): *The Calculus of Consent: Logical Foundations of Constitutional Democracy*. Ann Arbor: University of Michigan Press.

6. Diamond, P. 与 J. Mirrlees (1971 年):"Optimal Taxation and Public Production Ⅰ: Production Efficiency". *American Economic Review* (61): 8—21.

7. Diamond, P. 与 J. Mirrlees(1971 年 b):"Optimal Taxation and Public Production Ⅱ:Tax Rules". *American Economic Review* (61): 261—278.

8. Dixit, A. 与 M. Olson(2000 年):"Does Voluntary Participation Undermine the Coase Theorem?" *Journal of Public Economics* (76): 309—335.

9. Groves, T. (1973 年):"Incentives in Teams". *Econometrica* (41): 617—631.

10. Hurwicz, L. (1995 年):"What is the Coase Theorem?" *Japan and the World Economy* (7):49—74.

11. Lindahl, E. (1919 年):"Just Taxation—A Positive Solution". 载入 R. A. Musgrave 与 A. T. Peacock 编: *Classics in the Public Finance*. London: Macmillan (1958).

12. Mas-Colell, A., M. D. Whinston 与 J. R. Green: (1995 年): *Microeconomic Theory*(第 11 章). Oxford University Press.

13. Mirrlees, J. (1995 年): "Private Risk and Public Action: The Economics of the Welfare State". *European Economic Review* (39): 383—397.

14. Myles, G. D. (1995 年): *Public Economics*. Cambridge: Cambridge University Press.

15. Olson, M. (1965 年): *The Logic of Collective Action*. Cambridge, Mass: Harvard University Press.

16. Pigou, A. C. (1928 年): *A Study in Public Finance*. London: Macmillan.

17. Ramsey, F. (1927 年): "A Contribution to the Theory of Taxation". *Economic Journal* (37): 47—61.

18. Samuelson, P. A. (1951 年): "Theory of Optimal Taxation". 本文于 1986 年公开发表于 *Journal of Public Economics* (30): 137—143.

19. Samuelson, P. A. (1954 年): "The Pure Theory of Public Expenditure". *Review of Economics and Statistics* (36): 387—389.

20. Samuelson, P. A. (1995 年): "Some Uneasiness with the Coase Theorem". *Japan and the World Economy* (7): 1—7.

21. Varian, H. (1994 年): "A Solution to the Problem of Externalities when Agents Are Well-informed". *American Economic Review* (84): 1278—1293.

22. Varian, H. (1995 年): "Coase, Competition, and Compensation". *Japan and the World Economy*(7): 13—27.

23. Vickrey, W. (1955 年): "Some Implication of Marginal Cost Pricing for Public Utilities". *American Economic Review* (1955 年 5 月号).

习　题

1. 假定一垄断者引致了损害性的外部效应。请使用消费者剩余的概念去分析对污染者的一个最优税收是否对于改善福利是必需的。

2. 在一个完全竞争行业中的一家厂商首创了一种制作小机械品的新过程。新过程使厂商的平均成本曲线下移,这意味着这家厂商自己(尽管仍是一个价格接受者)能在长期获得真正的经济利润。

(1) 如果每件小机械品的市场价格是 20 美元,厂商的边际成本曲线为 $MC = 0.4q$,其中 q 是厂商每日的小机械品产量,厂商将生产多少小机械品?

(2) 假定政府的研究发现厂商的新过程污染空气,并且估计厂商生产小机械品的社会边际成本是 $SMC = 0.5q$。如果市场价格仍为 20 美元,什么是厂商在社会上的最优生产水平? 为了实现这种最优生产水平,政府应征收多大比率的税收?

(3) 用图形表示你的结果。

3. 判断下述命题是否正确,并说明你的理由:

（1）当存在外部效应时福利经济学第一定理不一定成立。

（2）"公共物品的提供，如果没有政府出钱或者出面组织，是不可能实现帕累托最优的。"

4．假定社会上只有两个人。对某甲，蚊虫控制的需求曲线为

$$q_a = 100 - p$$

对某乙为

$$q_b = 200 - p$$

（1）假定蚊虫控制是纯公共品：即一旦生产出来，每个人都会从中受益。如果它能以每单位120美元的不变边际成本得以生产，其最优水平如何？

（2）如果蚊虫控制由私人市场来办，又会提供多少？你的答案是否取决于每个人都假定其他人会进行蚊虫控制？

（3）如果政府会提供最适当的蚊虫控制规模，这将花费多少？如果个人会按其从蚊虫控制中所得的好处的比例去分担费用的话，为此的税收将怎样在两个人之间分配？

5．假定经济生活中有三种商品，N 个人。两种商品是纯公共物品（非排他的），第三种商品是普通的私人商品。

（1）为了资源在任意一种公共品与私人商品之间有效率的配置，什么条件一定要成立？

（2）为了在两种公共品之间有效配置资源，什么条件一定要成立？

6．假定一个生产一种公共品（P）和一种私人商品（G）的经济的生产可能性边界由下式决定

$$G^2 + 100P^2 = 5000$$

并且，该经济由100个完全相同的个人组成，每个人有如下形式的效用函数

$$效用 = \sqrt{G_i P}$$

这里，G_i 是个人在私人商品生产中的份额（$= G/100$）。请注意，公共品是非排他的，并且每个人都从其生产水平中同样受益。

（1）如果 G 和 P 的市场是完全竞争的，将会生产出多少？在此情形下典型的个人效用会是什么样的？

（2）G 和 P 的最优生产水平如何？典型的个人效用水平如何？应怎样对商品的消费进行征税以达到这一结果？（提示：本题中数字甚至并不显现，进行一些估计应该也就够了）

7．若市场上只有 A 和 B 两个消费者，他们对公共品 Y 的需求函数，以及 Y 的供给函数分别为

$$Q_{dA} = 8 - 2p_Y$$
$$Q_{dB} = 12 - p_Y$$
$$Q_{sY} = p_Y$$

求：（1）A、B 各消费多少 Y？

（2）Y 的市场价格是多少？

（3）若 Y 是个人品，其价格和消费量有何不同？

8．改革开放以来各地区的工业发展对我国经济的持续高速发展做出了很大的贡献，然而也造成了日益加重的环境污染。试根据经济学原理讨论下列问题。

（1）环境污染为什么通常难以由污染者自行解决，而需要政府加以管理？

（2）解决环境污染的常用方法包括：关闭工厂，制定排污标准并对超标者罚款，按照污染物排放量收费。试从经济学角度分析比较这三种方法。

9．判断下列说法是否正确，并给出理由：

在完全竞争市场条件下，如果对商品的生产增加税收，则增税的负担主要落在生产者头上，如果对商品的销售增加税收，则增税的负担主要落在消费者头上。

10．你认为下列物品中哪些属于公共品？哪些属于私人品？为什么？

（1）自然环境保护区；

（2）道路；

（3）进入索马里以拯救饥荒中的难民；

（4）公共电视节目；

（5）闭路电视节目。

第十八讲　企业的性质、边界与产权

正如我们在第十三讲开头所指出的那样，20 世纪的企业理论有两个基本问题，而这两个基本问题都是在 30 年代被人提出的。第一个基本问题是：为什么会存在企业？这是由科斯于 1937 年在其论文《企业的性质》中提出的。科斯提出这个问题实质上是对传统的新古典理论进行挑战。因为，在主流的新古典理论中，尽管也有所谓"企业理论"，但在该标题下人们所谈论的实质上是市场机制，企业仅仅被当作一只黑箱，被视为是在满足一系列有关的边际条件时，实现利润极大化的一个单位。科斯问，既然市场机制是那样有效，干吗还需存在企业呢？企业与市场机制从组织机构的角度说，究竟有什么区别？

第二个基本问题是：在现代公司制度中，公司资产的极大部分是实际控制在经理手中的，这些经理在控制资产时事实上只抵押一小部分私人资产，甚至完全没有资产抵押，难道这些抵押很小甚至毫无抵押的经理会按资本投资者的利益而行动吗？这个基本问题是由贝利(Adolf Berle)与米因斯(Gardiner Means)在科斯发表《企业的性质》一文前五年提出来的。这是他俩合著的《现代公司与私有权》(1932 年)一书的主题。

过了近半个多世纪之后，我们才见到经济学家们开始对上述问题进行回答。威廉姆逊(O. Williamson, 1975 年, 1985 年), 克莱因(B. Klein)—克莱福特(R. Crawford)—阿尔钦(A. Alchain)(1978 年), 格拉斯曼(S. Grossman)与哈代(O. Hart)(1986 年), 哈代与莫尔(J. Moore)(1990 年)在回答科斯提出的问题上获得了重大进展。另一方面，阿尔钦与德姆塞茨(Demsetz)(1972 年), 米尔利斯(J. Mirrlees)(1975 年, 1976 年), 赫姆斯特姆(B. Holmström)(1979 年)则在理解贝利与米因斯所观察到的所有权与经营权之间的分离这一现象上有了长足的进步。

我们已经在本书的第十三讲介绍了关于第二个问题的基本分析。在这一讲，着重分析有关第一个基本问题的答案。应该指出，迄今为止，我们还不能说经济学家们已给出了完整的答案，而只能说，每人好比是盲人摸象，只抓住某一个侧面展开分析。企业的性质、边界与产权问题会随着新世纪的来临而获得新的回答。这也是中国经济改革与发展所面临的根本问题之一，中国经济学界在该点上应该对人类做出贡献。

本讲的安排如下:在第一节先介绍科斯本人对此问题的思考与其继承人威廉姆逊所形成的交易费用经济学的基本观点;第二节分析威廉姆逊1967年关于等级控制与企业规模之间的关系的一个理论模型;第三节讨论资产的专用性与投资的专用性,以及与此相联系的"扼制"("hold-up")问题;第四节分析所有权的成本与效益,并讨论产权与人的关系,强调在进行产权重组与企业重组时不要忽视人力资本,而这一点在当前中国的企业改革中尤其显得重要。

第一节　企业的性质与边界

一、科斯的回答

1937年科斯在提出为什么会存在企业这个问题时,自己已经对此做了回答,其回答实质上界定了企业的性质与边界(企业的范围与规模)。

1. 企业的性质

所谓企业的性质,就是指企业作为一种机构(organization)区别于市场机制的地方。在科斯看来,企业与市场是对交易活动进行组织的两种不同的方式。当人类的交易活动是通过价格机制在不同单位(个人或组织)之间发生时,就形成市场机制;当人类的交易活动是通过企业家(entrepreneur)的协调在内部进行时,就形成企业组织。通过市场而展开的交易活动会产生某种交易费用,通过企业家内部协调而进行交易活动也会产生交易费用。企业与市场之所以会共存,其原因在于,某一类活动由市场而非由企业来完成交易,会节约交易费用;反之,另一类交易活动如由企业而非由市场来完成,也会节约交易费用。

2. 交易费用

交易费用(又称交易成本)是与生产、流通过程中出现的显性成本相区别的一个概念,它专指人类进行交易而产生的费用。而这种费用又根植于人类的本性与人类活动的基本特征。

人类活动的基本特征是不确定性以及与此相关的信息不完全性。而人类又具有规避风险与机会主义的一面。由于人的活动的不确定性与人类本性中的上述劣根性,就产生了两方面的交易困难:一是如何从不完全的信息中,在不确定的经济活动中寻找并确定一个贴切的、稳定的价格? 二是规避风险的经济当事人在未来是不确定的前提下如何为长期的契约关系而进行讨价还价?

上述双重的困难实质上规定了科斯所谓的交易费用的内涵与外延。交易费用实质上是指:(1)寻找合适的价格的费用;(2)为形成契约而展开讨价还价的费用;(3)履行契约与对违约进行惩治的费用。

这三类费用是专指以市场机制来完成交易活动而付出的费用。请注意,以企业来完成交易尽管也需要花成本,但这种花费不属于"交易费用"的内涵。

3. 企业的边界

科斯在《企业的性质》中,实质上定义了企业的边界。其核心论点是:市场交易中的主要成本是获知交易条件的费用以及砍价时交易双方所付出的代价。一般说来,如果交易是初次相交,获知交易条件的成本便是主要的;如果交易关系是长期的,则讨价还价即砍价所付出的代价往往会非常高昂。这种交易费用可以通过赋予一方以权威而降低。按科斯的说法,这种权威恰恰是定义了企业:即在一个企业内,交易活动仍会出现,但它们是作为老板的指令的结果而出现的,不容对方讨价还价,价格机制是被压抑了的。

这种权威的安排本身也是会导致代价的。即权威集中于一方手里本身会产生相当大的行政上的僵硬。因此,科斯认为,企业的边界就在于,当在企业范围内进行交易所产生的边际节约等于由于企业内权威的增大而产生的边际僵硬成本时,企业的范围刚刚好。

二、阿尔钦与德姆塞茨的贡献

科斯的上述思想,被引用的次数很多,但几乎没有被应用。为什么用不上? 原因可能有两条:第一,上述思想极难数学化、公式化。第二,从概念上说,科斯的论点亦有弱点。这种弱点是阿尔钦(Alchian)与德姆塞茨(Demsetz)在1972年指出来的(见"Production, Information Costs, and Economic Organization". *American Economic Review* (62):777(1972))。阿尔钦与德姆塞茨指出,科斯把企业内部的权威与市场交易过程中的不成文契约的功能加以区分,但这种区分并不见得能成立。比如,科斯说,雇主对雇员有一种权威——即雇员如干得不好,雇主可以解雇对方。阿尔钦与德姆塞茨批评说,雇主这种解雇雇员的权威,在多大程度上会强于一个消费者有权停止购买杂货店的货物的权威呢? 难道消费者的这种权威不会降低交易费用吗? 如果市场交易活动中的这种权威与企业内部雇主的权威难以区分的话,那么,企业与市场之间的边界又在什么地方呢?

阿尔钦与德姆塞茨在指出了上述问题之后,从协同生产与监督角度,发展了他们自己的理论。他们认为,协同生产或团队生产需要仔细的监督,只有这样,每一位工作者的贡献才能得到很好的评估。而给予监督者恰当的激励的最好办法无非是给予他下列一组权力,而这组权力正好有效地定义了资本主义企业的所有权:(1) 具有一种残留权(residual claimant)。residual 的含义是从计量中转用过来的,residual 的原意是不能被系统解释的余项。在权力结构中,有大量的权力是事先规定得很清晰的,这好比是回归过程中 $b_0 + b_1 x_1 + \cdots + b_n x_n$ 的作用,但还有一种权力是事先无法定义清楚的,叫权力余项,或称残留权,这是随机处置的权力,实际上是最大的权力。如毛泽东在淮海战役时给邓小平发电报说,如遇紧急情况,你们不用请示,可随机处置。这就是 residual claimant。阿尔钦与德姆塞茨认为,所有权的最本质的内容便是这种难以被定义清楚的,但又是必需的对于一切随机结果进行随机处置的权力。将这项随机处置权给了谁,谁就拥有了所有权中最本质的权力。阿尔钦与德姆塞茨的这个概念,是一个非常重要的贡献,直接通向了 1986 年 Grossman 与 Hart 的新产权理论。(2) 观察各项生产要素在生产过程中的行为的权力。(3) 成为与所有投入要素签订合约的中心的权力。(4) 能掉换团队成员的权力。(5) 能够出卖以上(1)—(4)各项权力的权力。

显然,阿尔钦与德姆塞茨是从团队生产的角度来定义所有权的。但是,他们同样面临困扰科斯的难题:为什么协同生产和监督的任务必需由企业而不是由市场机制来承担?事实上,市场上不是存在着各种监督机构吗?那么,市场与企业之间的区别究竟在哪里呢?

科斯的企业理论发源于对下列问题的思考:如果价格机制可以处置所有经济问题,那么为什么需要企业呢?他的思考结果是,正由于市场价格机制不可能解决所有问题,才需要企业存在。在市场价格作用的尽头,就是企业组织形式发挥作用的起点。但是,科斯的思考仅仅是现代企业理论的起点,他的思考是深刻的,具有极强的原创性,但仍需要新的思索与发现,进行更高层次的理论抽象,才能使理论形成明晰的数学表达式。

三、威廉姆逊的贡献

与阿尔钦与德姆塞茨同时,威廉姆逊从 60 年代到 80 年代对企业的性质与边界问题做了独到的探索,他的研究主要回答了以下三个问题:

1. 为什么契约不能完全解决问题?

威廉姆逊的回答是:人类本身的局限决定了契约不是万能的。他指出人有两方面的基本局限:有界理性(bounded rationality)与机会主义。

有界理性这一概念的提出者是西蒙(H. Simon)(1947 年)。西蒙定义有界理性为这样一种行为,即主观上"企图有理性,但仅仅有限地达到理性"。这是由于,人类并没有无限的计算能力。正是由于企业的所有者或经营者并不具备无限的能力,现实世界中才会有交易成本,才需要企业这种组织形式去降低交易成本。

然而,仅仅是"有界理性"这一点还不能说明契约不是万能。如果人人都是老老实实,即使能力有限,理性有界,也会老实遵守合同,这样,市场机制中的交易活动就完全可以由契约来实施。但事实上,人类具有机会主义的劣根性。由于机会主义加有界理性,因此契约不是万能的。

威廉姆逊把"机会主义"定义为"自私加狡诈"(1975 年)。这是指,市场上经济当事人之间的合约并不会老老实实地被加以履行。如果履行合同的成本很高,如果惩罚违约的成本很高,如果违约所带来的利得(扣除惩罚的代价)远远超过忠实遵守合同的利得,那么,个人或企业就会选择"违约"。这样,机会主义行为就使合同不能解决所有的交易问题。

2. 为什么需要等级森严的企业制度?

等级森严的企业制度的存在原因就在于可以在相当程度上克服横向(水平)关系上出现的"各怀二心"("subgoal pursuit")问题。由于经理层的层层监督,就可以降低机会主义行为所造成的效率损失。但是,一个企业的垂直型的等级制的锁链有多长(这实质上是企业的规模大小),取决于两个基本因素:一是管理层的能力(能力总是有限的)水平;二是生产第一线与企业管理中心的连结程度。威廉姆逊在 1967 年的一篇论文中,给出了等级控制与企业规模之间关系的数学模型(我们在下一节会介绍这个模型)。

3. 为什么会出现"扼制"("hold-up")问题?

扼制问题是与资产或投资的专用性(asset-specific or investment-specific)相联系的。1978 年,Klein-Crawford-Alchian 的论文《垂直一体化,可增的租与竞争性合同过程》(载于 *The sournal of Law and Economics*(1978)21:297—326)就专门分析了资产的专用性与"扼制"问题的关系。所谓资产的专用性是指,一种资产如用作别途,其边际生产力近乎于零。也就是说,该种资产只能用于某种特定的交易活动,而无法用于他途。

威廉姆逊(Oliver Williamson)在科斯的观点走向数学形式的道路上给出了关键性的观念。其中之一就是对资产专用性的阐述。他的贡献主要体现在其两本专著里:一是 1975 年出版的《市场与等级:分析与反托斯的含义》(*Markets and Hierarchies：Analysis and Antitrust Implications*),与 1985 年出版的《资本主义的经济体制》(*The Economic Institution of Capitalism*)。前一本书比后一本书要重要,因前一本书提出了许多原生性(original)的概念。其中,最为关键的概念便是"特定关系投资"(relationship-specific-investments)——专门为一群人或专门用于某种资产的投资。比如,一家企业为满足一群特定的消费者的需要而扩张自己的生产能力;如,一个人在城里找到了新工作,需要重新安家,如该新工作丢掉了,他重新安家的成本很可能收不回来了。又如,一个学生为联系出国,要考托福、GRE,这需一年左右的时间投资,这就是专用于联系出国的投资,即如果联系出国失败,这项投资就沉淀(sunk)掉了,再也无法收回了。因为考托福与GRE 没有别的用处,英语能力并不由此而大长。威廉姆逊由此发展了科斯的思想,他指出,在存在"特定关系投资"的地方,交易成本显得尤其重要。因为一旦某企业或个人为另一家企业或个人进行了专用性投资,从某种意义上说就"受制于人"了,后者就可能对前者进行"扼制"。这时,企业组织的出现,便可以大大降低交易费用。为什么? 企业组织的存在可以把具有资产专用性的投资纳入同一个企业,从而大大避免浪费"特定关系投资"的可能,进而鼓励人们进行这种"特定关系投资",提高它们的投资效益。这种观念是可以数学化的。而将它们数学化的过程,便是 80 年代新企业理论的一个重要方面。

第二节　等级控制与企业规模

这一节所阐述的思想是基于威廉姆逊 1967 年的论文《等级控制与企业规模的优化》(载于 *Journal of Political Economy* 75(2):123—138)。我们分两个层次来对此进行介绍:

一、竞争性企业的等级控制与企业规模

1. 基本假定

我们从竞争性企业这一假定出发,所谓竞争性企业,就是指:

(1) 其是"价格接受者"。

(2) 其目标是利润极大化。

除此以外,我们还假定:

(3) 一家企业有 m 个管理层次,每个层次对下一级层次都管理 s 个人。这样,最高层只有一人,为总指挥(总经理);第 2 层有 s 人;第 3 层就有 $s^2, \cdots$,第 m 层有就 s^{m-1} 人。注意这里,只有最低层的工人才处于生产第一线,即是第 m 层的 s^{m-1} 个工人才真正从事生产活动,我们假定所有的中间层次的管理者都是"脱产干部"。

(4) 设 α 为"失控"(control loss)参数,且 $0 \leqslant \alpha \leqslant 1$。即每往下延伸一个

管理层,生产率就会由于控制放松而下降$(1-\alpha)\%$。这样,只有 α 的生产率才得以保持下来。

（5）工资水平随管理层级别上升而上升。设最低层的第一线工人的工资水平为 w_0,比他们上一级的管理者(小组长)的工资水平为 $\beta w_0(\beta>1)$;再上一级的干部(班长)的工资水平为 $\beta(\beta w_0)=\beta^2 w_0$;…,如此上推,最高层干部(总经理)的工资水平为 $\beta^{m-1}w_0$。

（6）除劳动—工资成本之外,每单位产量的平均成本为 r。

2. 生产函数

不考虑资本对生产的贡献,设产量只是第一线工人劳动投入的函数,这样,总产量 Q 可以写为

$$Q = \theta(\alpha s)^{m-1} \tag{18.1}$$

这里,θ 为劳动生产率参数$(\theta>0)$。

式(18.1)是说,s^{m-1} 是生产第一线工人人数,且最终只有 α^{m-1}(每上一级都会损失生产效率$(1-\alpha)$)会保持下来,所以总产量是最终保持下来的劳动生产率的函数。

3. 总成本函数

生产 Q 的总成本由两部分构成:劳动—工资成本与非工资成本。非工资成本为 rQ。劳动—工资成本则比较复杂。我们来仔细分析一下。请看下表:

表 18.1　劳动工资与等级

管理层次	1	2	3	…	$m-1$	m
人数	1	s	s^2	…	s^{m-2}	s^{m-1}
平均工资水平	$\beta^{m-1}w_0$	$\beta^{m-2}w_0$	$\beta^{m-3}w_0$	…	βw_0	w_0
工资成本	$\beta^{m-1}w_0$	$\beta^{m-2}w_0 s$	$\beta^{m-3}w_0 s^2$	…	$\beta w_0 s^{m-2}$	$w_0 s^{m-1}$

由表 18.1 可知,总工资成本为

$$\beta^{m-1}w_0 + \beta^{m-2}w_0 s + \beta^{m-3}w_0 s^2 + \cdots + \beta w_0 s^{m-2} + w_0 s^{m-1}$$

$$= \sum_{i=1}^{m} \beta^{m-i}w_0 s^{i-1} \tag{18.2}$$

所以,生产总成本为

$$C(Q) = \sum_{i=1}^{m} \beta^{m-i}w_0 s^{i-1} + rQ \tag{18.3}$$

由于

$$\sum_{i=1}^{m} \beta^{m-i} s^{i-1} = \beta^{m-1} + \beta^{m-2} s + \beta^{m-3} s^2 + \cdots + \beta s^{m-2} + s^{m-1} \quad (18.4)$$

对(18.4)式两边都乘以$(s - \beta)$，可得

$$(s - \beta) \sum_{i=1}^{m} \beta^{m-i} s^{i-1} = s \beta^{m-1} - \beta^m + s^2 \beta^{m-2} - \beta^{m-1} s$$

$$+ \beta^{m-3} s^3 - \beta^{m-2} s^2 + \cdots + s^m$$

$$= s^m - \beta^m \quad (18.5)$$

由(18.5)式，可知

$$\sum_{i=1}^{m} \beta^{m-i} s^{i-1} = \frac{s^m - \beta^m}{s - \beta} \quad (18.6)$$

从而，总成本函数为

$$C(Q) = w_0 \cdot \frac{s^m - \beta^m}{s - \beta} + rQ \quad (18.7)$$

4. 利润函数

利润函数在竞争性条件下等于$[pQ - c(Q)]$（p 为单价）。所以

$$\pi = p \cdot Q - r \cdot Q - w_0 \cdot \frac{s^m - \beta^m}{s - \beta}$$

$$= (p - r) Q - w_0 \cdot \frac{s^m - \beta^m}{s - \beta} \quad (18.8)$$

但是，由于(18.1)式

$$Q = \theta (\alpha s)^{m-1}$$

所以

$$\pi = \theta (p - r)(\alpha s)^{m-1} - w_0 \cdot \frac{s^m - \beta^m}{s - \beta} \quad (18.9)$$

公式(18.9)给出了企业利润增加的模型。

我们来先小结一下公式(18.1)—(18.9)的基本思想：

公式(18.1)是说，增加管理层次可以扩大管辖的人数（s^m 随 m 增加而变大），从而可以提高总产量。但是公式(18.9)明显地告诉我们，管理层次的增加会使企业的边际盈利率下降。m 上升会使 π 下降的原因有二：一是由于 $\alpha < 1$，管理层次增加（m 变大）会使 α^m 变小。这种损失的经济背景又有两个方面：其一是管理层次增加后会使指挥系统的信号被歪曲，其二是层次增加后会使监督力度层层递减，从而失控程度上升。m 上升会引起 π 下降的另一个原因是，工资水平会随管理层级别上升而按 β 的倍数上升，从而增加总工资开支。

由此可见，对于一个给定 θ, β, α, s 与 w_0 的企业来说，m 并非越大越

好,也并非越小越好,而是存在一个最佳的 m^*。这个最佳 m^* 便是企业最佳的等级设计水平;或 s 给定,s^{m^*-1} 就给定了企业的最佳规模。

5. 最优等级 m^* 的决定

最优等级 m^* 的决定可从公式(18.9)的一阶条件与二阶条件推导而得

$$\frac{d\pi}{dm} = \theta(p-r)(\alpha s)^{m-1}\ln(\alpha s)$$
$$- w_0 \frac{[s^m \ln s - \beta^m \ln\beta]}{s-\beta} = 0 \qquad (18.10a)$$

$$\frac{d^2\pi}{dm^2} = \theta(p-r)(\alpha s)^{m-1}(\ln\alpha s)^2$$
$$- w_0 \frac{s^m(\ln s)^2 - \beta^m(\ln\beta)^2}{s-\beta} < 0 \qquad (18.10b)$$

这里符号"ln"表示自然对数。

公式(18.10a)决定了与利润极大化所对应的 m 的数值,即一家企业应设多少层管理层是最优的。公式(18.10b)决定 m^* 不是利润极小的管理层次数目,而一定是利润极大化的管理层次数目。

为了使表达形式简化,记

$$Z = \frac{\theta(p-r)}{w_0} \qquad (18.11)$$

"Z"代表什么? 由于 θ 是劳动生产率参数,$(p-r)$ 表示单位产品中价格扣除非人力成本后的余额,所以,$(p-r)$ 是单位产品中劳动的贡献。从而 $[\theta(p-r)/w_0]$ 是衡量生产第一线的工人劳动贡献与工资成本之比率。

把 $Z = \dfrac{\theta(p-r)}{w_0}$ 代入公式(18.10a),可得

$$Z(\alpha s)^{m-1}\ln(\alpha s) - \frac{s^m \ln s - \beta^m \ln\beta}{s-\beta} = 0 \qquad (18.12)$$

由于公式(18.12)仍是非线性的,解起来不方便。然而,运用试数的方法,该式仍是可解的。威廉姆逊 1967 年在其论文中就建议,从经验的角度看,Z 似乎应在 1.5 与 3 之间,s 在 5 到 10 之间,β 在 1.3 到 1.6 之间,而 α 约为 0.9。对应于各种不同的参数而言,利润极大化要求的等级层次数 m 的不同最佳数值就展示在表 18.2 里:

表 18.2　等级控制与企业规模的均衡数值

α	s	m
0.9	4	3.1503
0.9	5	4.0847
0.9	6	4.6870
0.9	7	5.1008
0.5667	5	1.0002
0.8000	5	2.1297
0.9000	5	4.0847
0.9300	5	5.7674
0.9700	5	13.2438
0.9800	5	19.7802
0.9900	5	39.3846

$$Z = 2, \beta = 1.3$$

从表 18.2 里可以看出,第一,当每一级控制人数 s 上升时,等级层数 m 总是上升的。这说明管理者的控制能力(s 代表一个管理者的管辖范围,s 越大说明管辖范围越大,当然代表管理者的能力越高。)增大会使管理层面越多。第二,当 $\alpha \to 1$ 时,m 也总是上升的。这一点也是有着深刻的经济含义的:$\alpha \to 1$,说明丧失控制的可能性在下降,控制就越来越有效,在 s 不变的前提下,失控的可能性越小,则会使 m 越大,垂直的锁链可以延伸得更长些。

读者还可以作这样的练习:从公式(18.10a)出发,把此公式看作是一个包含着 m 与 z 的隐函数,然后推导 m 与 z 的关系,不难证明,当 z 上升时,m 总是上升的;同理,可把公式(18.10a)看作是关于 m 与 α 的隐函数,由此证明 m 对于 α 是递增的。在对于 s 与 β 的数值有某些限制的前提下,我们还不难证明,利润极大化要求所对应的 m 对于 s 是递增的,而 m 对于 β 是递减的。

二、寡头企业的等级控制与企业规模

应当指出,威廉姆逊 1967 年那个理论模型把企业看成"价格接受者"是不现实的。事实上,常见的企业往往是"价格的决定者"。在这里,我们对威廉姆逊的模型作些推广,看看当企业是"价格决定者"时,企业的内部结构应该如何设计? 换言之,这里我们所考察的是寡头企业采取策略型(博弈行为)行为时,m 该如何确定?

1. 市场需求函数

我们按古诺模型来推广威廉姆逊的等级设计模型。这里关键是给出一个市场需求函数。

设市场上存在 N 家一样的企业，令市场需求的反函数为

$$p = a - b(q_1 + q_1 + \cdots + q_N)$$
$$= a - b\left(\sum_{i=1}^{N} q_i\right)$$
$$= r + b(s_r - Q) \tag{18.13}$$

这里，$q_i = \theta(\alpha s)^{m_i - 1}$ 是企业 i 的产出量。而 $s_r = (a - r)/b$，$Q = \sum_{i=1}^{N} q_i$。你把 $s_r = (a - r)/b$ 代入(18.13)，可以还原为 $p = a - bQ$。加进 r 这一因素，是为了突出价格中包含单位物质成本这个含义。

2. 企业 i 的利润函数

对企业 i 而言，其利润函数(根据式(18.9))可以写成

$$\pi_i = (p - r)q_i - w_0 \frac{s^{m_i} - \beta^{m_i}}{s - \beta}$$
$$= b(s_r - Q)q_i - w_0 \frac{s^{m_i} - \beta^{m_i}}{s - \beta} \tag{18.14}$$

式(18.14)的第二个等式来自于式(18.13)。与公式(18.9)相比所不同的只是，在公式(18.9)那里，只有一家企业，而现在市场上有 N 家企业，i 是代表性企业。

在公式(18.14)中把 $q_i = \theta(\alpha s)^{m_i - 1}$ 代入，就有

$$\pi_i = b(s_r - Q)\theta(\alpha s)^{m_i - 1} - w_0 \frac{s^m - \beta^m}{s - \beta} \tag{18.15}$$

3. 企业 i 的"等级反应"函数

在古诺模型里，我们知道有"反应函数"。那是企业的利润函数对于产量(q_i)求一阶导而得到的。在我们这里，企业 i 的决策变量是等级设计 m_i，于是，我们要求的是"等级反应"函数。

令式(18.15)对 m_i 求一阶导，就给出下列"等级反应"函数

$$\theta b\left\{s_i - \theta\left[\sum_{j \neq i}(\alpha s)^{m_j - 1} + 2(\alpha s)^{m_i - 1}\right]\right\}(\alpha s)^{m_i - 1}\ln(\alpha s)$$
$$- w_0 \frac{s^{m_i}\ln s - \beta^{m_i}\ln\beta}{s - \beta} = 0 \tag{18.16}$$

对公式(18.16)再施加"对称性"条件，即令 $m_i = m_j = m$ (对所有的 j 与 i)，我们就可获得在具有 N 家寡头企业条件下定义均衡等级层次的一个

公式

$$\theta b[s_r - \theta(n+1)(\alpha s)^{m-1}](\alpha s)^{m-1}\ln(\alpha s)$$

$$- w_0 \frac{s^m \ln s - \beta^m \ln\beta}{s - \beta} = 0 \qquad (18.17)$$

从公式(18.17),可以看出 m 对于 s, β, α, θ 的"反应"。故称(18.17)式定义了"等级反应"函数。

4. 企业个数对于 m 的影响

企业个数 N 如果增加,m 是增加还是减少呢? 一般说来,N 越大,说明市场越趋于完全竞争;$N \to 1$,则说明市场越趋近于完全垄断。市场越是趋于完全竞争,则企业规模应越小,从而,企业内部的等级层次就越是少;反之,如市场越来越趋于完全垄断,企业规模应该会越来越大,从而企业内部的等级层次就会越来越多,m 会相应增加,这样看来,m 与 N 的关系应该是反方向运动的。

上述结论是可以用数学证明的。

其证明的思路如下:

把公式(18.17)看作一个隐函数 $F(m, N)$,然后求 $\dfrac{\partial m}{\partial N}$,按隐函数定理,可得

$$\frac{\partial m}{\partial N} = - \frac{\partial F/\partial N}{\partial F/\partial m}$$

$$= \frac{b\theta^2[\ln(\partial s)](\partial s)^{2(m-1)}}{\text{分母}} \qquad (18.18)$$

这里,分母是 $\partial F/\partial m$,由于 $\partial F/\partial m$ 实质上是让一阶条件再对 m 求一次导,是 $\dfrac{\partial^2 \pi}{\partial m^2}$。按二阶条件公式(18.10b)的含义,这一项应为负。从而 $\dfrac{\partial m}{\partial N} < 0$。

公式(18.18)包含了市场结构(N)与企业结构(m)之间的内在联系。这里,市场结构以企业个数 N 来代表,企业结构则由等级层次数 m 来表示。公式(18.18)说明,当 m 与 N 都内生化时,即当市场结构与企业等级制从经济系统来看都是内在地互相关联时,那么,市场结构 N 与企业结构 m 是按相反的方向而运动的:市场越是趋于竞争,市场结构越是有效,则 m 越小,企业等级越少,企业内部的组织结构就越不重要;反之,市场越趋于垄断,$N \to 1$,即市场的机制越趋于大一统,市场竞争的功能越是萎缩,那么,企业内部的等级层次越多,m 越大,说明企业内部垂直的等级制越是重要。这种逻辑,正好说明市场与企业这两种组织形式是相互替代的:在市场机制的功能走到尽头的地方,企业组织形式就代之以发挥作用。

不难看出,这不是别的思想,恰恰是科斯 1937 年的名篇《企业的性质》的中心思想。只是在这里,我们用简单的数学将此模型化了。

<h2 style="text-align:center">第三节　投资的专用性、资产的
专用性与企业边界的决定</h2>

一、"扼制"问题与信息的不对称

我们先谈"扼制"(hold-up)问题。

我们通常讲企业"小而全"、"大而全"。其实,"小而全"还是"大而全"都是有其经济根源的。什么是其经济根源? 是企业为了避免自己专门从事一种活动而依赖于人、受制于人的局面。在三十多年前,中国经济曾经出现以省或地区为单位的"小而全"与"大而全"。那与"备战备荒"有关系,其目的就是为了防止外敌入侵后受制于人的局面,从理论上讲,这就是为解决扼制问题所出现的企业边界的过分扩大。

这里我们只分析贸易过程中的"扼制"问题。

假定有两时期:t(时间)= 1(这是事先,"ex ante")与 $t = 2$(事后,ex post)。如下图所示:

图 18.1　交易时序

为分析的简单起见,我们这里先忽略掉专用性投资。设只有两个当事人:供给者与购买者。他们在时期 1 可以签合约,也可以不签合约。在时期 2 刚刚开始时,他们双方都可以知道贸易所带来的好处,可是在时期 1 时,贸易的好处对他们中的每一方来说,都只是一个随机变量。为什么要等到时期 2 双方才能知道贸易的好处呢? 可以这样设想:供方为求方所进行的投资项目在时期 2 实现了效益。假定交易品是一种不能分割的(为分析的简单起见),于是设时期 2 的成交额或为 1,或为 0。买方对于该贸易额的主观评价为 v,供方提供该贸易额的实际成本为 c。因此,贸易的净所得应为 $v - c$。问题是如何在供求双方之间分割这"$v - c$"。如果价格为 p,那么,如果进行交易,买方的剩余为 $v - p$,供方的剩余为 $p - c$。如何分割,取决于 p 的水平。对该问题做出最清晰的数学分析的,是 Hart 与 Moor(莫尔)的著名论文:《不完全合约与重新谈判》("Incomplete Contracts and Renegotiation")。该文是 1985 年哈代还在伦敦经济学院任教时与莫尔完成的未定稿,1988 年公开发表于 *Econometrica*。

设在时期 1 双方对于贸易没有签合约。到第二时期,谈判就会出现。谈判涉及两个问题:要不要进行贸易(买卖)? 以什么价格 p 进行贸易?

如果 v 与 c 是共识(即在谈判前双方都知道对方的 v 或 c),那么,是存在有效的贸易额的,并且,存在有效贸易额的充要条件是 $v \geqslant c$。因为,存在贸易⇒必有 $v \geqslant c$,要不,$v < c$,不会有贸易,因买方愿支付的最高价格还不足以补偿 c。这是必要性。再看充分性:设 $v > c$($v = c$,则 $p = v = c$,进行贸易双方不亏,也会有交易。),则必会有贸易。为什么? 因为,如果不进行贸易,双方的剩余均为零。这时,两方中会有一方提议在 (c, v) 之间的某一点定 p,则每一方都会有净所得。如果信息是对称的,则 p 只取决于双方的力量对比,贸易额是有效的。至于事后的贸易量的不有效问题在这种信息对称的场合并不会发生。

但是,在实际生活里,c 与 v 往往是私人信息。c 只为供方自己知道,v 只为买方自己知道。这样就可能产生不有效的结果。

举例说来,如 c(成本)是共同的信息,而 v 只为买方知道,v 是私人信息。供方只相信,v 在闭区域 $[\underline{v}, \overline{v}]$ 内的概率分布为 $F(v)$,($F(\underline{v}) = 0$,$F(\overline{v}) = 1$),其密度函数是 $f(v) > 0$。假定从贸易中获利的概率为正(即 $\overline{v} > c$)(要不,$\overline{v} \leqslant c$,就不会有获利的可能性。),但这个概率小于 1(即 $\underline{v} < c$)(要不,$\underline{v} \geqslant c$,贸易中获利的概率就总为 1。)。又假定,供方在时期 2 拥有全部的谈判权,即价格完全由供方定,买方"爱买不买"。这样,买方只有当自己对贸易量的主观评价大于或等于 p 时,交易才会发生。用数学来刻划,出现交易的概率是 $1 - F(p)$。

$$F(p) = \int_{\underline{v}}^{p} f(v) dv \qquad (18.19)$$

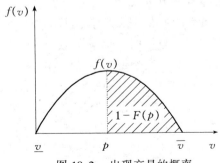

图 18.2　出现交易的概率

这样,对于供方来说,其预期的利润量为

$$\pi(p) = (p - c)(1 - F(p)) \tag{18.20}$$

这是价格 p 的一个函数。

对(18.20)式求关于 p 的一阶条件,得

$$[1 - F(p)] - f(p)(p - c) = 0 \tag{18.21}$$

该式是

$$1 - F(p) = f(p)(p - c) \tag{18.22}$$

这是说,如果价格从 p 上升到 $p + dp(dp > 0)$,那么,供方的边际所得为 $dp[1 - F(p)]$;但价格上升对于供方的边际损失为 $dp \cdot f(p)(p - c)$。因为一旦供方在 p 点再提高一点点价格,就会有 $f(p)$ 的可能使买方退出交易。在最优点,左右两边相互抵消。

但这个最优点其实从资源配置的角度来说并不是最优,而只是一个次优点。为什么? 因为,资源配置最优要求 $p = c$,即按生产成本来决定是否进行生产的正确决策。(这里,我们不讨论 $p = \text{MC}$,因 c 在这里假定只是整个贸易量($= 1$)的成本,也是它的 MC。)但从(18.22)式,可以解出

$$(p - c) = \frac{1 - F(p)}{f(p)} > 0 \tag{18.23}$$

(因 $f(p) > 0$,$\because f(v) > 0$,而 $F(p) < 1$,只要 p 在 $[\underline{v}, \overline{v}]$ 之间。)即实际的资源配置并没有满足 $p = c$ 的最优条件。原因是,如果 $p = c$,供方会无利可图。而只要提高价格,对他来说,存在着获利的概率。

这个模型其实就是常见的垄断定价模型:$q = D(p) = 1 - F(p)$。

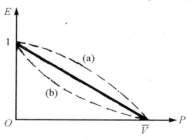

图 18.3　垄断定价

对于 v 较少地分布于低水平的买方来说,$F(p)$ 会较低,因他的主观价值判断较多地分布在 $\overline{v}$ 附近(见图 18.4(a))。所以 $q = 1 - F(p)$ 就会大一些。对于 v 较大可能分布于低值区的消费者来说,$F(p)$ 就会高一些,其需求量 $q = 1 - F(p)$ 就会低一些(见图 18.4(b))。但对于无论哪一类购买者,当 $p = \overline{v}$ 时,$q = 0$,即贸易不会发生,因 $F(\overline{v}) = 1$。

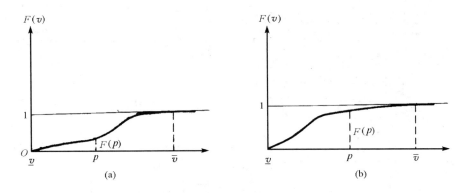

图 18.4　买者的价值评价分布

如果减少上述不有效的结果呢？上述不有效的结果是发生在事后，即不是在 $t=1$ 期发生的，而是在 $t=2$ 期发生的。在上述例子里，因为买方的评价 v 是私人信息，而卖方的成本 c 是公共信息，因此，存在着通向有效解的途径。办法是，在事前把定价权完全给予买方，即信息就是力量。买方由于已经知道 c，所以他应确定价格为 $p=c$。这样，买方得到的剩余为 $v-p$ $=v-c$，即买方在事后得到全部的交易好处。

同理，如果 v 是公共信息，c 是私人信息，那么，定价权应完全交给供方。$p=v$（如 $v \geqslant c$）。而由买方来决定是否退出贸易。

如果 c 与 v 都是私人信息，一般说来，事前协商好的价格就不再会有效，因事后会有一方要求修改协议，进行重新谈判。而这就会产生交易费用，这时，双方都有可能对对方进行"扼制"。

二、专用性投资与扼制问题

现在假定，在 $t=2$（即事后），v 与 c 都是公共信息。但供方可以在事先（$t=1$）进行专用性投资，这种投资可以降低事后（$t=2$）的边际成本。但该投资是为事后的交易而专门进行的，如果在 $t=2$ 时期，贸易没有发生，那么，供方就会有损失。比如，我们假定，合约是在 $t=2$ 期的期初签订，这时供方已知买方的评价 $v=3$。供方如果在 $t=1$ 期进行了专用性投资，设 I $=2$，那么，等到 $t=2$ 期，供方的边际成本 $c=0$；而如果供方事先不进行投资（$I=0$），则到 $t=2$ 期，其 $c>3$。再假定，事后买卖双方之间的谈判导致了 Nash 均衡；即他们之间均分贸易所带来的好处。于是，如果 $c=0$（即供方事先进行了投资，$I=2$。），则 $v-c=3-0=3$，供方与买方就各得 1.5 的剩余。如果供方在事先不进行投资（$I=0$），那么，$c-v<0$（因 $c>3$），就不会有事后的贸易发生，买卖双方的剩余只能为零。我们可以专门考察供方的利益：如果他在事先不投资，那么其剩余为零；如果他事先进行了投资，那么其事后的净剩余为 $1.5-2<0$。显然，比较这两种可能的结果，从供方的私利出发，他便会选择事前不投资（$I=0$）。但是，从社会利益（这里指的是供求双方利益之和）考察，如供方进行事先的投资，那么，社会净利益为 $v-c-I=3-0-2=1>0$，显然，供方应该进行事先投资。这里便发生了供方的私人利益与社会利益的冲突。

可以将上述例子模型化。设供方的成本函数是其专用性投资的函数 $c(I)$，且 $c'(I)<0$（因 I 是专门为降低事后的生产成本而进行的），$c''(I)>0$（因专门性投资降低生产成本的功效递减，即生产是凸的）。为简单起见，又设 $v\geqslant c(0)$，即就是不进行事前投资，贸易在事后也是必要的。设事后的交易价格由纳什均衡来决定，以至于 $v-p(I)=p(I)-c(I)$，即一旦供方在事前进行了投资，供求双方从事后交易中所获的利益相等。这样 $p(I)=\frac{1}{2}[c(I)+v]$。

供方的利润就由下列规划决定

$$\max_I[p(I)-c(I)-I]=\max_I[\frac{v}{2}-\frac{c(I)}{2}-I] \qquad (18.24)$$

这里，价格式 $p(I)=\frac{1}{2}[c(I)+v]$ 隐含了一个问题，即供方为降低成本而事先作的投资只能在价格中获得 $\frac{1}{2}$ 的回报：$\frac{1}{2}c(I)$。还有 $\frac{1}{2}c(I)$ 被买方拿走了。这当然会降低供方在事先从事投资的动力。于是，从私人利益出发，供方的最优投资解的一阶条件是

$$-c(I)=2 \qquad (18.25)$$

相反，社会关于事前投资的最优规划是

$$\max_I[v-c(I)-I] \qquad (18.26)$$

这里没有价格的作用。于是，一阶条件为

$$-c'(I)=1 \qquad (18.27)$$

由于生产为凸性，成本是递减的，I 降低成本的功能递减，$c''(I)>0$，所以 $c'(I)$ 值大的 I 会比 $c''(I)$ 值小的 I 代表更大的事前投资量。可见，事后关于定价的纳什（Nash）均衡，会导致供方事前从事的投资相对不足。

这个模型所揭示的经济关系是：只要进行事先投资的一方在事后不能获取投资降低成本所带来的全部节约，只要交易的另一方能在事后通过使用"我不参加贸易了"这种否决权来讹诈一部分事前投资的利益，那么，事前的专门性投资就会不足。威廉姆逊在1975年的著作中称这种事后的"扼

制"行为为"机会主义行为"。

在数学上如何度量资产或投资的上述专用性程度呢? 可以这样来思考:如果卖方的事先投资是不专门为某一个买者而进行的,他所生产的物品在事后可以找到另外的贸易伙伴,那么我们可以设 I 中有 λ 部分是不专为一个特定的买者而进行的,即 λI 是非专用性投资。这样,如 $\lambda = 1$,则全部事先投资就是非专用性投资,而如 $\lambda = 0$,则全部事先投资就都是专门为某一个特定的买者而进行的。什么是卖方从事非专门性投资的利益呢? 答案是 $v - c(\lambda I)$。因为,其投资是非针对某一个买者,任何潜在的买者都可以参加事后交易,卖者就可以利用买者之间的竞争获得全部的由买者的主观评价所代表的 v。这样,如一个卖者又从事专用性投资,那么,他进行专用性投资后与特定的买者进行事后交易的价格条件应由下式决定

$$v - p = [p - c(I)] - [v - c(\lambda I)] \tag{18.28}$$

为什么供方的利益所得要减去 $[v - c(\lambda I)]$ 呢? 因这一项是供方可以向非专用投资的受益者收取的收入,不必进入与专用性投资有关的供求双方的利益分割。所以

$$p = v + \frac{1}{2}[c(I) - c(\lambda I)] \tag{18.29}$$

卖者的利润仍为

$$p - c(I) - I = v - \left[\frac{c(I)}{2} + \frac{c(\lambda I)}{2}\right] - I \tag{18.30}$$

对 I 求一阶条件,结果为

$$-[c'(I) + c'(\lambda I)] = 2 \tag{18.31}$$

如果 $\lambda = 0$(完全的投资专用性),则回到 $-c'(I) = 2$;如果 $\lambda = 1$(毫无投资的专用性),就回到社会最优投资的一阶条件 $-c'(I) = 1$。随着 λ 的值上升,投资的优化程度也随之上升。由此可见,专用性投资的专用性程度会产生不有效的后果。

如何解决由于事先投资的专门性而造成买方在事后进行讹诈从而降低卖方事先投资的积极性这样一类问题呢? 这就需要交易双方在事先写清合约,该合约明确规定,如果买方在事后以退出交易相威胁来获取供方投资的好处,要受惩罚,并明确规定交易以什么样的价格进行。而这种对于事后机会主义行为的惩罚规定事实上代表了贸易中的长期关系。企业之所以要存在,一个重要原因,就是为了维持这种长久的关系。在许多场合,提供专用性投资的供方索性将买方吞并进来,合成一家企业,这样就避免了"扼制"问题。从而,为了解决投资专用性所产生的扼制问题,企业的边界会有所扩

大。

三、买方的资产专用性与扼制问题

我们在前面讲了投资的专用性问题。关于"专用性"的经济学直觉其实十分简单。通过市场进行的交易活动大都是由各种契约来完成的,而各种契约必定是不完全的,原因在于,未来是不确定的,而履行契约的成本又往往高得难以承受。如果一方在专用程度非常高的资产上进行了投资,则在客观上就会面临另一方的机会主义行为的"扼制"。相反,如果专用性资产的价值比较低,则遭受重新谈判所带来的风险就比较小。

这里,我们从买方的角度来分析一下资产专用性所带来的问题。

设一个企业的收入为 $R(q)$,这里 q 是产量,成本为 $c(q)$。从事生产需要资产的服务,如果租用资产,则要付资产的租金。如果资本要素市场是不完全的,需要租用资产的企业除了付资产租用费以外,还要付额外的"治理成本"("governance cost")

$$G^m = W(s) \qquad\qquad W' > 0 \qquad\qquad (18.32)$$

这里,s 代表资产的专用性程度。资产的专用性程度 s 越高,则租用资产的企业所要付出的治理成本越高,于是有 $W' > 0$。比如,清华大学要召开一个国际会议,需租用场地设施与同声翻译,派出人去联系,由于场地设施与同声翻译是一种专用性很高的资产(物质资产与人力资本),因此需求方(清华大学)就会面临比较高的治理成本。

设资产专用性参数的取值范围为 $0 \leqslant s \leqslant 1$,如 $s = 0$,说明资产无专用性,那么,买方就可以到任何一家提供资产的企业购买到资产服务,这时,买方只需付正常的资产租用费用。但是如 $s = 1$,说明资产的专用性非常高,一旦买方需要租用该种专用资产,那提供专用资产的企业就处于某种垄断地位,你无法找到另一家企业去替代他,这时,买方就要支付很高的治理成本。

有没有另一种办法来避免这种"扼制"问题呢?有。你可以把提供场地与同声翻译的部门并入自己的企业,成为自己企业的一个部门。如今天我们上课的设施,电教的设备就是大学的一部分,这样一来,当然不会有受"扼制"的问题,但会产生内部治理成本

$$G^i = \beta > 0 \qquad\qquad (18.33)$$

这里 i 表示"内部治理"。

这样,我们就会面临两种"治理成本":一种是从外部租用专用性资产所面临的外部治理成本,另一种是我们自己购买专用性资产,自己管理它们所

引起的内部治理成本。

我们假定

$$W(0) < \beta < W(1) \tag{18.34}$$

公式(18.34)是说,当资产专用性程度为零($s = 0$)时,租用资产的治理成本 $W(0)$会小于自己买入资产所引起的治理成本 β;但当资产专用性很高($s = 1$)时,租用资产的治理成本 $W(1)$就会大于自己买入资产所产生的内部治理成本 β。

由于 $W' > 0$,因此,存在着一个资产专用化程度的临界水平 s^*,使得

$$W(s^*) = \beta \tag{18.35}$$

当 $s > s^*$时,企业应该把专用性资产买进来,让提供专用性资产服务的部门成为自己的一部分;当 $s < s^*$时,则可以让内部某些部门分离出去,成为另一家独立的企业,原企业在想用该资产服务时租用它们就是了。

从这个意义上说,s^*实质上规定了企业的边界。资产专用化程度低,企业容易分别经营;资产专用化程度高,企业倾向于扩张边界,把一切统进来,搞成"小而全","大而全"。

这个讨论与我们有切身关系。高校的食堂、宿舍、医院与各种后勤机构要不要独立出去,搞成"社会化"？这直接与我们讨论的资产专用性有关。这里讲的专用性与人是有关系的。如校内食堂、校内医院与校内宿舍是专为学生或教师服务的,学生与教师固然可以跑到校外去就餐、住宿与看病,但吃饭、住宿与看病在校园内由学校经营,会有专门的方便。但由此也会带来内部治理成本($G^i = \beta$),现在大学的后勤人员一般超过从事教学的教师人数,这是很高的内部治理成本。中国的大学管理体制该怎么定,取决于 $W(s)$与 G^i 之间的比较。这与方正、同方不一样,那是与大学教学工作的联系并没有专门化的部门,$W(s)$很低,根本不应由大学来经营,可以成立一家独立的企业,而实验室则必须由学校来经营,因其专用化程度很高,$W(s)$也相应很高。

第四节　新产权理论:所有权的成本与效益

由格拉斯曼(Grossman)与哈代(Hart)1986 年所发表的《所有权的成本与效益》所代表的新产权理论,首先是对前两节中所介绍的两个重要概念进行数学化的结果:(1) 阿尔钦(Alchian)与德姆塞茨(Demsetz)提出残余权力(residual right),(2) 威廉姆逊(Williamson)所提出的资产专用性(asset specificity)与投资专用性(investment specificity)。其次,他们分析的中心是

资产的残留控制权上,这里所指的资产不是人力资本,而是非人力资本,包括对机器、存货、建筑物、现金、专利、知识产权等残留(residual)控制权。为什么只分析残留的控制权?是由于契约关于这些非人力资本的资产的使用权限一般总是写不完全的,即合约一般是不完全的,这就留下了不小的权力真空。比如,对于设备的保存、维修以及机器运转的速度与实际折旧速度,合约一般是写不全的。谁拥有这种残留的控制权,谁实际上即拥有了财产的所有权。为什么要分析这种残留控制权的配置?是由于这些残留控制权的配置是联系着人们对于资产进行投资的积极性的,即残留控制权是与专用性的资产投资密切相关的。这里,哈代与格拉斯曼实际上把 Alchian 与 Demsetz 的"残留权"与 Williamson 的"专用性投资"两个概念结合了起来。但他们并没有到此为止,哈代与格拉斯曼进一步考察配置这种残留权力的成本与效益:什么叫所有权的效益?这就是指获得残留权的一方会有动力进行专用性的投资,而这种投资会促进社会整体效益的提高;什么叫所有权的成本?是指失去残留权的一方会无动力进行专用性的投资,从而降低社会经济效益。这样说来,所有权结构优化的评价标准是能否促进合约的参与者进行事先的专用性投资。我们现在来介绍哈代与格拉斯曼的数学模型。

考虑社会上只有两个企业,企业 1 与企业 2,它们相互加入一种专门关系,而这种关系只存在两期(时期 0 与时期 1)。设两个企业各为经理经营,他们获取从企业活动中得到的全部报酬。在时期 0,这两家企业的经理相互签订了一个合约,之后,两家企业就为这种专门关系进行"关系专用性投资",a_1 与 a_2。到了时期 1,他们又分别采取行动,记为 q_1 与 q_2,这时期中,报酬就实现了。注意,a_1 与 a_2 是"关系专用性投资",q_1 与 q_2 是与特定关系无关的活动,但它们却是报酬实现所必需的。

q_i 代表企业 i 在 $t=1$ 时所采取的行动,而这种行为在事先是未写进合约的。原因可以设想为因时期 1 的经营条件与环境状况在时期 0 不清楚,待到时期 1 形势明朗了再由双方签订合约。所以,q_i 是事先不能被契约,而只能事后在 $t=1$ 时被契约。我们分四点来阐述所有权配置对 (a_1, a_2) 的影响,也分析 (q_1, q_2) 如何决定。

一、产权配置的三种状态

我们把前面提到的那两个企业具体化一点,令一家企业为生产单位,它包括工厂、生产设备与生产经理、工人等等;另一家企业为销售单位,它拥有销售能力、销售用的资产与设备、销售经理与其他销售人员。产权在这两个企业之间的配置状态无非分为三种:(1) 非一体化——生产单位和营销单位是互相独立的厂商;(2) 前向一体化——即生产单位向前一体化拥有营销单位,生产单位有权控制营销单位的资产;(3) 向后一体化——营销单位后向一体化拥有生产单位,营销单位有权控制生产单位的资产。

我们令 $a_1 = x$, $a_2 = y$,它们分别代表 $t = 0$ 时期生产单位与营销单位为"专门关系"所进行的人力资本投资,比如对于在岗职工的培训,对于经理人员的训练,对于开发能力的投入等等。这里,x 与 y 在 $t = 0$ 期投入以后,都要等到 $t = 1$ 时才能有回报。而且,第三方(例如法院或仲裁者)无法确认两单位在人力资本投资上的投资水平。因此,对 $a_1 = x$, $a_2 = y$,无法契约化,它们是不可契约的。不可契约的东西只能由残差(余留)所有权来加以约束。我们的讨论就着重分析所有权配置对于 x 与 y 的影响。x 与 y 是非操作性投资,或称操作之前投资。

另一类活动,q_1 与 q_2,是与操作有关的活动与努力程度。这一类活动是可以确认的,因此可以就它们签订契约,每一个单位都可以选择 q,例如生产企业可以选择 q_1 为"高"或"低"两类;营销企业可以选 q_2 为"高"或"低"。

我们往往一讲产权就谈"公有"与"私有",这很重要,但是即使公有产权内部,仍有一个如何合理配置产权的问题,因为产权归哪一级所有,仍会影响 x 与 y 的投资积极性。我们看下面一个数学例子。

二、q_1 与 q_2 的决定

操作活动的努力水平 q_1 与 q_2 的决定对产权变化并不敏感,因为我们假定 q_1 与 q_2 是可以写入事后合约的,既然是可以契约化的,那是"委托—代理"层次的问题,而不是产权层次的问题。我们可以通过一种博弈方式将关于 q_1 与 q_2 的合约问题描述出来。

表 18.3　生产单位与营销单位的利润

生产单位 ＼ 营销单位	营销努力		
		低	高
降低生产成本的努力　低	低	$2x, 2y$	$4x, 0$
高		$0, 4y$	$3x, 3y$

在表 18.3 里,支付矩阵(pay-off matrix)中的每一格内的右边的数字代表生产单位的利润,右边的数字代表营销单位的利润。x 表示 a_1,是生产

单位的事前人力资本投资水平；$y = a_2$,是营销单位的事前人力资本投资水平。q_1 与 q_2 都是用"努力水平"的"高"或"低"表示出来。

支付矩阵中的信息说明以下四点：

第一，每个企业最终获得的支付水平与其事前的人力资本投资（x 与 y）是有关系的；事前人力资本投资水平高，其事后所获的支付水平也会有所提高。

第二，在操作层次上的努力水平有"搭便车"现象，即甲方不付出努力，而另一方努力水平高时，甲方就可以获得利益。比如，若生产单位在降低成本的过程中不努力（选择了"低"），而营销单位却选择了"高"努力，则结果倒反而是生产单位获 $4x$,营销单位得零。这说明，"努力"会给本单位带来较多的代价，但可以为对方提供好处。原因在于，生产单位在降低生产成本方面付出了"高"的努力，则会降低价格，扩大销售，这会促进营销单位的收益；而营销单位若在营销努力上选择了"高"，则会扩大销售，这会促进生产单位多生产，从而提高生产单位的利润。

第三，这个博弈的纳什均衡是（低，低），即矩阵的"左上角"，但这是一个对双方都不利的"囚犯的困境"。

第四，若双方采取合作的态度，都选择"高"的努力，结果会对双方都有利，支付水平会达到 $(3x, 3y)$。

三、在 $t = 1$（事后）时期进行的谈判与谈判结果

我们按"反向归纳"法，先讨论在第二阶段 q 怎么决定，再讨论在第一阶段 $a(=(a_1, a_2))$ 如何确定。

很明显，双方如"合作"，都选择降低成本的努力水平为"高"，会互利，分别得 $3x$ 与 $3y$。但 $3x$ 与 $3y$ 可能不相等，这时，一方可能对另一方有补偿性地支付 P。我们规定，如果双方经过谈判商定由生产方向营销方支付，则 P 为正；如果商定由营销方向生产方支付，则 P 为负。谈判的结果应该由双方实力决定，如双方实力是势均力敌，就会平分合作（高努力，高努力）所带来的净好处。

什么是"合作"给生产者带来的净好处呢？应该是 $3x - P -$（生产单位在不合作时的收益）。什么是"合作"给营销单位带来的净好处呢？应该是 $3y + P -$（营销单位在不合作时的收益）。这样，如果是"平分"合作的净好处，就应有

$$3x - P - (\text{生产单位在不合作时的收益})$$
$$= 3y + P - (\text{营销单位在不合作时的收益}) \qquad (18.36)$$

　　从公式(18.36),可以解出补偿支付 P,也可以解出生产单位的回报水平与营销单位的回报水平。

　　比如,若两个单位是独自经营,则会都选择(低,低)的努力水平,pay-off 会是 $(2x, 2y)$(根据表 18.3 的左上角)。于是

$$3x - P - 2x = 3y + P - 2y$$

可得

$$P = 0.5x - 0.5y$$

从而,一旦两个独立的单位采取"合作",则有

$$\begin{aligned}
生产单位的回报水平 &= 3x - P \\
&= 3x - (0.5x - 0.5y) \\
&= 2.5x + 0.5y \\
营销单位的回报水平 &= 3y + P \\
&= 3y + (0.5x - 0.5y) \\
&= 2.5y + 0.5x
\end{aligned}$$

　　如果前向一体化(即生产单位兼并营销单位),则生产单位自己会不努力,而命令销售单位"高努力"。这时生产单位在不合作时的单独回报水平为 $4x$,而营销单位的回报水平为 0(见表 18.36 的右上角)。

从而

$$3x - P - 4x = 3y + P$$

即

$$P = -0.5x - 1.5y$$

　　相应地,在前向一体化的体制前提下,采取"合作"态度,会有

$$\begin{aligned}
生产单位的回报水平 &= 3x - P \\
&= 3x - (-0.5x - 1.5y) \\
&= 3.5x + 1.5y \\
营销单位的回报水平 &= 3y + P \\
&= 3y + (-0.5x - 1.5y) \\
&= -0.5x + 1.5y
\end{aligned}$$

　　如果后向一体化(由营销单位兼并生产单位),则营销单位主导决策时会带来不合作时的单独回报 $(0, 4y)$(见表 18.36 中的左下角)。

从而

$$3x - P - 0 = 3y + P - 4y$$

即

$$P = 1.5x + 0.5y$$

这样,如采取"合作",会有

$$生产单位的回报水平 = 3x - P$$
$$= 3x - (1.5x + 0.5y)$$
$$= 1.5x - 0.5y$$
$$营销单位的回报水平 = 3y + P$$
$$= 3y + (1.5x + 0.5y)$$
$$= 1.5x + 3.5y$$

把上述讨论结果列成表18.4,就可以看出:第一,第一阶段的人力资本投资(x, y)对第二阶段的回报是有正面影响的;第二,不管产权如何进行配置,在表18.4的每一行内,后两列的总和总是等于$3x + 3y$。这说明,所有权的不同配置不影响第二阶段的生产结果,生产结果总是$3x + 3y$。

表18.4 不同产权配置状态下生产单位与营销单位的回报

产权配置状态	P(补偿支付)	生产单位回报	营销单位回报
各自独立	$0.5x - 0.5y$	$2.5x + 0.5y$	$0.5x + 2.5y$
前向一体化	$-0.5x - 1.5y$	$3.5x + 1.5y$	$-0.5x + 1.5y$
后向一体化	$1.5x + 0.5y$	$1.5x - 0.5y$	$1.5x + 3.5y$

表18.5 不同产权配置状态下生产单位与营销单位
在第一阶段的人力资本投资水平

	生产单位的人力资本投资	营销单位的人力资本投资	总剩余
	x	y	$3x + 3y - 2(x-1) - 2(y-1)$
各自独立	2	2	8
前向一体化	2	1	7
后向一体化	1	2	7

注:人力资本投资水平每增一单位的成本为2元。

但是,所有权是会影响x与y的,通过这种影响,最终改变生产结果$3x + 3y$的具体数值。这里隐含的思想是,产权的经济作用是要通过改变对人力资本投资(x或y)的刺激,才能作用于生产状态。我们接下来分析这一点。

四、产权配置对事先人力资本投资的作用

我们设生产单位本来的人力资本投资水平 $x = 1$,从 $x = 1$ 增加到 $x = 2$

需要增加成本 2(元)；又假定营销单位的人力资本投资水平本来也为 $y=1$，每增加一单位人力资本投资的成本为 2(元)。我们看不同的产权配置状态下，对人力资本投资的激励作用：

先看生产企业，在完全独立、分散经营的产权配置状态下，根据表 18.4 中的回报，每增加一单位人力资本投资所带来的回报是 2.5，这大于成本(＝2)，于是，其在第一阶段的人力资本投资会从 1 上升到 2。在"前向一体化"体制下，第一阶段人力资本投资的边际收益是 3.5，大于其边际成本 2，因此人力资本也会从 1 上升到 2。但在"后向一体化"体制下，其在第一阶段进行人力资本投资的边际收益仅为 1.5，而边际成本仍为 2。所以，人力资本投资维持不变，仍为 1。

同理，营销单位按边际收益与边际成本进行比较的原则，会决定其在不同的产权体制下的人力资本投资水平。

表 18.5 给出上述讨论的算术结果。该表中"总剩余"的定义是按下列思想确定的：因为不管在什么样的产权体制下，第二阶段的生产结果总为 $3x+3y$；但若生产单位的人力资本投资从 1 上升为 x，则相应的成本就是 $2(x-1)$；营销单位的人力资本投资从 1 上升到 y，其成本也为 $2(y-1)$。这样，剩余额就为 $3x+3y-2(x-1)-2(y-1)$。

上述数学例子基本阐述了格拉斯曼—哈代 1986 年那篇论文的思想。这个故事对我们的启发是：

1. 产权不但要讲界区清晰，而且应该讲究合理配置，合理与否主要应看其对生产过程之前的人力资本投资的作用。

2. 契约与产权是两个不同层面的问题。凡是可以判定的行为，可以定义清晰的行为与绩效，应该以契约的方式来解决；产权所对应的恰恰是事前难以定义清晰的行为，产权要解决的是不可契约的经济问题。

3. 中国当前国有企业的经营问题，既有契约问题，也有产权问题。国有资产由于失控而大量流失，才是产权问题，企业兼并与拍卖，也属于产权问题。中国大中型国有企业总共才 5000 来家，现在发现有 4000 来位国企管理人员挟资 50 亿元潜逃，人均挟资 1000 多万(见《北京青年报》2001 年 1 月 19 日第 1 版)。这难道不是产权问题？

4. 产权是通过对物质资本的控制而实现的，但产权对经济的主要作用是通过对人力资本投资的激励机制而发生的。人力资本投资对生产的效果总是要有一定的时滞的，有的短些，有的长些。时滞短的，人力资本投资主要是应用性投资，见效快，可契性也会相对强些，在这种条件下，产权配置可以通过契约关系来替代，因此，应用性强的开发与研究可以通过合同契约方式来解决激励问题。然而,对于人力资本投资见效缓慢的研究领域,产权配置的作用也许比契约更为重要,一定要加强专利法。

5. 产权的成本与效益分析说到底是对人力资本的减少与增值而体现出来的,而人力资本既包括经理人员的培训,又包括工人素质的提高。忽视人,蔑视人的产权理论已经过时了。产权应该配置给人力资本投资对产权变化敏感的部门与层次。

参考阅读文献

1. Alchian, A. 与 H. Demsetz(1972 年):"Production, Information Costs, and Economic Organization". *American Economic Review*(62):777—795.

2. Arrow, K.(1974 年):*Limits of Organization*. New York:Norton.

3. Coase, R.(1937 年):"The Nature of the Firm". *Economica*. n. s. 4:386—405.

4. Grossman, S. 与 O. Hart(1986 年):"The Costs and Benefits of Ownership:A Theory of Lateral and Vertical Integration". *Journal of Political Economy* (94):691—719.

5. Hart, O. 与 J. Moore (1985 年):"Incomplete Contracts and Renegotiation". Mimeo, London School of Economics.

6. Hart, O.(1995 年):*Firms, Contracts, and Finanicial Structure*. NY:Oxford University Press.

7. Klein, B., R. Crawford 与 A. Alchian(1978 年):"Vertical Integration Appropriable Rents and the Competitive Contracting Process". *Journal of Law and Economics* (21):297—326.

8. Kreps, D. M.(1999 年):"Markets and Hierarchies and (Mathematical) Economic Theory". 收入 G. Carroll 与 D. Teece 编的 *Firms, Markets and Hierarchies*. NY:Oxford University Press. pp. 2—55.

9. Maskin, E. 与 J. Tirole(1999 年):"Unforeseen Contingencies and Incomplete Contracts". *The Review of Economic Stuies*(66):83—114.

10. Maskin, E. 与 J. Tirole(1999 年 b):"Two Remarks on the Property Right Literature". *The Review of Economic Studies*(66):139—149.

11. Williamson, O.(1967 年):"Hierarchical Control and Optimal Firm Size". *Journal of Political Economy*(75):123—138.

12. Williamson, O.(1975 年):*Markets and Hierarchies:Analysis and Antitrust Implications*. New York:Free Press.

13. Williamson, O.(1985 年):*The Economic Institutions of Capitalism*. New York:Free Press.

14. Williamson, O. (2000 年):"The New Institutional Economics:Taking Stock, Looking Ahead". *Journal of Economic Literature*(XXXVIII)(Sept. 2000 年):595—613.

习　题

1. 有三种类型的契约被用来区分一块农地的租佃者向地主支付租金的方式:(1)以货币(或固定数量的农产品);(2)以收成的固定比率;或者(3)以"劳动租",即同意在地主的另一块土地上工作的形式来付租金。这些各自不同的契约规范会对佃农的生产决策产生什么影响? 在实施每种契约时会发生何种交易费用? 在不同的地方或在不同的历史阶段中,哪些经济因素会影响已确定的契约类型?

2. 在本讲第二节讨论的威廉姆森(Williamson)的等级控制和厂商规模的模型中,厂商是价格的接受者。

(1) 证明:

$$\frac{\partial m}{\partial z} = -\frac{(\alpha s)^{m-1}\ln(\alpha s)}{\text{soc}} > 0$$

$$\frac{\partial m}{\partial \alpha} = -\frac{z\alpha^{m-2}s^{m-1}[1 + (m-1)\ln(\alpha s)]}{\text{soc}} > 0$$

这里,soc<0 是公式(18.10b)右边的表达式。

(2) 证明:如果　　$\beta < e$ 且 $s > e$,则有

$$\frac{\partial m}{\partial s} > 0 \quad 与 \quad \frac{\partial m}{\partial \beta} < 0$$

(3) 请说明$\frac{\partial m}{\partial z} > 0$, $\frac{\partial m}{\partial \alpha} > 0$, $\frac{\partial m}{\partial s} > 0$ 与$\frac{\partial m}{\partial \beta} < 0$ 的经济含义。

校内讲义后记

　　这是一份尚未写完的讲稿。因为北京大学中国经济研究中心双学位的学生在听我的课，并正在靠笔记做作业。我不能等写完原计划的内容并配上习题，我得让同学们早些得到此讲稿。稿子中的错误与缺陷只能待以后再印时去努力改正了。

　　这是我从 1998 年秋起在清华大学、北京大学给本科生讲《微观经济学》的稿子。听课的学生包括清华大学经管学院各专业、北京大学文理各专业的学生。文科的学生与理科的学生合在一起，灰暗的教室，几百人的课堂只凭黑板上的粉笔字与陈旧的话筒传递信息，酷暑的大教室里只有几片空悬的电扇懒散地驱热，寒冷的冬日里墙脚边的暖气片远远比不上几百人聚在一起所散发的热量。每次去教室，面对门前森林般的自行车群，我会肃然起敬；望着讲台下黑压压的人群，我每每会引起一阵阵激动：这就是走向世界一流大学的起点?! 是的，无论是从物质条件还是精神文化水准说，我们都离世界一流相去递远，但是，我们的的确确拥有世界一流的生源，达不到一流，主要是由于我们当老师的原因。

　　我们就是在诸方基础还落后的条件下开始向世界一流的目标起步的。在世纪之交能当一名经济学的教师，是无上幸福的。因为，人类在 20 世纪，尤其是在最近 30 年内，在经济学的认识上已经积累了大量的财富，把这些财富消化好再教给我们的青年，是一项意义深远又异常艰苦的工作。本课程是经济学的基础课程，涉及的只是常识或基本原理，但我认为有时常识也是会随人类认知的进步而改变的，不用说现在数学课本已远远超越了欧几里德的体系，就是用 90 年代的中学课本与三四十年以前的课本比，也已经有所区别了。经济学是强调渐变的，经济学本身的发展也是缓慢的，但如果人们拿今天经济学的教科书与约翰·穆勒的教科书相比，甚至拿 90 年代欧美的经济学教材与 60 年代的教材相比，就会发现，无论是体系还是内容，都已大大改观了。A、B、C 也是会变的。而促进这种变化的原生性动力，是来自于 *Econometrica* 与 *Review of Economic Studies* 等纯理论经济学杂志上的一篇篇精湛的论文。是那些在各个时期站在经济学理论思维最前列的理论家用其毕生心血所写出的一篇或几篇论文，才推动着经济学的认知一分一厘地往上长。本人写这份讲稿的目的之一，就是要将自己阅读近 30 年来经济学理论文献的若干心得用自己的语言写出来,讲给中国的学生听。为此,我介绍但不用已经翻译的外国经济学教科书作我们的教材。我甘心情愿暂不写其他东西,而把归国后的第一年时间主要贡献于这门课,这一份讲义。

与我们的老师当年教我们时的情况相比,今天的教书条件已经大大改观了。十四五年前,我的老师厉以宁教授在北大二教 203 教室给三四百人的学生上课,既无扩音设备,又没有今日的矿泉水,只带一瓶热水与一只茶杯,而一站讲台就是半天。今天,在原来的二教 203 处,北大崭新的理教大楼已经巍然屹立。这学期,每当我走进新理教群楼,用现代化投影仪和微型话筒时,总会想一想,自己能否讲出我的老师当年那样好的课?能否写出能回报老师教诲的教材?当然更难的是,能否在老师的基础上为中国的经济学发展做出一点点贡献?物质条件固然重要,但更关键的是人。但愿自己别辜负教我、护我、爱我、教我、帮我的北京大学与清华大学,答卷之一就是这份讲义。是否合格?请老师与同学们审批。

我的恩师陈岱孙教授已经仙逝,来年是他的百岁。在归国后这一年里,无论是在清华,还是在北大,我都能感受到他伟大的师魂。我一个当学生的,生前给他添过不少麻烦,让他老人家操过好多心,这知遇之恩只能以今生每字每句来持续地奉还。如果本讲义能当纸钱焚烧,给身在天国的岱老捎去少许安慰,那将是我的莫大幸福。

谨以这不完整的稿子献给我无限眷恋着的北大人。请我的老师与学生谅解此稿的欠缺,我保证写完它,并在重印时改一遍。

平新乔

1999 年 9 月 27 日

于北大朗润园

出 版 附 记

这份讲稿在清华大学讲过两遍,在北京大学也讲过两遍,两校内讲义印过 1000 份。新世纪的头 20 天,在静谧的雪夜里,我坐了下来,逐字逐句地加以修改,以完成自己对学生的承诺。

给清华与北大的学生上课,是一种幸福。这是何等聪颖的青年人！每次走上讲台,我都觉得是把自己的头脑与数百名学生的头脑对接,有时,一道例题刚一给出,不到 5 秒钟,底下已有人说老师的结果错了。关于风险升水与确定性等值的一道例题,原引自 Henderson 与 Quandt 那本著名的教科书,而关于确定性等值的定义也引自权威的教本,但在课堂上两者一组合,清华 73、74 班的"小会计"们马上发现了问题。课后我找过十多本国外教材,都没有一个透彻的解释。在北大上课,就这一点而向我提问的学生达百人之上。是同学们的热情帮助,才使自己去思考,把讲义改成现在这个样子。

我一直以为,与每一位考入北大、清华的学子的灿烂的梦相比,与每一位学生背后的家长的含辛茹苦的培植与殷切期待相比,我们的课堂服务质量是有距离的。一个老师可以考几十、上百的学生,其实,老师的每一次授课,又何尝不是一种考试呢？那是几十、几百个中国最优秀的学生在面试你,其中也许坐着未来的杨振宁,你敢不认真准备吗？

陈岱孙老师对我说过,"我们清华是'讲义派'"。在海外,我读到过不少清华校史文献,从中认识了一位位巨匠。随着经历的积累,我才逐渐体会到三四十年代清华的课堂教学的分量。而陈岱老本人的最主要作品《从古典学派到马克思》,也同样是一份讲义。在我个人学习经济学的过程中,对我影响最深的厉以宁教授的《体制、目标、人》照样是一份讲稿。在当代欧美,Tirole 的《产业组织理论》是在 MIT 的讲稿,Mas-Colell 等人的《微观经济学理论》在出书前五年就是哈佛的课堂讲义。Aumann 1975 年在斯坦福大学关于博弈论的讲义至今仍是理论丰碑,美国西北大学的 Schwartz 纪念讲座稿篇篇如春风,给我们吹来经济学纯粹理论前沿的清新空气,且不论牛津的 Clarendon 系列讲座稿与洛桑的瓦尔拉斯讲座稿在学术界的分量了。一份好的讲义,是大师一生心得之汇集,是学术水准的一个平台,是后辈学子征途上的加油站,是思想发电站大坝后的蓄水池。不要小看课堂里与黑板上的经济学。经济学在日常生活里，在公司决策里，在政府的文件里，在首长的讲话里，但最新的经济学范畴与分析框架，往往是首先出现在大学的黑板上。那是学者在与实际脱离一定的距离之后做出的抽象，理论只有与实际保持了这样的距离，才能过滤掉种种杂质，直达宇宙的本质。在美国，我见到了 Mas-Colell 1976 年春在加州伯克莱关于一般均衡的讲义，比其 1985 年正式出书早九年；读到过 Marschak 1967 年在加州洛杉矶分校关于信息经济学的油印讲稿，这是我见到过的关于信息不对称问题的最早的系统研究成果，至今未面世。一个教员给出的一道例题也许只是一种游戏，也许是"马尾巴功能"之类的话题，但谁能想到，几百年前的"圣彼得堡悖论"这样一类赌场上的话题，会在 20 世纪中期之后引出诸如期望效用、博弈论、证券理论与资金市场分析这样的研究呢？一名合格的教员，应该让自己的课堂成为一个思想的实验室，应该允许"无稽之谈"，不能因为数理经济学文章大都无用就否认理论研究与训练，这个道理与不能由于几百万人打乒乓球只能出一个金牌得主而否认乒乓球的群众基础一样显而易见。

我这份讲义是无法与陈岱老说的三四十年代清华、西南联大的"讲义派"比的。我只是根据自己的理解与框架，有取舍地阐述前人的成果，有的就是直接用自己的文字转述别人的例题。每一章后面，我都如实供出讲稿的思想资料来源。全书共列出 200 来种书籍与文章。换言之，别人读了这些东西，照样可以写出这份讲义，甚至更好。

这是微观经济学的讲义，与宏观经济学不同。宏观经济学是在既定的体制下研究经济运动的规律，而微观经济学则是分析体制本身的由来，分析体制演进的理由与方向，更重要的是，给出新体制的理念，用马克思的话说，是研究生产关系。对体制演化的研究，必须运用思想的显微镜。只有在显微镜下，我们才能放大人们行为之间的相互作用所产生的配置效应与福利效应。我们之所以要运用这种或那种"假定"，只不过是借助于数学这种抽象工具，展示体制演化的胚胎状态，比较与鉴别关于体制发展的各种理念，从而找出真理。古往今来，真理是最最稀缺的，其表达式一定是最简单、最朴素的。一个成功的公司老板，或一代英明的君主，其思想深处，一定存在某种理念，说出来它们或许只有几个字，但其背后，一定积淀了巨大的财富变迁与人民命运的沉浮。再一细究，这些理念其实早就藏在某个学者的书中，只是天机不可泄露罢了。教微观经济学的老师，只能在显微镜下放大这形形色色的理念的微观结构，推出新的理念，让新一代的经理们与决策者择而用之，以更新人们的观念，更新人们的生产方式与生活方式。这种工作，与生物科学也许更接近，即要推出新的生命形态，研究必须是"微观"的。

本人见证了中国经济体制在 20 世纪的最后四分之一时间里的深刻变迁，目睹了这种变迁过程中所释放出来的巨大能量，从中也感受到了推进这种变迁的几代中国经济学家的微观经济学功底的力量。当然，与数、理、化等自然科学相比，中国经济学与诺贝尔奖的距离更为遥远。中国的数、理、化学科经过 100 年左右的累积，方才能在今天与世界一流高手对话与交手。中国的经济学的累积过程被中断，在基本理论与方法上，至今仍在零附近徘徊。我们愿意从现在起，投入一个世纪的努力，在经济学上既造出中国的原子弹，又做出诺贝尔奖级的理论贡献。那就是，在理论上给出中国经济体制变迁与经济发展的新的理念、科学证明与设计，实现我们民族的伟大复兴；与此同时，把中国的变迁过程的理论说明写到国际上去，并且，决不只是套用人家的模式，做些边边角角的拾遗补缺，而是在一个或几个领域，站在经济学理论思维的国际最前列，展示我们民族的理论原创力。中国的经济复兴是远胜于拿一个诺贝尔奖的；但将在中国经济体制的巨大变革中出现的经济问题提炼成诺贝尔奖级的课题，写成震撼人心且出诗入画的理论文章，却比中国经济复兴还要难。我们任重而道远。在这累积过程中，书总得有人教。本人深知以讲义的方式来投入是微不足道的，就算精卫填海吧。

作者对清华大学经济学系李子奈主任、黎诣远、陈章式、吴栋、华如兴、宁向东教授在教学过程与本讲义编写过程中的悉心照顾与帮助，深表感谢。对北京大学中国经济研究中心的林毅夫主任、海闻、胡大源、赵耀辉、姚洋教授在教学安排、业务交流中的种种教诲与建议，深表感谢。对岳秀霞女士、邢惠清女士、赵普生女士在讲义打字与教学安排中的热情支持深表感谢。

最后，北京大学出版社彭松建社长、杨立范先生、林君秀女士等对这份讲义的出版提供了最大限度的帮助，本人心存感激，并会将这份感激保存至以后的写作中去。

平新乔

2001 年 1 月 31 日

于北大中关园